产业网络演化的服务嵌入与创新驱动研究

李守伟　著

科学出版社
北京

内 容 简 介

本书在关系嵌入理论的基础上，探讨了服务关系嵌入的机理、模式、形式、影响及策略；在对我国集成电路产业实证调研的基础上，构建了集成电路产业的服务关系网络和产业网络；在产业共性技术创新“市场失灵”分析的基础上，分析了非对称产学研合作创新，探讨了创新驱动经济发展的机理，进而从博弈论和系统动力学的角度分析了创新在产业网络上的扩散，最后分析了创新专利许可定价策略；在产业网络互动机制分析的基础上，探讨了产业二分网络的生成机理，最后基于知识距离构建服务、创新与网络的协同演化模型，采用 SEM 方法作了服务、创新与网络关系的实证分析。本书还分别从协同创新平台、创新驱动产业发展和产业网络协同演化三个层面提出了相应的对策与措施。

本书能为产业经济、技术经济及管理类专业教师、研究生及相关研究人员提供借鉴，也适合高新技术企业管理人员、政府科技管理部门工作者及对产业网络、技术创新网络感兴趣的各类读者阅读参考。

图书在版编目（CIP）数据

产业网络演化的服务嵌入与创新驱动研究/李守伟著. —北京：科学出版社，2018.1

ISBN 978-7-03-047267-0

Ⅰ. ①产…　Ⅱ. ①李…　Ⅲ. ①产业结构–网络化–研究–中国
Ⅳ. ①F121.3

中国版本图书馆 CIP 数据核字（2017）第 210309 号

责任编辑：马　跃　李　嘉 / 责任校对：王晓茜
责任印制：吴兆东 / 封面设计：无极书装

科学出版社 出版
北京东黄城根北街 16 号
邮政编码：100717
http：//www.sciencep.com

北京京华虎彩印刷有限公司 印刷
科学出版社发行　各地新华书店经销

*

2018 年 1 月第　一　版　开本：720 × 1000　1/16
2018 年 1 月第一次印刷　印张：18 1/2
字数：342 000

定价：120.00 元

（如有印装质量问题，我社负责调换）

前　　言

产业网络不但由众多企业、中介机构、科研院所等构成，而且包括它们之间错综复杂的联系。各个组织的非线性行为及服务关系上的互动行为，使得产业网络及其技术创新呈现出复杂的协同演化特征。由各种类型的企业所形成的产业网络提供了内部节点进行竞争与合作的平台，同时，内部节点之间的有效互动关联又能完善产业网络的复杂性结构并增强产业的技术创新能力。

本书正文共分 5 章。第 1 章是产业网络的服务关系嵌入研究。首先对嵌入理论作了综述分析。其次，基于服务与创新之间的关系，分析服务关系嵌入机制与演化规则，从理论、实证与计算实验三个角度分析了演化稳定状态。再次，基于产业网络服务关联模式的定义，分析了服务关系嵌入的四种模式：要素构成、节点匹配、关联强度和关联分布；从企业之间的关系出发，分析了企业网络和网络企业；从服务关系嵌入作用的角度，分析了企业技术创新能力的形成与演化。最后，从服务嵌入策略的角度，分析了生产分割下服务关系亲缘选择与技术创新博弈演化的关系。该章的研究内容涵盖了服务关系嵌入的机理、模式、形式、作用及策略等多方面，较全面地构建了服务嵌入理论体系。

第 2 章是产业网络服务关系嵌入的实证研究。首先，在对集成电路（IC）产业调研基础上，分析了全球的 IC 产业发展现状。其次，应用调研数据，对晶圆代工、芯片封测、投融资、芯片设计、设备材料与工艺、产学研合作与战略联盟等六种类型的服务关系进行了建模分析，并分析了各自的特征。最后，综合全部调研的企业和服务关系数据，构建了 IC 产业网络，并进行了连通度分布、最短路径及集聚系数的分析。 该章从我国 IC 产业发展的实际出发，实证了服务关系嵌入所形成的产业网络，不但是进一步研究的基础，而且对我国 IC 产业的发展有重要的启示作用。

第 3 章是产业网络的创新驱动与扩散机理研究。首先基于群体博弈分析了产业共性技术创新“市场失灵”的问题，并从联盟博弈的视角提出对策。其次，采用动态复制方程分析了非对称产学研合作的渐进稳定性；通过构建根本性创新与累积性创新的演化模型，分析了经济发展的创新驱动机理；分别从博弈和系统动力学两个角度，分析了产业网络上创新的扩散机理；以华为公司为案例，分析其自主创新获得网络地位的成功经验。最后，从环境规制的角度，分析了三种规制工具下企业专利的许可定价策略。该章的研究涵盖了产业网络上创新的必要性、稳定性、驱动机理、扩散机理及交易策略等内容，形成了较全面的创新驱动与扩散理论体系。

第 4 章是产业网络的协同演化研究。首先，采用博弈论分析了产业网络的水平和垂直互动机制。其次，从产学研合作博弈的视角，分析产业二分网络的生成机理；采用 IC 产业调研数据构建了产业二分网络，并进行了奇异值分解分析、因子分析和一致性分析；以江苏省为例，实证分析了产学研合作创新二分网络；采用知识距离的概念，构建知识密集型服务（knowledge-intensive business service，KIBS）、技术创新和产业网络协同演化模型，并作了实验仿真分析。最后，采用结构方程模型（SEM），对服务嵌入、网络位势和创新绩效进行实证研究。该章的研究侧重从二分网络的视角分析产业网络与创新、服务之间的协同演化关系，形成了与众不同、独特的产业网络演化理论体系。

第 5 章是服务嵌入、创新驱动与产业网络演化的政策与措施。首先为增强服务嵌入，基于服务关系嵌入的理论与实证研究，提出了“构建产业协同创新平台，提高服务嵌入水平”的政策与措施。其次，基于创新驱动与扩散机理的研究，从创新集群、科技服务业和构建服务网络三个层面提出了创新驱动经济发展的政策与措施。最后，从产业融合与互动出发，提出了“加快产业网络演化、促进产业互动融合”的政策与措施。该章的研究围绕服务、创新与产业网络，分别从独特的角度提出了相应的政策与措施，这些内容构成了政策措施体系，为我国战略性新兴产业和区域经济的发展提供支撑。

本书部分数据与资料来自 IC 行业公司，在此，向辛勤整理出版 IC 行业数据的公司表示感谢，向各位受访的专家、学者表示崇高的敬意与诚挚的感谢。

作　者

2017 年 8 月

目　录

第1章　产业网络的服务关系嵌入研究

服务嵌入起源于关系嵌入性理论的研究，本质上是组织经济行为与社会体系间的相互引导、促进和限制的复杂联系；服务与创新之间的相互作用形成了产业二分网络，服务关系以四种模式嵌入其中，表现出企业网络和网络企业的形式。服务关系嵌入影响了企业创新能力的形成与演化；在生产分割的背景下，服务关系嵌入遵从亲缘选择，进而影响创新的博弈演化。本章从服务关系嵌入的理论基础、嵌入机理、嵌入模式、表现形式、嵌入作用及嵌入策略几个方面展开研究。

§1.1　服务关系嵌入理论基础——基于普遍联系的嵌入性理论综述

嵌入性是新经济社会学研究的一个核心内容，已形成了较完整的理论体系。本节梳理和分析国内外有关嵌入性理论研究的原始文献，并作出评述。

1.1.1　嵌入性

嵌入性理论（embeddedness theory）是新经济社会学研究的一个核心理论。自 Polanyi 于 1944 年首次提出后，嵌入性理论经历了几代研究学者的不断努力，逐渐形成了较完整的理论体系，同时在社会网络、组织发展等多个领域得到了普遍的应用，进一步形成了社会资本理论、新经济社会学、组织发展战略理论、战略联盟网络理论、组织与网络理论等新的理论。

在与新古典经济学和社会网络等理论的交互作用下，嵌入性理论具有其必然的、独特的理论演进路线。新古典经济学的主要理论基础之一是理性行动理论，它是基于“经济人”的假设而不断发展的。“经济人”假定人的思考和行为都是有目标的、理性的，唯一试图获得的经济好处就是使物质性补偿最大化。事实上，人类的经济行为并不完全是理性的，这一事实得到了社会学家的普遍认可。进而，社会学家在对“理性经济人”假设批判的基础上，提出了嵌入性理论。同时，社会学家将其擅长的社会网络理论应用到嵌入性的研究中，提出了可验证的因果推论模型，从方法论上为经济社会学开创了全新的研究视角。

众多国内外学者对嵌入性理论做了大量的研究，经历了 Polanyi 时期、Granovetter

时期和新发展时期三个阶段，逐渐形成了完整的理论体系。通过分析嵌入性理论研究的原始文献，作者认为嵌入性的本质在于组织经济行为与社会体系间的相互引导、促进和限制的复杂联系。

经过半个多世纪的发展，嵌入性理论的研究虽然取得很大的成就，但是仍然存在几个方面的问题：第一，从 Polanyi 提出嵌入性概念到当前的研究来看，嵌入性概念还是非常抽象，表现在众多研究中嵌入性概念的不一致性，容易造成误解。因此，深刻揭示嵌入性概念的内涵已成为嵌入性理论研究的当务之急。第二，目前嵌入性理论的研究主要关注组织个体经济行为与其外部社会环境之间的关系，没有将嵌入性与企业的战略选择、运营管理等结合起来，未来的嵌入性研究将会更多地关注企业绩效与社会体系之间的关系，探索社会体系影响企业绩效的机理。第三，目前嵌入性理论研究主要集中于定性研究，缺乏足够的实证分析，尤其是大样本的定量分析。

要解决嵌入性理论的三个问题，不但要理清其发展的脉络，而且要把握其演变过程中不变的本质所在。嵌入性理论认为，组织总是嵌入在复杂多样的社会关系和社会结构中，通过嵌入性进行经济交换和社会交换，社会透过嵌入性对组织行为和绩效产生影响。从本质上而言，嵌入性理论是从关系的角度理解组织的行为和效率，是从组织与社会体系的普遍联系中研究它们的相互作用与相互影响。因此，本书将从普遍联系的视角阐述嵌入性理论的发展。

1.1.2　嵌入性内涵：从双边联系到多边联系再到网络复杂联系

从嵌入性概念的起源与发展过程可以发现，最初 Polanyi 的嵌入性是指经济体系的运作过程中所蕴含的社会体系的影响，侧重于经济体系与社会体系间的双边联系；Granovetter 则强调经济行为在社会关系网络中的嵌入性，侧重于组织经济行为与社会体系各方面的多边联系。目前，嵌入性理论则更多地强调经济行为与社会体系间联系的复杂性。

1. Polanyi 的嵌入性

针对人类经济行为的不完全理性，Polanyi（1944）通过研究发现，经济行为总是与经济制度和非经济制度密不可分的，并嵌入其中，也就是说，经济行为作为一种过程，是嵌入在经济和非经济制度之中的。因此，Polanyi 提出了经济体系与社会体系的嵌入性关系问题，即经济行为总是嵌入于文化、习俗等非经济行为中。Polanyi 进一步研究发现，经济体系与社会体系的嵌入性不是静态不变的，而是动态的，即这种嵌入性的性质随着社会的发展而变化，与社会发展的历史进程密切相关。

工业革命前后的两种嵌入性存在着巨大的差异。在前工业革命社会中，经济制度是以“互惠性、再分配和家庭经济”为行为原则的。Polanyi 研究发现，前工业革命社会中的社会组织的职能之一是经济制度，经济制度中的非经济关系影响着组织的经济行为，使社会组织嵌入社会体系中。而在后工业革命社会中，市场经济的发展对组织的经济行为影响巨大，其中，经济行为主要由市场价格来决定，人们按照收益最大化的方式进行交换，因此“互惠性、再分配和交换”成为后工业革命社会的三项基本行为原则。后工业革命社会依据这些原则的市场规律进行不断的自我改造。在这个自我改造过程中，社会与市场不但相互嵌入，而且社会的运行开始附属于市场。因此，Polanyi 得出结论，在近现代的后工业革命社会中，与前工业革命社会相反，社会关系被嵌入在经济体系之中，而不是经济行为被嵌入在社会关系之内。

从实质主义经济学的视角，Polanyi 提出了经济体系与社会体系的嵌入性概念，并用嵌入性概念来解释工业革命前后两个不同社会中的经济体系与社会体系的关系问题。从 Polanyi 的观点可以看出，其嵌入性概念侧重于分析人类经济活动与社会体系的双边联系，如图 1-1 所示。但是，Polanyi 所提出的嵌入性思想在当时并没有引起学者们的注意，直到 Granovetter 在 1985 年进一步发展了嵌入性的概念。

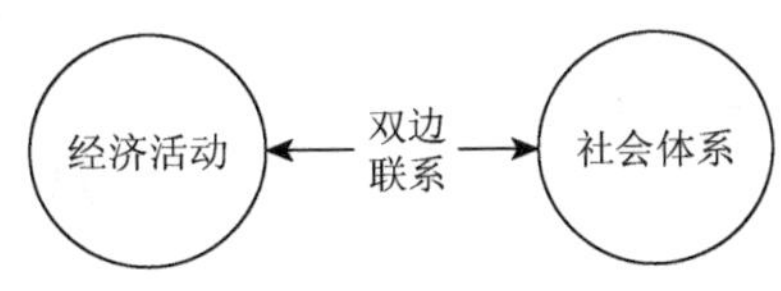

图 1-1　Polanyi 嵌入性的双边联系

2. Granovetter 的嵌入性

多年后，Granovetter（1985）创造性地重塑了嵌入性概念。Granovetter 的嵌入性概念强调了社会对经济行动的影响，将社会关系纳入到经济行为分析当中，从而把嵌入性研究推向了新的阶段，成为嵌入性理论研究的新里程碑。

面对人类经济行为的社会化问题，社会学家和新古典经济学家分别持有两种截然不同的观点。社会学家持有过度社会化的观点，即在社会化过程中，社会共同的价值和规范可以成功地内化到行为人，从而使得行为人对其他人的意见过分敏感，最终完全屈从于这种共同的价值和规范系统；而新古典经济学家则持低度社会化的观点，即人类经济行为在功利主义传统的作用下，生产、分配和消费完全不受社会关系和社会结构的影响。针对低度社会化和过度社会化的两种倾向，Granovetter 认为经济行为是适度嵌入于社会结构之中的，提出了适度社会化的嵌入性思想（Granovetter，2005）。进而，Granovetter 通过研究发现，人类经济行为是在与其所嵌入的社会结构的互动中做出的，必须考虑社会结构对经济行为的影响，特别是社会网络的影响。因此，Granovetter 把嵌入性概念重新定义为经济行为在特定的社会结构中的持续情境化（Dacin et al.，1999）。

对比 Polanyi 和 Granovetter 的嵌入性概念，可以发现 Granovetter 和 Polanyi 对

嵌入性概念的界定存在较大的差异：Granovetter（1985）认为人类经济活动的社会化过程可以被看作是人际互动，而且人际互动产生的信任是组织从事交易的基础；而 Polanyi（1944）则主要强调了人类经济活动是一个制度化的动态过程。

基于 Granovetter 对嵌入性研究的贡献，嵌入性理论已成为连接经济学、社会学与组织理论的桥梁。Granovetter 对嵌入性研究的贡献主要体现在三个方面：首先，Granovetter 进一步发展了嵌入性概念，将 Polanyi 的双边宏观联系的嵌入性内涵推广到多边联系的嵌入性内涵，从而确立了嵌入性理论基础；其次，侧重研究了社会网络对组织自利行为的影响，从而确立了经济社会学分析的基本假设；最后，Granovetter 提出了把网络分析作为研究经济社会学的主要方法，发展了新经济社会学的研究方法体系（Uzzi，1996）。

从 Granovetter 的嵌入性概念可以看出，嵌入性反映了人类经济活动与社会体系的多边联系，如图 1-2 所示。虽然 Granovetter 提出了社会网络分析方法，但其研究还只是侧重于经济活动与社会结构、社会规范、共同价值、人际互动等社会元素之间的联系，嵌入性理论的研究还需要向网络化联系的方向发展，并且与组织绩效密切相关。

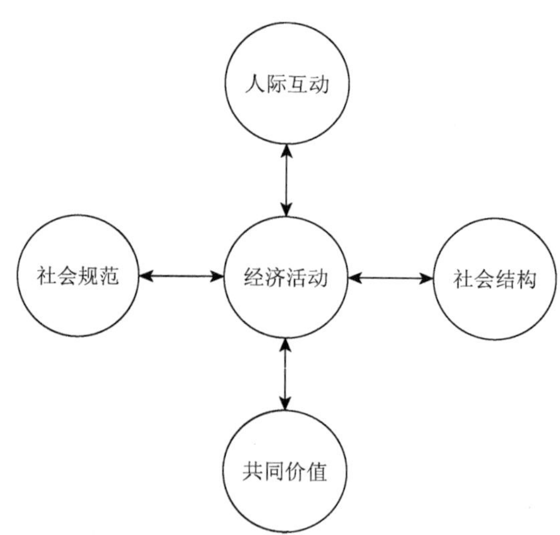

图 1-2 Granovetter 嵌入性的多边联系

3. 概念发展

在 Granovetter 嵌入性理论研究的基础上，众多管理学研究者在组织行为研究领域采用嵌入性理论以分析组织绩效。对于企业所处的社会环境，传统的组织研究理论往往将其看作是企业获取资源的场所，而忽略其对企业行为的影响。事实上，各种社会因素，如社会制度、社会文化等非经济因素在组织发展中扮演重要的角色。嵌入性理论认为，组织的经济行为嵌入在各种组织环境和组织关系网络之中。因而，嵌入性理论被许多学者引入组织理论领域中，用来研究社会体系对组织战略、行为和绩效的影响（耿新和张体勤，2008）。

Zukin 和 Dimaggio（1990）研究发现，社会网络的类型决定了网络中的企业可能获得的潜在机遇，同时，企业在社会网络中的位置和其所维系的关系又决定了其能否把握住机遇。Barber（1995）也对嵌入性概念作了进一步分析。Barber 研究发现，嵌入性理论对经济学和社会学的传统观点的修正是理论上的重大突破。其中，对嵌入性概念的重新构架将推动经济学和社会学领域研究的发展。

20 世纪 90 年代，Granovetter、Barber、Uzzi 等的研究极大地推动了嵌入性理论的发展。嵌入性理论不仅在新经济社会学领域得到了巨大的发展，而且正逐步扩展到组织理论、区域经济等领域的研究。嵌入性理论的发展，不断地将文化、制度、社会关系等因素应用到环境与组织关系的研究中，加深对环境与组织关系问题的理解。从嵌入性概念至今的发展来看，嵌入性概念反映了人类经济活动与多种因素复杂的网络化联系，而且在不同层次上具有不同的表现形式，如图 1-3 所示。

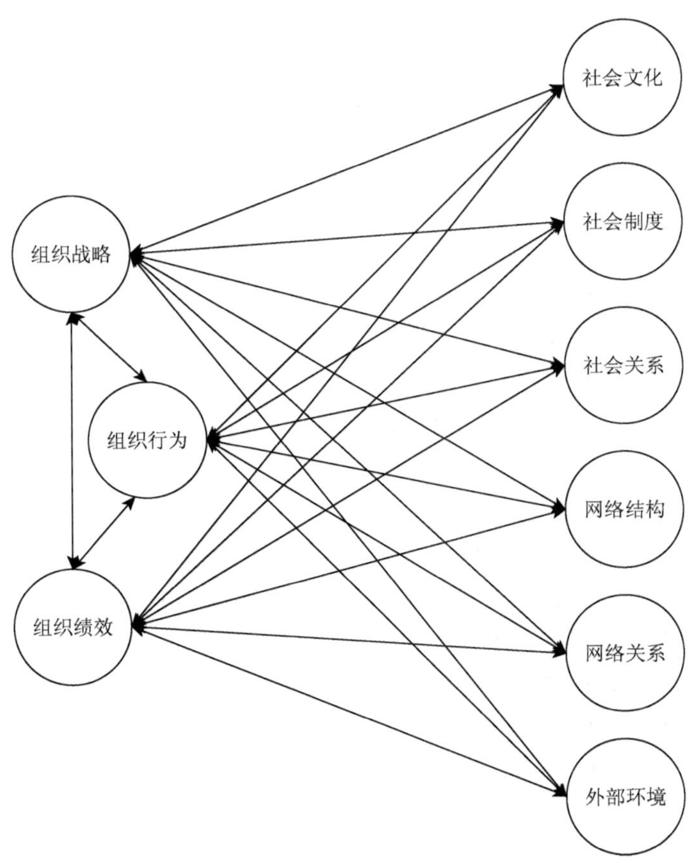

图 1-3 现代嵌入性的网络联系

1.1.3 嵌入性层次结构：从宏观联系到中观联系再到微观联系

基于组织嵌入性特征，Hagedoorn（2006）认为组织行为与其所处的国家和产业环境、社会网络有着密切的关系，两个组织间的双边关系也相互影响。因此，Hagedoorn 从这个角度上，将嵌入性分为三个层次：双边嵌入性、组织间嵌入性和环境嵌入性。

Hagedoorn 的三个层次的嵌入性可被分别看作是合作企业间双边关系、特定国家与产业环境及企业组织间网络对组织经济行为的影响，表现为从宏观联系到中观联系再到微观联系的组织嵌入性，如图 1-4 所示。

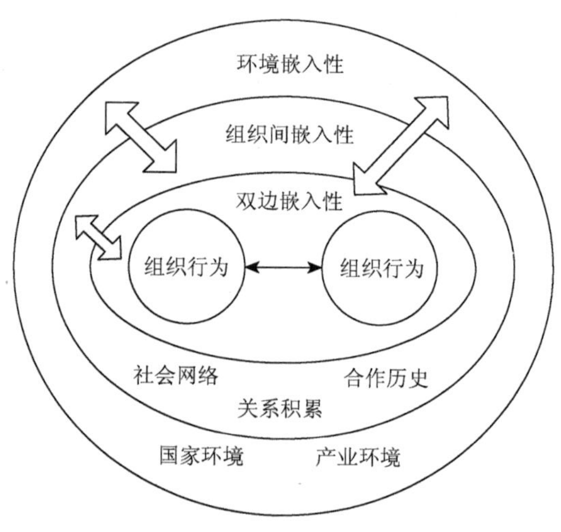

图 1-4 嵌入性的层次结构

1. 环境嵌入性

一个国家或产业的发展环境对于组织的经济行为有着重要的影响。环境嵌入性是指一个国家或产业的特性对组织经济行为的影响（Hagedoorn，2006），包括国家环境嵌入性和产业环境嵌入性。

国家环境嵌入性是指国家环境对组织间合作关系产生的影响，具体表现为隶属于不同国家的组织在建立合作关系时具有不同的倾向。产业环境嵌入性是指组织所处产业的特点对组织间合作关系产生的影响，具体表现在不同类型产业的企业具有不同的合作倾向。例如，高科技行业的企业面对激烈竞争的全球环境更多地选择建立联盟关系，共同进行产品研发和生产制造，而传统制造产业的企业则更多地选择在原材料采购和产品销售上建立合作关系。

2. 组织间嵌入性

在经济活动中，组织要不断地与周围环境中的其他组织发生各种各样的联系。组织间嵌入性是指组织所处的社会网络环境、组织关系积累、合作历史等对其经济行为的影响（Hagedoorn，2006）。组织间嵌入性不但从横向上反映了组织与其他组织建立合作关系的经验的影响，而且从纵向上反映了组织过去参与多种网络的历史经验的影响。

根据知识理论的观点，组织过去的合作经验对组织而言是一项正面的学习情境，有助于合作研发创新的学习效果。Teece 等（1997）研究发现，企业在过去创新过程中的合作经验会直接影响其在新知识开发和获取时对合作伙伴的选择，同时也会影响其获取新知识的程度。因此，企业的历史合作经验是组织进行下一阶段合作行动的重要影响因素。根据交易成本理论，组织间历史合作经验的累积通过降低信息不对称，增强彼此的信任关系，从而大幅度降低组织间的交易成本，增强组织合作的可能性和成功性（Dyer and Singh，1998）。另外，相关的实证研究也表明，企业与其他企业合作的经验不但能够促进其现有合作关系的存续，而且企业可以通过积累合作经验，集聚能力，与其他企业建立新的合作关系。

3. 双边嵌入性

从微观上看，组织之间的双边关系将会对双方的经济行为产生影响。双边嵌入性是指两个组织间的合作关系对组织行为产生的影响（Hagedoorn，2006）。在合作关系中，相互信任是其中一方认为对方诚实的信心，它包含了认知和行为的成分，是以双边预期特性和互惠性为特征的。因此，在双边嵌入性中，相互承诺是双方建立合作关系的关键要素。

在企业的双边关系中，信息不对称造成企业选择新合作伙伴的成本较高，因此，企业更倾向于选择已有的合作伙伴进行合作，这样就可以节省合作伙伴的搜索成本和选择成本（Chung et al.，2000）。当关系信任和相互承诺嵌入企业间的联系时，它就与企业合作关系的稳定性呈正相关关系，所以，企业间熟悉程度对现有合作关系的稳定与持续也是非常重要的（刘雪峰，2007）。

对于嵌入性的层次结构，从宏观的国家环境、产业特性，到中观的企业关系网络，再到微观的企业双边关系，这些嵌入性都会直接影响到组织对外部合作对象的选择，从而影响组织新合作关系的形成。在进行合作关系选择与建立时，组织都会受到不同层次的外部环境和组织惯例不同程度的影响，所以这三个层次往往是一起发挥作用的，必须全面考虑三个层次的综合作用，而单独强调其中一方面的影响对于组织的嵌入性研究来说是不够的（Hagedoorn，2006）。

4. 其他层次的嵌入性

基于 Polanyi 和 Granovetter 的嵌入性思想，多个学者从另一个角度将组织嵌入性分为两个层次：宏观层次嵌入性和中观层次嵌入性，其中中观层次嵌入性又称为网络层次。

宏观层次组织嵌入性研究主要分析组织经济是如何被宏观社会结构所影响和塑造的，试图解释宏观层面的国家制度、社会文化等如何作用于组织及其行为，如 Granovetter（2000）和 Saxenian（1996）分别对硅谷创新优势的成因进行了研究和分析，他们都认为硅谷企业的制度嵌入性和文化嵌入性对于其创新优势的形成有着非常重要的影响。

网络层次组织嵌入性研究主要关注社会关系网络对组织经济行为的影响（Ann Echols，2005）。组织与其他组织、协会、政府机构等发生各种联系，并形成社会关系网络（McEvily and Marcus，2005）。组织经济活动直接嵌入社会关系网络，并与组织环境发生交互作用，进而使得组织获得生存和发展所需的关键信息和资源（Uzzi and Lancaster，2003）。网络层次组织嵌入性侧重分析组织知识溢出、组织学习、组织绩效、组织竞争能力是如何受到组织在关系网络中各种形式嵌入性影响的（Uzzi and Gillespie，2002）。

虽然嵌入性的层次观研究认识到不同层次的嵌入性对组织合作伙伴关系形成的影响存在交互作用（Hagedoorn，2006），但是在一定程度上却忽略了嵌入性关系的结构维度和内容维度。从本质而言，嵌入性理论是从组织关系的角度解释组织经济活动的行为和效率，因而组织嵌入性的进一步研究不但需要考虑组织嵌入性的结构维度（结构嵌入性），还需要考虑组织嵌入性的内容维度（关系嵌入性）。

1.1.4 结构与关系嵌入性：网络联系的视角

从网络联系的视角来看，组织嵌入性将组织看作是一个开放的系统，在经济活动中，不断与社会体系发生错综复杂的联系，最终形成了网络化的嵌入格局。一方面，通过与社会网络中相关组织的持续交往，组织可以获得比网络外组织更多的信息和资源优势；另一方面，组织通过在社会网络占据的恰当位置或选择嵌入于恰当结构的社会网络中，也可以获得信息和资源优势（Granovetter，2005）。因此，网络联系视角的组织嵌入性可以分为结构嵌入性和关系嵌入性（Gulati，1998）。

1. 结构嵌入性

研究发现，组织所处的网络位置或者网络结构可以给组织带来一定的比较优势。结构嵌入性是指组织所嵌入的社会网络结构或者组织在社会网络中的位置所给组织带来的超额价值（包括信息和资源优势）（Gulati，1998）。

结构嵌入性的理论基础是经济学中的社会网络分析，不但分析组织在社会网络中的结构位置，如结构洞、连通度等，而且重点关注社会网络的总体性结构，如网络密度、网络封闭性等，如图1-5所示。结构嵌入性不但强调了网络的整体功能和结构，而且关注企业作为网络节点在社会网络中的结构位置。

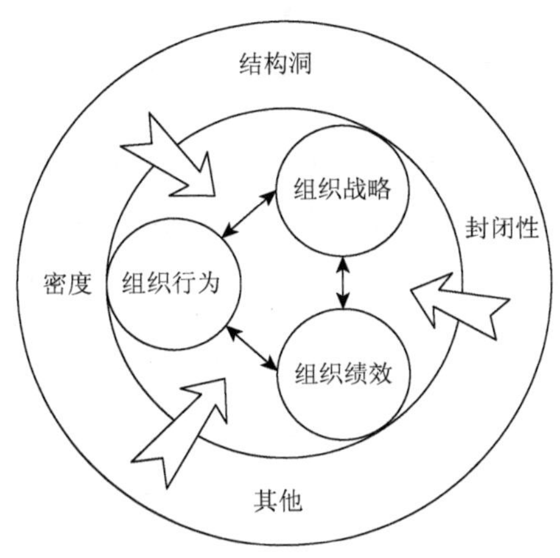

图1-5　结构嵌入性

目前，结构嵌入性的研究重点主要集中在网络的密度、企业在网络中的位置等对组织经济行为和绩效的影响等几个方面。Granovetter研究发现，结构嵌入性对所嵌入的组织有着更为微妙和间接的影响（Granovetter，2000）。这些影响主要表现在结构嵌入性不但给组织提供了发展机遇，而且给组织带来了一定程度的约束。结构嵌入性理论研究中最具影响力的成果当属“结构洞”（structural hole）理论（Burt，1997，1980，1976）。“结构洞”理论指出，一个处于“结构洞”位置的组织能获得对两个未联结组织的控制利益。在社会网络中，组织拥有“结构洞”的数量越多，就会在整个信息传递过程中占据越有利的位置。“结构洞”体现了组织在社会网络中的“桥梁作用”。“结构洞”理论越来越受到更多研究学者们的关注。

对于网络封闭性的研究，Coleman（1988，1987）通过多年的研究发现，网络封闭性对组织的影响具有两面性：一方面，高封闭或高紧密性的网络有助于组织获取更多的信息和资源优势；另一方面，高紧密性的封闭网络所产生的规范性结构也会一定程度上制约和影响组织的行为。

虽然结构嵌入性的研究取得了丰富的成果，并得到了许多学者的认可（Burt，1995），但是结构嵌入性理论仅从网络结构的角度来解释经济行为，忽略了网络关系嵌入的问题，忽略了网络关系内容与网络结构的交互作用问题（Podolny and Baron，1997）。

2. 关系嵌入性

在社会网络中，不但网络结构可以给组织带来优势，而且网络关系也可以给组织带来价值。关系嵌入性是指网络关系给组织带来的一种获取信息和资源的作用机制（Gulati，1998）。

关系嵌入性的理论基础是社会学研究中的社会资本理论，其研究主要集中在社会网络中基于互利合作而形成的组织间的双向关系及其作用机理。关系嵌入性的研究表明，独特的网络关系对于焦点企业的经济行动和绩效有着直接影响（Granovetter，2000）。这种影响的程度通常用网络关系的内容、方向、延续性和强度等指标来测度，也是关系嵌入性研究的主要内容，如图 1-6 所示。

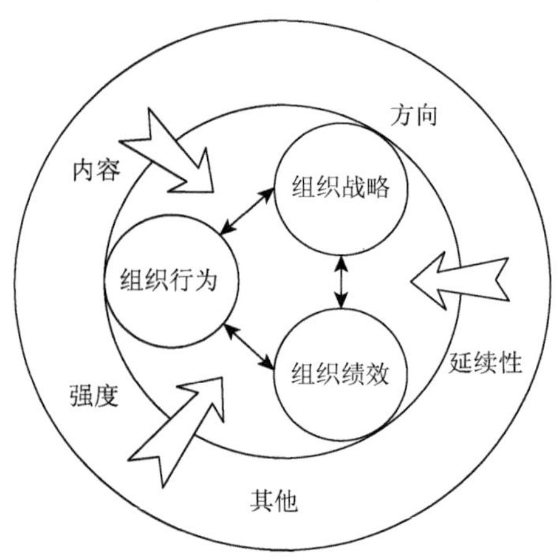

图 1-6　关系嵌入性

已有的研究表明，组织在社会网络中的关系嵌入性会影响资源交换、组织合作和共享知识开发等方面，其中组织间紧密程度、相互信任、合作规范、未来价值预期及知识创造动机对组织的当前经济绩效和未来发展都有直接影响。关系嵌入性已成为组织重要的战略性资源，是组织获取外部信息和资源的重要机制，对组织的创新和绩效有着重要的影响（Gilsing and Nooteboom，2005）。Andersson 等（2002）认为，企业之间不同的关系嵌入性是造成企业绩效差异的重要原因。跨国公司并购后，组织的社会网络覆盖更大的范围，对于知识的获取有着重要的影响（孟执芳等，2011）。

在关系嵌入性的研究中，关系嵌入性的强弱得到了较普遍的研究关注。关系嵌入性的强弱通常用关系强度、关系持久度等来度量。Granovetter（2005）提出，可以用关系持续时间、亲密程度、互动频率及相互服务内容四个指标来衡量关系嵌入性的强弱。按照组织间关系强度的不同进而将关系分为强联结关系、弱联结关系和强弱联结混合型关系三种类型。对于关系强弱如何影响组织绩效的问题，不同的学者有着不同的看法。McEvily 和 Zaheer（1990）认为，在关系网络中，企业间保持弱联结关系将更有助于创新资源和企业竞争能力的获取。基于对企业财务资本的研究，Uzzi（1999）却发现，嵌入在一个强弱联结混合型网络中的企业更有可能获得低利率的贷款。另外，不少学者持有权变的观点，即认为强联结关系、弱联结关系与企业绩效之间的具体作用机理与网络类型有关，受到网络结构的调节作用（Gilsing and Duysters，2008）。

总的来说，虽然在关系嵌入性方面的研究取得了一些公认的成果，但是对于关系嵌入性是如何具体影响企业绩效的问题，还存在诸多的争议。关系嵌入性对企业绩效的影响主要存在以下四种观点：第一种是积极的观点，认为关系嵌入性对企业绩效有正向的促进作用；第二种是消极的观点，认为关系嵌入性与绩效存在反向的关系，具有阻碍作用；第三种是关系嵌入性悖论的观点，认为关系嵌入性与绩效之间呈倒 U 形的关系，即适当的关系嵌入性才能有效促进企业绩效；第四种是权变的观点，认为关系嵌入性对企业绩效之间的促进或阻碍作用是与情境因素有关的，受到情境因素的影响（陈琦，2010）。

1.1.5　政治、文化和认知嵌入性：虚联系的视角

从嵌入性所关联的实体来看，组织在网络联系上的结构嵌入性和关系嵌入性，表现为多个组织实体间的相互影响与制约；同样，组织所处的政治制度、社会文化及长期所形成的群体认知也会影响其经济行为，表现为政治嵌入性、文化嵌入性和认知嵌入性。在一定意义上，可以认为是组织实体与政治、文化和认知等“虚”体之间的虚联系。

1. 政治嵌入性

一个国家或地区的政治环境对组织经济行为会造成一定的影响。政治嵌入性是指一个国家或地区内的组织，其经济行为受到当地的政治环境、政治体制、权力结构的影响。政治嵌入性主要关注政治因素对组织经济行为的作用机理，以及影响和激励组织经济行为的某些制度特征（障碍或缺失）（Zukin and Dimaggio，1990）。政治嵌入性如图 1-7 所示。

众多学者和机构对政治嵌入性进行了研究。经济合作与发展组织（OECD）在 2001 年发布研究报告称，对于公共政策的制定及公共信息平台的建设，政府的

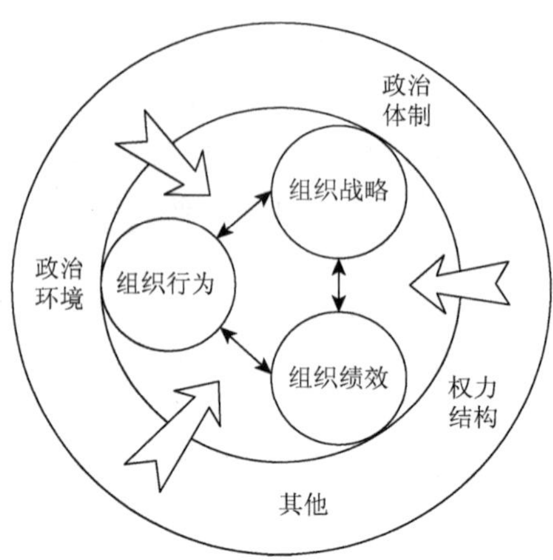

图 1-7 政治嵌入性

推动对辖区内组织经营活动和经济行为的引导或限制作用表现得非常明显。通过对德国 Ruhr 地区的钢铁业集群的研究，Grabher（1993）发现，地方政府及其他相关组织构成了一个非常强大的“政治行政系统”。这个“政治行政系统”中紧密的网络联系不仅赋予了该地区特殊的生产使命和功能定位，还阻碍了区域生产系统的自我更新和业务转型，因此从某种意义上说，政治嵌入性可能变成“负外部性”。

类似于 Zukin 提出的政治嵌入性，Abolafia（2001）提出了制度嵌入性（insititutional embeddedness），即组织与制度环境的关系。通过制度嵌入性，组织不但可以获取某种制度上的“合法性”以利于组织对外部资源的获取，而且又受到所嵌入的制度环境的影响与制约。从这个角度来看，制度嵌入性一定程度上可以解释组织之间的相似性（Johannisson and Karlsson，2014）。

2. 文化嵌入性

组织所处的社会文化环境对其经济行为也有一定的影响。文化嵌入性是指传统价值观、宗教信仰、共有信念、传统惯例等社会文化因素对组织经济行为的制约与影响。文化嵌入性主要关注共有信念、价值观和传统惯例等对组织经济目标实现的促成机理（Zukin and Dimaggio，1990），如图 1-8 所示。通常认为，社会文化包括结构性文化和规则性文化两大类。其中，结构性文化为组织的生存和发展提供了基础；而规则性文化则通常可以视为组织行为的约束力量。

文化嵌入性认为组织经济行为受到社会文化环境的影响（丘海雄和于永慧，2007）。因此，在理解和分析组织经济行为的过程中，文化嵌入性意味着必须充分考虑社会文化差异所造成的影响。众多学者展开了文化嵌入性的研究。Hagedoorn

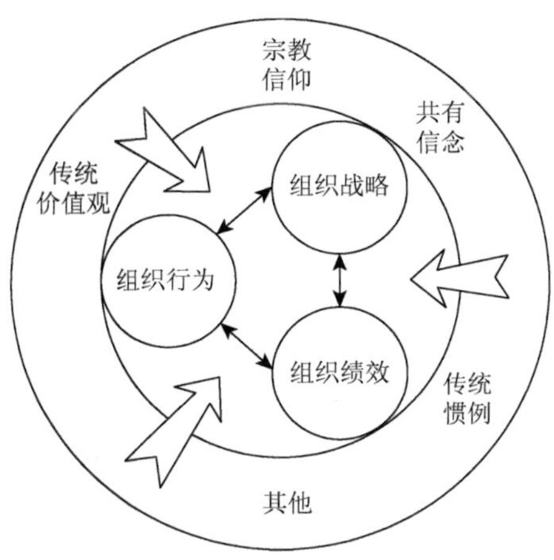

图 1-8　文化嵌入性

(2006)通过研究发现，处于不同社会文化环境中的组织，在进行业务合作选择时，各自倾向也不同。尤其是不同国家的组织，其业务合作选择倾向具有显著差异。众多产业集群研究结论表明，区域商业文化对于区域内企业的经济活动和企业间的合作具有非常显著的影响。另外，信念和意识形态等作为社会文化通常存在的方式，对组织的经济理性行为设定作用范围（Zukin and Dimaggio，1990）。在经济活动中，长期形成的共享集体信念和传统惯例等企业文化塑造了组织活动、结构和过程的形态（Dacin et al.，1999）。

3. 认知嵌入性

在长期的经济活动中，组织如同个人一样也会形成一定的群体认知和群体思维。众多学者研究发现，组织的战略选择、执行及日常的运营管理都会受到这些群体认知和群体思维的显著影响。认知嵌入性是指组织长期形成的群体认知对于组织经济行为的引导或限制。认知嵌入性主要关注群体认知、群体思维、社会认知等对组织经济行为的作用机理（Zukin and Dimaggio，1990），如图 1-9 所示。

一方面，Zukin 和 Dimaggio（1990）通过研究发现，组织在经济活动过程中所形成的结构化的、规律性的群体认知对经济理性的实现有一定程度的限制。另一方面，Dacin 等认为认知嵌入性强调了社会认知、群体认知和群体思维对组织管理行为的塑造作用（Dacin et al.，1999）。可以说，认知嵌入性是对古典经济学中的“理性经济人”假设的质疑，从理论上解释了组织在信息不对称的情况下长期形成的群体认知和群体思维对其战略决策、运营管理的影响。

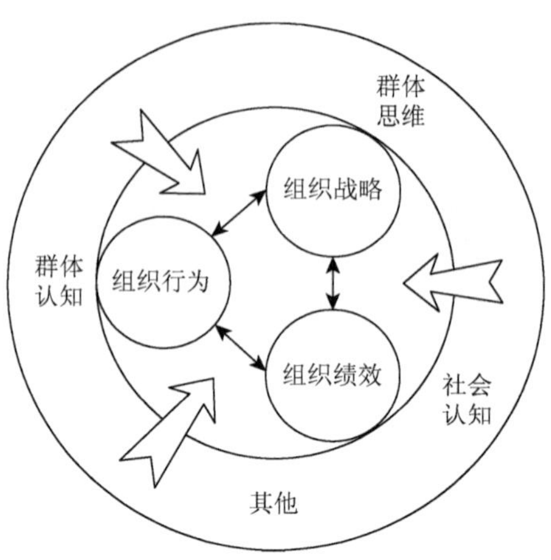

图 1-9　认知嵌入性

1.1.6　小结

嵌入性理论受到学者们越来越多的关注，已经从新经济社会学领域向经济地理学、企业管理、创新理论等领域发展，逐步形成了较完整的理论体系。从普遍联系的视角来分析嵌入性理论，得到如下的结论及进一步研究的展望。

（1）嵌入性的本质在于组织的经济行为与社会体系间的相互引导、促进与限制的错综复杂的关系。

（2）嵌入性的内涵经历了多年的发展，逐渐从一般性的双边联系、多边联系，发展到网络化的复杂联系。未来进一步的研究可以从两个方面入手：一是向系统整体方向发展，对复杂联系进行统计分析；二是从更微观的局部着手，对复杂的联系进行细分和测量。

（3）嵌入性的层次结构涵盖了宏观、中观和微观三个层次，分别从环境嵌入性、组织间嵌入性和双边嵌入性研究组织经济行为与社会体系的关系。未来进一步的研究可以更多地侧重于中观层面的网络视角，因为它不但是衔接宏观与微观层面的纽带，而且便于定量化的研究分析。

（4）网络联系视角的结构嵌入性与关系嵌入性是嵌入性理论的重要组成部分，已经引起了众多学者的关注。未来进一步的研究可以从以下几个方面入手：一是构建更具体清晰的网络架构，定量分析结构与关系嵌入性；二是引入复杂网络（complex network）理论进行更多结构与关系嵌入性的特征分析，如小世界、无标度、介中性等；三是从理论与实证等多个角度，恰当解释结构嵌入性和关系嵌入性的悖论问题。

（5）政治、文化和认知嵌入性具有非实体的表现形式，从虚联系方面引导、促进和制约组织的经济行为，反映了组织的外部环境及组织自身学习对其理性经济行为的嵌入性作用。未来进一步的研究可以从实证的角度，定量或者定性地分析政治、文化和认知的嵌入性作用。

理清嵌入性理论的本质及其发展演变历程，虽然可以在一定程度上明确嵌入性理论的初步架构，但是也对未来进一步的研究提出了新的挑战。随着理论与实证研究的深入，嵌入性理论必将取得更大的发展。

§1.2　服务关系嵌入机理：二分网络嵌入与演化

技术创新及其社会化服务之间相互促进、相互影响，形成了基于创新企业与服务机构间服务关系的“多对多”的二分网络。在服务关系嵌入二分网络的过程中，服务机构在选取创新企业上具有模仿性和自主性，分别对应着择优选择策略和随机选择策略；随着时间的演变，二分网络中的服务关系不断地发生断开与重连。在演化稳定状态下，依据不同的择优选择概率，节点的连通度分布服从二项分布、具有指数截断的幂律分布和脉冲分布。因此，创新与服务二分网络的结构分析对于产业政策的制定有着重要意义。

1.2.1　技术创新与服务的关系

随着区域市场竞争的持续加剧和经济全球化的不断深入，技术创新已成为发展中国家培育企业核心竞争力和提高国际竞争力的必经之路。对于技术创新，众多学者从各种角度展开了分析，提出了不尽相同的概念（李守伟等，2009），但是对于技术创新中的经济性与科技性相结合已达成共识。技术创新本质上是科技经济一体化的过程，涵盖了包括新设想的产生、研究、开发、商业化生产到技术扩散等的一系列活动（李守伟等，2011）。

技术创新是一个复杂的系统工程，涉及环节多，需要较全面的创新资源。同时，创新企业所处环境的快速变动，使其无法完全拥有创新所需的各种要素，独立完成技术创新的全过程已经变得越来越困难（Heikkinen et al.，2007）。创新企业所需的各种创新资源，如资金、人才、技术、知识、设备等，通常散落在不同的组织中，必须跨组织边界获取，以整合外部创新资源和能力，来提高技术创新的绩效（Perks and Jeffrey，2006）。

随着技术复杂性的提高和创新风险的加大，以及在某些创新环节上所出现的能力或资源缺失，创新企业迫切需要外部的社会化服务的支撑。技术创新社会化服务是指各种社会化服务机构参与技术创新全过程，为创新企业所提供的专业化的服务，如投融资、技术转让、研发合作等（李守伟，2012）。技术创新社会化服务的实质就是技术创新活动的外部化和社会化。建立健全技术创新社会化服务体系已成为各国政府推动企业技术创新的一项重要举措。

对于技术创新社会化服务体系，从知识流动的角度来看，创新企业跨越组织边界获取与整合外部服务机构的资源与能力，除了与这些服务机构保持高度的嵌入性并构建适当的关系嵌入结构（McEvily and Marcus，2005），创新企业还必须具备较强的学习与整合能力（李守伟等，2008），不断地将网络资源通过关系的嵌入转换为企业的惯例。

随着现代服务业的发展，服务对于创新的促进作用越来越受到重视。一个产业或区域内存在着若干创新企业和若干服务机构。显然，由于企业创新能力的差异、创新活动的先进性和复杂性，以及创新目标的可达性等因素的影响，不同的创新企业吸引了数量不同的服务机构参与创新活动。服务机构为创新企业所提供的专业化服务，又进一步提高了创新的成功率。因此，创新与服务是不可分割、相辅相成的。服务对于创新是非常重要的，但是服务在创新企业群中的分布又是不均匀的。那么，在系统的演化过程中，服务机构采取什么策略（服务嵌入机制）来选择服务对象——创新企业？是什么服务嵌入演化机制造成了服务关系分布的不均匀？这种不均匀分布具有什么特性？这些都是非常值得研究的问题，也是本节所要解决的问题。

1.2.2　创新与服务的二分网络模型及其规范化

技术创新的社会化服务机构通常包括高校院所、金融机构、中介机构、公共服务平台、行业协会和政府部门等，本书统称它们为服务机构，而将服务对象称为创新企业。

创新服务发生在服务机构与创新企业之间。在围绕单个创新企业的创新活动中，若干服务机构与创新企业建立各种不同的服务关系，形成了以创新企业为核心的、星型网络形式的创新与服务的二分网络，如图 1-10 所示（实心圆表示企业，空心圆表示服务机构，字母表示编号，下同）。对于单个服务机构而言，基于服务能力的局限，服务机构将参与多个创新活动，与多个创新企业建立服务关系，形成了以服务机构为核心的、星型网络形式的创新与服务的二分网络，如图 1-11 所示。

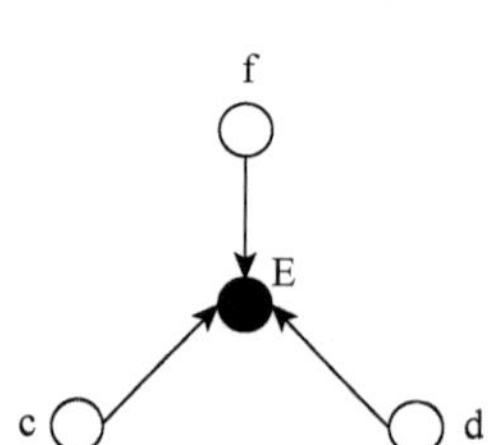

图 1-10　创新与服务的星型网络示意图（企业为核心）

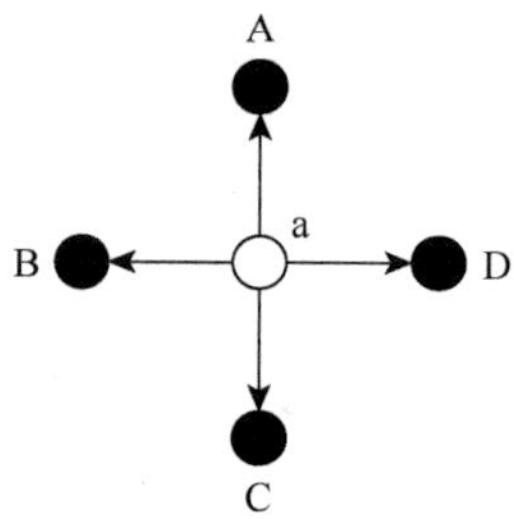

图 1-11　创新与服务的星型网络示意图（服务机构为核心）

事实上，产业或区域内存在着多个创新活动，这些创新活动彼此交织，也就是说，一个创新企业接受多个服务机构的服务，并建立服务关系；一个服务机构参与多个创新活动，服务于多个创新企业，并建立服务关系。这些服务机构与创新企业形成了“多对多”的创新与服务二分网络，如图 1-12 所示（图中 M、N 表示数量，下同）。二分网络中的顶点集分别由创新企业和服务机构集合构成。二分网络的边是服务关系，表示服务机构为创新企业所提供的专业化服务。

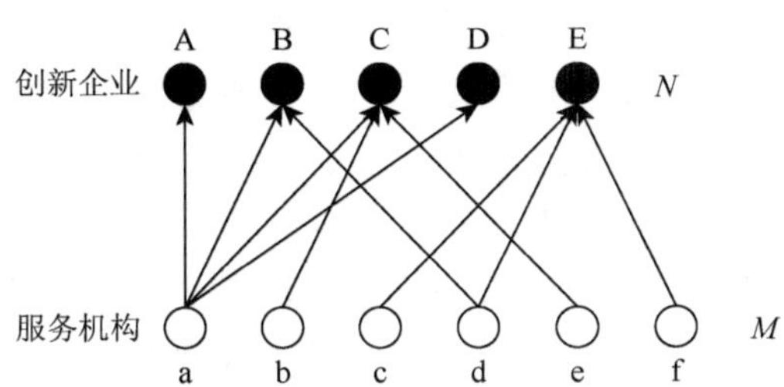

图 1-12　创新与服务的二分网络示意图（“多对多”关系）

本节的研究目的是探索服务关系是如何嵌入创新与服务的二分网络中，在演化过程中服务关系在创新企业集合上是如何分布的。因此，为方便开展问题的研究，本节采用如下等价转换方法对创新企业与服务机构之间的“多对多”关系进行规范化处理，形成服务机构与创新企业之间的“一对多”关系。

将同时服务于 S 个创新企业的一个服务机构分解成 S 个分别服务单个创新企业的“项目型虚拟”服务机构。这种等价转换具有其合理性：服务于多个创新企业的服务机构可以看作是其内部不同的“项目组”分别服务于单个创新企业的创新活动，相当于多个服务机构分别服务于各自的服务对象——创新企业。

基于上面的分析与等价转换，每个服务机构（含“项目型虚拟”服务）服务且仅服务一个创新企业，但不限制具体的服务对象；这样，每个创新企业可以同时被多个服务机构选择为服务对象。因此，服务机构与创新企业之间就形成了“一对多”关系，构成了新的、等价的创新与服务二分网络，如图 1-13 所示。

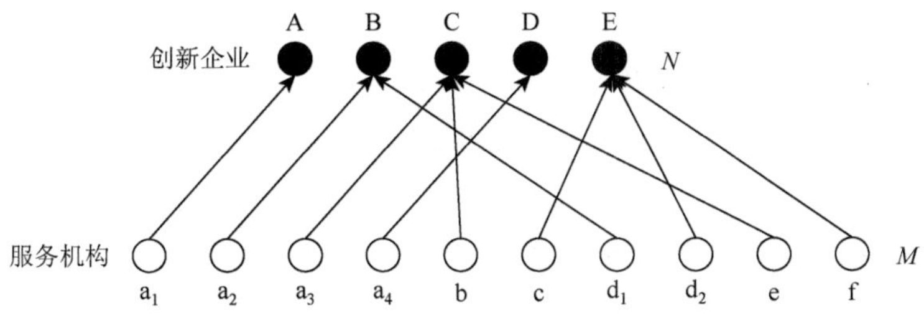

图 1-13　创新与服务的二分网络示意图（“一对多”关系）

1.2.3 服务关系的嵌入机制与演化规则

1. 服务关系的嵌入机制

服务关系的嵌入离不开服务机构的服务行为决策。服务行为决策是指服务机构在选择服务对象、选取服务内容、投入服务资源等服务行为上所作出的决定。服务机构在进行服务行为决策时，会受到各种因素的影响。从服务对象来看，创新企业的技术创新能力、技术创新的复杂性、创新的风险等几个方面将影响服务机构的服务行为决策；从服务机构自身来看，创新服务收益、服务成本，以及创新资源的互补性等几个方面将影响其服务行为决策。

由于服务机构是有限理性的，其服务行为决策不但具有学习或模仿其他服务机构行为的特征，而且也有自主性的一面，具体表现如下。

1）模仿性与择优选择策略

服务机构为减少创新风险、降低服务成本、提高服务收益，通常会采取类似“跟随式”的战略决策，学习或者模仿其他服务机构的服务行为。对于服务对象选择而言，在模仿中，其他服务机构的服务对象将成为其优先选择的服务对象。

因此，服务机构在选择服务对象时，通常会采取择优选取策略，即以正比于创新企业服务关系数的概率选择该企业。也就是说，越多服务机构选择的创新企业，被其他服务机构所选择作为服务对象的概率也就越大。这表明，在服务领域中也存在着一定程度的从众行为。

2）自主性与随机选择策略

除了学习或模仿其他服务机构外，服务机构也会理性地、自主地分析创新企业，自主地作出服务行为决策，这种自主性的现象在服务机构群体的整体上表现为服务机构在服务对象选择上的随机性，即随机地选择创新企业作为服务对象。

由于服务机构存在着自主性，服务机构并不总是采取择优选择策略去盲从其他服务机构的服务选择行为。

2. 服务关系嵌入的演化规则

假设产业或区域内共有 M 个服务机构（含虚拟的服务机构）和 N 个创新企业，在初始时刻，每个服务机构都随机地与一个创新企业建立服务关系。在每个时间间隔内，服务关系发生如下的变化过程。

1）断开服务关系

由于市场竞争的作用，服务机构并不能持续地与一个创新企业建立关系，会随机地发生断裂。也就是说，服务关系具有一定的动态性和脆弱性。因此，在每个时间间隔内，随机地选择一个服务关系并断开。

服务关系的断开意味着创新企业失去相应的服务，因此称断开服务关系的概率为创新企业“失去服务”概率，记为 P_1。

在二分网络中，随机选取一个服务关系等价于随机选取一个服务机构节点，其概率为 $\frac{1}{M}$。创新企业节点的连通度为 k，意味着有 k 个服务机构节点向其提供创新服务，即有 k 条边与该创新企业相连，那么在服务关系断开的过程中，连通度为 k 的创新企业节点被选中的概率为 $\frac{k}{M}$。所以，创新企业失去一个服务关系的概率 P_1 正比于其连通度 k，即为

$$P_1(k)=\frac{k}{M} \tag{1-1}$$

2）重连服务关系

根据模型的假设，每个服务机构节点服务且仅服务一家创新企业，因此断开的服务关系还要重新与新的创新企业建立服务关系，即服务于其他创新企业。

服务关系的重新连接意味着创新企业获得相应的创新服务。因此重新连接服务关系的概率称为创新企业“获得服务”概率，记为 P_2。图 1-14 给出了规范化的二分网络中服务关系断开与重连的示意图。

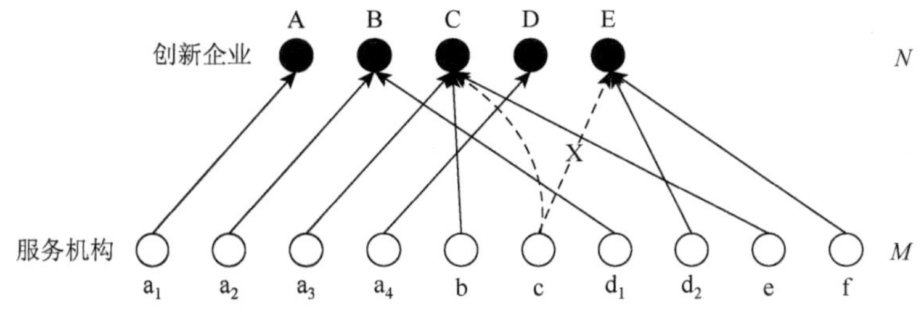

图 1-14　创新与服务二分网络的关系嵌入演化示意图

在服务关系重连的过程中，服务机构受到自身内在因素和外界环境因素的双重影响，服务机构在选择服务对象（创新企业）时，要么采取择优选择策略，要么采取随机选择策略。

对于择优选择策略而言，其他服务机构的选择在一定程度上影响其服务对象的选择，表现出服务机构的学习或模仿特性，倾向于选择被大多数服务机构所认可的创新企业。显然，如果一个创新企业接受的服务越多（连接数越多），那么这个创新企业被再次选中的概率也就越大，表现出服务机构择优选择服务

对象的现象。所以，连通度为 k 的创新企业被择优选中的概率为 $\frac{k}{M}$。假设采取择优选择策略的概率为 P，则服务机构节点以概率 P 择优选择创新企业节点并建立服务关系。

同时，服务机构也会根据产业或区域的内外信息，分析创新企业各自的服务价值、服务成本和风险等因素，并从中选择一个创新企业进行服务。从众多服务机构群体的整体性来看，这种选择服务对象的方式是随机的，表现出服务机构的自主性特征，即服务机构不盲从地选择新的创新企业作为服务对象，从而任一创新企业被随机选中的概率为 $\frac{1}{N}$。所以，服务机构以概率 $1-P$ 随机选择创新企业并建立服务关系。

最后，创新企业获得服务的概率为

$$P_2(k)=P\frac{k}{M}+(1-P)\frac{1}{N} \tag{1-2}$$

1.2.4 演化稳定状态下创新企业节点的连通度分布

1. 节点连通度分布的意义

从网络理论的角度来看，节点连通度分布是区别于其他网络的一个特性。例如，规则网络中所有节点有相同的度，因此其度分布是一个单点分布；由 Erdŏs 和 Rnyi 于 1959 年 10 月提出的 ER 随机网络的度分布是泊松分布；无标度网络的度分布是幂律分布。

从创新与服务二分网络的实际意义来看，企业节点连通度可以在一定程度上表示创新企业的技术创新能力，也可以表示参与创新的服务机构节点数量。企业节点连通度分布则表明在创新能力影响下服务关系嵌入二分网络后在创新企业集合上的布局，对于分析产业创新能力有着重要的指导意义。

2. 演化稳定状态下创新企业节点连通度

根据创新与服务二分网络的服务关系嵌入演化规则，假设在 t 时刻连通度为 k 的创新企业节点数为 $n(k,t)$，那么创新企业节点的连通度分布为 $P(k,t)=n(k,t)/N$，显然，求解 $P(k,t)$ 等价于求解 $n(k,t)$。

由 t 时刻到 $t+1$ 时刻，连通度为 k 的创新企业节点数的变化 $\Delta n(k)$ 主要是由三个方面决定的：① $n(k+1,t)$ 个创新企业节点的连通度由 $k+1$ 变成 k；② $n(k-1,t)$ 个创新企业节点的连通度由 $k-1$ 变成 k；③ $n(k,t)$ 个创新企业节点的连通度保持不变。因此，$\Delta n(k)$ 满足等式

$$\begin{aligned}\Delta n(k) = n(k,t+1) - n(k,t) = n(k+1,t)P_1(k+1)[1-P_2(k+1)] \\ + n(k-1,t)P_2(k-1)[1-P_1(k-1)] \\ - n(k,t)P_1(k)[1-P_2(k)] \\ - n(k,t)P_2(k)[1-P_1(k)]\ (0 \leqslant k \leqslant M)\end{aligned} \tag{1-3}$$

在演化稳定状态下，创新企业节点连通度满足 $\lim_{t\to\infty} n(k,t) = n(k)$，即企业节点的连通度不随时间的变化而变化，$\Delta n(k) = n(k,t+1) - n(k,t) = 0$，所以，由等式（1-3）可得

$$\begin{aligned} n(k+1)P_1(k+1)[1-P_2(k+1)] - n(k)P_2(k)[1-P_1(k)] \\ = n(k)P_1(k)[1-P_2(k)] - n(k-1)P_2(k-1)[1-P_1(k-1)]\end{aligned} \tag{1-4}$$

等式左边表示服务关系的断开，右边则表示服务关系的重连。由各个时间间隔内的演化规则的对称性可得，在稳定状态下，每个时间间隔内断开与重连的服务关系数达到均衡，则 $n(k)$ 满足方程

$$n(k)P_1(k)[1-P_2(k)] = n(k-1)P_2(k-1)[1-P_1(k-1)] \tag{1-5}$$

所以，可得递推方程

$$n(k) = n(k-1)\frac{[1-P_1(k-1)]}{P_1(k)}\frac{P_2(k-1)}{[1-P_2(k)]} \tag{1-6}$$

由于企业节点平均度为 $\bar{k} = M/N$，同时将式（1-1）、式（1-2）代入式（1-6），可得

$$\begin{aligned} n(k) &= n(k-1)\frac{M-k-1}{k}\frac{\left(\frac{1-P}{P}\bar{k}+k-1\right)}{\frac{M}{P}-\frac{1-P}{P}\bar{k}-k} \\ &= n(0)\frac{M}{1}\frac{\frac{1-P}{P}\bar{k}}{\frac{M}{P}-\frac{1-P}{P}\bar{k}-1}\cdots\frac{M-k+1}{k}\frac{\frac{1-P}{P}\bar{k}+k-1}{\frac{M}{P}-\frac{1-P}{P}\bar{k}-k} \\ &= n(0)\frac{\Gamma(M+1)}{\Gamma(k+1)\Gamma(M+1-k)}\frac{\Gamma\left(\frac{1-P}{P}\bar{k}+k\right)}{\Gamma\left(\frac{1-P}{P}\bar{k}\right)}\frac{\Gamma\left(\frac{M}{P}-\frac{1-P}{P}\bar{k}-k\right)}{\Gamma\left(\frac{M}{P}-\frac{1-P}{P}\bar{k}\right)}\end{aligned} \tag{1-7}$$

令常数部分为 $A = \frac{n(0)}{N}\frac{\Gamma(M+1)}{\Gamma\left(\frac{1-P}{P}\bar{k}\right)\Gamma\left(\frac{M}{P}-\frac{1-P}{P}\bar{k}\right)}$，可得企业节点连通度分布为

$$P(k) = A\frac{\Gamma\left(k+\frac{1-P}{P}\bar{k}\right)}{\Gamma(k+1)}\frac{\Gamma\left(\frac{M}{P}-\frac{1-P}{P}\bar{k}-k\right)}{\Gamma(M+1-k)} \tag{1-8}$$

企业节点的连通度分布 $P(k)$ 主要由两个伽马函数比值来决定。当$1 \ll k \ll M$，$\frac{\Gamma\left(k+\frac{1-P}{P}\bar{k}\right)}{\Gamma(k+1)} \propto k^{-\gamma}[1+O(k^{-1})]$，其中 $\gamma = 1-\frac{1-P}{P}\bar{k} \leqslant 1$；当 $(1-P) > \frac{1}{M}$ 且 $k \ll M$，$\frac{\Gamma\left(\frac{M}{P}-\frac{1-P}{P}\bar{k}-k\right)}{\Gamma(M+1-k)} = \frac{\Gamma\left(M+\frac{1-P}{P}M-\frac{1-P}{P}\bar{k}-k\right)}{\Gamma(M+1-k)} \propto \exp(-\varsigma k)\left[1+O\left(\frac{k}{M}\right)\right]$，其中 $\varsigma = -\ln(P)+O(M^{-1}) \approx -\ln(P)$。

所以，对于较大的连通度，演化稳定状态表现出三种形态。

（1）对于一个适中的择优概率 P，$\frac{1}{M} \leqslant (1-P) \leqslant \frac{1}{1+\bar{k}}$，创新企业节点连通度分布是具有指数截断的幂律分布：$P(k) \approx k^{-\gamma}\mathrm{e}^{-\varsigma k}$，其中，$\gamma = 1-\frac{1-P}{P}\bar{k} \leqslant 1$，$\varsigma = -\ln(P)$。

（2）对于较小的择优概率 P，$\frac{1}{1+\bar{k}} < 1-P \leqslant 1$，服务关系在创新企业节点上的分布主要由服务机构的随机选择概率所决定。当择优选择概率 $P \to 0$，企业节点连通度分布更接近二项分布。若 $P=0$，则企业节点连通度分布服从二项分布。

（3）对于较大的择优概率 P，$0 \leqslant 1-P < \frac{1}{M}$，服务关系在创新企业节点上的分布主要由服务机构的择优概率决定。第二个伽马函数比值随 k 的增大而增大，当 $k=M$ 时，几乎所有的服务机构都服务于同一个创新企业，此时节点连通度在 $k=M$ 处形成尖峰形式的脉冲分布。

1.2.5　演化稳定状态下服务机构社区结构

服务机构参与创新企业的技术创新过程，不但给企业提供专业化的服务（尤其是知识密集型服务），而且服务机构之间在整个技术创新过程中也会发生知识的流动与分享，从而激发知识创造与创新。因此，参与知识分享的服务机构规模也是衡量产业技术创新绩效的一个重要指标。

将创新与服务的二分网络向服务机构节点一侧进行投影，可以得到若干个全连通的子网络。图 1-15 给出了图 1-14 所示的“规范”二分网络的投影示意图。每一个子网络被称为一个服务机构投影网络社区。

在演化稳定状态，社区规模的分布是具有 k 个节点的社区占社区总数的比例，$k=1,2,\cdots,k_{\max}$。

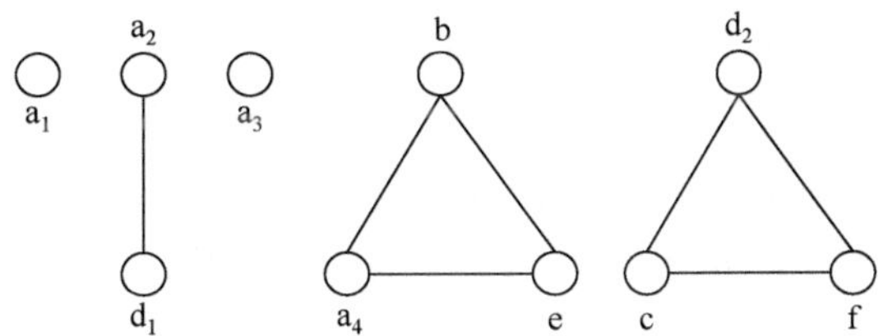

图 1-15　创新与服务二分网络的服务机构投影网络

从图 1-15 可以看出，二分网络向服务机构节点一侧的投影网络是由 N 个全连通的网络社区构成的，每个网络社区的节点数（规模）等同于所连接的创新企业节点的连通度数。所以，

$$f(k)=\frac{n(k)}{N}$$

其中，$n(k)$ 表示规模为 k 的网络社区个数；N 表示网络社区的总个数，即创新企业的节点数。从而可知，投影网络社区的规模分布 $f(k)$ 与创新企业节点连通度分布 $P(k)$ 的规律是一样的。

1.2.6　实证与计算实验分析

1. 实证分析

本节采用产学研合作对服务关系嵌入机理、服务与创新二分网络进行实证分析。产学研合作是指企业和科研院所、高等学校之间的合作，其中企业作为技术需求方，科研院所或高等学校作为技术供给方。产学研合作的实质是促进技术创新所需各种生产要素的有效组合。产学研合作已得到各级政府的高度重视。各地政府纷纷开展以企业为主体、市场为导向，广泛集聚吸纳国内外高校、科研院所的技术、人才、自主知识产权等资源的产学研合作项目，积极促进科技成果转化为现实生产力，推动地方科技进步和经济发展。因此，本节选取镇江市产学研合作计划资金资助的项目作为实证分析对象。

镇江市于 2008 年 2 月发布了《镇江市产学研合作计划项目资金管理办法》，用于扶持企业和高校、科研院所合作的产业化项目研发经费补助和项目产业化达到预期目标后对企业和高校、科研院所进行奖励的专项资金，鼓励以镇江市的企业为依托单位、以国内外科研院所作为技术依托单位，共同完成产学研合作计划项目。通过调研发现，2011～2013 年期间镇江市产学研合作计划项目资金共资助了 456 项计划项目，涉及镇江市的企业 299 家、国内外科研院所 170 所。将创新企业和研发机构作为两类不同的节点，以它们之间的产学研合作项目为连线（如果企业和研发机构之间共同承担了产学研合作计划项目，那么这两个节点之间就用线连起来），可以得到产学研合作的二分网络，如图 1-16 所示。为便于观察，网络图中的节点分别用两种不同的颜色标出（企业用正方形节点表示，科研院所用圆形节点表示），并在一个椭圆形上排列。从图中可以看出，节点间的边的分布极不均匀，少量节点拥有大量的连线，而大量节点的连线则很少。

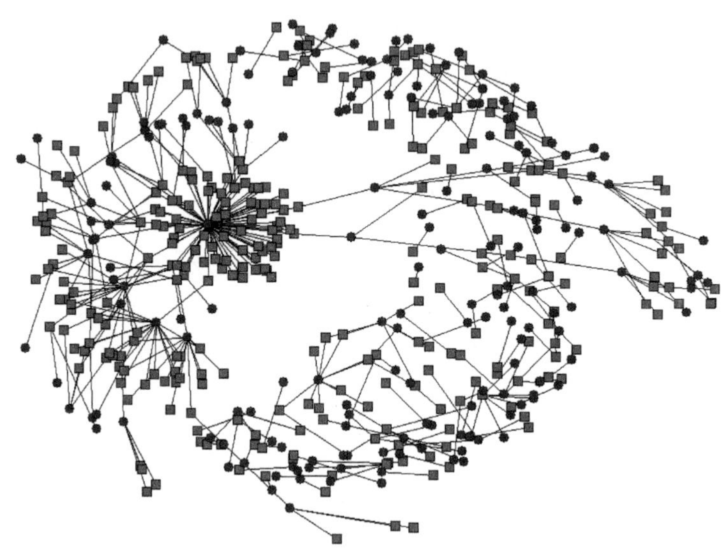

图 1-16　镇江市产学研合作二分网络

根据二分网络的投影算法，将上述二分网络向科研院所类别的节点集合上进行投影，可以得到创新企业的投影网络，如图 1-17 所示（其中，孤立的节点未绘制出来）。从图 1-17 中可以看出，投影网络是由多个网络社区构成的。

下面分析投影网络的节点连通度分布情况。首先，采用 Ucinet 软件计算科研机构投影网络的节点连通度；其次，采用 Matlab 软件对节点连通度进行指数截断的幂律分布拟合，可以得到投影网络节点连通度分布图，如图 1-18 所示。从图中可以看出，节点连通度分布服从指数截断的幂律分布（power law distribution with exponential cutoff）。图 1-18 中只拟合了后段的幂律分布部分，其中幂律分布的指数 $\gamma = 2.73$。通过观察图 1-18 中的分布规律并结合前面的理论分析，发现现实中的产学研合作关系的建立不是随机性的，而是择优性的。企业与服务机构在签订合作协议、开展产学研合作之前都会对另一方加以了解、比较，进而选择能力强的合作方，或者有针对性地选择合作方开展技术创新。

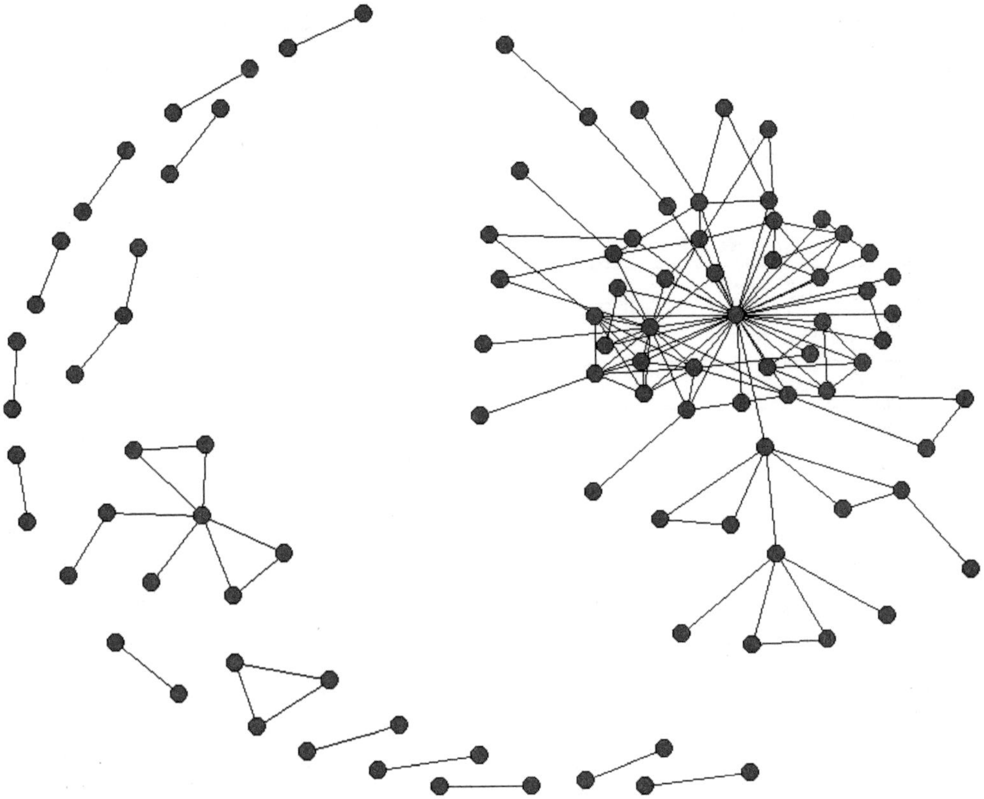

图 1-17　镇江市产学研合作二分网络的投影网络

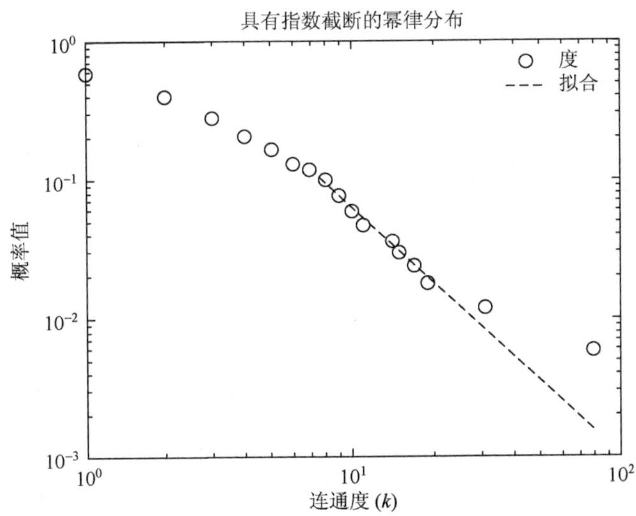

图 1-18　镇江市产学研合作二分网络的投影网络连通度分布

同时，采用 Ucinet 软件对投影网络的节点连通度进行了统计分析，如表 1-1 所示。根据投影算法和产学研合作计划项目，投影网络的平均度为 2.788，意味着每个企业通过大约 2.788 个产学研合作计划项目，与其他企业建立了联系，从而有利于知识在产业网络中的扩散。

表 1-1　科研机构投影网络节点连通度统计数据

项目	度（degree）	标准化度（nrm degree）	份额（share）
平均值（mean）	2.788	0.137	0.006
标准差（Std Dev）	7.108	0.350	0.015
总度数（Sum）	474.000	23.373	1.000
方差（variance）	50.520	0.123	0.000
平方和（SSQ）	9910.000	24.096	0.044
中心均值平方和（MCSSQ）	8588.377	20.882	0.038
欧氏范数（Euc Norm）	99.549	4.909	0.210
最小值（minimum）	0.000	0.000	0.000
最大值（maximum）	79.000	3.895	0.167
网络中心性（network centralization）		3.80%	
网络异质性（network heterogeneity）		4.41%	
网络标准性（network normalized）		3.85%	

2. 计算实验分析

实证分析只给出了节点连通度服从具有指数截断的幂律分布的情况，无法全面表征连通度分布的三种类型。为了验证第二、三种情况的存在，采用计算实验的方法加以分析。

下面给出一次典型的计算实验的结果，其中参数的取值为：服务机构的数量 $M=500$，创新企业的数量 $N=100$。在初始时刻，每个服务机构随机选择一个创新企业并建立服务关系。经过一段时间的演化，服务机构和创新企业构成的二分网络达到了相对稳定的状态，这种稳定状态对于分析服务关系在创新企业节点上的分布有着重要的意义。

分别取随机选择策略的概率为 0.001、0.01 和 0.1，让创新与服务二分网络的演化时间为 $t=10^4$ 单位，可以得到服务关系在创新企业节点上的分布（创新企业节点的连通度分布），如图 1-19 所示。从图 1-19 中可以看出，创新企业节点连通度分布服从具有指数截断的幂律分布。由于服务机构投影网络的社区规模分布与创新企业节点连通度分布具有同样的规律，在这里就不再给出服务机构投影网络的社区规模分布图。

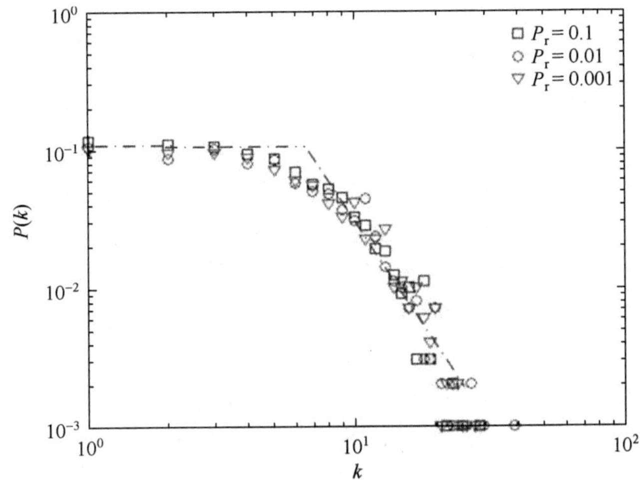

图 1-19　具有指数截断的二分网络企业节点连通度分布图

分别取随机选择策略的概率为 0.5 和 1，在系统演化 $t=10^4$ 时间后，可以得到创新企业节点的连通度分布，如图 1-20 所示。从图 1-20 中可以看出，创新企业节点连通度分布近似服从二项分布。

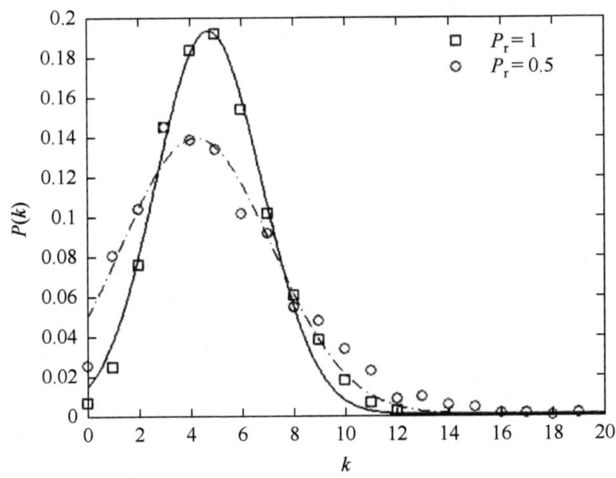

图 1-20　近似服从二项分布的二分网络企业节点连通度分布图

1.2.7 小结

服务对于技术创新有着重要的推动作用。在技术创新过程中，服务机构与创新企业在服务关系的基础上形成了二分网络。

服务机构的服务行为具有学习模仿性和自主性两个特点，与此对应的是在服务对象选择上的两种策略：择优选择策略和随机选择策略。在两种策略的作用下，二分网络经过一段时间的演化，逐步达到了稳定状态。在演化稳定状态下，服务关系在创新企业节点上的分布具有三种规律：①对于[0, 1]区间上适当的服务机构采取择优选择策略的概率，服务关系分布是具有指数截断的幂律分布；②对于[0, 1]区间上较大的服务机构采取择优选择策略的概率，服务关系分布近似趋向于脉冲尖峰形式的分布；③对于[0, 1]区间上较小的服务机构采取择优选择策略的概率，服务关系分布近似服从二项分布。

本节的小结和实证分析对于政府制定技术创新政策有着重要的指导意义。首先，从实证分析可知，政府可以加强指导创新服务机构（研发机构、高校等）与企业之间合作关系的建立，提高研发项目合作的有效性，提高服务机构择优选择策略的应用水平；其次，从投影网络的连通度分布可知，政府应大力促进产业的集群化发展，从而降低服务机构的择优选取策略的搜索成本，提高创新服务的时效性；最后，由服务行为的学习模仿性可知，政府应该加强对优秀、优质服务机构的宣传推广工作，让其他服务机构进行学习和模仿，提高其服务能力。

本节的演化模型及其理论推导是基于将各种类型的服务机构和服务关系统一看成是无差异化而得到的，进一步的研究将有区别地对待各种类型的服务机构和服务关系，以期得到更贴近客观实际的结论。

§1.3 服务关系嵌入模式：产业网络特征与技术创新能力

任何一个企业在进行技术创新时，首先要解决技术源获取方式的问题。一般而言，获取技术源可采用自主研究与开发或技术转移吸纳和兼并创新企业两种方式。但随着技术复杂性的提高，创新企业无论采取哪种方式，都无法独立完成技术创新，迫切需要专业化的服务。

技术创新社会化服务能够在一定程度上提升企业的技术创新能力。产业网络中的服务关系形成了各种不同形式的关联模式，这些关联模式在一定程度上整合了各种服务关系与服务能力，进而提升了企业的技术创新能力。创新网络的有效性体现在创新主体从网络中获得的对创新资源的有效配置能力和对创新的有效扩散能力（李守伟，2012）。

1.3.1　产业网络中的服务关联模式

产业网络服务关联模式是指产业中的企业、机构及它们之间所建立的各种服务联系的组合形式。服务关联模式的形成，不但与服务机构类型有关，而且与企业的技术创新过程有关。

服务关联模式主要从四个方面来区分：网络的关联要素、节点的异质性、关系的异质性和模式的拓扑结构。网络的关联要素主要是指网络的技术、价值、信息和社会等；节点的异质性主要是指创新企业与服务机构在规模、能力等方面的差异；关系的异质性主要是指模式中的各种服务关系在类型、权重等方面的差异；模式的拓扑结构主要是指这些服务关系在节点之间的分布情况。拓扑结构的表现形式具有一定规律性，可以用来对服务关联模式进行分类。

1. 两节点服务关联模式

最基本的服务关系是建立在服务机构与创新企业之间的，通过专业化的服务，创新企业提高了效率，而服务机构则获得了创新成果带来的高额收益。这样，创新企业、服务机构及它们之间的服务关系就构成了基本服务关联模式，如图 1-21 所示。

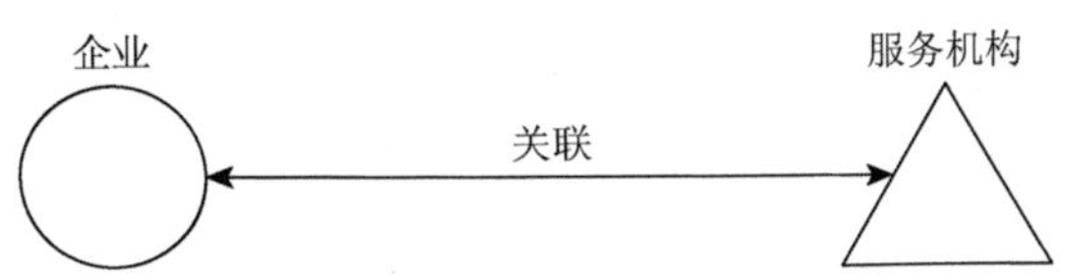

图 1-21　两节点服务关联模式

采用数学公式可表示为 $\mathrm{RM}(1,1)=f(E,S_1,R_1)$。

从上式可以看出，最基本的服务关联模式由三个部分构成：创新企业、服务机构和服务关系。如果用网络语言来描述，前两者被称为节点，而服务关系被称为边或者连接。

2. 三节点服务关联模式

一般而言，创新企业不是仅与一个服务机构建立服务联系，而是与多家服务机构建立不同形式的服务联系。以两个服务机构为例，创新企业与服务机构之间形成了三节点的服务关联模式，如图 1-22 所示。从图 1-22 可以看出，服务机构之间也可能在为技术创新企业提供专业化服务的过程中建立服务关系。

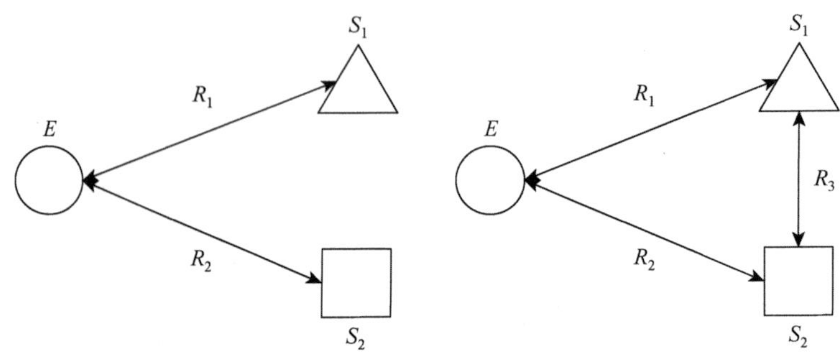

图 1-22　三节点服务关联模式

三节点的服务关联模式的数学表达式为 $\mathrm{RM}(1,2)=f(E,S_2,R_n)$，$n=1$或2。对于一个创新企业与多个服务机构的关联模式，可依此类推。

3. 复杂服务关联模式

事实上，一个创新企业需要多个服务机构的专业化服务。同样，一个服务机构可能同时为多个创新企业提供专业化的服务，因此在特定时空上，同一产业或同一区域内的多个技术创新过程交织在一起，形成了更为复杂的服务关联模式。

4. 服务关联模式的分类

这些服务关联模式在一定程度上促进了技术的进步，提高了技术创新的效率，所以非常有必要分析服务关联模式对技术创新能力的增强机制。然而，这些模式在时空上彼此交错，交织在一起，无法判断一个单独的关联模式对创新能力的影响。将这些服务关联模式进行拆分，分析它们在相同属性上的差别，进而分析这些属性对于创新能力的增强机制。通过以上对关联模式的分析，可以将网络关联模式的属性归纳为四个方面：要素构成、节点匹配、关联强度和关联分布情况。那么，接下来的部分将对这四个方面进行具体的分析，在各自分析服务关联模式的同时分析研究其对创新能力的影响。

1.3.2　要素构成模式分析

在产业网络服务关联模式中，其组成要素可分为两类：节点和边。其中节点又可分为两大类：创新企业与服务机构。

毋庸置疑，这些差异性总是存在的，特别是对每一个构成要素而言。异质性包括企业规模、建立年份、资本密集度、所有权、人力资本、组织方式、技术选择等方面特征的差异。简单来说，异质性主要是指一个节点或关系明显区别于其他节点或关系的特性，这些属性对于区分服务关联模式是非常重要的，但又无法具体到单个分类再进行分析。因此，将这些构成要素之间的差异进行归纳分为两个大类：节点异质性、关系异质性。

1. 节点异质性

创新企业作为技术创新发起、实施和收益的主体，是关联模式中的关键与核心。创新企业之间的差异主要表现在企业的规模、技术创新能力、企业发展现状、技术层次等几个方面，其中技术创新能力是关键区别之一。服务机构之间的差异主要表现在服务机构的服务类型、规模、发展现状、服务能力等几个方面，其中，服务机构的类型决定着其主要的服务方式，服务能力影响着服务关系的稳定性和技术创新的成功率。另外，创新企业与服务机构这两类节点显然有着截然不同的差异。

产业网络中的节点主要包括企业、大学和科研机构、政府服务部门、资本市场、供应商、客户等。对于创新而言，除企业作为创新的主体外，其余的节点都可以看作是服务机构。

企业是创新投入、活动和收益的主体；大学和科研机构是科研成果与创新的重要源头，不但可以为企业提供先进的科研成果，而且可以弥补企业自主研发能力不足的缺陷；政府服务部门不仅是创新过程的主要参与者，也是创新活动的重要推动力量，它通过对创新活动的引导、激励、协调等政策措施，对整个创新过程施加着影响；资本市场为创新活动提供着强大的资金支持，创新活动只有与资本完美地结合才能产生巨大的效果，尤其是随着创新活动所需资金越来越大，资本的重要性也越来越凸显出来；中介机构和供应商的存在促进着组织与组织之间的沟通，其对创新活动的重要性也随着创新专业分工的发展慢慢地体现出来。

这些企业或组织机构对创新活动提供的不同（异质性）的产品或服务，不仅可以帮助组织自身在激烈的市场竞争中通过比较优势很好地生存下来，更为重要的是，它们一起为创新活动提供的合力产出了强大的创新能力。

2. 关系异质性

产业网络中的边是创新企业与服务机构之间的服务联系。服务联系的差异主要体现在两个方面：服务关系的类型和权重。

产业网络中服务关系可以划分为以下五种类型。

（1）企业与企业之间的连接关系。这种连接关系主要以战略联盟的形式存在。在战略联盟内部，企业为实现自己的目标，企业间形成了在共同利益基础之上的优势互补、分工协作、股权控制形式的网络联盟。

（2）企业与大学和科研机构之间的产学研关系。这种合作创新有多种方式：

工程项目的方式、产学研联合体的方式、研究中心的方式和学院的方式。通过这些方式，企业与大学和科研机构之间进行优势互补，共同合理提高创新的效率。

（3）企业与政府之间的关系主要表现为政府积极参与并推动企业的创新活动，主要是实行政策方面的优惠措施，以及为企业提供科研经费与技术、信息等。

（4）企业与资本市场之间的连接关系主要是资本市场为企业提供资金支持，企业相应地回馈给资本市场以投资回报。由于从事创新活动有较大的风险，企业需要资本市场来一起抵御风险，而资本市场又通过资金的供给来参与和引导企业的创新活动。

（5）企业与中介机构的关系。中介机构主要包括行业协会、信息中心、咨询机构等，通过在创新主体之间沟通联系来促进组织间信息的共享，进而改善创新活动的环境和提高企业的创新质量。

3. 要素构成对创新能力的影响

要素构成主要包括节点异质性和关联异质性，节点的异质性增加使得创新的分工更为明显，不同性质的企业对创新资源的需求不尽相同，从而使得创新资源在不同的企业间有效地配置，节点异质性的增加也使关系的异质性更为丰富，加快了创新和知识的扩散。其影响关系如图 1-23 所示。

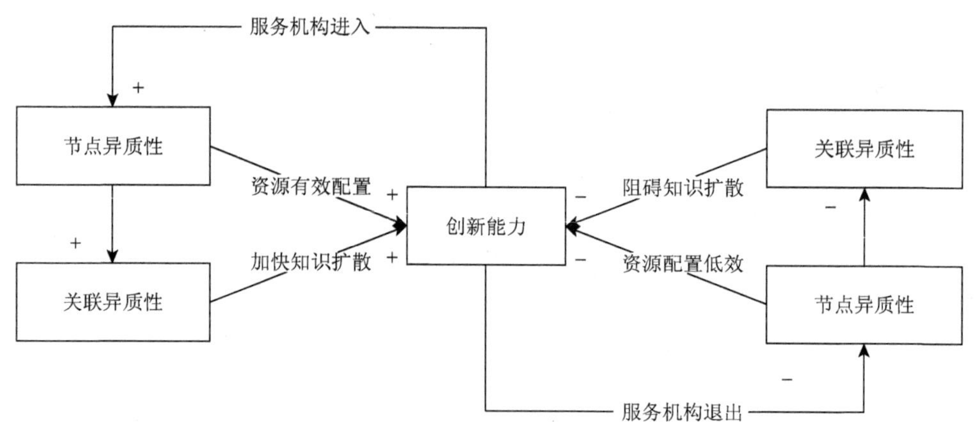

图 1-23　服务关联模式的要素构成对创新能力的影响

从图 1-23 可以看出，要素构成对创新能力的影响形成了一个回路，由增强和减弱两个部分构成。首先观察图 1-23 左侧部分，随着服务机构进入服务关联模式，提高了节点的异质性，进而也提高了服务关联的异质性；节点异质性提高了资源的有效配置，同时服务关联异质性加强了服务关系的形式，进行了充分的互动交流，从而提高了创新企业的创新能力。然后转入图 1-23 右侧部分，企业创新能力的提高，使其降低对服务的需求，从而导致服务机构的退出，服务机构的退出不但降低了节点的异质性，而且降低了服务关联的异质性，从而使得资源配置低效、阻碍知识在企业间的扩散，最终造成了企业创新能力的下降。下降了的创新能力又要需求更多的服务，导致服务机构的进入。

1.3.3　节点匹配模式分析

节点匹配是指在产业网络服务关联模式中，建立服务关系的两个节点属性的异同关系，主要分为同类匹配和异类匹配。这两类匹配中，以异类匹配更为重要，它提供了创新资源有效配置的主要方式，加快了知识的流动与共享，提高了创新的效率。

1. 同类匹配

在产业网络中，具有相同特性的个体更趋于建立联系。同类匹配是指建立服务关系的两个节点是同一类型。同类匹配的个体通过某个目的、利益而建立的联系，更多地表现为一种合作的关系，通过合作产生一种合力。例如，两个创新企业为了技术创新而建立技术联盟；两个高校科研院所建立合作关系共同参与某个企业的技术创新服务；两个投行对同一高新企业共同投资。节点间的同类匹配能够通过优势互补分散技术创新过程中的各种风险，并通过信息交互与组织学习提升组织自身的竞争力，这方面表现为节点间的强强联合。

2. 异类匹配

异类匹配是指建立服务关系的两个节点属于不同类型。异类匹配是建立在异质性基础上的彼此需求而产生的匹配关系，正是异质性的存在，才使节点有了进行匹配的必要。创新企业与服务机构之间的服务关系是典型的异类匹配，在服务关联模式中最为常见。其他的异类匹配模式出现在不同类型的服务机构之间，例如，政府部门创建公共技术服务平台，通过服务平台，为创新企业提供专业化的服务等。异类匹配主要表现为节点之间在创新方面功能上的互补、作用上的分工，通过这种互补和分工以达到促进创新发生的目的。

3. 节点匹配对创新能力的影响

随着服务关联类型的增减，同类匹配和异类匹配的比例也在不断变化。同类匹配对创新的影响主要表现在通过信息的共享使得创新资源的配置能力更高，异类匹配的增加则通过降低竞争，主要影响创新的扩散，使得创新的扩散更快、更有效率。节点匹配对创新能力影响的关系如图 1-24 所示。

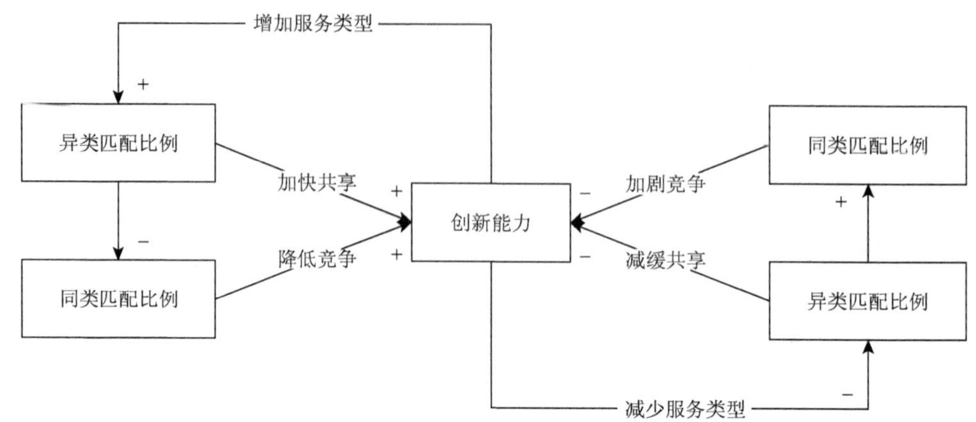

图 1-24　节点匹配对创新能力的影响

从图 1-24 可以看出，节点匹配和创新能力的变化构成了一个回路，随着服务类型的增减，企业的创新能力也在不断地变化。首先观察图 1-24 中左侧部分，随着服务类型的增加，服务关联模式中异类匹配的比例增加，从而加快了知识的共享，提高了企业的技术创新能力；在异类匹配比例增加的同时，同类匹配的比例则相应地减少，从而降低了相同类型服务机构之间的竞争程度，也提高了企业的技术创新能力。然后转向图 1-24 中右侧部分，企业技术创新能力的提升，降低了服务类型的需求，进而降低了异类匹配的比例，更进一步地减缓了知识的共享程度，从而降低了企业的技术创新能力；服务关联模式中异类匹配比例的降低，则提升了同类匹配的比例，加剧了服务机构之间的竞争，也降低了创新企业的创新能力，创新能力的降低又使得企业增加了对服务关联类型的需求。这样就构成了一个回路。

1.3.4　关联强度模式分析

关联强度是指两个节点之间服务关联关系的强弱，通常分为两类：强关系和弱关系。这两类关系在服务关联模式中缺一不可。

1. 强关系

企业间保持紧密联系可以塑造和增强彼此间的信任程度，为企业获取资源创造条件，所以，强联结将有助于企业获取更多的资源。强联结在人际关系和组织间关系中具有重要的作用，尤其在组织间关系支撑的商业行为中。处于不安全位置的人或组织，极有可能借助发展强联结而取得对方的保护，以此降低自身面临的不确定性。Krackhardt（1998）证明得出，当一个组织具有跨组织界线的友谊联结（强联结）时，这种友谊将帮助其应对环境的变化和各种不确定性的冲击，因此强联结对于组织处理危机可能是重要的。强联结之所以可以帮助企业克服不确定性带来的风险和危机，其原因在于经常性的交流和交易使得彼此之间生成信任感和传递影响力。在信任的基础上，企业就容易得到伙伴的精神和物质支持。由强联结获取的资源是很有价值的，因为隐含经验类的知识转移一般只发生在高度信任的企业之间，弱联结无法深谙这些知识的实质性内容。

2. 弱关系

虽然强联结可以通过传递影响力和信任感为企业获取资源提供条件，但强联结往往会形成信息的循环，造成信息通路上的重叠和浪费（林润辉，2004），而弱联结可以传递新鲜或异质性的信息和知识。Granovetter（1973）在其发表的著名论文《弱联结的力量》（*The Strength of Weak Ties*）中认为，人与人之间、组织与组织之间的交流接触所形成的纽带联系在强度上是有差别的，将联结分成强联结和弱联结两类，并用相互接触的频数进行定义，认为强联结每周接触至少两次以上，弱联结每周接触少于两次但每年不少于一次。在此基础上，他提出了有名的“弱联结的力量”假说，认为在传递资源过程中的作用上弱联结更具力量，因为强联结的主体之间彼此很了解，知识结构、经验、背景等很相似，无法带来新的资源与信息，频繁互动所增加的资源与信息大部分是冗余的，而弱联结的主体之间存在着较大差异，可以相互传递增加新价值的资源。

3. 关联强度对创新能力的影响

基于产业链与技术的互补性（技术分工）建立的关系，为技术创新的实现提供有力的支撑；基于企业的社会性及企业家的社会关系建立的关系，为知识的流动与共享及创新的激发提供重要的渠道。

建立在高度技术合作基础上的强关系对创新的扩散影响是巨大的；建立在社会关系基础上的强关系对资源的配置有很重要的影响。弱关系对创新的影响主要表现在创新扩散的效率上，通过弱关系创新主体所获得的技术信息往往更具有价值，通过弱关系获得的资源往往也是重要的，这里的价值性和重要性主要指取得这些资源和信息的难度和不可替代。关联强度对创新能力影响的关系如图 1-25 所示。

从图 1-25 可以看出，强弱关系与创新能力形成了两个回路。对于服务关联的技术性而言，随着技术性的增强，强关系不断增多和增强，造成技术创新步骤完整且效率高，从而导致企业技术创新能力的提高；随着技术性的降低，强关系被不断地削弱，进而降低了技术创新的效率，也进一步降低了企业的技术创新能力。对于服务关联的社会性而言，随着社会性的增强，弱关系在服务关

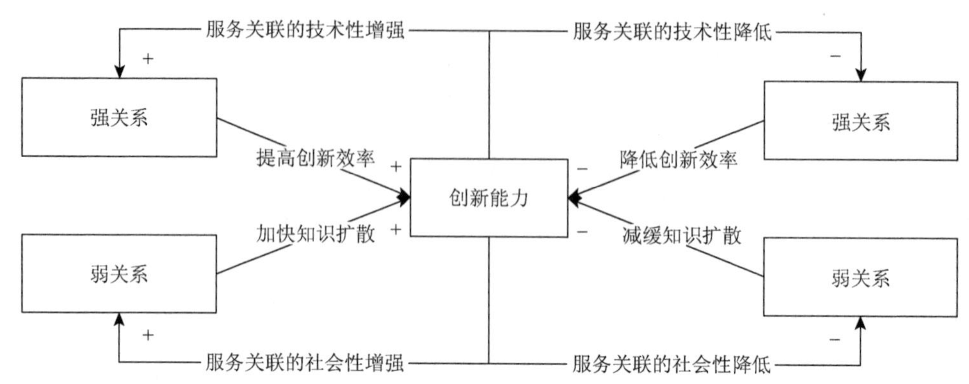

图 1-25　关联强度对创新能力的影响

联模式中不断增多和增强，加快了知识的扩散，进而提高了企业的技术创新能力。随着社会性的降低，弱关系被不断地削弱，减缓了知识扩散，进而降低了企业的技术创新能力。

1.3.5　关联分布模式分析

关联分布是指服务关联关系在节点之间的布局，通常采用拓扑结构来区分不同的关联分布。关联分布直接影响着知识的流动路径、节点的地位、知识共享的程度等几个方面。

关联分布主要包括节点连通度分布、关联模式的平均最短路径、节点的集聚系数等几个方面。节点连通度分布刻画了每个节点拥有的连接数及每种连接数的节点数目，能够区分关联模式中的核心节点和非核心节点，从而推知对关联模式起决定作用的节点及其类型。关联模式的平均最短路径刻画了模式中的关键路径的长度，说明了知识的流动路径。节点的集聚系数刻画了围绕给定节点的邻接点之间的关系，表明了创新知识的共享情况。

1. 节点连通度分布

网络中节点的连通度数指的是节点连接的边的数量，节点的连通度数越大，该节点在整个网络中拥有越多与之相连的节点。网络节点连通度分布刻画了网络内所有网络节点拥有联结的分布规律，是网络结构的重要几何特征。需要指出的是，在一定意义上，连通度分布有描述网络中心化趋势的一面。由于无标度网络具有稳健性等特点，所以连通度分布更适用于检测网络的成熟程度。现实的网络中会有一些节点拥有较高的连通度数，这些节点的存在对于网络的整体功能十分重要，当这些节点缺失，网络则会呈现出易毁性（鲁棒性）。处于网络中核心节点地位的企业，对整个网络的创新能力起着至关重要的作用，它往往是整个网络创新成果的汇聚点和网络中其他企业创新所需信息知识的来源，它表明了网络中知识、信息和创新的流动方向。

2. 平均最短路径

网络平均路径长度是指网络中所有节点对之间距离的平均值，它表明了整个网络节点之间的分离程度。网络平均最短路径则是指所有节点对之间最短距离的平均值，是与平均最短路径长度和小世界效应相关的概念。在复杂网络的相关研究中，学者们将网络中具有的较小平均路径长度称为小世界效应。考虑到信息、知识或创新等资源在网络中的传播，小世界效应具有明显的含义，它表明各种创新资源在产业网络上的传播是一个快速的过程。简单来说，小世界效应能影响到数据在因特网上计算机之间传递要经过的定点数，也决定着旅客旅行途中乘坐飞机或火车所需经过的最少中转站数，甚至一种疾病在人群中的传播时间也要受影响。在产业网络中，小世界现象更是关系到网络中创新主体间所需产品、信息、技术、创新、知识及其他各种创新资源交流要经过的“中转站”的数量。关联分布模式的平均最短路径刻画了模式中的关键路径的长度，说明了知识、信息和创新的流动路径和流通速度。

3. 集聚系数

在许多现实事物网络中，有看上去自相矛盾的结构模式。一方面，和随机网络相比，现实网络中任何两个节点之间的平均最短距离是相对较短的，大型现实网络中大多数节点与其他节点的距离是相当短的。产业网络的平均最短距离要比与其相当规模的随机网络小得多。另一方面，产业网络中的大多数企业在局部区域（社区）内运营，建立各种技术创新和服务关联，即连接较大的节点都集聚在一个局部区域内。相对于同规模的随机网络而言，实际网络中局部区域的密度要大得多。也就是说，实际网络的平均最短距离较短且局部区域耦合为小集团。网络的集聚系数用来描述网络中节点的聚集情况，即网络有多紧密。

4. 关联分布对创新能力的影响

关联分布描述了服务关系在产业网络中的布局情况，可以通过三个指标来刻画关联分布情况：节点连通度分布、节点集聚系数和关联模式的平均最短路径。

1）集聚系数和平均最短路径对创新能力的影响

集聚系数刻画了知识共享的情况；平均最短路径刻画了知识扩散的距离。产业网络集聚系数和平均最短路径对创新能力影响的关系如图 1-26 所示。

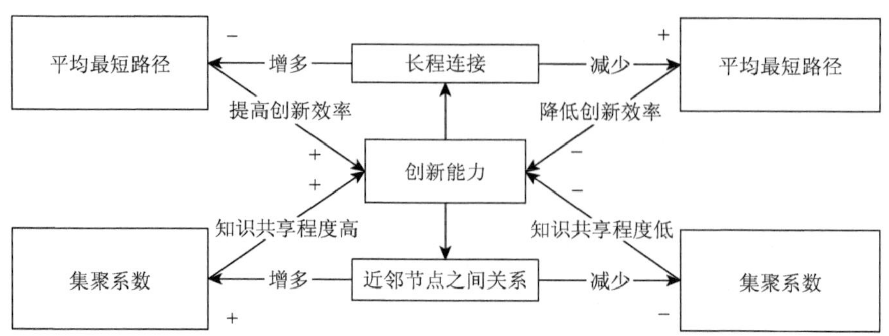

图 1-26　集聚系数和平均最短路径对创新能力的影响

从图 1-26 可以看出，产业网络的集聚系数和平均最短路径不但能够促进创新能力的提升，也能够降低创新能力，它由四个回路构成。产业网络中长程连接的增多，缩短了服务关联模式的平均最短路径，加快了知识的扩散时间，进而提高了企业的技术创新能力；长程连接的减少，增大了平均最短路径，延长了知识扩散的时间，进而降低了创新企业的创新能力。创新能力的变化又影响着模式中长程连接的数量。

产业网络中近邻节点之间服务关系的增多，增大了节点的集聚系数，使得知识共享程度提高，进而提升了创新企业的创新能力；产业网络中近邻节点之间服务关系的减少，缩小了节点的集聚系数，使得知识共享程度降低，进而降低了创新企业的创新能力。企业创新能力的变化又制约着近邻节点之间是否发生服务关系。

2）连通度分布对创新能力的影响

节点连通度分布刻画了节点在服务关联模式中的地位。服务关联模式中的连通度分布主要在均匀分布与非均匀分布之间变化，从而表明节点在模式中的地位与作用不同。随着非均匀程度的增加，核心节点的作用越来越重要。连通度分布对创新能力的影响如图 1-27 所示。

在建立服务关系上存在随机性和择优性两种趋势。随着随机性的增强和择优性的减弱，网络连通度分布倾向于均匀分布；均匀分布的服务关系，调动了各个节点参与创新的积极性，优化了创新资源，提高了产业网络的创新能力，但同时不利于个体创新能力的提升；随着随机性的减弱和择优性的增强，网络连通度分布倾向于非均匀分布；非均匀分布的服务关系，重点突出了核心节点的作用与功能，提升这些核心节点的创新能力，但对于产业网络的整体创新能力提升影响效果小。事实上，在现实的服务关联模式中，节点连通度分布总是介于均匀分布与非均匀分布之间，个体创新能力与社区创新能力总是协调发展并不断增强的。

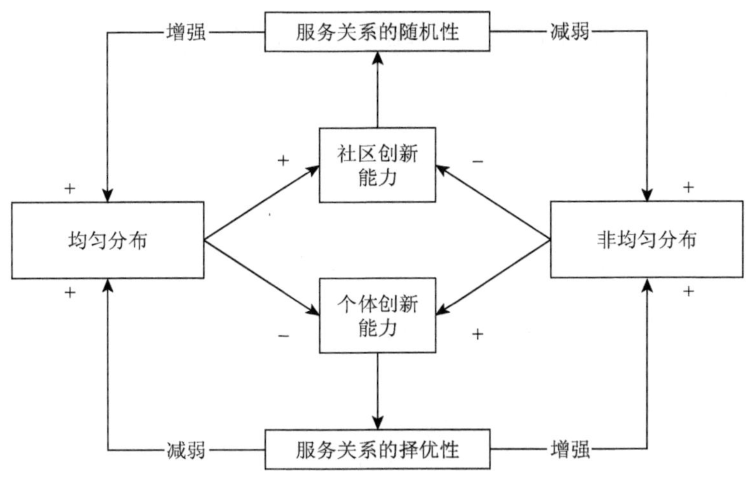

图 1-27　产业网络连通度分布对创新能力的影响

1.3.6　小结

本节主要是对产业网络的服务关联模式进行分析，在此基础上分别对关联模式影响创新能力的机理进行系统动力学分析。首先，对创新网络的关联结构进行分类：两节点服务关联模式、三节点服务关联模式、复杂服务关联模式，在此基础上提出了关联模式的概念。服务关联模式分为四种情况：要素构成、节点匹配、关联强度和关联分布情况。界定了这四个服务关联模式的概念：要素构成分为节点的异质性和关系的异质性，节点的异质性主要是指创新企业与服务机构在规模、能力等方面的差异；关系的异质性主要是指关联模式中的各种服务关系在类型、权重等方面的差异；模式的拓扑结构（关联分布）主要是指这些服务关系在节点之间的分布情况；节点匹配是指在技术创新社会化服务关联模式中，建立服务关系的两个节点性质之间的异同关系，主要分为同类匹配和异类匹配；关联强度是指两个节点之间服务关联关系的强弱。

在各个服务关联模式分析的基础上，对每一个服务关联模式对创新能力中的资源配置能力和扩散能力的影响进行了分析，得出如下结论。

（1）节点的异质性增加使得创新的分工更为明显，不同性质的企业对创新资源的需求不尽相同，从而使得创新资源在不同的企业间有效地配置，节点异质性的增加也使关系的异质性更为丰富，加快了创新和知识的扩散。

（2）随着服务关联类型的增减，同类匹配和异类匹配的比例也在不断变化。同类匹配通过信息的共享使得创新资源的配置能力更高，异类匹配的增加使得创新的扩散更快、更有效率。

（3）建立在高度技术合作基础上的强关系对创新的扩散影响是巨大的；建立

在社会关系基础上的强关系对资源的配置有很重要的影响。弱关系对创新的影响主要表现在创新扩散的效率上。

（4）节点连通度分布刻画了节点在服务关联模式中的地位，节点度数的高低决定着创新的扩散水平和资源分配的效率；集聚系数刻画了知识共享的情况，集聚系数越大越有利于创新扩散；平均最短路径刻画了知识扩散的距离，平均路径越短越有利于创新的扩散。

§1.4 服务关系嵌入表现形式：企业网络与网络企业

知识经济在 20 世纪 80 年代已经出现。随着全球化浪潮和信息技术的发展，经济的发展更强烈、更直接地依赖于知识的创造与扩散。知识创造和扩散已成为经济长期增长的关键驱动力。

知识扩散初始，企业之间建立各种各样的联系，形成了不同类型的企业网络，如供应者网络、用户网络、技术合作网络、R&D 网络（研发合作网络）和生产者网络等。这些网络不但降低了企业间的交易费用，而且激发了企业的创新，提高了企业的创新能力，实现了知识积累，又进一步促进了知识的扩散。

企业网络的发展，在促进企业间合作的同时，又发展了新的组织形式——网络企业。网络企业的概念起源于日本，已经在全球各地以不同的形式广泛地存在着。

知识扩散如何促进企业网络的形成，又如何进一步促进网络企业的发展，是非常值得研究的课题。1.4.2 节分析了知识的本质、类型与扩散；1.4.3 节分析了五种类型的企业网络；1.4.4 节分析了网络企业的特征和实例；最后给出了结论。

1.4.1 知识的创造和扩散

1. 知识的本质

在创新过程中，知识和信息之间产生了至关重要的区别。第一，信息特指具体的形势、条件、过程或者物体。因此，它包含规定的任务细节和特异性的水平。除此以外，信息就会变得不那么有价值，除非它被转换成知识。第二，信息包含上下文数据并且一般局限于它被创造的上下文。知识超出信息的具体环境，并且能适用于多种形势。第三，信息基于时间而存在且会连续改变。一般而言，从昨天和今天的信息中所得到的知识可以用来理解明天的信息。信息通常只为事实提供“这种形势是怎么样的”，而知识的目的是发现原因（过程知识）及怎样发现原因（技能和能力）。当信息的价值通过解释、组织、过滤、选择或者应用等方法提高时，信息才可能成为知识。例如，多数数据采集的尖端统计和建模工具可以产生知识。知识比信息更复杂，而且其创造也复杂。

知识在本质上是累积的。该特征强调了企业在发展中的创新学习过程和新知识的使用过程，并且通过扩散过程推广新的技术（魏江和 Boden，2004）。这些学习的过程包括“从做中学习”（如增加生产系统的效率）、“从使用中学习”（如通过使用复杂系统增加效率）和“从产品创新中学习”（如逆向工程）。

一个企业的知识库包含它全部形式的知识，如从每天简单的生产活动和日常程序到分享想法的惯例和习惯，再到企业文化与精神的知识。企业知识可以通过其产品来发现，因此有可能通过拆开这种产品来揭示企业知识特征。例如，在一种规定的产品上执行逆向工程就能显示这样的特征。知识的扩散也是一个过程，并且通常是抽象的或者复杂的，尤其是缄默知识。

2. 缄默知识与编码知识

知识通常以两种形式而存在，一种是缄默知识，另一种是编码知识。前者是指个人所拥有的难以确定、非编码的知识；而后者则是指可能以出版物、专利等形式存在的被编码的知识。缄默知识可能有多种表现形式，如技能和能力，或者是个人分享信仰的方式，但这些形式未被编码或者无法被编码（Hertog，2000）。

企业中大部分必要的知识以专业化的形式由有经验的研究人员或者工程师所掌握，并且表现为缄默知识。在非可编码知识中，最重要的技能（缄默知识）是知识的获取及其有效使用。由于个性化，这种专门技能一般很难被转移，或者通过师徒关系进行转移。

在企业中，编码知识是对企业内部缄默知识的有效补充。例如，在规章制度、专利等编制过程中，概念、定义、内容和理论的汇集就会涉及各种研发人员、管理人员、作业人员等知识的汇集。这个过程不仅需要花费时间，而且正变得越来越难被捕获，通常需要专门技术（如信息技术）的支持。

3. 知识变换

知识是由个人产生的，而组织本身不能产生知识。知识变换的目的是把个体知识拉进组织知识库，并且能被管理和分享。否则，这些个体知识将保持个性化，难以被交流。

Nonaka 和 Takeuchi（1995）已经提出来一个简单的知识变换模型来解释组织知识的产生（王炳才，2007）。知识变换有四个阶段，每一个阶段都要求特殊的学习过程。

（1）外部化。将缄默的知识转换成编码知识。要实现这种转换，通常需要将缄默知识进行清楚的表达，并且把它变成一种明确形式，如一份报告或者文档编制（编码是这种方式的核心）。使用相关软件技术可以捕获个人或者团队的缄默知识。

（2）社会化。通过分享经验、模仿和实践，将缄默知识改造成编码知识。这类变换通常在讨论会和会议上实现，或者在组织成员间的相互作用期间发生，如师徒之间的辅导。

（3）内部化。将编码知识转换回缄默知识。这类变换与“从做中学”密切相关，通常导致操作化知识。

（4）传播。编码知识的拥有人通过相互分享将其改造成编码知识。传播是整个组织依赖技术调控知识的主要方式。

这四个阶段的知识变换，不仅促进工人的经验交流，扩充组织正式的知识库，而且外面世界产生的知识也可以被并入到工人的缄默知识中，从而能使他们对企业知识库加以改进。例如，Castells（1996）强调，这个知识转换过程需要适当的政策激励，以促进工人分享知识与经验。当然，企业也需要稳定的劳动力，因为对于企业来说，传播知识及个人与组织间的知识分享会变得更稳定、便捷。

4. 知识扩散

企业需要独立地吸收、创造并且交换知识。经过一段时间后，知识创造和扩散通常以交互式的形式出现。知识扩散可以通过设备来体现，也可以通过脱离主体进行传播。前者是知识在经济过程中传播，通过购买设备（集中了各种技术）的方式实现知识扩散；后者则是知识通过各种渠道传播。这类知识扩散可能通过逆向工程发生，如借助计算机辅助，利用新产品的描述、出版物或者专利，模仿设计、生产并应用竞争企业的产品。这也能通过合作的方式发生，也就是说，知识扩散也可能是合作企业之间的副产品。另外，在企业中，研究机构和营销部门之间的劳力流动是扩散缄默知识的最重要的途径之一。

对知识扩散的理解要注意两个方面：一个是吸收能力，另一个是知识外溢效果。吸收能力是指通过一种难以捉摸的、相当可观投资的过程，学习、吸收并且使用外部知识的能力。这种能力不但依赖组织学习的经验，而且借助组织内部的R&D 活动而提高。因此，R&D 可以被看作是服务于相互联系的两个方面：一是新产品和新工艺的知识创造；二是企业学习能力的提高。对于缺乏内部 R&D 的小型企业，它们必须以其他方法发展并提高吸收能力，例如，向用户和供应者学习、与其他组织相互合作、利用知识外溢。

知识外溢是创新在邻近生产者或用户之间扩散的外在因素。外溢的方式有许多种。例如，当研究人员离开企业到另一家企业承担研发工作时，知识外溢有可能会发生。知识外溢的渠道也各种各样。

知识的扩散促进了企业网络的逐渐形成。

1.4.2　企业网络

在知识产生和创造过程中，知识外溢是正式或非正式企业网络形成的根源之一。知识外溢表明企业的创新和知识创造不仅依赖于自己的努力，而且依赖于外部关系。企业外部的网络活动可以帮助其找到内部不能产生的信息和知识。企业网络一旦形成，它能与外部伙伴建立更好的学习机会，从而提高劳动生产率。因此，企业网络是提高经济绩效的一种重要方式。

1. 企业网络的概念

尽管企业网络概念被广泛地使用，但是还没有统一的、合适的定义。Tijssen（1998）认为，企业网络是一个基于资源关系逐步形成的、相互依存的系统，能够在正式或非正式范围内创建、组合、交换、转化、吸收和利用内外资源。

网络关系的形成一般需要很长的时间。不过，网络关系一旦形成，企业之间则倾向于高度互助依存、相互信任。网络分析的焦点在于成员之间相互依存和相互作用的关系，而不是成员自身。网络关系不仅包括市场关系，还包括社会关系。

虽然企业间的合作会以各种形式发生，并且会反映出各种不同的动机，但是大多数的研究都支持企业合作。首先，合作可以带来很多好处，包括费用和风险的分担、经济活动规模和范围的增加。

企业网络是介于市场和等级制之间的一种方式，已经成为一种越来越有效率和富有创新精神的方式，三种不同经济组织形式的比较如表 1-2 所示。

表 1-2　三种不同经济组织形式的比较

特征	市场	等级制	企业网络
基础准则	签订产权	就业关系	互补的资源和能力
交流方法	价格	常规	关系
冲突化解	通常需要法律解决争议	管理的命令与监督	关心相互关系的声誉
灵活性	高	低	中到高
成员之间的承诺	低	中到高	中到高
成员之间的关系	独立	分级	互助依存

2. 企业网络的类型

企业网络的类型随着技术创新的类型变化而变化，也随着工业部门、区域环境的不同而不同。分清企业网络的不同类型是至关重要的，如垂直关系网络与水平关系网络。垂直合作关系沿着特定产品的生产线发生，而水平合作关系在同一生产过程水平上的企业之间发生。众所周知，垂直合作关系在创新过程中起主要作用。当垂直合作关系存在企业内部时，它们会协调 R&D、设计、生产等部门，形成内部的关系网络。外部化的企业关系网络是基于企业之间高度的信任而形成的，这种信任不会给企业带来机会主义行为的预期。

外部化的企业关系网络可能由于关系的性质而不同，可以分为非正式和正式企业网络。从成员组成上看，企业网络有五种类型：供应者网络、用户网络、技术合作网络、R&D 网络和生产者网络，前两种类型是垂直关系网络，后三种类型是横向关系网络。

1）供应者网络

越来越多的企业合作形式表现为供应者网络，其中包括订货公司和供应者。在过去 30 年里，企业和供应者之间的关系已经变得越来越复杂。企业不断增强与关键供应者的关系，并且在质量管理上给予供应者更大的责任，是供应者网络的发展趋势。Dicken（1998）将国际分包分成三类：成本节约分包、专业分包、补充分包。成本节约分包是基于企业和供应者之间的成本差异形成的；专业分包是基于分包商的专业化技能和特殊设备而形成的；补充分包则是企业为应付需求的偶然猛涨且无法扩大自己生产能力的情形下采用的。

2）用户网络

目前，许多企业越来越关注用户，以获得反馈，因为用户的反馈能使它们富有创新精神的努力更有成效。只要生产者有与用户保持的密切联系，那么“从使用中学习”产生的知识可能被转移进新产品中。因为用户反馈与企业具体的需求密切相关，所以用户网络一般包含关于新产品的重要信息。这不仅意味着知识积累，而且意味着具体的创新。用户网络已经成为区域创新系统研究的主题之一。

3）技术合作网络

技术合作网络不但可以使产品的设计和生产技术的获得变得更容易，而且也会使合作生产成为可能。技术合作网络允许企业之间分享一般的科学知识和研发成果，通常有三种类型的技术合作网络：

（1）基于公平协议的技术合作网络。这种网络形式允许大公司利用小型高科技公司研发的新技术。

（2）基于非股权合作协议的技术合作网络。这种网络以处理合作企业之间的具体研究问题为目的。这种协议通常是有限的并且有严格确定的结果。

（3）基于多协议的技术合作网络。这种网络包括在企业各自产品市场内的技术分享协议、复杂的双向技术许可、复杂的交叉技术许可。

4）R&D 网络

企业和科研院所之间的非正式合作关系，具有较长的历史传统。但这种关系已经变得越来越正式化、网络化，形成了 R&D 网络。

对于企业而言，科研院所在两个方面是有价值的：扩展企业的研发能力、让企业创新想法与国际前沿相联系。因此，企业可以在不同的科研院所进行它们的研究。一般情况下，R&D 网络专注于共性技术，这种共性技术会涉及合资伙伴的竞争利益。欧洲计算机研究中心就是种类型的联合研究的一个例子。

5）生产者网络

通常，生产者网络是在战略联盟的基础上成立的，可能涉及跨国企业，也可能涉及中小企业，特别是像软件设计和生物技术的知识化行业。生产者网络关心的是特定时间、市场、产品和工序，可用来实现规模经济和应付产能过剩或不足。

战略联盟显然比其他形式的网络更难以管理和协调，特别是当联盟企业是竞争对手时。来自不同文化背景的合作伙伴之间的误解和分歧的影响是很大的。因此，许多战略联盟的生命是相对短暂的。然而，生产者网络很可能是保证企业持续增长的主要组织形式。

1.4.3　网络企业

企业网络刻画了企业之间的合作。随着合作的不断加深，逐渐出现了网络化的共同组织，即网络企业。网络企业被视为新经济条件下共同组织机构化的网络形式。共同组织的网络企业形式，被 Castells（1996）看作新经济机构化的表现形式。

1. 网络企业的一般特征

网络企业的概念起源于日本企业。网络企业具有如下特征。

第一，合作被视为一个机构化的中心概念，长期的企业合作形成了正式或者非正式合作协议，这些合作协议被作为网络企业的“中心”。

第二，网络企业在设计、生产等领域的研究与发展方面保持更密切的配合。

第三，信息和通信技术的应用可以激发网络企业的潜能，并通过内部网和外部网将分散的生产单位联合起来。当公司增长时，重要的网络外部因素将实现内部化。

第四，网络企业的目的是通过协调企业的日常活动，来提高合作企业分享和处理信息的能力。

2. 网络企业案例：日本的经连会

在企业管理中，经连会（Keiretsu）是指日本式的企业组织，Keiretsu 为日文汉字“系列”的发音。Keiretsu 是会员将他们的销售、财务及其他部门的功能等结合本身松散的企业组织中，并且能够在国内和国际商业环境中拥有更庞大的力量。Keiretsu 系统是基于政府和企业间亲密的合作伙伴关系。对它最好的理解就是，它是将银行、厂商、供应者、销售者和政府联结在一起而形成的一个复杂关系网。这些打不破的公司联盟已经引起了很多争论，它们被称为“政府发起的企业联合”。有些人认为对贸易来说 Keiretsu 是威胁，然而另一部分人将其看作是交易的模型。大多数 Keiretsu 的特点包括“主要银行”、稳定的股权，以及大家都支持的董事会。Keiretsu 系统是日美企业结构中差别最大的一方面。

全球都有 Keiretsu 在活动，它们从横向和纵向两个方面融合成一个整体，由自己的贸易公司和银行组织起来。每个 Keiretsu 都能够控制多种工业、资源和服务，几乎涉及经济链的每个步骤。

Keiretsu 有横向和纵向两种。横向 Keiretsu 主要以日本银行为首，还包括了三井、三菱、住友、富友、三和及劝业等银行。纵向 Keiretsu 是连接了制造商和部分供应商、批发商（wholesaler）和零售商（retailer）的工业团体。例如，纵向 Keiretsu 包括车辆和电子的制造商（如丰田、尼桑、本田、Matsushita、日立、东芝、索尼）以及它们下属的承包商。分布式 Keiretsu 是属于纵向 Keiretsu 的子组织，它控制了日本大量的零售业，决定了产品的价格。

从组成结构来说，日本有三种形式的 Keiretsu。

1）以银行为中心的 Keiretsu

以银行为中心的 Keiretsu 是由 20～45 个大型企业围绕银行所结合而成的。这个架构允许公司组成集团的核心，以分担财政风险和透过经济优势来分散全世界的投资。在日本，住友、三菱、三井、劝业、富友及三和等 6 个以主要银行为中心的 Keiretsu，共包括 182 个公司。

2）以供应者为中心的 Keiretsu

以供应者为中心的 Keiretsu 是一种垂直整合的企业集团，它沿着“供给链”进行整合，并且以制造业（核心企业）为主。这些集团以车辆制造业及机电工业为主。它们由核心企业采用压力策略来使供应商同意在时间、费用和交货时程中给予配合（并且包括价格的制定），而且此种结合经常可从即时交货（JIT）策略上看出。

NEC 集团、佳能（Canon）集团及尼康（Nikon）集团都是以供应者为中心的 Keiretsu。同时，以供应者为中心的 Keiretsu 与以银行为中心的集团相关联：住友银行拥有 NEC 集团 25%的股权，使得 NEC 成为住友集团旗下的电子公司。佳能集团是富友银行为中心投资 80 亿美元的电子公司。另外，尼康本身属于三菱集团。而佳能和尼康在半导体资本设备的市场中占 60%以上。

3）以销售渠道为中心的 Keiretsu

以销售渠道为中心的 Keiretsu 是指在一特定产业中由批发商和零售商相互结合而形成的网络。

日本公平交易委员会（JFTC）在 1997 年 1 月 17 日制定交易规范，主要是加强反垄断法令来规范以销售渠道为中心的 Keiretsu。在当时，以销售渠道为中心的 Keiretsu 从事一些贸易保护主义的行为，以杜绝国外竞争对手进入日本市场。

Keiretsu 属于一种孤立主义，受到日本公平交易委员会监视与保护。近年来随着抱怨增加，再加上日本经济的走软，Keiretsu 的影响力逐渐减小了。目前公司直接购买外部供应商或者向非相关银行贷款融资已是非常普遍的情况。

3. 网络企业案例：意大利贝纳通网络企业

除日本之外，网络企业的形式也已经在意大利出现。意大利北部的工业区是一个强大的工业区域，区域内的企业已经建立了多种关系，从松散的联合企业到为了开发和销售新产品而形成的网络企业，特别是在纺织工业领域。网络企业通过企业内部和外部之间的活动改变平衡，以产生规模经济。企业通过活动对外部合作者产生依赖，其结果是企业通过权力下放促使网络化形式的发展。

经济合作与发展组织（OECD）的研究报告（Hauknes，1999）发现，意大利贝纳通网络企业是高水平的网络企业。它的发展显示出强大的灵活性，以适应竞争性的外部环境。在贝纳通网络企业中，生产被强烈地分权。超过 80%的产量是通过超过 350 个小的独立企业来生产的，其中大多数在它们加入贝纳通网络之前就存在。贝纳通网络企业也是一个非常分权的销售网络。75 家公司作为代理人，收集命令、监督，并且促进大约 2500 家独立的公司拥有的大约 4200 家商店进行销售活动。商店通过生产者与供应者关系连接贝纳通网络。母公司发展这个策略并且控制全部销售网络的资源。

1.4.4　小结

知识驱动型经济的出现，不但重新定义了企业的角色，而且要求政府重新考虑它们的角色。政府必须认识到，企业的自治权越来越不稳定。

基于知识的扩散，各种类型的企业网络已经形成，并成为技术创新、运营管理的主要形式，如供应者网络、R&D 网络和生产者网络等。随着企业之间关系的稳固，新的企业形式——网络企业在实际经济生活中不断出现，成为与传统意义不同的组织机构，也是新知识经济下企业的运营管理形式。如果政府要避免经济衰退，就必须意识到企业网络和网络企业已经在新经济中成为实际盈利单位。

§1.5 服务关系嵌入作用：企业技术创新能力形成与演化

1.5.1 知识密集型服务

随着经济全球化的不断深入，提高技术创新能力已成为培育企业核心竞争力和提高国际竞争力的必经之路。技术创新就是指从产生新产品或新工艺的设想到市场应用的完整过程，它包括从新设想的产生、研究、开发、商业化生产到扩散等一系列活动，本质上是科技、经济一体化的过程，包括技术开发和技术应用两大环节。面对激烈的市场竞争，技术创新能力正日益成为企业生存与发展的不竭源泉和动力（Freeman，1994）。

当前，技术创新的发展趋势表现在技术的复杂性、过程的多主体性、知识的突出贡献性等方面，尤其是以新知识为基础的技术创新将会更多地涌现出来。知识密集型服务（knowledge-intensive business service，KIBS）已成为企业提高技术创新能力的必然选择。因此，研究 KIBS 与技术创新的互动关系已成为提高企业技术创新能力和加强 KIBS 服务创新的首要问题。

KIBS 是一种经济活动，它致力于知识的创造、积累和传播，是目前服务业中发展最为迅速的一部分（魏江和胡胜蓉，2007）。KIBS 在新产品、新工艺的创造与商业化中扮演着非常重要的角色（Martinez and Krishna，2006；Hauknes and Hales，1998）。它是一种特殊类型的商业服务，与企业的技术创新不断互动，互动过程是一个复杂的非线性的系统动力学过程。

KIBS 对企业的贡献在于影响企业技术创新能力的变化幅度（大小）与方向（促进与阻碍）。不同时刻的企业技术创新能力形成了一个时间序列，各种作用因素的不确定性和随机性，使得该时间序列呈现混沌现象。如何从技术创新能力的混沌时间序列得到其所处的状态，是本节所要研究的第二个问题。同一产业内的不同技术创新企业在 KIBS 的作用下相互影响，其技术创新能力的变化呈现出同步或异步现象，这种现象又受到技术创新网络拓扑结构的影响。企业技术创新能力的同步演化具有什么规律是本节所要研究的第三个问题。

揭示企业技术创新能力形成与演化的规律，不但能够评价企业的技术创新能力，而且对于正确制定技术创新政策及提高企业技术创新水平都具有重要的意义（李宇等，2007；孙细明和刘霞，2003）。

1.5.2　KIBS 与技术创新互动的系统动力学模型

KIBS 与技术创新互动的系统动力学模型可以从宏观和微观两个层次上来分析。

1. 互动的宏观系统动力学模型

从宏观上看，企业技术创新系统是一个开放性的系统。在技术创新过程中，企业不但受到内部因素的影响，更受到企业外部 KIBS 企业因素的影响。在内外部因素的影响下，形成了企业的技术创新能力，推动着企业的技术进步。

KIBS 与技术创新互动的过程可以看作是企业技术创新能力演化的过程。然而，这个演化过程并非是线性的，而是各种因素以复杂的方式相互作用的过程，这种过程正好与系统动力学过程相吻合。图 1-28 给出了 KIBS 与技术创新互动的宏观系统动力学模型。

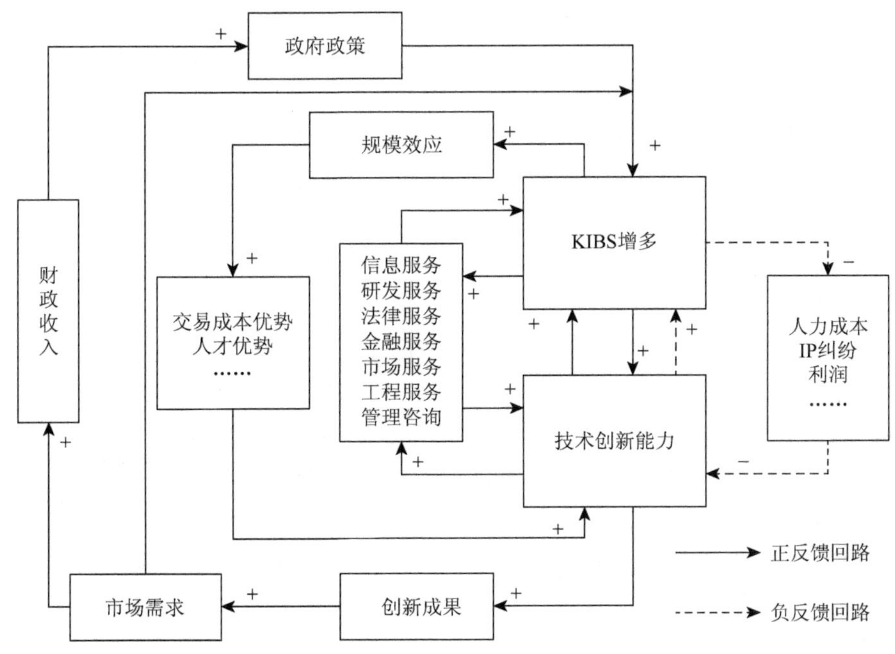

图 1-28　宏观系统动力学模型

技术创新与 KIBS 互动的宏观系统动力学模型由正负两种反馈回路构成。正反馈回路由四个子回路构成（图 1-28 中左侧部分）。回路一，KIBS 企业的增多与 KIBS 服务内容（7 个方面）是正相关的，而这 7 个服务的提高又增强了企业的技术创新能力，进而需要更多的 KIBS 企业（图 1-28 中左侧逆时针方向的回路）。回路二，企业技术创新能力的提高必然需要更多的 KIBS 服务（7 个方面），从而促使 KIBS 企业增多。KIBS 企业的增多为企业技术创新提供了更多更好的服务，最终增强了企业的技术创新能力（图 1-28 中左侧顺时针方向的回路）。回路三，KIBS 企业的增多会提高服务的规模效应。随着服务企业规模的增大与集聚，信息共享、知识外溢，使得交易成本降低、规模经济显现、学习曲线下降，创造出新的竞争优势，企业的技术创新能力得到加强，进而需要更多的 KIBS 企业（图 1-28 中左侧逆时针方向的回路）。回路四，企业技术创新能力的提高，必然产生更多更先进的创新成果，进而扩大和丰富了市场需求。市场需求的扩大产生了更多的财政收入，政府有更多的资金对 KIBS 企业进行资助与扶持，促使 KIBS 企业增多（图 1-28 中左侧顺时针方向的回路）。

负反馈回路主要是由于人力资源的成本、知识产权（intellectual property，IP）纠纷等随着 KIBS 服务企业的增多而上升，同时企业利润则随着 KIBS 服务企业的增多而下降。人力成本和 IP 纠纷的增多及企业利润的下降都会削弱企业的技术创新能力，进而降低 KIBS 服务的需求（图 1-28 中右侧的回路）。

企业的技术创新能力就是在这两种反馈机制的共同作用下曲折演化的，但总体是上升的趋势。技术创新能力在上升趋势过程中发生了质的变化，从开始简单的技术创新能力到后来复杂先进的技术创新能力。同样，KIBS 企业也经历着结构的优化与升级，从孤立、分散的服务个体发展到完整、集成的技术创新服务体系。

2. 互动的微观系统动力学模型

从微观上看，企业的技术创新能力受到众多推动因素（driving factors）和阻碍因素（blocking factors）的影响。推动因素主要包括政府部门的科技政策、各种中介服务机构的专业化服务，以及产业集聚带来的规模效应等几个方面。政府部门积极的科技政策，如鼓励跨企业和机构联合申报创新计划、对科技中介的税收优惠政策等，可以促进 KIBS 机构进入技术创新网络并为创新企业提供专业的服务，从而推动企业技术创新能力的提高；技术创新网络中的中介服务机构的专业化服务，如信息服务、研发服务、风险投资、市场服务及管理咨询等，可以一定程度上降低创新风险、提高创新成功率，从而推动了企业技术创新能力的提高；KIBS 产业集聚的规模效应可以带来交易成本优势、知识溢出，推动企业技术创新能力的提高。阻碍因素主要表现在 IP 纠纷、利润率下降和人力成本上升等几个方面。KIBS 机构参与技术创新必然会造成一定范围内的 IP 归属不清或纠纷，同时引起创新企业的利润率下降，进而影响创新企业的积极性，阻碍了创新能力的提升；随着 KIBS 机构不断进入技术创新网络，在专业化人才有限的情况下，人力成本也在不断增加，进而影响到 KIBS 机构的规模与服务能力，最终阻碍企业技术创新能力的提高。

每个推动因素或阻碍因素对企业技术创新能力的影响程度又各不相同，即具有一定的权重（weight）。推动因素对技术创新能力的作用与技术创新能力成正比，表现为“强者愈强”的现象；阻碍因素对技术创新能力的作用则与技术创新能力成反比，表现为“此消彼长”的现象。然而，推动因素与阻碍因素的力量发展是不均衡的，企业技术创新能力的变化与这种不均衡的力量相关。

假设，企业的技术创新过程面临着 n 个推动因素和 m 个阻碍因素。令 $f(\cdot,t)$ 表示给定企业的技术创新能力，它是一个随时间 t 变化的量。当然它还与其他参数有关，为突出所分析的问题，这里暂不考虑除时间外的其他参数，下面将 $f(\cdot,t)$ 简写为 $f(t)$。该企业在初始时刻（$t=0$）的技术创新能力 $f(0)=f_0$；令 d_i、b_j 分别表示第 i 个推动因素和第 j 个阻碍因素的权重（影响程度）。根据上面的分析结论，可以得到企业技术创新能力的变化率满足

$$\frac{\partial f}{\partial t}=\sum_{i=1}^{n}(d_i f)-\sum_{j=1}^{m}(b_j / f) \tag{1-9}$$

对式（1-9）整理得到

$$\frac{\partial f}{\partial t}=n\bar{d}f-\frac{m\bar{b}}{f} \tag{1-10}$$

其中，$\bar{d}=\frac{1}{n}\sum_{i=1}^{n}d_i$，$\bar{b}=\frac{1}{m}\sum_{j=1}^{m}b_j$，分别表示推动权重与阻碍权重的均值，即推动因素和阻碍因素的平均影响水平。

对微分方程（1-10）求积分，可以得到

$$\begin{aligned} f(t)&=\frac{\sqrt{n\bar{d}(m\bar{b}+Cn\bar{d}e^{2n\bar{d}t})}}{n\bar{d}} \\ &=\sqrt{\frac{m\bar{b}}{n\bar{d}}+Ce^{2n\bar{d}t}} \end{aligned} \tag{1-11}$$

其中，C 表示自由参数。代入初值条件 $f(0)=f_0$，可得到自由参数 C 的值为 $C=f_0^2-\frac{m\bar{b}}{n\bar{d}}$，所以对于某个特定企业来说，其技术创新能力满足如下等式

$$f(t)=\sqrt{\frac{m\bar{b}}{n\bar{d}}+\left(f_0^2-\frac{m\bar{b}}{n\bar{d}}\right)e^{2n\bar{d}t}} \tag{1-12}$$

由等式（1-12）可以得到如下结论：

当 $f_0^2 > \frac{m\bar{b}}{n\bar{d}}$，即 $n\bar{d}f_0 > \frac{m\bar{b}}{f_0}$，也就是推动因素的影响大于阻碍因素的影响时，$f(t) \sim e^{n\bar{d}t}$，企业技术创新能力 $f(t)$ 随时间 t 的增加而快速地增大。

当 $f_0^2 \approx \frac{m\bar{b}}{n\bar{d}}$，即 $n\bar{d}f_0 \approx \frac{m\bar{b}}{f_0}$，也就是推动因素与阻碍因素势均力敌，达到一种均衡的状态时，$f(t) \approx \sqrt{\frac{m\bar{b}}{n\bar{d}}} \approx f_0$，企业技术创新能力 $f(t)$ 在一段时间内保持不变。

当 $f_0^2 < \frac{m\bar{b}}{n\bar{d}}$，即 $n\bar{d}f_0 < \frac{m\bar{b}}{f_0}$，也就是推动因素的影响小于阻碍因素的影响时，$f(t)$ 是关于 t 的减函数，即企业技术创新能力 $f(t)$ 随时间 t 的增加而降低。但是企业技术创新能力的变化幅度还要受到 $\frac{m\bar{b}}{n\bar{d}}$ 的影响。如果 $\frac{m\bar{b}}{n\bar{d}} \leqslant 1$，即 $m\bar{b} \leqslant n\bar{d}$，则 $0 < \frac{m\bar{b}}{n\bar{d}} + \left(f_0^2 - \frac{m\bar{b}}{n\bar{d}}\right)e^{2n\bar{d}t} < 1$，这时企业的技术创新能力随时间 t 的增加而缓慢地降低；如果 $\frac{m\bar{b}}{n\bar{d}} > 1$，即 $m\bar{b} > n\bar{d}$，这时企业的技术创新能力随时间 t 的增加，先快速地降低后缓慢地降低。

根据上面的分析，要想提高企业的技术创新能力，就需要增强推动因素、降低阻碍因素。既可以增加推动因素的权重，也可以增大推动因素的数量；既可以降低阻碍因素的权重，也可以减少阻碍因素的数量。

由于各种因素的不确定性和随机性，技术创新能力随时间演化，表现出一定的波动性。其时间序列也呈现出一定的混沌特征。

1.5.3　企业技术创新能力演化的混沌时间序列

基于 KIBS 互动的企业技术创新行为形成了随时间演化的复杂动力学系统，从而企业技术创新能力的状态序列表现为混沌时间序列。

1. 企业技术创新能力演化混沌时间序列

一个复杂动力学系统之所以成为混沌演化系统，至少满足三个条件：①对初值敏感的依赖性；②拓扑结构的传递性；③f 的周期点在度量空间中的稠密性。首先，根据前面三种情况分析的结果来看，技术创新能力演化所满足的等式（1-10）对初值具有敏感的依赖性；其次，拓扑传递性意味着任意一点的邻域在 f 的作用下将“撒遍”整个度量空间，显然，技术创新能力随时间在一维空间的局部度量范围内变化，该局部演化空间与整个一维空间是等价的，从而满足拓扑的传递性；

最后，众多随机因素的影响，使得 f 的周期是不稳定的，从而表现为 f 的周期点在度量空间内稠密出现。

KIBS 服务与企业技术创新能力的提高是相互作用、相互影响的过程，从而使得微观机制的作用时间较短。在较短的时间 Δt 内，促进因素的权重 d 与阻碍因素的权重 b 相对不变，它们的数量 m、r 也相对不变，其作用机制满足等式（1-12）。然而在下一个 Δt 时间内（当然 Δt 也是在变化的），d 、b 、m、r 相对于上一个时间段发生了改变，并且在这一个时间段内企业技术创新能力的初值为上一个时间段的终值。

在演化时间 $[0,t]$ 内，KIBS 与企业技术创新的互动将其分成了若干个微小的时间段 Δt 。在时间段 $[\Delta t_{i-1},\Delta t_i]$ 内，企业技术创新能力 f 满足

$$f\left(\sum_{j=1}^{j=i}\Delta t_j+\Delta t_i\right)=\sqrt{\frac{m\overline{b}}{n\overline{d}}+\left[f^2\left(\sum_{j=1}^{j=i}\Delta t_j\right)-\frac{m\overline{b}}{n\overline{d}}\right]e^{2n\overline{d}\Delta t_i}}\tag{1-13}$$

在宏观与微观的共同作用下，微小时间段 Δt 、促进因素的权重 d 与数量 n 、阻碍因素的权重 b 与数量 m 都在时刻变化，这些变化都具有一定的随机性，从而使得企业技术创新能力随时间演化表现为混沌特性。图 1-29、图 1-30 分别给出了单位周期内企业技术创新能力变化的理论曲线与随机模拟曲线。当演化时间足够大时，企业技术创新能力随时间变化的序列形成一个混沌时间序列，这就是企业技术创新能力变化的外在表现。

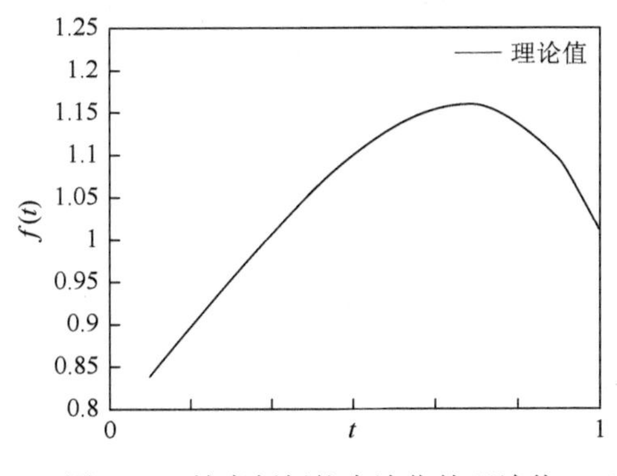

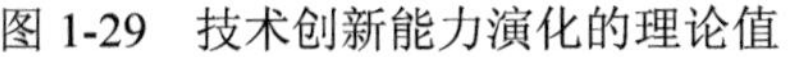

图 1-29　技术创新能力演化的理论值

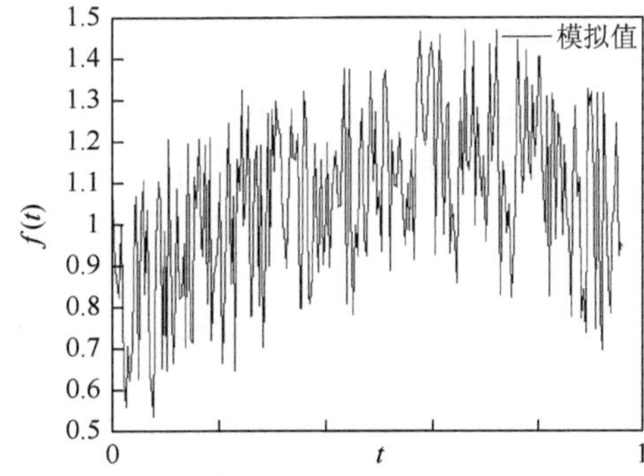

图 1-30　技术创新能力演化的混沌时间序列

对企业技术创新能力的混沌时间序列进行分析，不但能预测技术创新能力的短期变化，而且能得到 KIBS 的推动因素与阻碍因素的力量对比。KIBS 服务的驱动与阻碍的力量对比，便于制定指导产业发展的政策措施。$m\overline{b}/n\overline{d}\geqslant 1$ ，说明阻碍因素的影响超过推动因素的影响或与推动因素相当，可以采用设立仲裁机构协调 IP 纠纷、提高财政补贴来降低创新风险和提高企业利润率、提高人才引进力度

和待遇来降低人力成本等方法降低阻碍因素的影响程度；同时，实施积极的科技政策。$0 < m\bar{b} / n\bar{d} < 1$，说明推动因素的影响超过阻碍因素，可以进一步优化产业科技政策来服务创新企业与 KIBS 机构；同时，要注意降低 IP 纠纷等各种阻碍因素的影响，防止出现各种新的阻碍因素。

2. 混沌时间序列分析

混沌时间序列的研究是以 Takens 的嵌入定理为基础的，即对于一个无限长、无噪声的d维混沌吸引子的标量时间序列$\{x(t)\}$，只要$m \geqslant 2d+1$，总可以在拓扑不变的意义下找到一个n维的嵌入相空间。Takens 定理保证了可以从一维混沌时间序列中重构一个与其原动力系统在拓扑意义下等价的相空间，从而把握混沌时间序列的性质与规律（吕金虎等，2005；陈铿和韩伯棠，2005）。

从混沌时间序列重构相空间普遍采用坐标延迟相空间重构法。坐标延迟相空间重构法的本质是通过一维时间序列$\{x(t)\}$的不同时间延迟$0,\tau,2\tau,\cdots,(m-1)\tau$来构造$m$维相空间矢量：

$$X_i(t)=\{x(t+i),x(t+i+\tau),x(t+i+2\tau),\cdots,x[t+i+(m-1)\tau]\} \tag{1-14}$$

其中，$i=0,1,\cdots,m-1$。

坐标延迟相空间重构技术有两个关键点：时间延迟τ和嵌入维数m的确定。计算延迟时间τ的方法主要有自相关函数法、互信息法、平均位移法（average displacement，AD）和去偏自相关法等。计算嵌入维数m的方法主要有：G-P 算法、虚假最近邻点法（false nearest neighbors，FNN）、奇异值分解法（singular value decomposition，SVD）和 Cao 氏方法等（王春峰和宋炜，2007）。

对模拟仿真的实验结果所得到的混沌时间序列，采用自相关函数法求解延迟时间τ的计算结果如图 1-31 所示。从图示可以看出，延迟时间应取为$\tau=9$。

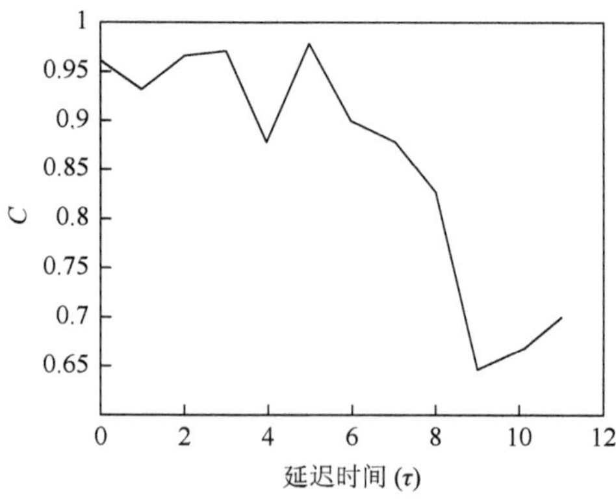

图 1-31　延迟时间τ的确定

对模拟仿真的实验结果所得到的混沌时间序列，采用 Cao 氏方法计算嵌入维数 m 的计算结果如图 1-32 所示。从结果图示可以看出，嵌入维数可取为 $m=10$，当然 m 的取值越大，预测的精度越高，但计算的工作量也相当巨大。

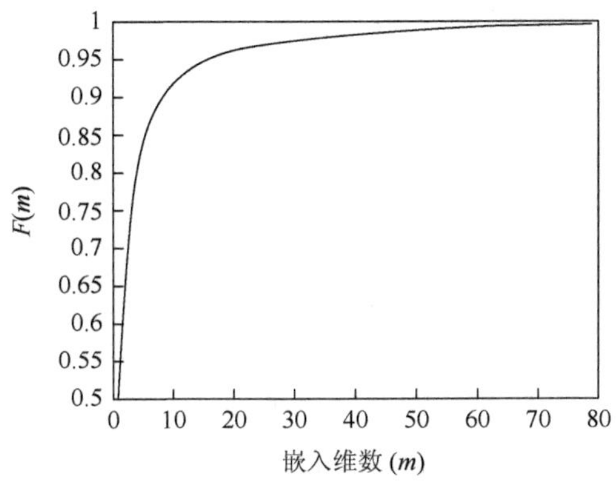

图 1-32　嵌入维数 m 的确定

1.5.4　技术创新能力演化的同步分析

众多企业在技术创新过程中，必然发生各种各样的联系，如资源竞争、战略合作等。基于技术创新过程中的相互联系，企业及企业之间的关联相互作用、相互影响，构成了混沌演化系统——耗散耦合动态网络。

1. 耗散耦合动态网络

不妨设 $f(x)=\sum_{i=1}^{n}d_i x-\sum_{j=1}^{m}\left(\frac{b_j}{x}\right)$，则等式（1-9）变成 $x'=f(x)$。为研究方便，假设有 N 个处于同一行业企业，它们的生产领域相同或者相近，需要进行相似的技术创新。它们在技术创新过程中，构成了一个具有 N 个节点的耗散耦合动态网络（diffusively coupled dynamical network）（为研究需要，暂不考虑关联的方向与权重）：

$$x_i'=f(x_i)+c\sum_{j=1}^{N}a_{ij}\Gamma(x_j) \tag{1-15}$$

其中，每一个节点都是一个动力系统；$x_i'=f(x_i)$，x_i 表示节点 i 的状态向量；常数 $c>0$，表示网络的耦合强度；$\Gamma:R^m\to R^m$ 表示每个节点状态变量的函数，用于对其他节点进行耦合；$A=[a_{ij}]\in R^{N\times N}$ 表示网络的拓扑结构，称为耦合矩阵。a_{ij} 定义为

$$a_{ij}=\begin{cases}-k_i & i=j\\ 1 & j\in\Lambda_i\\ 0 & \text{其他}\end{cases} \tag{1-16}$$

其中，k_i 为节点 i 的度；Λ_i 为与节点 i 相邻的节点的集合。

判断偶合动态网络同步流形稳定是根据李雅普诺夫（Lyapunov）指数来判断的。

2. 技术创新能力演化的同步分析

企业技术创新能力演化的同步主要受到技术创新网络拓扑结构的影响。由于规模和生成因素影响的不同，技术创新网络具有不同的拓扑结构形式（李守伟，2006）。

1）规则网络

某个区域内的技术创新企业一般会在 KIBS 支持下，在技术创新过程中形成确定性的联系，它们共同构成了规则的技术创新企业网络。这些规则网络一般有三种形式：最近邻环网络、全连通网络和星型网络。

根据耗散耦合线性网络的判定，可以得到如下结论，如表 1-3 所示。

表 1-3　规则网络上网络技术创新能力演化的同步规律

网络类型	产生背景	邻接矩阵	网络同步
最近邻环网络	企业基于地理空间范围的限制而只与最近邻企业发生联系	$a_{ij}=\begin{cases}-k & i=j\\ 1 & \lvert i-j\rvert\leqslant k, i\neq j\\ 0 & \text{其他}\end{cases}$	在相当长的演化时间内，各个节点不会达到同步演化的状态
全连通网络	基于知识或技术的充分共享而使得所有企业之间都发生联系	$a_{ij}=\begin{cases}-n & i=j\\ 1 & i\neq j\end{cases}$	在较短的时间 t_1 内，各个节点达到同步演化的状态
星型网络	由于核心企业（hub）对稀缺资源和关键技术的拥有，形成了以核心企业为中心的网络	$a_{ij}=\begin{cases}-n & i=1, j=1\\ 1 & i=1\text{且}j\neq 1; i\neq 1\text{且}j=1\\ 0 & \text{其他}\end{cases}$	在较短的时间 t_2 内，各个节点可以达到同步演化的状态，且 $t_1<t_2$

从第一块集成电路（integrated circuit，IC）诞生到 20 世纪 70 年代中期，分布于全球各地的 IC 企业受交通、通信技术的限制，大多与本地企业建立联系，从全球范围看就形成了一个近似近邻环网络。在这 30 年左右的时间里，各地 IC 技术发展极不平衡，各个企业的创新能力很难达到同步演化提高的状态；此时，在 IC 技术发源地——硅谷，当地 IC 企业基于技术人员的社会关系而形成了近似全连通网络。由于知识共享的程度高，各个企业的创新能力也近似同步演化提高；作为技术领导者之一的英特尔（Intel）公司，吸引了众多 IC 企业与服务机构，形成了近似星型网络，星型网络中各个企业的创新能力也随 Intel 在同步演化提高，但仍受制于 Intel。

2）随机网络

由于随机因素的影响，技术创新网络也可以用随机网络来刻画。Erdős 和 Rényi（1960）提出了随机网络模型：假设网络有 n 个节点，以概率 P 来连接一对随机选定的节点，这样就生成了一个具有 n 个节点和大约 $Pn(n-1)/2$ 条边的随机网络。

随机网络的演化同步与其拓扑结构有着密切的关系，而随机网络的拓扑结构又与生成概率 P 有关。当 $P=0$，网络只是由孤立的节点构成，显然节点的演化是不可能同步的；当 $P=1$，网络变成了全连通网络，从而在较短的时间内，网络演化达到同步状态；当 $0<P<1$，随着 P 的增大，随机网络的演化变得越来越容易达到同步状态。

从 20 世纪 70 年代中期到 90 年代中期，随着硅谷中海外人员回本国创业及产业分工，世界各地陆续出现了 IC 设计、制造与封测企业。从全球范围看，这些 IC 企业基于产业分工和技术人员的社会关系而形成了近似随机网络。随机连接概率 P 随时间的推移也越来越大，全球 IC 企业的技术创新能力也越来越容易达到同步演化提高的状态。

3）复杂网络

复杂网络中最重要的网络类型是小世界网络（small world network）和无标度网络（scale-free network）（周涛等，2005）。

由于现代通信技术的发展与应用，在技术创新过程中，企业不仅与邻近企业发生联系，还会与远程企业发生联系。因此，小世界网络能够刻画技术创新网络。小世界网络的演化同步与其拓扑结构有着密切的关系，而随机重连将网络中的短程连接变为长程连接，概率 P 将影响到网络中长程连接的数量。随着 P 的增大，网络中的长程连接数量也增多，网络演化从很难同步逐渐向很容易同步的状态转变。

基于技术创新网络的开放性与增长性，在各种随机因素和新技术的影响下，技术创新网络演化成为无标度网络。无标度网络中的连接在网络中分布极不均匀，从而使得其拓扑结构也较其他类型的网络更复杂，因此，无标度网络演化的同步现象也非常复杂，其同步状态应根据具体复杂网络的拓扑结构来分析。

从 20 世纪 90 年代中期至今，全球 IC 产业的技术创新网络已经形成，且具有小世界和无标度特征。我国 IC 制造技术经历了从 2000 年华虹 NEC 的 8 英寸[①]、0.35μm 到 2008 年中芯国际（北京、上海）12 英寸、90nm 的迅速发展历程。目前，我国 IC 制造业的主流技术已进入 0.11～0.25μm 的范围，有的生产线制造技术已提升到 90nm，而且 65nm 的制造技术也已在中芯国际启动。这些说明，小世界特性使得全球 IC 企业的创新能力演化很容易达到同步状态。无标度特征表明全球 IC 企业的创新能力很难达到一致的同步演化，这主要是技术壁垒造成的。

① 1 英寸＝2.54cm。

1.5.5 小结

知识密集型服务与技术创新关系的本质在于互动。在互动过程中，推动因素与阻碍因素的力量对比发生动态的、不均衡的变化，使得技术创新能力以复杂的、非线性的方式演化。互动的宏观系统动力学模型以多条正负反馈回路的方式给出了技术创新能力的变化规律；互动的微观系统动力学模型则从推动因素与阻碍因素的力量均衡上，给出了技术创新能力变化率的微分方程，并求解和分析，得到推动因素与阻碍因素对技术创新能力变化的影响规律。

在 KIBS 的影响下，企业技术创新能力的演化形成了混沌时间序列；通过相空间的重构可以预测技术创新能力的变化，而且可以推知推动与阻碍因素的力量对比。

基于不同的网络拓扑结构，企业技术创新能力的演化形成不同的同步现象。

§1.6 服务关系嵌入策略：亲缘选择与博弈演化

基于专业化分工和资源要素禀赋形成的生产分割已成为制造业生产国际化的主要形式。生产分割促使生产环节在全球不同区域内集聚，形成了产业生态系统中的“产业网络社区”（industrial network community），因此，本节在产业网络社区的框架下分析服务关系嵌入策略。

1.6.1 生产分割

20 世纪 80 年代以来，制造业的全球生产方式发生了巨大的变革，形成了全球价值链。生产分割（production fragmentation）已经成为普遍的制造业国际化形式（郭炳南和段芳，2011）。生产分割是指将一个产品的完整生产过程分割成多个不同的环节，而这些环节又可能发生在两个或者两个以上的企业或者地区。生产分割包含着两层含义：从纵向看，生产分割是基于专业化比较优势的产业链分解；从横向看，生产分割是基于资源禀赋的产业空间布局。例如，IC 芯片的生产具有典型的生产分割模式，其产业链通常可以分为设计、制造和封测三个环节，这主要是其高技术、高投资、高风险的特征所决定的。随着国际分工的加剧，基于各地的资源禀赋，IC 产业又在全球多个区域集聚，形成了遍布于世界的多个地区产业集群（李守伟，2012）。

最早提出国际生产分割理论的 Jones 和 Kierzkowski（1990）指出，通过各种服务链（service link）连接的一系列生产环节构成了完整的生产过程。他们研究发现，生产分割既可以发生在跨国公司内部，也可以通过不同企业之间的市场交易产生。

生产分割理论的研究大致可以分为三类：第一类研究是在传统贸易理论的框架内进行分析，例如，Hummels 等（2001）使用李嘉图模型分析了生产分割中的中间产品贸易模式；基于比较优势理论和要素禀赋理论模型，Jones 和 Kierzkowski（2001）提出了一个关于生产分割的完整分析框架，他们研究发现各国（地区）的生产率差异和工资差异是导致生产分割产生的重要原因。由于存在规模经济效应，服务链接的成本将会下降，从而导致协调各个生产环节的成本降低，这进一步促进了生产分割的发展。第二类研究是在跨国公司理论的框架内进行分析，主要集中于分析垂直型外商直接投资（FDI）对生产分割的影响。在迪克西特-斯蒂格利茨垄断竞争的框架下，高越（2008）分析了跨国公司在国内外配置生产环节的决定因素，并分析了垂直型 FDI 对贸易和消费者福利产生的动态影响。这两类研究的不同在于，前者考察的生产分割不必有跨国公司的参与，可以通过企业间的市场交易来完成，而后者考察的生产分割主要发生在跨国公司内部。第三类研究主要集中在企业选择生产分割的组织方式，即选择企业间的外包方式还是选择垂直型 FDI 方式（刘戒骄，2011）。Gross 和 Blasius（2008）指出只要存在要素禀赋的国家差异或者在要素价格没有被均等化的情况下，任何常规任务都可能被外包。Bridgman（2010）指出制造类产品贸易迅速发展的原因在于贸易成本的大幅下降。他认为 20 世纪 60 年代关贸总协定肯尼迪回合谈判之后，关税大幅削减，尤其是制造类产品零部件贸易的关税下降，导致了垂直专业化贸易急剧增长。

制造业的生产分割表明一体化生产过程的不同环节在空间上被分割开来，这些生产环节分散到不同的企业或地区，企业按照各地区的要素密集度，采取与要素禀赋相适应的原则进行组织生产（牟丽和吴声功，2012）。生产分割的发展不但使一定经济区的区域内贸易和中间品贸易迅速扩张，而且带动了技术在企业间的扩散和产业技术创新的发展（高越和李荣林，2011）。

然而，在生产分割条件下，企业的技术创新决策面临着一定的困境。众多学者研究发现，技术创新具有一定程度的经济外部性，即技术创新的溢出（王晟，2012）。企业面对市场竞争的压力，具有技术创新的内在动力和积极性；但是，技术创新的溢出效应又会在一定程度上削弱企业创新的积极性，降低创新产出。同时，其他企业的技术创新溢出也会对该企业产生正效应。因此，在生产分割下企业对于是否开展技术创新处于一种“既爱又恨”的“囚徒困境”的状态。那么，在生产分割状态下，企业技术创新困境的根源是什么？1.6.2 节从技术创新的外部性上分析了技术创新供给不足的问题。经济外部性（或溢出）给技术创新带来了新的属性——公共物品，也就是说，在一定意义上，可以将技术创新视为一种准公共物品。企业不但从自身的创新受益，而且也会受益于由于溢出而形成的公共技术。因此，在竞争中企业如何决策自己的技术创新产出？基于汉密尔顿（Hamilton）的社会选择发展理论，1.6.3 节提出了将适应度作为企业技术创新产出决策的目标函数，综合考虑了生产成本、个体收益和群体收益，构建了一般博弈演化模型，并给出了演化稳定策略（ESS）的一般条件。在一般演化模型的基础上，1.6.4 节对线性成本函数和线性收益函数作了进一步的分析和实验分析，并分析了技术创新的启动成本和固定收益的影响。1.6.5 节给出了具有指数型成本与收益函数的演化博弈，并进行了实验分析。最后给出了小结。

1.6.2　生产分割形成的产业网络社区与技术创新供给不足困境

生产分割的发展，促进了各个生产环节在不同区域的集聚，形成了产业生态系统中的网络社区（network community）。生产分割促使产业内的各个企业之间建立各种各样的联系，因此这个产业社区不同于一般意义上的产业集群，它是有结构的。产业社区内的企业联系密切、关系紧密，而产业社区间企业的联系相对稀疏，如图 1-33 所示，其中，节点表示企业，连线表示企业之间的生产联系。因此，技术创新的外部性首先作用于同产业社区内的企业，然后才影响整个产业系统。

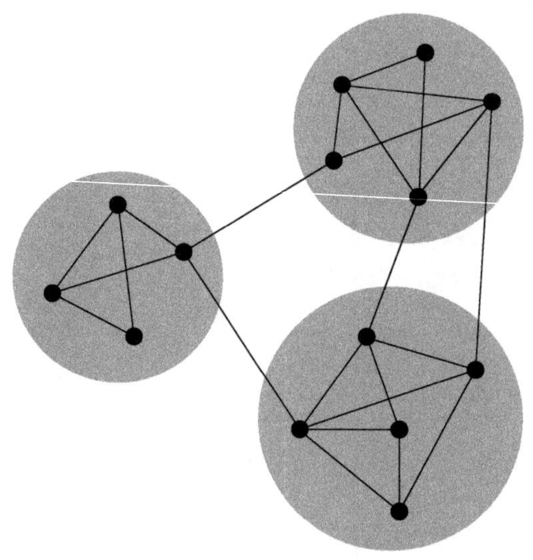

图 1-33　生产分割形成的产业网络社区示意图

下面分析产业社区内企业技术创新的外部性影响。技术创新的外部性是指同行业内的其他企业可以通过模仿、学习或从创新企业挖取关键研发人员，使该企业技术创新受益，而无须付出高昂创新成本。从创新价值上看，技术创新成果的收益发生了溢出。

假设企业的技术创新供给为 Q，那么其技术创新的边际收益 $MR_1(Q)$是 Q 的函数，随着 Q 的增加而减少；其边际成本 $MC_1(Q)$也是 Q 的函数，随着 Q 的增加而增加。同样，分别记 $MR_2(Q)$和 $MC_2(Q)$为企业所在产业社区的技术创新边际收益和边际成本。

通常，由于技术创新不存在负外部性，则企业的边际成本等于产业社区的边际成本，即 $MC_1(Q)=MC_2(Q)$；由于技术创新存在正外部性，创新成果会产生溢出效应，所以，产业社区边际收益大于企业边际收益，即 $MR_2(Q)>MR_1(Q)$。令 $\Delta MR(Q)=MR_2(Q)-MR_1(Q)$，那么 $\Delta MR(Q)$即为溢出效应致使企业损失的边际收益，也是整个产业社区从企业技术创新中获得的额外收益，如图 1-34 所示。

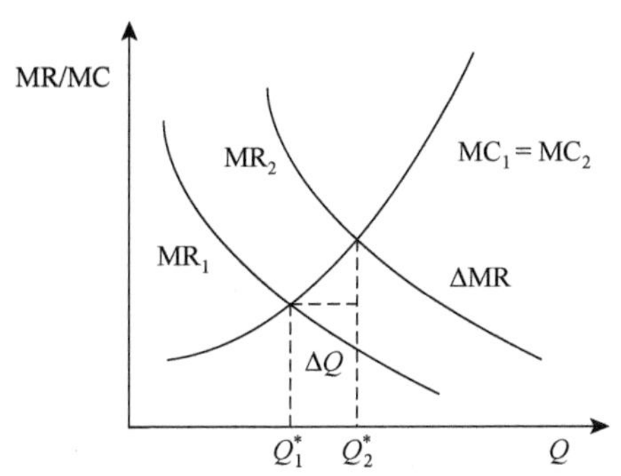

图 1-34　技术创新边际成本、边际收益与技术创新产出的关系

对于创新企业而言，企业从自身帕累托最优出发，以 Q_1^* 供给技术创新，而服从产业社区帕累托最优的技术创新供给却为 Q_2^*，由于 $MR_2(Q)>MR_1(Q)$，所以 $Q_2^*>Q_1^*$。令 $\Delta Q^*=Q_2^*-Q_1^*$，那么，ΔQ^*就是正外部性导致技术创新供给不足的额度。显然，某项技术创新的正外部性越强，则其溢出效应就越显著，$\Delta MR(Q)$也就越大，最终使得 ΔQ^*越大，技术创新供给不足的问题就越严重，如图 1-34 所示。技术创新的正外部性必然导致产业社区的资源配置偏离于帕累托最优标准，使得市场机制调节失灵，造成了非最优的技术创新供给。

1.6.3　基于亲缘选择的技术创新博弈演化模型

一个产业在生产分割的作用下，可能被分成若干个环节或者区域。基于生产分割，若干企业被分割成多个既相互独立又相互联系的产业社区。在产业社区内，面对技术创新的供给决策，企业之间相互博弈，一方面降低了技术创新的成本，另一方面提高了技术创新的收益（私有收益和溢出收益）。溢出收益的提高又进一步加剧了创新供给的不足（如图 1-34 所示）。

假设在某个产业社区上，共有 N 个企业，每个企业面对技术创新决策，选择技术创新产出为决策变量，记为 y。企业进行技术创新的成本为 $c(y)$，它是关于创新产出 y 的单调增函数；技术创新带来的收益，也是关于创新产出 y 的单调增函数；由于经济外部性的作用，技术创新带来的收益被分成了两个部分：一个是企业自身私有的直接收益，记为 $b(y)$，它是企业自身创新产出的函数；另一个是创新溢出给群体带来的溢出收益，记为 $b(z)$。这里，z 表示群体内企业技术创新产出的平均值，也可看作是群体的技术创新效率。

从一定程度上说，创新的外部性是一种利他行为。由于生产分割的存在，在生产系统中，企业的技术创新总是先利于产业社区内的相邻企业，然后使整个产业系统获益。因此，生产分割下的某一区域上的企业博弈服从汉密尔顿的亲缘关系选择理论，即关系越近，彼此合作倾向和利他行为也就越强烈；关系越远，则表现越弱。汉密尔顿又提出了广义适应度（fitness），作为亲缘选择和利他行为的解释（刘鹤玲等，2007）。根据汉密尔顿的广义适应度，我们定义企业的适应度 f 作为企业进行创新决策的目标函数。

企业技术创新的适应度 f 是技术创新成本 c 和收益 b 的函数，如下：

$$f(y,z)=\left[\frac{1-c(y)}{1-c(z^*)}\right]\left[\frac{b(y)+b(z)}{2b(z^*)}\right] \tag{1-17}$$

其中，z^* 表示所有产业社区中 y 的平均值。在生产分割中，所有产业社区覆盖了产业链与产业空间布局的全部。在式（1-17）中，通过 $1-c(z^*)$ 和 $b(z^*)$ 对企业的创新适应度进行标准化。

在企业技术创新博弈的演化中，目标是寻找 ESS：$y=z=z^*$，也就是说，当企业在选择术创新产出量的策略时，没有任何企业可以通过对 ESS 的少量偏离来获得更高的适应度。

企业的技术创新产出 y，应该与本地产业社区的平均创新产出值 z 相关。这是由相关性技术创新溢出作用的层次性决定的，先影响产业社区内的企业，然后影响整个生产过程的企业。因此，基于产业社区的视角展开技术创新演化博弈的分析。

对于给定的企业适应度 f，企业以什么创新产出 y 来最大化目标函数——企业适应度。对于企业技术创新产出 y，适应度的导数为

$$\frac{\mathrm{d}f}{\mathrm{d}y}=\frac{\partial f}{\partial y}+\frac{\partial f}{\partial z}\frac{\mathrm{d}z}{\mathrm{d}y}=f_y+rf_z \tag{1-18}$$

式（1-18）可以由复合函数的求导法则（或全导数公式）得到。其中 f_z 和 f_y

分别是适应度函数 f 的偏导数，且 $r=\frac{\mathrm{d}z}{\mathrm{d}y}$。$r$ 是方程 $z=ry+\varepsilon$ 的线性回归系数，也是变量 z 和 y 的相关系数。因此，r 是个体和群体行为相关性的测量。

将适应度表达式（1-17）代入式（1-18）中，并令导数为零，可以得到 ESS 解满足的条件为

$$\frac{(r+1)}{2}\frac{b'}{b}=\frac{c'}{1-c} \tag{1-19}$$

这里的 b' 和 c' 分别表示收益函数和成本函数的导数。在式（1-19）的条件下，ESS 满足 $y=z=z^*$。

由式（1-19）可知，ESS 满足社会规则：在权重 $\frac{r+1}{2}$ 下的产业社区边际收益 $\frac{b'}{b}$，必须等于边际成本 $\frac{c'}{1-c}$。权重 $\frac{r+1}{2}$ 中，数字 1 表示企业自身的相关性，来自于技术创新的私有收益；而回归系数 r 则表示企业技术创新产出与产业社区平均产出的相关性，来自于技术创新的溢出收益。

1.6.4　线性成本与收益的博弈演化及其计算实验分析

1. *演化博弈及其实验分析*

式（1-19）给出了生产分割下企业技术创新博弈演化的一般稳定条件。下面对特殊形式的成本函数和效益函数加以分析，即采取线性成本和线性收益加以分析。

假设企业技术创新的成本和收益是线性的，即线性成本函数 $c(y)=y$，线性收益函数 $b(y)=y$、$b(z)=z$，将线性成本和线性收益函数代入式(1-17)和式(1-18)可以得到 ESS 解为

$$y^*=\frac{r+1}{3+r} \tag{1-20}$$

为了验证前述分析，本节基于 Matlab 软件设计了实验仿真的程序，采用随机数模拟企业的技术创新产出量，对演化博弈进行计算实验。

假设企业的技术创新产出 y 服从[0, 1]上的均匀分布。通过对等式（1-17）和 ESS 的分析可以发现，由线性成本和线性收益构成的企业适应度应上下波动并逐渐收敛到 1。因此，采用适应度与 1 的距离小于某个给定的小数作为演化终止的条件之一；在每一次的竞争演化中，每个企业的决策量都是[0, 1]之间的随机数，有可能造成某个企业的适应度在长时间内无法逼近 1，因此，采用最大迭代次数作为另一个演化终止条件。

本节采用单个产业社区的演化加以验证，通过模型分析可知，其实验结果与多个产业社区演化的结果相同。为便于观察，选取产业社区中的某一个企业作为观察对象，抽取创新产出 y 序列和适应度 f 序列，同时统计出每一次博弈后的产业社区创新产出的平均值 z，在同一个图中进行对比列示，如图 1-35 所示。由于每次决策都是随机数，演化程序每次运行后显示的演化图形也不尽相同，图 1-35 也只是选取了便于观察的有代表性的一次观察对象的演化结果。

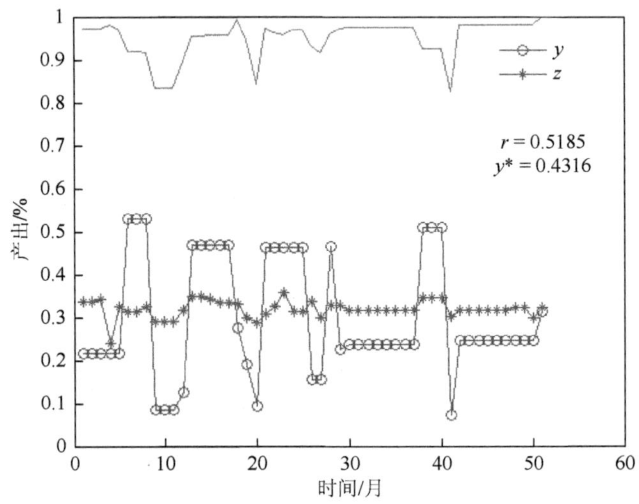

图 1-35　具有线性成本和收益的企业技术创新产出演化

然而，通过多次的对比观察可以发现，每次的演化都会满足下列规律。

（1）图中 y 曲线的水平部分意味着企业决策后的适应度更加偏离 1，因此其保持程序产出 y 不变。

（2）适应度曲线的变化不但受到 y 的影响，而且受到 z 的影响（其他企业决策的影响）。

（3）与 z 曲线相比，y 曲线的波动程度更大。

（4）创新产出 y 序列逐渐向产业社区创新产出平均值 z 序列靠近。

（5）演化终止时，企业创新产出 y 和相关系数近似满足等式（1-20）。

2. 启动成本与固定收益的影响

企业进行创新，需要投入大量的人力、物力和资本等。有时候，在创新的初始阶段，需要更高的创新成本，当然承担的风险也会更高。这个初始的高成本，包括了启动成本（start-up cost）。对于市场而言，有的学者将其看作是创新进入的障碍，或者门槛。市场进入障碍是一种使市场新进入者的长期成本高于市场现存企业的长期成本的状况。此启动成本意味着，当产业社区的技术创新在非常低的水平（创新初期）时，企业很可能会付出显著的高成本，而从某一创新水平的基础上提高创新的产出，可能不会增加太多费用。另外，从表现形式看，启动成本也可以看作是固定成本，这个固定成本在 y 较小时，相对 y 的比重较大；而在 y 较大时，相对 y 的比重较小。

为此，假设具有启动成本的线性成本函数为：当 $y>0$ 时，$c(y)=k+y$；当 $y=0$ 时，$c(y)=0$，这里 k 为企业创新的启动成本。

在创新利益的分配方面，往往更现实的假设是一些生产力没有形成公众利益（溢出）。特别地，假设线性收益函数为 $b(y)=s+y$、$b(z)=s+z$，这里有一个固定的生产力 s 没有产生溢出，形成公众利益。

基于以上假设，可以得到博弈演化的 ESS 策略为

$$y^*=\frac{(1+r)(1-k)-2s}{3+r} \tag{1-21}$$

如果 $s>\frac{(1+r)(1-k)}{2}$，则 ESS 时的产出策略对产业社区没有贡献，即 $y^*=0$。因此，低的相关性 r 或高的收益 s 有利于产业社区创新的预扣税，与一般概念相一致：有竞争力的情况，往往不利于对公共产品的贡献。增加固定收益 s 或者固定成本，都会降低演化稳定时的创新产出，但是固定收益 s 的影响更大一些（因为 $1+r<2$）。

与前述类似，本节对启动成本和固定收益的演化博弈进行了实验模拟，演化结果之一如图 1-36 所示，其中固定成本 $k=0.2$，固定收益 $s=0.3$。与图 1-35 相比可以看出，图 1-36 中的创新适应度在演化过程中波动较大，而创新产出 y 波动较小，这主要是其他企业的创新决策 y 的变化造成的，也说明了 k、s 对适应度影响较大、企业间竞争激励。

1.6.5　非线性成本与收益的博弈演化及其实验分析

在收益方面，过量的创新收益可能造成饱和，进而造成创新收益的递减。在成本方面，技术创新产出的增加可能需要额外投入创新资源，从而增加了成本。其他情况也会导致成本和收益的非线性。

为了分析成本和收益的非线性特征对技术创新博弈演化的影响，本节采用幂函数型的成本函数和收益函数，并同时考虑启动成本和固定收益的影响。因此，令成本函数为 $c(y)=k+y^{\beta}$，收益函数分别为 $b(y)=s+y^{\alpha}$ 和 $b(z)=s+z^{\alpha}$。基于这些假设，我们可以用式（1-19）获得 ESS 条件：

$$[2\beta+\alpha(1+r)]y^{\beta}+2\beta sy^{\beta-\alpha}-\alpha(1-k)(1+r)=0$$

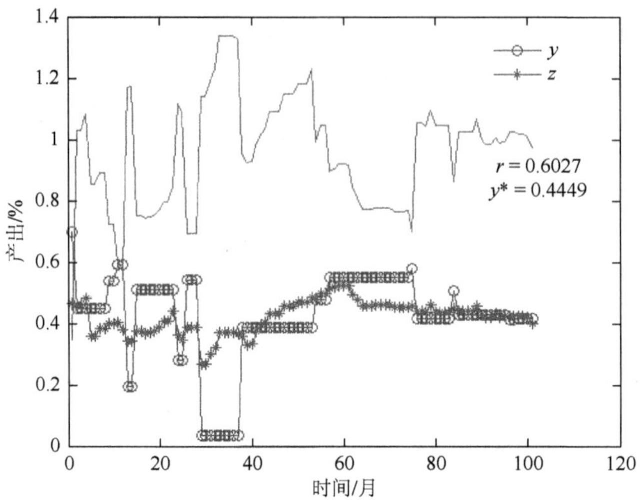

图 1-36　具有启动成本与固定收益的企业技术创新产出演化

此时，演化稳定时的最优技术创新产出为

$$y^* = \left[\frac{\alpha(1+r)(1-k)-2\beta s}{\alpha(3+r)}\right]^{\frac{1}{\alpha}} \tag{1-22}$$

如果成本函数和收益函数的指数满足$\alpha=\beta$，则

$$y^* = \left[\frac{(1+r)(1-k)-2s}{3+r}\right]^{\frac{1}{\alpha}} \tag{1-23}$$

从式（1-23）可以看出，增加α有利于获得更多的技术创新产出。当$\alpha<1$时，成本函数和收益函数将以递减的速率增加，技术创新产出小于线性成本和收益时的创新产出。相比之下，当$\alpha>1$时，成本函数和收益函数将以递增的速率增大，技术创新产出大于线性成本和收益时的创新产出。

与前述类似，本节对非线性成本和收益的演化博弈进行了实验模拟，演化结果之一如图 1-37 所示，其中固定成本$k=0.2$、固定收益$s=0.3$、幂指数$\alpha=0.5$；与图 1-36 相比可以看出，图 1-37 中的技术创新适应度在演化过程中波动更大，而创新产出y波动较小，这主要是由其他企业的创新决策y的变化幅度更大造成的，企业间竞争更加激烈。

1.6.6　小结

本节从制造业的生产分割出发，探索技术创新外部性带来的困境；基于汉密尔顿的亲缘关系理论，构建了产业社区上的企业技术创新的演化博弈模型；从线

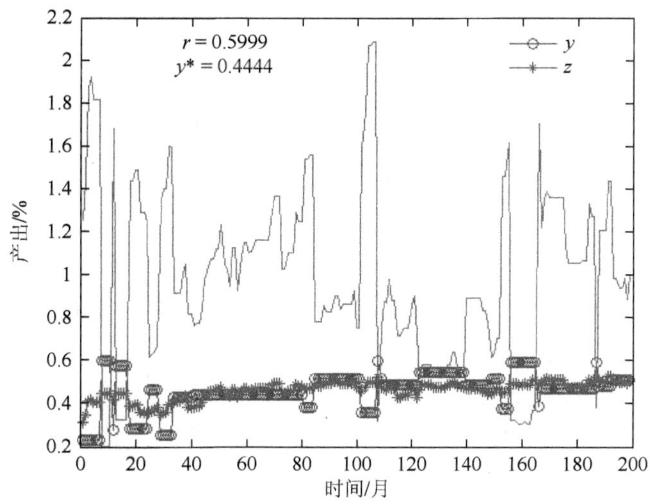

图 1-37　具有非线性成本和收益的企业技术创新演化

性和非线性两个角度分析了成本和收益对创新产出的影响，同时分析了启动成本和固定收益的影响，为技术创新提供理论支撑。

研究发现：①生产分割促进产业形成了具有多个产业社区的生态系统，产业社区内的企业关联密切频繁，产业社区间企业关联相对稀疏。②企业的技术创新具有一定的外部性，能够给产业社区带来边际收益，导致市场资本配置偏离帕累托最优，从而造成了技术创新的供给不足。③产业社区内的企业技术创新博弈 ESS 满足边际收益的 $[(1+r)/2]$ 倍等于边际成本。④在线性成本和收益条件下，演化稳定的技术创新产出为 $y^*=\dfrac{1+r}{3+r}$；如果考虑启动成本 k 和固定收益 s，则演化稳定的技术创新产出为 $y^*=\dfrac{(1+r)(1-k)-2s}{3+r}$。⑤在幂函数型非线性成本 α 和收益 β，以及考虑启动成本 k 和固定收益 s 的条件下，演化稳定的技术创新产出为 $y^*=\left[\dfrac{\alpha(1+r)(1-k)-2\beta s}{\alpha(3+r)}\right]^{\frac{1}{\alpha}}$。

本节首次采用了汉密尔顿的亲缘选择规则作为构建企业技术创新适应度函数的依据，并引入企业个体与产业社区间的相关系数来刻画博弈演化稳定策略满足的条件。但是对于企业技术创新收益的划分，还有一定的局限性和不足，将进一步展开深入的研究。

第 2 章　产业网络服务关系嵌入的实证研究

IC 以其极大的活力和渗透力深入到社会、经济、科技、生活和国防等各个领域，成为高新技术的核心，是电子信息产业发展和传统产业技术升级的基础，是国家安全和信息安全的保障。当今世界，IC 已是无时不有、无处不在。IC 技术和产业已经成为当前国际竞争的焦点和衡量一个国家或地区现代化程度及综合国力的重要标志。我国 IC 产业的发展也越来越受到全球的关注。

§2.1　选择 IC 产业作为实证对象的依据

IC 产业是国民经济中具有先导性、战略性的基础工业，其技术水平和产业规模已成为一个国家或地区经济发展、科技进步的重要标志，它的每一个阶段性发展都将对整个信息产业及装备制造业产生重大影响。国家“十一五”、“十二五”规划已明确把 IC 作为信息产业发展的突破口，将发展 IC 产业视为实现产业结构调整、拉动经济增长、增强国家综合竞争力的重要因素。自 20 世纪 90 年代以来，我国 IC 产业取得了长足进步。目前，一个涵盖设计、封装、测试等上下游相关产业，结构合理，分工明确的 IC 产业已初露端倪。在 IC 产业中，技术创新频繁发生，技术创新服务机构也日渐增多。

采用 IC 产业作为本章实证分析对象的依据还有以下几个方面。

2.1.1　企业关联特征明显

基于技术分工的 IC 产业链上的各个环节，如设计、制造、封测及设备材料等，相对独立而又相互依存。各个环节所需要的技术、设备、人才等不尽相同，各有特色，相对独立，而 IC 产品的生产又需要各个环节通力合作，缺少任何一个环节，不但不能完成 IC 产品的生产，而且其他环节的发展将受到影响，甚至威胁其生存。因此，基于技术分工的企业关联较其他传统产业更为突出、明显。

基于价值分解的 IC 产业发展环境中的各种组织，如科研机构、服务机构、行业协会、政府部门等，同 IC 企业唇齿相依，互为生存。这些组织通过合作研发、人才流动、投资等方式和 IC 企业发生联系，为 IC 企业的发展提供各种资源支持；

IC 企业通过产品价值的分解为这些组织的生存与发展提供支持。因此，基于价值分解的企业和组织关联较其他传统产业更为密切。

IC 产业中的企业或组织关联具有相对稳定性，这是产品设计、制造、设备材料等专用性决定的，例如，上海普莱克斯仪电实用气体公司专为华虹 NEC 提供管道超纯氮气、氢气、氧气、氩气等。

2.1.2　企业创新活动频繁

通过实地调查分析发现，IC 企业的技术创新非常频繁。IC 产业是高技术、高风险、高成本的产业，需要技术的不断创新。消费类电子、计算机通信和消费电子（3C）、汽车电子等 IC 应用的发展，也在促进其技术创新。

2.1.3　服务机构日益增多，呈现网络化趋势

由于技术分工及专业化服务的出现，越来越多的服务机构为企业的技术创新活动提供服务，逐渐形成各种各样的技术合作开发联盟、产学研等服务关联。通过这些服务关联，技术创新企业和服务机构形成了网络化的组织形式。而且这些服务关联也相对较稳定，但同时由于竞争因素的存在，这些服务关联又具有一定的动态性。通过这些服务关联，技术创新社会化服务网络能够自组织到结构优化的相对稳定状态，提高了产业的技术创新能力，促进了产业的升级。

通过以上分析，本章决定将 IC 产业作为实证分析的对象。同时，在调查过程中，发现许多 IC 企业或组织对企业关联调查非常配合，表现出强烈的同其他企业进行互动关联的愿望，这也是中国 IC 产业发展的希望所在。

§2.2　服务关系嵌入实证研究

2.2.1　数据来源与概述

本节数据与资料来自以下途径：①课题组对我国 IC 产业发展情况及重点企业发展情况的调研；②各地区政府部门或者行业协会公开出版的 IC 产业研究报告或者半导体行业研究报告；③部分咨询机构公开的行业数据，如中国电子信息产业发展研究院（CCID）等；④统计年鉴；⑤各行业协会、企业、咨询机构的在线网站；⑥从事 IC 产业工作的资深专家、企业家；⑦从事 IC 产业研究的学者。

IC 产业的产业链如图 2-1 所示。

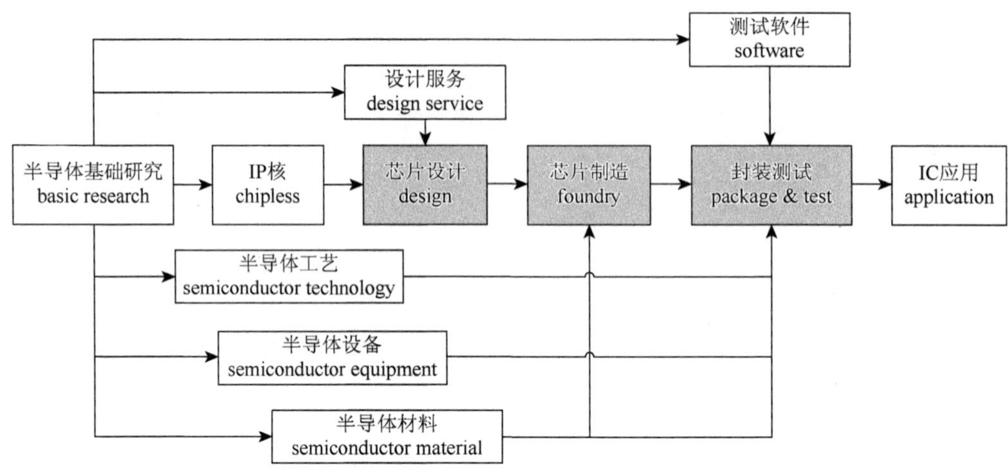

图 2-1　IC 产业链图

通过对 IC 产业的技术创新及服务现状的调研，本节以我国 IC 产业中的多个技术创新为对象，调查了这些技术创新过程所涉及的 416 个企业及相关服务机构。这 416 家企业与服务机构分布于 IC 产业及其服务支撑环境的各个部分，这些企业共分为 14 个类别，如图 2-2 所示。

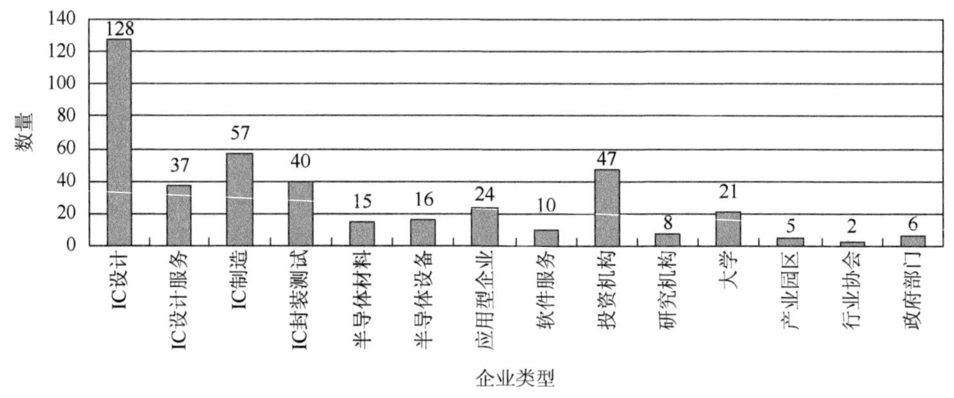

图 2-2　企业类型分布图

每种类型的企业所占总调查企业的比例如图 2-3 所示。

从图 2-2、图 2-3 的数据可以看出，此次调研已经全面涉及 IC 产业技术创新过程的各个环节与部分，能够全面地反映我国 IC 产业技术创新的现状，所得到的小结也具有一定的指导意义。

为了便于统计分析技术创新的区域性，本项目将这些企业分成如下的 9 个区域来分别进行统计，如图 2-4 所示。

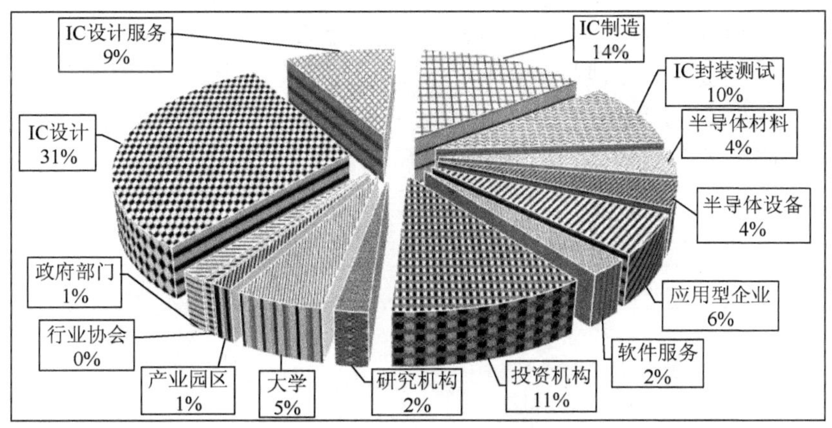

图 2-3 各种类型企业的比例图

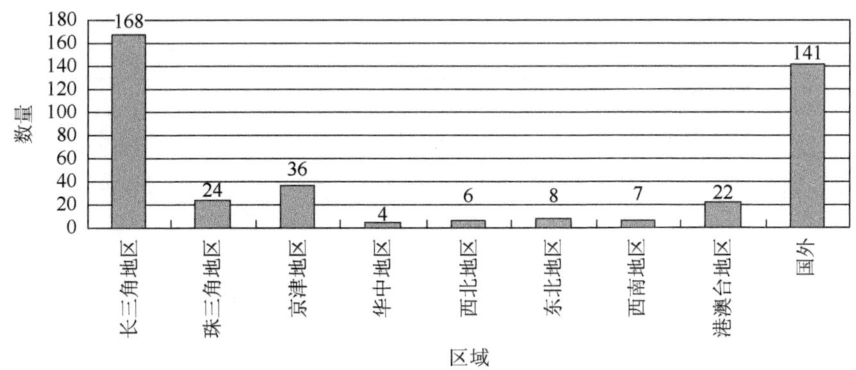

图 2-4 集成电路企业按所属区域的分布图

这 416 个企业遍布中国国内各地和其他国家，其各自占比如图 2-5 所示。

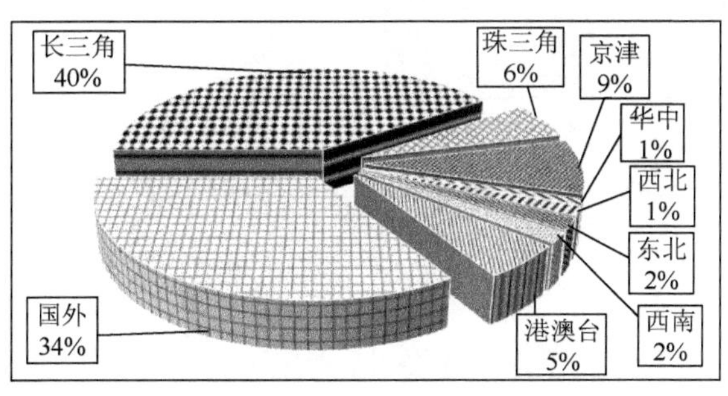

图 2-5 集成电路企业按所属区域的比例图

从图 2-4、图 2-5 的数据可以看出，此次调研的数据覆盖了国内各个地区，并关联到国外的企业与组织机构。因此调研数据对于研究分析我国 IC 产业的技术创新具有一定的指导意义。

在 IC 企业的技术创新过程中，技术的复杂性及 IC 的高成本性、高风险性等，使得单个企业无法独立完成技术创新过程，必然需要各种服务机构的专业化服务。因此，在调研过程中，发现在 IC 产业的技术创新过程中存在着各种各样的服务关联。将这些服务关联分成六类，如表 2-1 所示。

表 2-1 调研得到的 IC 产业服务关联类型及其数量

服务关联类型	数量/个
代工服务关系	70
封测服务关系	69
设计服务关系	61
投融资服务关系	117
设备材料与工艺服务关系	100
产学研合作与战略联盟	118

为了便于比较各种服务关联的数量大小，图 2-6 给出了各种服务关联的比较直方图，从图中可以看出，投融资（包括技术投资）在技术创新中起着重要的作用。

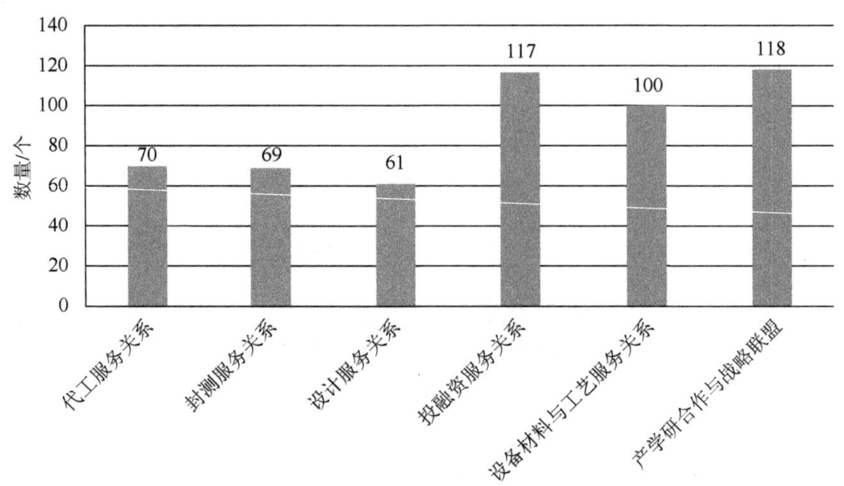

图 2-6 服务关联类型比较图

同时，也给出了各种服务关联所占总服务关联的比重，如图 2-7 所示。

从表 2-1 和图 2-6、图 2-7 的数据可以看出，本次调研涉及了几乎全部的服务类型，而且都具有一定规模。因此，此次的调研在一定程度上能够反映我国 IC 产业技术创新的服务状况，小结也具有一定的指导意义。

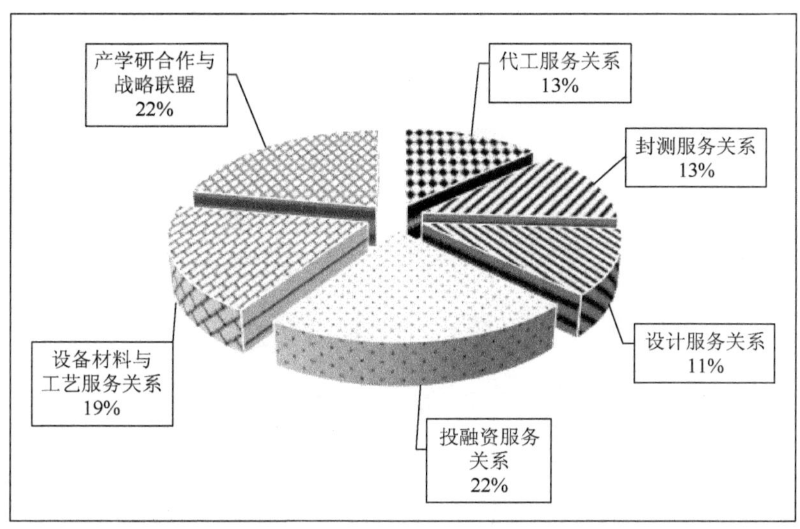

图 2-7　各种新服务关联的比重

2.2.2　晶圆代工服务关系

随着 IC 技术的发展和产品应用的拓展，IC 产业分工不断细化，整个产业逐渐分化为设计业、制造业、封装测试业及为整个产业提供专用设备和材料的支撑业等业务上相对独立的环节。IC 厂商也随之从最初的 IDM（集成器件制造商）单一形式，逐渐分化出了 fabless（集成电路设计企业）和 foundry（芯片代工企业）等企业形式。

Fabless 是设计公司的主流商业模式，其核心竞争力在于产品的创新和知识产权，产品的制造则主要依赖 foundry 厂商，产品的测试封装主要是转包给其他专业的测试与封装企业。

晶圆代工服务是 IC 产业技术创新的一个重要环节。在晶圆代工服务过程中，代工厂商与各种类型的企业及服务机构建立多种服务联系，形成了晶圆代工服务网络，如图 2-8 所示。

从图 2-8 可以看出，在技术创新社会化服务网络中，关联度比较大的 IC 芯片 foundry 厂商主要有 10 家，如表 2-2 所示。

表 2-2　IC 产业网络中的主要芯片制造企业

关联度排序	1	2	3	4	5	6	7	8	9	10
foundry 厂商	中芯国际	华虹 NEC	台积电	苏州和舰	华润上华	芯成	新进	先进	宏力	贝岭

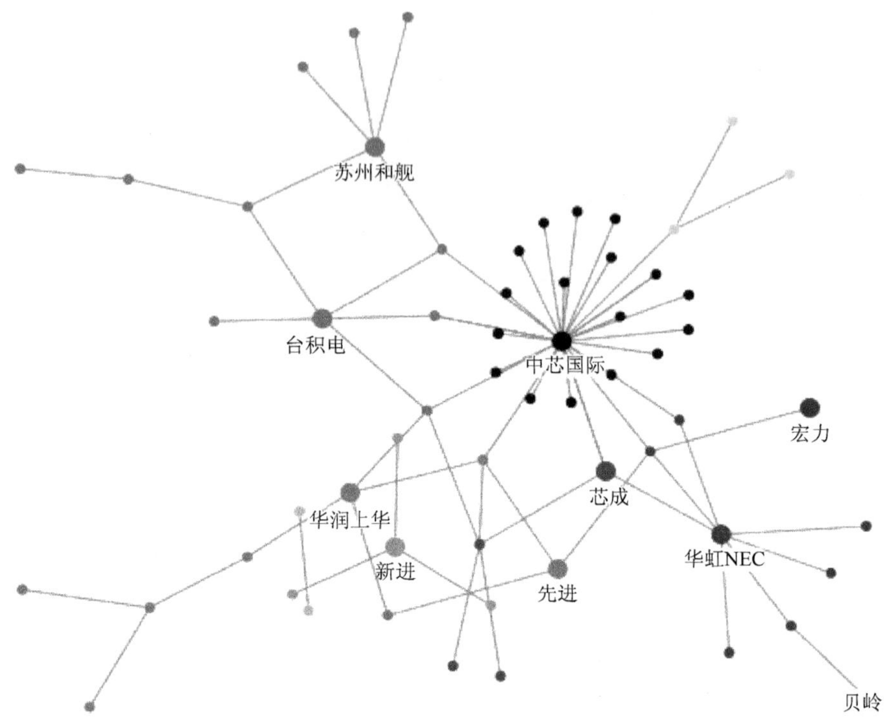

图 2-8　晶圆代工服务关系网络图

对晶圆代工服务关系网络进行统计分析，得到如表 2-3 所示统计表。

表 2-3　晶圆代工服务关系网络的参数表

关系网络度量	值
节点数（vertices）	60
总关系数（total edges）	140
连通分支数（connected components）	3
连通分支的最大顶点数（maximum vertices in a connected component）	54
连通分支的最大连接数（maximum edges in a connected component）	132
网络直径（diameter）	9
平均路径长度（average geodesic distance）	3.506131
网络密度（graph density）	0.037853107
模块性（modularity）	0.340179
最小节点度（minimum degree）	1
最大节点度（maximum degree）	25
平均度（average degree）	2.233

续表

关系网络度量	值
最小中介中心性（minimum betweenness centrality）	0.000
最大中介中心性（maximum betweenness centrality）	1064.981
平均中介中心性（average betweenness centrality）	61.817
最小贴近度（minimum closeness centrality）	0.003
最大贴近度（maximum closeness centrality）	1.000
平均贴近度（average closeness centrality）	0.054
最小特征向量中心性（minimum eigenvector centrality）	0.000
最大特征向量中心性（maximum eigenvector centrality）	0.055
平均特征向量中心性（average eigenvector centrality）	0.017
最小页面级别（minimum pagerank）	0.471
最大页面级别（maximum pagerank）	9.860
平均页面级别（average pagerank）	1.000
最小聚类系数（minimum clustering coefficient）	0.000
最大聚类系数（maximum clustering coefficient）	0.000
平均聚类系数（average clustering coefficient）	0.000

从表 2-3 中可以看出，网络平均路径长度为 3.50 表示就整个网络平均而言，任何一个企业需要通过 2～3 个中间企业，才能和其他企业建立服务关系。网络平均度为 2.233 表示网络中每一个企业与 2～3 个企业建立直接的服务关系。

2.2.3　芯片封测服务

芯片封测服务是 IC 产业链的一个重要环节。IC 设计企业的创新芯片需要封测企业进行封装和测试。在封测服务过程中，封测企业与各种类型的企业（设计、制造、设备、材料）及各种类型的服务机构建立了服务联系，如图 2-9 所示。

从芯片封测服务网络可以看出主要的封装测试厂商，如表 2-4 所示。

表 2-4　IC 产业网络中的主要封测企业

关联度排序	1	2	3	4	5	6	7	8	9
封测企业	南通富士通	长电科技	华旭微电子	万代半导体	智芯科技	阿法泰克	星科金朋	威宇科技	纪元威科

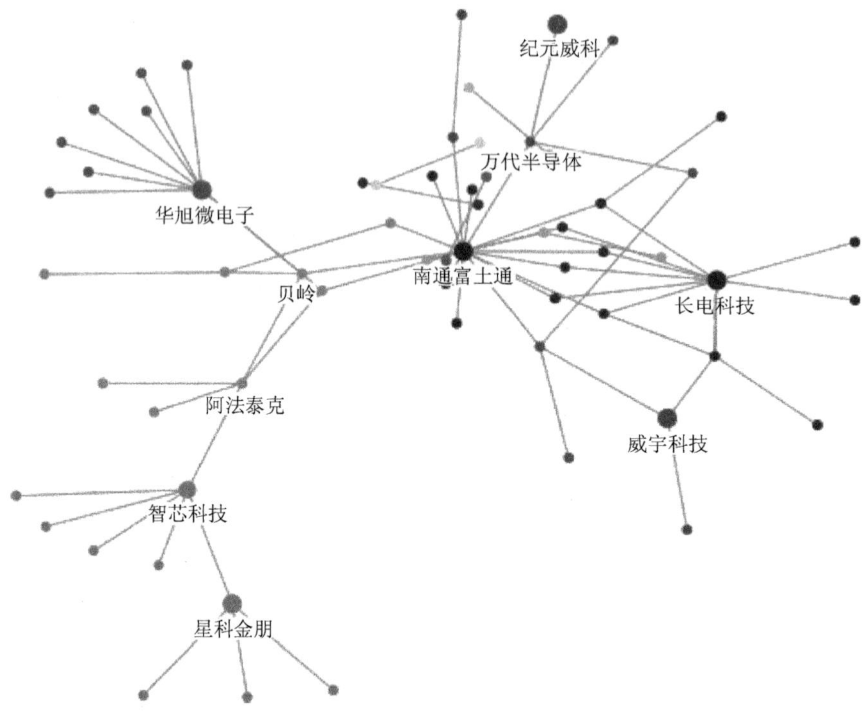

图 2-9　芯片封测服务网络

尽管 Intel 和松下等封装测试的厂商销售额较其他的封测厂商大得多，但是其客户主要集中在海外，从而使得它们与我国 IC 企业的关联度相对较小。而我国的本土封测企业发展历史较长，其客户也主要以国内 IC 企业为主，因此这些企业与 IC 企业的关联度相对较大。

对芯片封测服务关系网络进行统计分析，得到如表 2-5 所示统计表。

表 2-5　芯片封测服务关系网络的参数表

关系网络度量	值
节点数（vertices）	63
总关系数（total edges）	138
连通分支数（connected components）	6
连通分支的最大顶点数（maximum vertices in a connected component）	52
连通分支的最大连接数（maximum edges in a connected component）	126
网络直径（diameter）	8
平均路径长度（average geodesic distance）	3.768413
网络密度（graph density）	0.034818228

续表

关系网络度量	值
模块性（modularity）	不适用
最小节点度（minimum degree）	1
最大节点度（maximum degree）	16
平均度（average degree）	2.159
最小中介中心性（minimum betweenness centrality）	0.000
最大中介中心性（maximum betweenness centrality）	887.079
平均中介中心性（average betweenness centrality）	60.460
最小贴近度（minimum closeness centrality）	0.004
最大贴近度（maximum closeness centrality）	1.000
平均贴近度（average closeness centrality）	0.150
最小特征向量中心性（minimum eigenvector centrality）	0.000
最大特征向量中心性（maximum eigenvector centrality）	0.109
平均特征向量中心性（average eigenvector centrality）	0.016
最小页面级别（minimum pagerank）	0.443
最大页面级别（Maximum pagerank）	5.606
平均页面级别（average pagerank）	1.000
最小聚类系数（minimum clustering coefficient）	0.000
最大聚类系数（maximum clustering coefficient）	0.333
平均聚类系数（average clustering coefficient）	0.008

从表 2-5 中可以看出，网络平均路径长度为 3.76 表示就整个网络平均而言，任何一个企业需要通过 2～3 个中间企业，才能和其他企业建立服务关系。网络平均度为 2.159 表示网络中每一个企业与 2～3 个企业建立直接的服务关系。

2.2.4　投融资服务关系

IC 产业作为高投入、高风险、高回报的产业，其发展与投融资息息相关。可以说，没有良好的投融资环境，就没有 IC 产业的快速发展。

IC 产业的资金链是维持产业健康发展的重要因素。我国 IC 产业的投融资网络如图 2-10 所示，其中包括对 IC 产业的投资、合资及并购等情况。需要注意的是，投融资网络图中并没有给出外商独资的企业与其母公司之间的联系，而这部分企业在我国大陆地区为数不少。

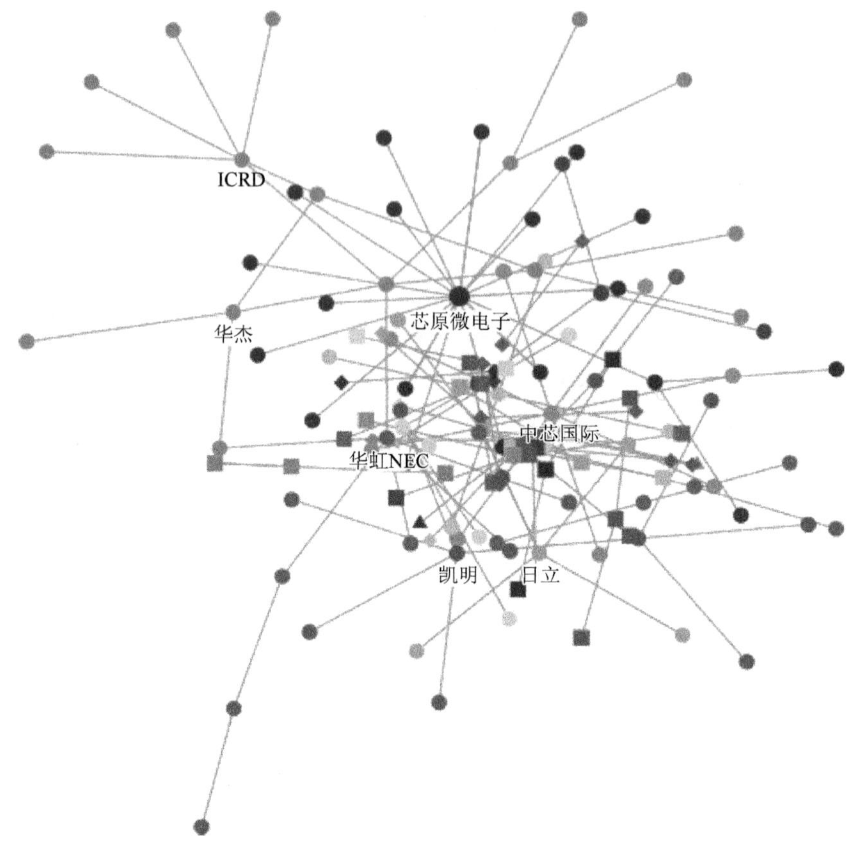

图 2-10　投融资服务关系网络

我国 IC 产业的投资情况主要包括国内信息产品公司的战略投资、民营资本投资、海外投资、本地风险投资、海外风险投资、上市融资和政府扶持等。在这些投资中，以海外投资居多，它们大多数投资到海外 IC 企业在华的分支机构。通过对 IC 产业的投融资服务关系网络（图 2-10）的分析，我国 IC 产业的投融资主要特点具体表现在以下两个方面。

1. 国内投资的特点

（1）以内资投资机构为主，这些投资包括政府支持和扶植的投资、产业集团的战略投资。

（2）大多数投资项目有高校背景，以高校研究机构的先进技术为对象的投资，体现高校雄厚的科研和教学实力。

（3）从投资项目的主打产品来看，主要集中在消费电子产品领域，或高端技术（如 CPU、DSP）的研发，且一般都有海归人才作为背景。

（4）大型公司从打造产业链角度的战略出发，投资集成电路技术，以求在龙头上获取产业链的价值，例如，华虹集团投资建立华虹 IC 设计公司等。

2. 海外风险投资的特点

（1）以外资投资机构为主导，公司也以海外架构为主。

（2）多数投资项目为海归创业团队，体现我国良好的投资和创业环境正在吸引越来越多的回国创业人才。

（3）投资项目主要涉及设计业的高端产品领域、晶圆制造业（如中芯国际、新进、苏州和舰等，以台资为主）和芯片测试与封装业（如 Intel、松下、金朋等大型封装测试公司）。

（4）众多海外著名半导体企业纷纷成立自己的子公司或办事处，并把它们作为进军中国市场的“前哨”。这些公司通常以代理自己母公司的产品和技术为主。

对投融资服务关系网络进行统计分析，得到统计表如表 2-6 所示。

表 2-6　投融资服务关系网络参数表

关系网络度量	值
节点数（vertices）	146
总关系数（total edges）	234
连通分支数（connected components）	37
连通分支的最大顶点数（maximum vertices in a connected component）	23
连通分支的最大连接数（maximum edges in a connected component）	50
网络直径（diameter）	6
平均路径长度（average geodesic distance）	2.15899
网络密度（graph density）	0.010675484
模块性（modularity）	不适用
最小节点度（minimum degree）	1
最大节点度（maximum degree）	17
平均度（average degree）	1.548
最小中介中心性（minimum betweenness centrality）	0.000
最大中介中心性（maximum betweenness centrality）	168.000
平均中介中心性（average betweenness centrality）	5.842
最小贴近度（minimum closeness centrality）	0.009
最大贴近度（maximum closeness centrality）	1.000
平均贴近度（average closeness centrality）	0.398
最小特征向量中心性（minimum eigenvector centrality）	0.000

续表

关系网络度量	值
最大特征向量中心性（maximum eigenvector centrality）	0.061
平均特征向量中心性（average eigenvector centrality）	0.007
最小页面级别（minimum pagerank）	0.496
最大页面级别（maximum pagerank）	8.239
平均页面级别（average pagerank）	1.000
最小聚类系数（minimum clustering coefficient）	0.000
最大聚类系数（maximum clustering coefficient）	1.000
平均聚类系数（average clustering coefficient）	0.010

从表 2-6 可以看出，网络平均路径长度为 2.158，表示就整个网络平均而言，任何一个企业需要通过 1～2 个中间企业，才能和其他企业建立服务关系，较其他服务关系而言，投融资服务关系网络更密切。网络平均度为 1.548 表示网络中每一个企业与 1～2 个企业建立直接的服务关系，表明 IC 产业中投融资关系的相对稳定性。

2.2.5 芯片设计服务关系

在 IC 产业中，芯片设计是非常重要的一个环节。为芯片的设计，产业中通常有知识产权（IP）核服务、电子设计自动化（EDA）服务、软件服务、专利授权及产品应用等服务关系。

1. IP 核服务关系

从 20 世纪 90 年代初开始，由于 IC 制造技术和 EDA 工具的快速发展，以及芯片设计规模和设计复杂度急剧提高，IC 设计业出现了一批像美国 ARM 公司这样的专门为 IC 设计公司提供可复用的 IC 模块的 IP 供应商。我国于 2002 年成立了“信息产业部集成电路 IP 核标准工作组”（IPCG），负责我国 IP 核技术标准的制定；后来又成立了“信息产业部软件与集成电路促进中心”（CSIP）和“上海硅知识产权交易中心”（SSIPEX）。这些表明我国 IP 交易的基础设施已经逐步建立起来，为 IP 标准的应用和推广奠定了基础。然而，IP 核服务的发展受到 IC 芯片设计能力与 IP 核服务商能力水平的影响。在这次调研中，单纯为技术创新提供 IP 核服务的关联相对较少。能够提供 IP 核服务的企业一般来自国外大型 IC 公司，它们的研发能力强，拥有众多独立知识产权的 IP 核。另外，有些国内企业致力于 IC 设计服务平台的建设，为 IC 设计公司提供所代理的 IP 核服务，这样的公司以芯原微电子（上海）为代表。尽管 IC 设计公司所开发的 IC 芯片用到了其他公司的 IP 核，但是由于涉及商业秘密，调研工作未能获得更多的IP核服务的数据资料。可以相信，在实际产业发展和技术创新中，IP核服务一定会频繁发生，而且对技术创新起到很好的推动作用。这也正是我国大力构建IP交易服务基础设施的主要原因。

2. IC设计服务关系

技术创新中的IC设计服务主要来自于IC设计服务公司，EDA软件公司，IC探针卡及其样品测试、失效诊断及质量可靠性分析的公司，系统方案公司和公益性研究服务机构。当前，国内纯IC设计服务公司比较少，并且专业性、公益性的科研机构也不多。通过分析设计服务网络可知，IC设计服务企业的服务内容主要有EDA软件服务，MPW项目服务（多项目晶圆），IP核服务，芯片样品的测试、失效性和可靠性分析，人员培训，系统解决方案提供等。

3. 软件服务关系

IC软件如EDA等能够提高IC芯片设计的效率，提高IC芯片的制造工艺，是非常重要的技术创新工具。IC软件工具已经得到了众多设计企业、制造企业的重视，并且国外比较先进的工具软件如EDA等纷纷被引进国内，在设计与制造中起到了很好的作用。

通过分析，IC产业软件服务关系具有如下特点。

（1）工具软件如EDA等的供应商与IC制造厂商建立的服务关联比较多，表明工具软件在芯片制造工艺中具有很好的作用。

（2）国内软件企业通过自主开发和代理国外先进软件，致力于为国内IC制造企业与设计企业服务，如上扬软件（上海）、芯原微电子。

然而，需要注意的是，国内自主知识产权的软件与国外的工具软件相比，差距比较大，且数量较少。这更需要企业与KIBS服务机构的共同努力。

4. 专利授权服务关系

在IC产业发展的过程中，知识产权是企业的核心竞争力。集成电路企业的竞争力主要体现在企业技术的先进性上，而企业的技术水平又可以通过专利分布情况直观表现出来。一般说来，拥有较多专利的集成电路企业，技术创新能力较强，竞争力也更强。专利法能在一定程度上保护企业的知识产权。然而，企业申报和拥有专利并不是为了被保护，而是为了获得更多的、超额的价值，其中专利授权服务是一种交易行为，可以为企业带来一定的收益。

通过分析IC产业的专利授权服务，可以发现如下特点。

（1）国外大型IC企业存在相互授权的现象，这的确对产业发展起到了推动作用。

（2）国内专业 IC 服务公司代理国外 IC 专利，对国内的技术创新有一定的帮助作用，如芯原微电子。

（3）国外 IC 企业向国内 IC 企业进行专利授权服务的现象较多，说明国外技术的先进性及其对国内 IC 产业技术创新具有一定的推动作用。

5. 产品应用服务关系

IC 是 IT 产业的基础器件，它的设计和产业化的起因和归宿都在于电子信息系统和电子整机市场。IC 产业的技术创新也需要产品应用进行推广和扩散，只有真正实现了产业化，才能说明技术创新是成功的。IC 产业的技术创新，从 IC 设计开始直到产品的应用，也离不开 IC 制造和 IC 封测企业。

在这次调研中，以产品应用服务为关联的 IC 设计企业有上大众芯（上海）、盛扬半导体（上海）、全景数字技术（上海）、胜德电子（上海）等；IC 制造企业有中芯国际（上海）等；IC 封测企业有南通富士通、Intel 封装（上海）等；整机企业有海尔、海信、TCL、长虹、SVA、上海长丰智能卡、深圳华为、苏州飞利浦、新科等。

综合上述芯片设计服务关系，得到如图 2-11 所示的芯片设计服务关系网络图。

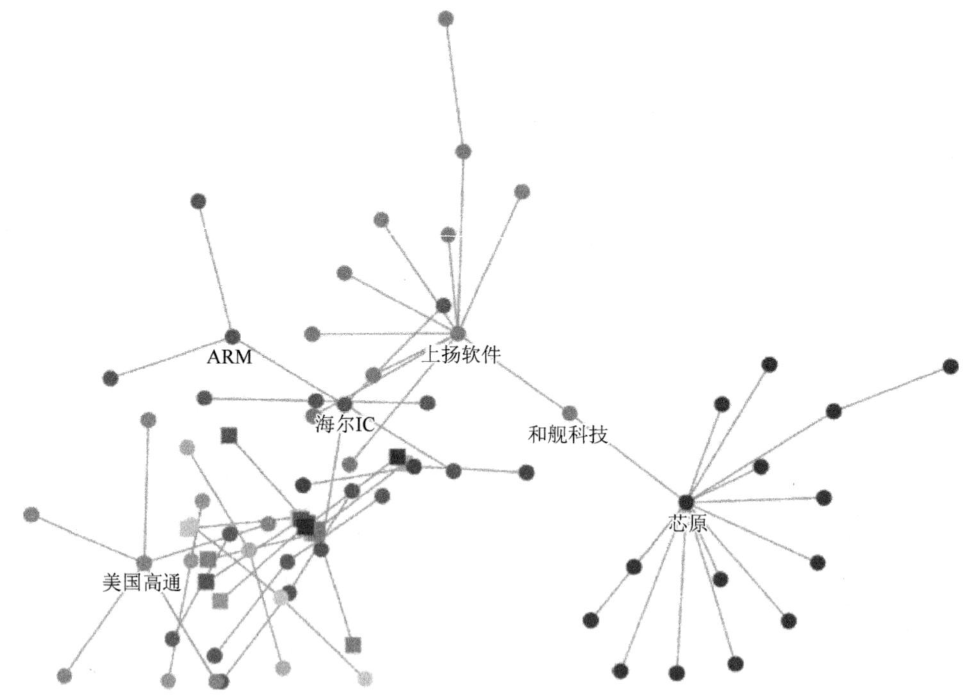

图 2-11　芯片设计服务关系网络

对芯片设计服务关系网络进行统计分析，得到的统计表如表 2-7 所示。

表 2-7　芯片设计服务关系网络参数表

关系网络度量	值
节点数（vertices）	79
总关系数（total edges）	122
连通分支数（connected components）	19
连通分支的最大顶点数（maximum vertices in a connected component）	27
连通分支的最大连接数（maximum edges in a connected component）	52
网络直径（diameter）	6
平均路径长度（average geodesic distance）	2.479737
网络密度（graph density）	0.019474197
模块性（modularity）	不适用
最小节点度（minimum degree）	1
最大节点度（maximum degree）	14
平均度（average degree）	1.519
最小中介中心性（minimum betweenness centrality）	0.000
最大中介中心性（maximum betweenness centrality）	258.000
平均中介中心性（average betweenness centrality）	9.051
最小贴近度（minimum closeness centrality）	0.010
最大贴近度（maximum closeness centrality）	1.000
平均贴近度（average closeness centrality）	0.353
最小特征向量中心性（minimum eigenvector centrality）	0.000
最大特征向量中心性（maximum eigenvector centrality）	0.069
平均特征向量中心性（average eigenvector centrality）	0.013
最小页面级别（minimum pagerank）	0.556
最大页面级别（maximum pagerank）	6.686
平均页面级别（average pagerank）	1.000
最小聚类系数（minimum clustering coefficient）	0.000
最大聚类系数（maximum clustering coefficient）	0.000
平均聚类系数（average clustering coefficient）	0.000

从表 2-7 中可以看出，网络平均路径长度为 2.479 表示就整个网络平均而言，任何一个企业需要通过 1～2 个中间企业，才能和其他企业建立服务关系。网络平

均度为 1.519 表示网络中每一个企业与 1～2 个企业建立直接的服务关系。这两个指标表明 IC 的设计的确需要其他机构的专业化服务。

2.2.6 设备材料与工艺服务关系

IC 产业的发展也离不开半导体设备、半导体材料的支持，更离不开晶圆制备过程中的工艺授权服务。

1. 半导体设备服务关系

IC 产业的发展，固定投资中 60%以上是设备，是资金需求量最大的部分，因而在晶圆制造企业的技术创新过程中，非常关注设备企业的专业化服务——专用设备的性能。目前，我国的 IC 设备绝大多数依赖进口，因此，设备企业的主要业务仍然是以销售、售后服务和技术支持为主。从这次的调研来看，半导体设备的服务主要有三类。

（1）半导体设备企业为 IC 制造公司提供专门化的设备。

（2）半导体设备公司为 IC 封测企业提供专门化的设备。

（3）IC 设计公司采用半导体设备对芯片设计作测试。

设备材料与生产制造工艺是互动的，设备、材料、工艺、晶圆设备材料的换代与芯片制造工艺的提升、芯片特征尺寸的缩小，相互促进和相互推动，因此随着工艺水平的提高，对设备、材料的要求也越来越高。

2. 半导体材料服务关系

在 IC 产业中，半导体材料是门类最为复杂的领域，主材辅材的门类成百上千，区域分布较广。目前，在我国 IC 产业中，主要材料仍然依靠进口。但本土的半导体材料企业也越来越多。IC 制造工艺的技术创新必然导致对材料的要求也越来越高。全球半导体产业链逐渐向中国转移，首先从封装开始，趋势越来越明显。由于西方国家对封装技术控制相对宽松，相对投入低和难度较小，所以世界排名前四位的封装大公司已经在国内建厂，并都在增资扩大产能和规模。现在，中国已经可以算是封装大国，但仍然不是封装强国。IC 封装的技术创新也必然导致对半导体材料的要求越来越高。

从这次的调研来看，半导体材料业的发展呈现出东部向西部转移的趋势，越来越多的材料企业在中西部地区出现。它们为众多 IC 制造和 IC 封测提供专业化的服务，在一定程度上促进了技术创新的实现。

3. IC 工艺授权服务关系

随着晶圆尺寸越来越大、线宽越来越小，IC 技术创新对于工艺要求也越来越高。IC 工艺不但包括晶圆制造工艺，而且包括封测工艺。在芯片设计过程中，设计公司也需要对 IC 工艺技术加以了解，以便有针对性地进行技术开发与产品设计。但是在这次的调研中，工艺授权主要集中在制造工艺上。工艺授权服务行为有两个特点。

一是进行工艺授权的企业大多是国外具有雄厚技术实力的 IC 制造企业，如 IBM、Synopsys、东芝半导体等。当然，也有国内企业开展工艺授权服务，如芯原微电子。

二是接受工艺授权的企业大多是国内规模和技术较强的 IC 制造企业，如中芯国际、华虹 NEC 等。

工艺授权服务不但促进了国内 IC 制造企业技术的提升，而且也给授权公司带来了丰厚的报酬，实现了双赢。可以说，工艺授权服务通过对 IC 制造工艺的提升，在一定程度上促进了我国 IC 产业的技术创新。

综合上述设备材料和工艺服务关系，得到如图 2-12 所示的设备材料和工艺服务关系网络图。

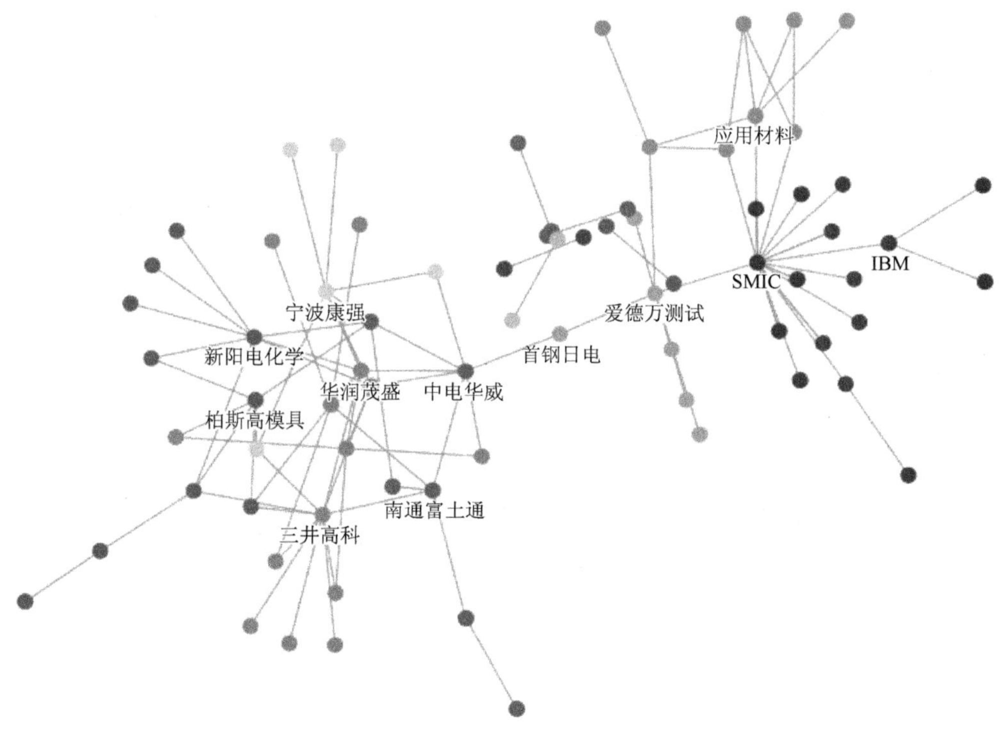

图 2-12　设备材料与工艺服务关系网络

对设备材料与工艺服务关系网络进行统计分析，得到的统计表如表 2-8 所示。

表 2-8　设备材料与工艺服务关系网络参数表

关系网络度量	值
节点数（vertices）	75
总关系数（total edges）	200
连通分支数（connected components）	6
连通分支的最大顶点数（maximum vertices in a connected component）	65
连通分支的最大连接数（maximum edges in a connected component）	190
网络直径（diameter）	10
平均路径长度（average geodesic distance）	4.471614
网络密度（graph density）	0.034594595
模块性（modularity）	0.319663
最小节点度（minimum degree）	1
最大节点度（maximum degree）	16
平均度（average degree）	2.560
最小中介中心性（minimum betweenness centrality）	0.000
最大中介中心性（maximum betweenness centrality）	1121.000
平均中介中心性（average betweenness centrality）	98.747
最小贴近度（minimum closeness centrality）	0.002
最大贴近度（maximum closeness centrality）	1.000
平均贴近度（average closeness centrality）	0.136
最小特征向量中心性（minimum eigenvector centrality）	0.000
最大特征向量中心性（maximum eigenvector centrality）	0.076
平均特征向量中心性（average eigenvector centrality）	0.013
最小页面级别（minimum pagerank）	0.399
最大页面级别（maximum pagerank）	6.476
平均页面级别（average pagerank）	1.000
最小聚类系数（minimum clustering coefficient）	0.000
最大聚类系数（maximum clustering coefficient）	0.000
平均聚类系数（average clustering coefficient）	0.000

从表 2-8 中可以看出，网络平均路径长度为 4.471 表示就整个网络平均而言，任何一个企业需要通过 3～4 个中间企业，才能和其他企业建立服务关系。网络平均度为 2.560 表示网络中每一个企业与 2～3 个企业建立直接的服务关系。这两个指标表明 IC 设备材料与工艺服务的专一性。

2.2.7　产学研合作与战略联盟关系

IC 产业是高技术产业，其技术创新与发展离不开科研机构的基础研究与应用研究。科研机构的研究工作需要企业的设备支持与应用支持。产学研合作还能提供专业化的人才服务。企业之间的战略联盟也是重要的合作形式。

1. 产学研合作关系

一般来说，一个完整的技术创新过程需要在企业与科研机构的通力合作下完成。只有科研机构所做的研究，至多是技术开发，没有产业化就不能算是技术创新。在 IC 产业的技术创新过程中，产学研合作现象频繁发生。

通过分析产学研合作联系，发现产学研合作具有如下特点。

（1）技术实力雄厚的企业往往与多个科研院所开展合作，进行技术开发；科研基础好的科研院所往往与多家企业开展合作。

（2）企业与科研院所通过签订合作协议、共同成立研究所等方式开展产学研合作，因此产学研合作形式通常具有一定的稳定性。

（3）科研院所的研究成果向企业转移，进行产业化。

在这次调研中，产学研合作较多的科研院所有复旦大学微电子学院、上海交通大学微电子学院、西安交通大学、成都电子科技大学、大连理工大学等。积极参与产学研合作的企业有 Intel（中国）公司、展讯通信（上海）、大缔微电子（上海）、上海掌微电子技术公司、全景数字（上海）、盛扬半导体（上海）、凯明信息科技（上海）、和舰科技（苏州）、宁波中科等。

2. IC 技术合作开发关系

在 IC 产业技术创新中，合作开发较为普遍。多个企业与服务机构之间的合作开发能够降低技术创新风险，实现优势互补。

通过分析技术合作开发关系，IC 产业的技术合作开发具有如下特点。

（1）技术合作开发多发生在技术实力较强的企业之间，实现了“强强联合”。

（2）技术合作开发现象呈现出技术向国内转移的趋势：早期多数是国外公司

之间的合作开发，然后出现了国内与国外公司之间的合作开发，目前国内企业之间的合作开发也出现了。

（3）技术合作开发多发生在不同类型的企业之间，如芯原微电子与中芯国际的技术合作开发。

（4）技术合作开发仍然是由 IC 制造企业为主导。

3. IC 人才服务关系

技术创新活动更多依赖于人的创造性劳动，特别是高科技人才的创新活动。IC 技术人才是 IC 产业技术创新发展的重要推动力量。在技术创新过程中，创新企业、服务机构都注重人才的开发与服务。

在这次的调研中，IC 人才服务主要体现在人才的培养与输送上，包括微电子专业毕业生到 IC 企业中就业。人才服务主要涉及高校，如上海交通大学、浙江大学、复旦大学等。IC 专业人才服务的对象主要是本土 IC 企业，如上海矽创微电子有限公司、爱斯泰克（上海）等。另外，上海集成电路设计研究中心（ICC）也联合多家高校为 IC 企业开展人才服务。

4. 战略联盟关系

战略联盟是一种相对稳固的企业合作伙伴关系，已得到了产业界和理论界的重视。众多企业，特别是大型企业，积极联合其他企业组建战略联盟，不仅在 IC 产业领域，众多学者也对战略联盟这种虚拟组织形式进行了深入的研究。通过分析，发现 IC 产业技术创新的战略联盟具有如下特点。

（1）组成战略联盟的企业基本上是资源与技术互补型的企业，如制造公司与整机企业、设计公司与科研机构、设计企业与制造企业等。这种战略联盟相对稳固，且能实现联盟成员的双赢。

（2）战略联盟大多是一对一构建的，且签订战略合作协议或者意向。

（3）核心企业不是只与一家企业建立战略联盟关系，而是分别与多家企业建立战略联盟关系，如中芯国际、华虹 NEC、宁波中科等。

战略联盟是一种较好技术创新合作形式。应该鼓励能力相近的互补型企业建立战略联盟，促进技术创新的发展。

综合上述产学研合作与战略联盟关系，得到如图 2-13 所示的产学研合作与战略联盟关系网络图。对产学研合作与战略联盟关系网络进行统计分析，得到的统计表如表 2-9 所示。

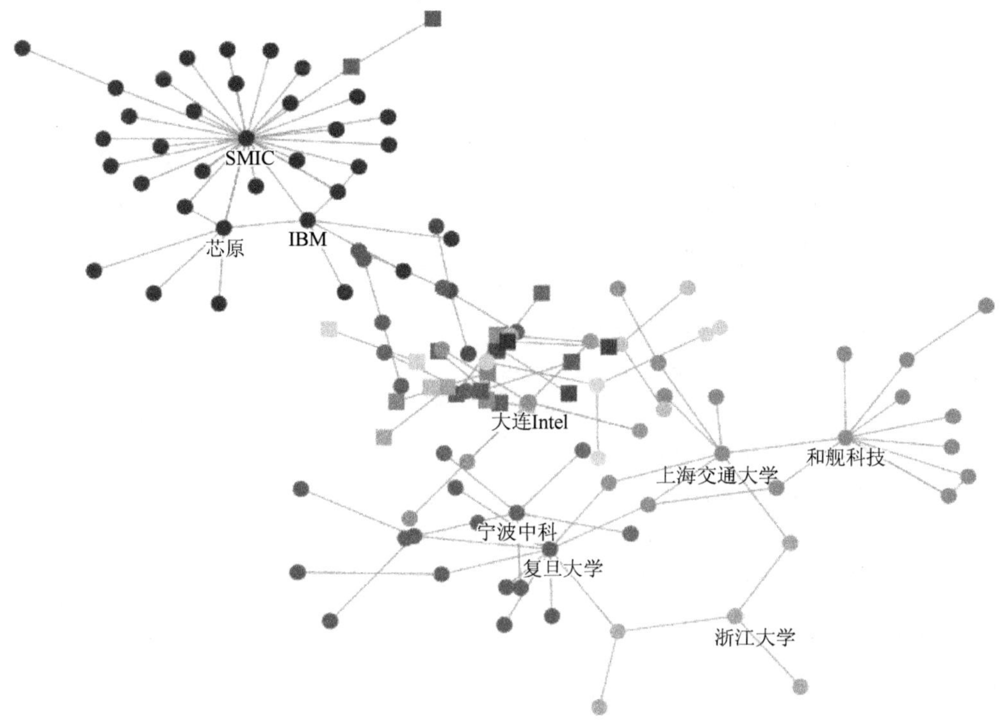

图 2-13　产学研合作与战略联盟关系网络

表 2-9　产学研合作与战略联盟关系网络参数表

关系网络度量	值
节点数（vertices）	123
总关系数（total edges）	236
连通分支数（connected components）	21
连通分支的最大顶点数（maximum vertices in a connected component）	36
连通分支的最大连接数（maximum edges in a connected component）	88
网络直径（diameter）	7
平均路径长度（average geodesic distance）	2.632724
网络密度（graph density）	0.014660802
模块性（modularity）	0.408198
最小节点度（minimum degree）	1
最大节点度（maximum degree）	27
平均度（average degree）	1.789
最小中介中心性（minimum betweenness centrality）	0.000
最大中介中心性（maximum betweenness centrality）	550.000

续表

关系网络度量	值
平均中介中心性（average betweenness centrality）	17.577
最小贴近度（minimum closeness centrality）	0.007
最大贴近度（maximum closeness centrality）	1.000
平均贴近度（average closeness centrality）	0.255
最小特征向量中心性（minimum eigenvector centrality）	0.000
最大特征向量中心性（maximum eigenvector centrality）	0.145
平均特征向量中心性（average eigenvector centrality）	0.008
最小页面级别（minimum pagerank）	0.495
最大页面级别（maximum pagerank）	11.521
平均页面级别（average pagerank）	1.000
最小聚类系数（minimum clustering coefficient）	0.000
最大聚类系数（maximum clustering coefficient）	1.000
平均聚类系数（average clustering coefficient）	0.040

从表 2-9 中可以看出，网络平均路径长度为 2.632 表示就整个网络平均而言，任何一个企业需要通过 2～3 个中间企业，才能和其他企业建立服务关系。网络平均度为 1.789 表示网络中每一个企业与 1～2 个企业建立直接的服务关系。这两个指标表明 IC 产业的产学研合作与战略联盟关系密切，且较为稳定。

2.2.8　小结

本节以我国 IC 产业中的六种服务关系为例，分别构建了相应的网络图，进而分析了网络图的参数。从各自网络参数来看，网络平均路径长度较小，平均度也较小，表明 IC 产业中服务关系的发生非常频繁，创新扩散较快，网络结构不断优化。

§2.3　产业网络及其复杂性特征分析

前面的调研数据分析只是从六个方面反映了我国 IC 产业服务关系的现状，但是没有从整体上刻画服务关系网络，因此，采用 NodeXL 软件绘制了 IC 产业网络图，如图 2-14 所示。

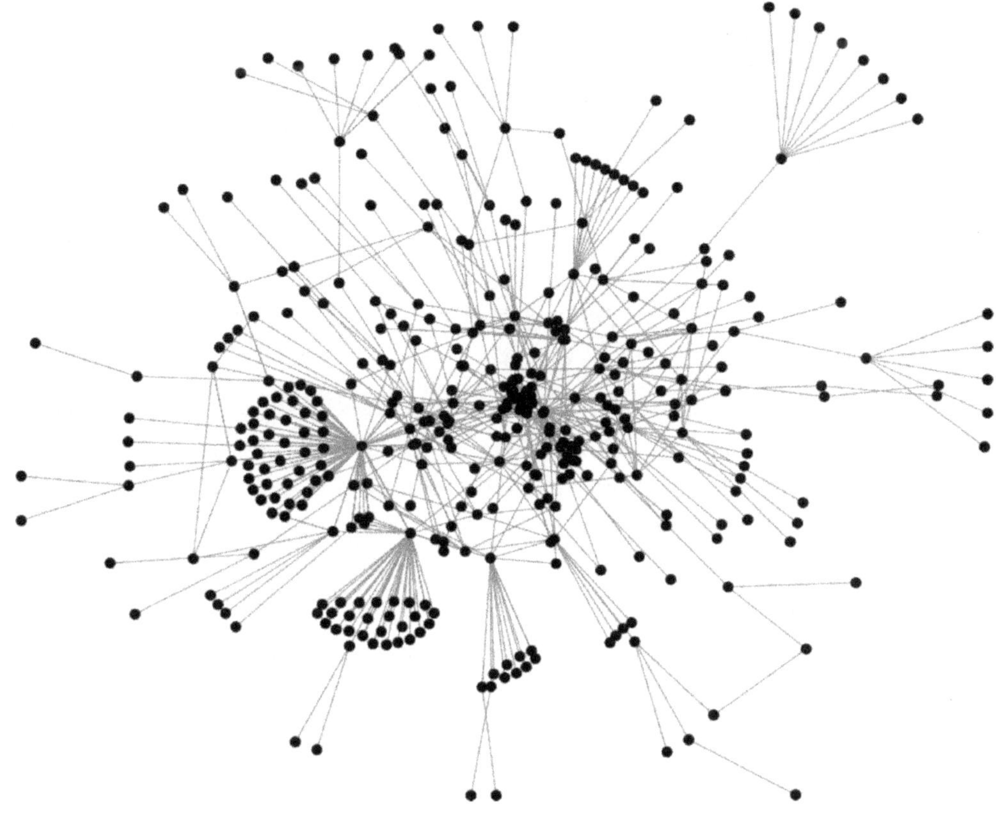

图 2-14　我国 IC 产业网络图

从图 2-14 所示的网络图可以看出，不同企业节点在网络中的地位是不同的。有的节点处于网络的核心地位，与较多的其他节点建立了联系，而有的则处于网络的边缘，只与很少的节点建立了联系。这些特点的具体刻画，将在后面的分析中给出。

中心性是社会网络分析中的重点之一。个人或者组织在其社会网络中具有怎样的权力，或者说居于怎样的中心地位，这一思想是社会网络分析者最早探讨的内容之一。中心性分析认为，个人或者组织如果在一个社会网络中与其他人发生越多的联系，他就越居于中心位置，在整个群体中的作用越大，那些影响力较小的则处于较为边缘的位置。通常，中心性又分为度中心性、接近中心性、介中性和特征向量中心性等，其中，度中心性和介中性使用最为广泛。度中心性通常用来衡量一个团队中最主要的中心人物。介中性表示的是行动者对资源控制的程度，表示一个节点在多大程度上位于网络中其他节点的中间位置。占据这样的位置越多，就越代表它具有很高的介中性。

所有的社会学家都认为，权力是社会结构的基本特征。然而，在“权力是什么”、“如何刻画和分析权力的原因和后果” 等方面还未达成一致。在社会网络中，有几种主要的方法来研究权力。

网络方法强调权力是固有的关联性。一个个体在抽象意义上没有权力，但是他们拥有权力是由于他们能支配别人。由于权力是连接模式的结果，在社会结构中权力的数量是变化的。如果一个系统非常松散地耦合（低密度），就没有较多的权力出现。在高密度系统中，有非常大的可能性存在较大权力。权力既是一个系统特征（宏观），也是一个关联特征（微观）。系统中权力的数量与分布是相关的，但不是同一个事情。两个网络可以有相同数量的权力，但是权力在一个网络中均匀分布而在另一个网络中非均匀分布。

网络分析家研究发现，一个行动者（actor）通过对其他行动者强加约束和提供其他行动者机会的方式内置于网络之中。网络中比其他行动者面临较少约束、有更多机会的行动者处于较好的结构位置。拥有一个好位置意味着行动者可以在交易中获得更好的收益，有较强的影响，成为差异的焦点，吸引更多的注意。

基于上述分析，本节将从以下几个方面分析产业网络的特征：节点连通度（degree）、最短路径长度（shortest distance）、集聚系数（clustering coefficient）等。

2.3.1 产业网络的连通度分析

拥有较多连接的节点在网络中处于优势地位。由于它们有多个连接，它们有可替代的方式来满足需要，并且较少地依赖其他单个网络节点。由于它们有多个连接，它们可以有能力请求更多的网络资源，它们经常在其他节点的交易中扮演第三方或者交易制造者，并且从这种经纪活动中获得收益。所以，一个非常简单却有效的测量网络节点中心性和权力潜力的变量是网络节点连通度。

1. 网络节点连通度统计特征

网络中节点连通度是指与该节点相关联的边的数量。计算产业网络的每个节点的连通度，并对其进行统计分析，得如表 2-10 所示的结果。

表 2-10 集成电路产业网络的节点连通度统计表

	度（Degree）	标准化度（Nrm Degree）	份额（Share）
平均值（mean）	2.695	0.136	0.003
标准差（Std Dev）	5.639	0.285	0.005
总度数（Sum）	1070.000	54.040	1.000
方差（variance）	31.799	0.081	0.000

续表

	度（Degree）	标准化度（Nrm Degree）	份额（Share）
SSQ	15508.000	39.557	0.014
MCSSQ	12624.121	32.201	0.011
Euc Norm	124.531	6.289	0.116
最小值（minimum）	1.000	0.051	0.001
最大值（maximum）	90.000	4.545	0.084
网络中心性（network centralization）		4.43%	
网络异质性（heterogeneity）		1.35%	
网络标准性（normalized）		1.11%	

就整个网络平均而言，每个企业的关联度为 2.695，即每个企业与 2～3 个企业相联系。从表 2-10 可以看出，网络连通度的方差较大，最大连通度值也较大，而网络的中心性、异质性和标准性都较小，说明网络连通在网络中的分布极不均匀，必须要对连接分布进行统计分析。

2. 网络节点连通度分布特征

假设 $P(k)$ 为网络中度数为 k 的节点个数占网络总节点个数的比例，则 $P(k)$ 也等于在随机一致的原则下挑选出的节点度数为 k 的概率。$P(k)$ 是刻画网络节点连通度状态的重要指标。

对产业网络中的节点连通度按照出现的频率进行统计，可以得到节点连通度的概率分布。将节点连通度的概率分布绘制在双对数坐标系中，可以得到如图 2-15 所示的规律，其中直线是对概率分布点的拟合。

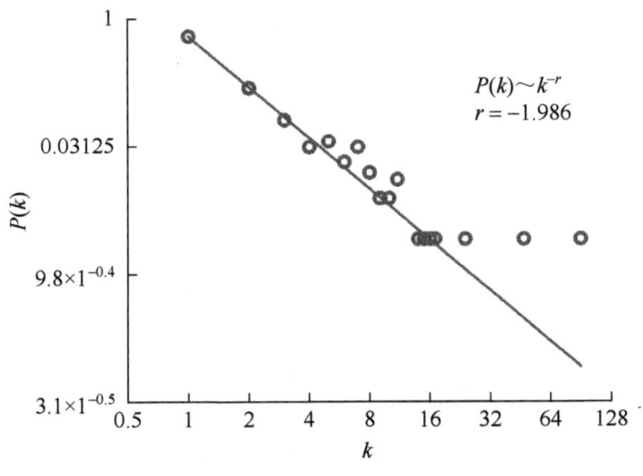

图 2-15　产业网络连通度分布图

从图 2-15 可以看出，IC 产业网络是一个无标度网络，其节点连通度分布服从幂律分布 $P(k) \sim k^{-r}$ 。也就是说，网络节点的连通度分布在网络中的分布是极不均匀的（从表 2-15 也可以看出），大多数节点的连通度较小，而较少节点的连通度较大。

2.3.2 产业网络的最短路径分析

通过产业网络的统计分析（表 2-11），可以得到网络的平均最短路径长度为 4.402，说明产业网络的企业节点中任意 2 个节点可以通过 3 个或者 4 个中间节点发生联系。也就是说，产业网络是一个小世界网络，具有小世界特性（较小的平均最短距离和较大的集聚系数）。

表 2-11 集成电路产业网络的最短路径统计表

距离测量	数值
平均最短距离	4.402
紧密性	0.157
宽度	0.843

对产业网络中不同长度的最短距离出现的次数进行统计，可以得到各种最短距离出现的频率。将最短路径的频率绘制在直角坐标系中，并用曲线进行拟合，如图 2-16 所示。可以看出，最短路径概率近似服从正态分布。

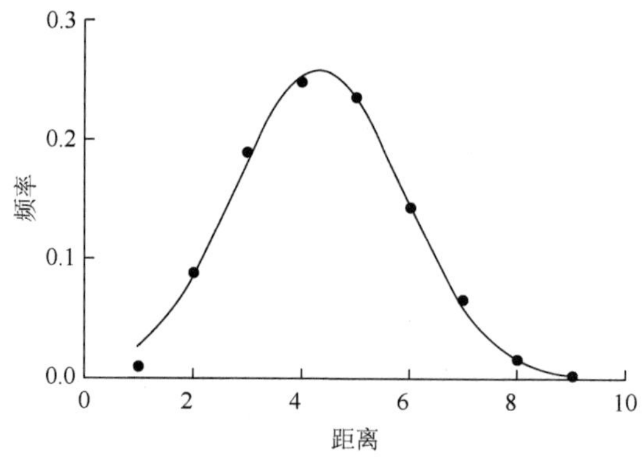

图 2-16 产业网络最短路径长度分布图

新知识和新技术不会马上被掌握，往往通过网络形式扩散。产业网络的小世界特性表明，技术创新的传播与扩散是一个快速的过程。

2.3.3 产业网络的集聚系数分析

Watts（1999）和其他学者都认为，在大型真实的网络中，有看上去自相矛盾的结构模式。

一方面，在许多大型网络（如 Internet）中，任何两个节点之间的平均最短距离（average geodesic distance）是相对短的。“六度分离”现象就是一个例子。所以，非常大网络中的大多数节点与其他节点距离相当近。

另一方面，大多数的企业在局部区域内运营，在局部区域内，企业之间相互连接（建立各种服务联系）。也就是说，在多数网络中，较大比例的连接都集聚（cluster）在局部区域内。也就是说，网络中局部区域的密度倾向于比同规模随机网络的密度大得多。

这就是小世界现象，网络的平均最短距离较短，而且局部区域被耦合成小集团（clique）。小世界现象在大规模网络中很常见。

前面探讨了产业网络的平均最短距离，在这里计算产业网络的集聚系数（clustering coefficient）可得如表 2-12 所示的结果。整个产业网络的集聚系数是 0.253，表明产业网络有较好的集聚性。

表 2-12　集成电路产业网络的集聚系数统计表

集聚系数类别	数值
整个网络的集聚系数（overall graph clustering coefficient）	0.253
整个网络的加权集聚系数（weighted overall graph clustering coefficient）	0.030

对每个节点的集聚系数进行计算，并绘制节点集聚系数的概率分布图，如图 2-17 所示。对于节点的连通度与集聚系数的相关性进行统计分析，得到如图 2-18 所示的散点图。可以看出，连通度的大小与集聚系数的大小无直接正比例关系。

2.3.4 小结

本节以我国 IC 产业为例，采用 NodeXL 软件构建了产业网络，并分析了产业网络的三个特征：连通度及其分布、最短路径及其分布、集聚系数及其分布。

通过实证分析，可以得到如下的结论：①产业网络具有非常复杂的特性，是小世界网络，同时也是无标度网络；②产业网络中服务关系的分布非常不均匀，使得不同企业的作用和地位不同，但它们可以形成合力，共同推动技术创新和产业发展。

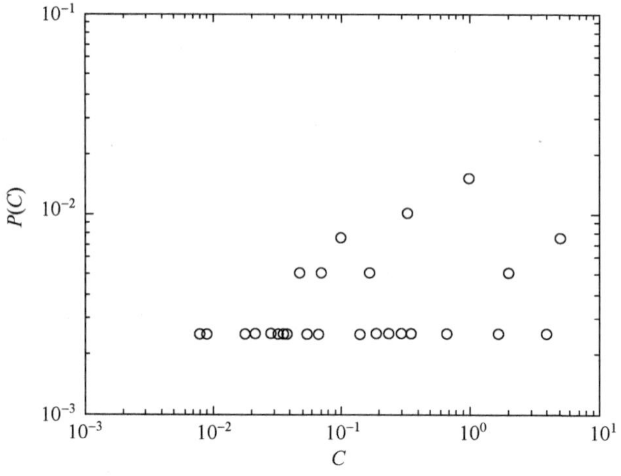

图 2-17　产业网络集聚系数分布图

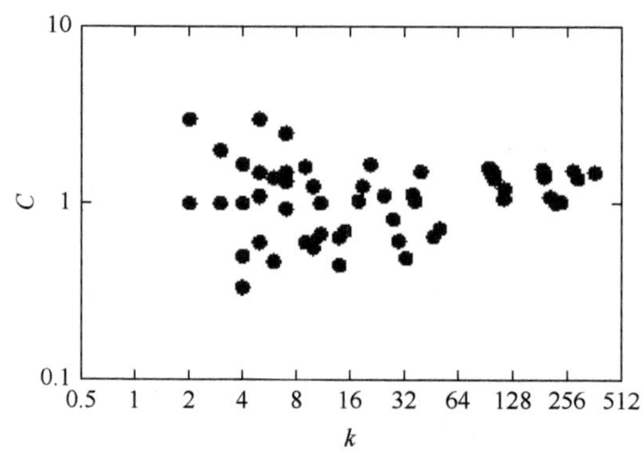

图 2-18　产业网络的连通度与集聚系数关系图

产业网络的构建为进一步研究网络特性提供了平台，更为我国 IC 产业发展提供了强有力的理论支撑与保障。

第 3 章　产业网络的创新驱动与扩散机理研究

面对产业共性技术创新，企业群体博弈的纳什均衡不是帕累托最优，且表现出市场失灵的问题；产学研合作的非对称性导致其博弈演化的渐进稳定性；根本性创新和累积性创新相互影响，驱动了经济的发展；创新的本质意义更多地在于其不断的扩散，只有扩散才能更好地驱动经济发展；扩散过程中的创新交易同样也面临着环境规制等外部因素的制约。因此，本部分围绕产业网络上的创新驱动与扩散，依次分析了产业共性技术创新的市场失灵问题、非对称产学研合作博弈演化的渐进稳定性、根本性与累积性创新的驱动机理、创新扩散机理及专利许可定价策略等，还采用华为作了案例分析。

§3.1　创新生成困境：产业共性技术创新的市场失灵研究

产业共性技术创新可以为跨产业革命提供平台支撑，面临着市场失灵的问题。本节首先分析了产业共性技术创新市场失灵的研究现状；其次从博弈的角度，构建了群体博弈模型，分析了对称和非对称的纳什均衡；再次给出了案例分析；最后构建了联盟博弈模型，分析了其稳定性。

3.1.1　产业共性技术

当前，发达国家政府及其处于顶层的一些企业正在酝酿以新能源、新一代信息技术为特征的跨产业革命，加上以苹果为代表的平台经济载体正在加速延伸市场边界，发达工业国家极有可能在未来十年里打造出能成为世界经济增长新引擎的超级产业体系（章玉贵，2011）。在中国经济的后发优势有所减弱、新竞争优势还在培育的关键时期，我国应该牢牢把握全球正在酝酿的跨产业革命的战略机遇。马庆斌认为，跨产业革命是一个系统化的革命，不仅涉及产业本身，还涉及产业之外的配套性产业，甚至还要涉及产业发展的体制、机制等一系列的改革和创新，只有这样才能够真正使得在金融危机之后的革命成功。例如，云计算带动了软件、动漫、物联网等多个产业的发展，可以实现一定意义上的跨产业革命。从业界的实践和学界的研究来看，跨产业革命迫切需要产业关键共性技术的创新与发展。

产业共性技术已受到国内外政府和企业的广泛关注。中华人民共和国工业和信息化部 2011 年 7 月发布的《产业关键共性技术发展指南》指出，产业关键共性技术是能够在多个行业或领域广泛应用，并对整个产业或多个产业产生影响和瓶颈制约的技术。产业共性关键技术研发是一项长期的基础性工作。由于关键共性技术的研究难度大、周期长，特别是在基础材料、关键工艺、核心元部件、系统集成等方面的关键共性技术，已经成为制约我国产业持续健康发展的核心问题。产业关键共性技术的研究开发是工业和通信业发展的基础，也是我国构建现代产业体系、加快转变发展方式、培育和发展战略性新兴产业、促进产业结构优化升级、增强自主创新能力和核心竞争力的关键环节（工业与信息化产业部，2011）。

国内外研究学者积极对产业共性技术进行了探索，不但针对特定产业分析其关键共性技术，而且从理论上探讨产业共性技术的内涵和发展理论。在内涵研究上，研究者通常从研发阶段、外部性和涵盖范围等三个方面对共性技术进行界定和分析，但对于共性技术仍没有一个统一的定义；在技术创新上，学术界普遍认为，产业共性技术的创新主体缺失、供给能力不足、扩散机制不完善及政府作用定位不清等问题，是制约产业技术创新的关键问题。这些问题突出表现为产业共性技术创新的市场失灵现象，共性技术市场失灵是指在完全市场机制的作用下，产业共性技术的投入、研发和创新不足，难以满足产业发展的需求。产业共性技术的市场失灵问题造成了资源配置不合理和产业共性技术缺乏，影响了产业的可持续发展。因此，本节从博弈论的视角，将企业看作是理性的“社会人”和“经济人”，通过企业之间的群体博弈来分析市场失灵的原因，并加以实证分析，进而从联盟博弈的方法分析合作研发。

3.1.2　市场失灵的研究现状

市场失灵现象已成为产业共性技术创新研究中最重要的切入点，也是产业共性技术政策分析中最基本的出发点，但是对于市场失灵问题的研究还存在着许多不足之处。

国内外学者大多集中在产业共性技术的市场失灵现象的分析上，但也有学者又进一步分析了组织失灵和政府干预失灵的现象（陈静和唐五湘，2007）。李纪珍从供给和扩散的角度出发，认为市场机制下产业共性技术供给存在着组织失灵和市场失灵的现象，共性技术扩散中存在着制度失灵和市场失灵的现象（李纪珍和邓衢文，2011）。

众多学者对产业共性技术市场失灵问题产生的根源从三个主要方面进行了探索：外部性、市场风险和交易成本。大多数学者集中在共性技术的外部性分析上。

产业共性技术是一种“准公共产品”，具有私人产品和公共产品的双重性质。产业共性技术的公共产品属性预示其具有较强的外部性，使得技术扩散成为必然。基于外部性的分析，李纪珍（2005）认为共性技术的产权难以界定，研发企业不能独占共性技术成果及其带来的全部收益。刘满风和石光宁（2007）从共性技术的生产与消费的双重外部性角度分析了产业共性技术供给的市场失灵。从市场风险与收益的角度出发，Tassey（2005）认为共性技术研发环节额外的市场风险会导致开发者面临高风险和高贴现率组合，企业理性决策的结果必然是对共性技术的投资不足。从交易成本理论的角度，有的学者认为共性技术的交易成本包含了技术的学习成本、技术的累积成本等，因而使交易成本相当高，造成共性技术市场交易的障碍，造成了市场失灵（李纪珍，2005）。共性技术特有的准公共品性（外部性）、较高的市场风险性和交易成本使单个企业不能保证技术的收益全部归属于自身所有，因此单个企业缺乏技术创新的压力与动力，最终形成了产业共性技术创新的市场失灵。

在对市场失灵问题的研究中，多个方法或理论被用来分析产业共性技术创新的市场失灵问题。应用较多的方法是博弈论，其次是经济学中的生产函数和交易成本理论。许多学者运用博弈方法对共性技术创新主体和创新机制进行研究后发现，共性技术的纳什均衡供给小于其帕累托最优，说明完全的市场机制将导致共性技术的投资不足，即共性技术的外部性导致市场机制作用下共性技术供给的不足，从而使共性技术的创新中出现市场失灵现象。李纪珍（2002）在其博士论文《产业共性技术供给体系研究》中，运用博弈论模型证明了市场机制下共性技术供给存在的市场失灵和组织失灵现象，对产业共性技术的供给机制和国内外实践进行了全面分析。Tassey（2008）将产业技术分解为三大类：基础技术、共性技术和企业专有技术，构建了基于这三类产业技术的知识生产函数，进而提出了一个新经济模型来研究共性技术研发投入市场失灵的评估问题。从交易成本理论得到产业共性技术创新中出现的市场失灵与传统从交易成本理论出发的技术市场失灵具有不同的内涵。传统的技术市场失灵是由于技术具备隐含性、复杂性、累积性、不确定性和网络延伸性等特性，导致技术的市场交易成本太高，企业只能在内部进行新技术的研究与开发，而基本不考虑通过跨企业或跨行业的技术合作、技术交易和技术转让等外部方式来获取新技术的现象。

产业共性技术市场失灵的根本原因在于其外部性。共性技术的外部性准确地说取决于技术本身的基础性、关联性或平台性，反映了该技术成果从技术衍生发展的角度可以为某个产业或多个产业共享、具有较大的推广应用价值。企业对于产业共性技术研发有着内在的需求动力，也有着市场失灵的压力，因此是一个矛盾的统一体。每个企业面临产业共性技术研发时有着两种策略选择，或者进行共性技术研发，或者不进行共性技术研发。

3.1.3　产业共性技术创新的群体博弈分析

1. 群体博弈模型

假设在某个产业中共有n个企业。这些企业都面临着一项产业共性技术需求，因此都希望这个共性技术被研发出来。但是，由于研发成本的制约和外部性的影响，每个企业又都希望其他企业进行共性技术研发，而自己不研发。因此，企业在产业共性技术创新决策上容易陷入“囚徒困境”，从而出现市场失灵的现象。

由于产业共性技术的外部性和共享性，它可以给未研发的企业带来一定的价值。为研究问题方便，假设产业共性技术可以给每个企业带来的价值为v，但是如果某个企业要独立进行研发，则要承担c的研发成本，$0<c<v$。需要注意的是，这里隐含着“产业共性技术可以无障碍地扩散”假设。

显然，这n个企业之间存在着是否进行产业共性技术研发的博弈。在这个博弈中，如果没有一个企业进行产业共性技术研发，那么任何一个企业都不会得到收益；如果有企业进行产业共性技术的研发，那么未研发的企业在外部性的作用下获得收益（“搭便车”现象），而研发的企业虽然可以获得收益，但同时还要承担研发的成本。因此，产业共性技术创新的群体博弈的要素如下。

局中人：n个企业。

行动集：每个企业对于产业共性技术创新所采取行动的集合是{创新，不创新}。

偏好：每个企业的偏好可以用如下盈利函数的期望值描述：对于没有一个企业进行共性技术创新的行动组合赋值为 0，对于企业自己独立进行技术创新的行动组合赋值为$v-c$，对于除企业之外至少有一个企业进行技术创新的任何行动组合赋值为v。

显然，这个群体博弈存在着对称混合策略的纳什均衡和非对称纯策略的纳什均衡。下面分别进行分析。

2. 对称混合策略的纳什均衡分析

如果企业群体中的各个企业或者没有显著的不同，或者没有意识到它们之间有任何不同（它们来自同一个总体），那么每个企业都使用同样策略的对称均衡是令人信服的。

如果每个企业都进行共性技术创新，那么任何一个企业改变想法不进行创新就会使自己的境况更好一些；如果没有企业进行共性技术创新，那么任何企业改变想法去进行技术创新就会使自己的境况更好一些。因此，每个企业都以一定的概率选择进行产业共性技术创新。

假设每个企业进行共性技术创新的概率为 P（$0<P<1$），当博弈达到均衡时，每个企业进行共性技术创新的期望盈利等于其不进行共性技术创新的期望盈利。当一个企业进行技术创新时，其期望盈利是 $v-c$。当给定企业不进行产业共性技术创新时，其期望收益受到两种策略组合的影响：一是没有任何一个其他企业进行产业共性技术创新；二是其他企业中至少有一个企业进行产业共性技术创新。将前者出现的概率记为 P_1，后者出现的概率记为 P_2，则 $P_1+P_2=1$。对于前者，如果没有其他企业进行产业共性技术创新，那么它的盈利是 0；对于后者，如果其他企业中至少一个企业进行产业共性技术创新，那么它不进行技术创新的盈利是 v。因此对称混合策略的纳什均衡满足等式

$$v-c=0P_1+vP_2 \tag{3-1}$$

由于 $P_1+P_2=1$，则等式（3-1）变为

$$v-c=v(1-P_1) \tag{3-2}$$

所以，

$$P_1=c/v \tag{3-3}$$

对于策略组合的 P_1 来说，没有其他企业进行产业共性技术创新的概率就是其他 $(n-1)$ 个企业中每一个企业都不进行技术创新的概率，所以有

$$P_1=(1-P)^{n-1} \tag{3-4}$$

由等式（3-3）和（3-4）可以得到，对策混合策略的纳什均衡条件满足如下等式

$$\frac{c}{v}=(1-P)^{n-1} \tag{3-5}$$

求解式（3-5）可以得到

$$P=1-\left(\frac{c}{v}\right)^{\frac{1}{n-1}} \tag{3-6}$$

因此博弈有唯一的对称混合策略均衡，其中每个企业都以概率 $P=1-\left(\frac{c}{v}\right)^{\frac{1}{n-1}}$ 进行共性技术创新。

在对称混合策略的纳什均衡中，存在三个关键概率：企业进行产业共性技术创新的策略概率 P、没有任何一个企业进行产业共性技术创新的策略组合概率 P_3 和至少一个企业进行产业共性技术创新的策略组合概率 P_4。随着企业群体规模的增大，这三个概率是如何变化的？

（1）当企业群体规模增大，即 n 变大时，根据式（3-6）可得，任何一个给定的企业进行共性技术创新的概率 P 减少，双对数坐标下的变化曲线如图 3-1 所示。这就意味着，随着产业集群规模的扩大，集群中单个企业进行产业共性技术创新

的愿望越来越小。因此，扩大产业集群的规模并不能激发企业进行产业共性技术创新的热情，而恰恰相反。

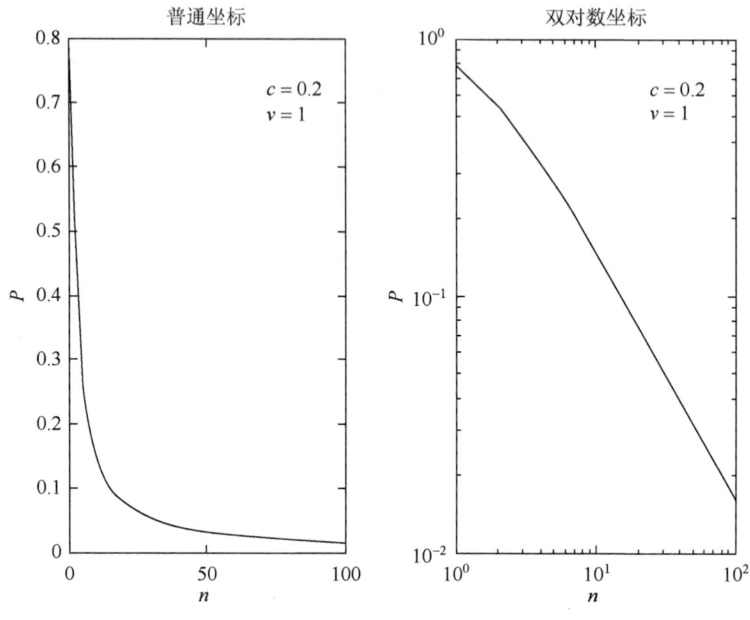

图 3-1　企业进行产业共性技术创新的概率变化图

（2）对于策略组合概率 P_3 来说，没有任何一个企业进行产业共性技术创新的概率也就是 n 个企业中每一个企业都不进行技术创新的概率。所以有

$$P_3=(1-P)^n=\left(\frac{c}{v}\right)^{\frac{n}{n-1}} \tag{3-7}$$

当企业群体规模 n 增大时，P_3 越来越大，其双对数坐标下的变化曲线如图 3-2 所示。从图 3-2 可以看出，群体规模越大，产业共性技术创新不发生的概率就越大。

（3）对于策略组合概率 P_4 来说，满足等式 $P_3+P_4=1$，所以有

$$P_4=1-P_3=1-(1-P)^n=1-\left(\frac{c}{v}\right)^{\frac{n}{n-1}} \tag{3-8}$$

当企业群体规模 n 增大时，P_4 越来越小，其常数坐标和双对数坐标下的变化曲线如图 3-3 所示。从图 3-3 可以看出，企业群体规模越大，产业共性技术创新发生的概率就越小。

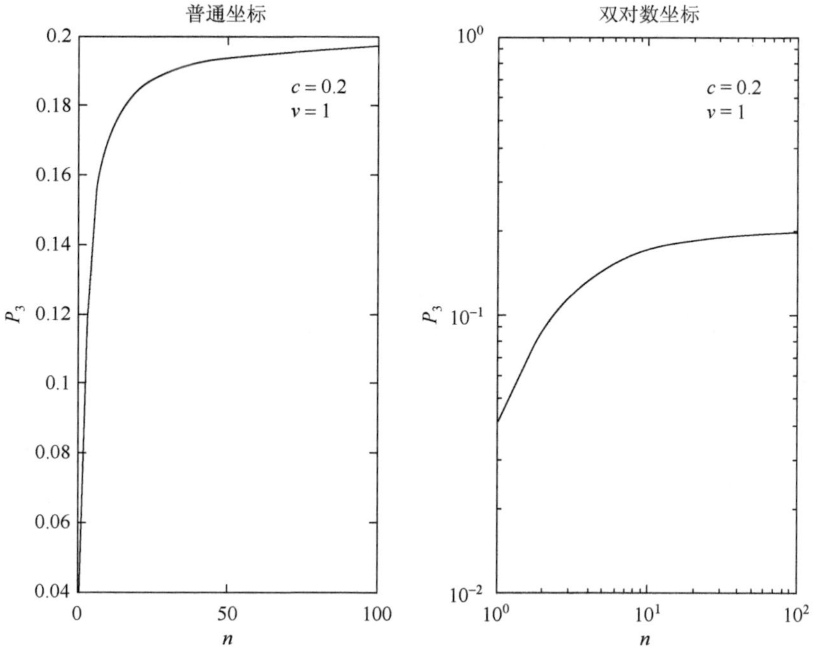

图 3-2　没有企业进行产业共性技术创新的概率变化图

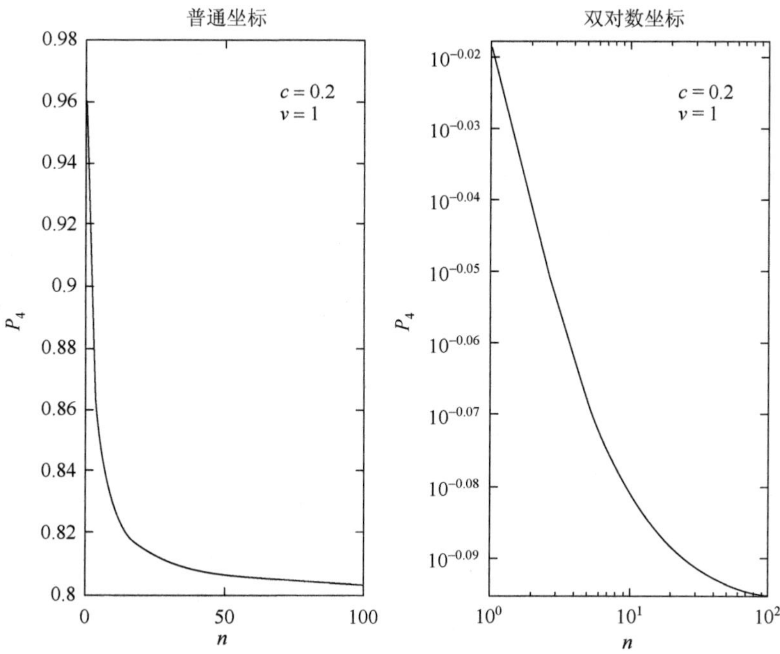

图 3-3　至少有一个企业进行产业共性技术创新的概率变化图

因此，我们得到如下的结论：①企业群体越大，任何特定企业进行共性技术创新的可能性就越小；②企业群体规模越大，没有一个企业进行产业共性技术创新的可能性就越大；③企业群体越大，至少一个企业进行共性技术创新的可能性就越小。这三个结论从不同侧面反映了产业共性技术创新的市场失灵现象。

第一个结论是可以理解的，但是第二和第三个结论却令人非常吃惊，也就是说，不能依赖于增加产业规模来提高共性技术创新的积极性。

从企业作为“经济人”和“社会人”的角度来看，第二和第三个结论可以由如下三个方面来解释：一是责任心的弥散。企业群体规模越大，特定企业不去进行产业共性技术创新的心理代价就会越低。二是观众抑制。企业群体规模越大，如果某个产业共性技术很难进行独立开发，而某个企业去研发该共性技术，那么这个企业就会蒙受更多的窘迫。三是社会影响。特定企业总是根据其他企业的行动来判断共性技术是否适合开发，因此，在较大规模的企业群体中，其他每个企业不进行产业共性技术创新的现象就会导致任何一个特定企业产生进行产业共性技术创新可能不合适的想法。

对比上面的分析，博弈论相比经济学和社会学分析的一个优点是：博弈论的结论来自于普遍的准则，而不是特定环境产生的特定性质。

3. 非对称纯策略的纳什均衡

如果企业群体中的各个企业都显著不同，或者个别企业与大多数的企业相比是显著不同的，或者各个企业都意识到它们之间存在着较大的差异（来自不同的总体），那么企业之间采用非对称的策略是可能的。

非对称纯策略纳什均衡的分析过程如下。

对于群体博弈中的某个企业，如果其选择的策略是“进行产业共性技术创新”，而其他所有企业都选择“不进行产业共性技术创新”的策略，则该企业的盈利为$v-c$。如果这个企业改变策略不进行共性技术研发，则其盈利就从$v-c$下降为0（此时没有任何一个企业进行产业共性技术创新）。因此，这个企业就不会改变策略，而是保持选择“进行产业共性技术创新”的策略。

此时，如果任何一个其他企业改变“不进行产业共性技术创新”策略去进行共性技术查询，那么这个企业的盈利就从v下降为$v-c$。因此，任何一个其他企业也不会改变策略，而是保持选择“不进行产业共性技术创新”的策略。

所以，“恰好只有一个企业进行共性技术创新”的策略组合是纳什均衡，它是纯策略的。这样的策略组合共有n个，而且每个均衡都是非对称的。

非对称纯策略的纳什均衡意味着群体博弈中企业之间在某些方面存在着差异，这种差异性就会使非对称纯策略纳什均衡成为现实，例如，产业集群中龙头企业积极主动地开展产业共性技术创新的现象是比较常见的。

3.1.4　市场失灵的实证分析

1.“山寨”手机产业：非对称的纳什均衡

“山寨”手机产业发展的萌芽阶段是 2005 年以前。当时的国内手机市场是“外资手机企业主导市场、国产手机企业靠牌照、民营手机企业偷偷摸摸”的“三元”经济时代。民营手机企业主要是通过翻新、散件走私、高仿等生产“山寨”手机，这些“山寨”手机大多采用二三线欧美手机芯片制造商的产品。民营手机企业主要依靠“违规”赚钱，处于我国手机市场的边缘地带。然而在这个阶段，很多民营手机企业在市场竞争中学会了如何造手机和卖手机，日后造就了众多“山寨”手机产业的品牌。

“山寨”手机产业发展的黄金阶段是 2005～2007 年。在这个阶段中，大量的多功能、多媒体手机兴起，这主要得益于来自中国台湾的手机芯片厂商联发科（MTK）。MTK 2005 年向大陆市场推出了集成多媒体娱乐功能的手机芯片平台和交钥匙方案（Turnkey solution）。Turnkey solution 简化了下游厂商的开发工作，迎合了中国市场对低价多媒体手机的需求，“山寨”产业由此走俏。MTK 也成为“山寨”手机产业之王，并大量进入传统国产品牌手机厂商。当时，联想约有 47%的手机都采用了 MTK 的方案。“MTK 现象”因此也成为业界津津乐道的话题。

在 MTK 的手机解决方案中，手机芯片和手机软件平台被预先整合到一起，可以使终端厂商节约成本，从而加速产品上市周期。MTK 的产品因为集成了较多的多媒体功能和较低的价格在大陆手机公司和手机设计公司得到广泛的应用。MTK 芯片平台的完工率较高，基本在 60%以上，这样手机厂商拿到的 MTK 芯片基本上就是一个半成品，只要稍稍地加工就可上架出货了。这也正是许多“山寨”手机都使用 MTK 的最主要原因。虽然 MTK 的 Turnkey 解决方案导致了手机产品极其严重的同质化现象，但也不得不承认，这一策略使得 MTK 在手机市场取得了骄人的业绩。虽然 MTK 的成功无法复制，但“平台战略”的思想已经渗入到了国内大陆厂商。大陆厂商正在由提供单一芯片逐渐转向“平台战略”。

“山寨”手机产业发展的成熟阶段是 2007 年以后。随着新功能、新应用和新卖点越来越少，新加入的厂商又越来越多，价格战不可避免。不过，低售价虽然拉低了利润率，但也让手机进入了更多的低收入人群，出货量迅速增长，从国内市场流行到亚非拉美市场。整个“山寨”手机产业依靠产业规模、产业集群效应和产业链分工获得竞争优势。在这个阶段，传统国产品牌和“山寨”厂商之间的界线越来越模糊。

“山寨”手机产业发展的机遇与挑战并存阶段是自 2010 年至今。2010 年安卓

(Android)手机的大量上市给予了“山寨”手机产业发展的新机遇。但是随着 iPhone 手机的成功和三星、HTC 的上市，国内“山寨”Android 手机也遭遇到新的挑战。MTK 公司于 2010 年 7 月 12 日正式加入由谷歌为推广 Android 操作系统而发起的“开放手机联盟”，并将打造 MTK“专属的 Android 智能型手机解决方案”，Android 手机市场将会形成一条巨大的产业链。在这个生态环境当中，厂商—开发者—用户之间形成一个相辅相成的关系。厂商为用户提供好的终端，而开发者则为用户提供应用程序，用户通过应用程序丰富了自己的生活，同时也通过付费的方式激活了整个产业链，实现了多方共赢。从“山寨”手机产业发展历程来看，MTK 及其研发的产业共性技术——手机芯片平台和 Turnkey solution 在其中扮演了至关重要的角色，极大地推动了“山寨”手机产业的发展。

从群体博弈的角度来看，可以得到如下的分析。

（1）大陆民营手机企业，无论在共性技术创新能力、市场竞争能力等方面都处于弱势地位，无法完成手机产业的共性技术创新，但对产业共性技术又是非常渴求。

（2）中国台湾的 MTK 与大陆手机民营企业相比，有着显著的区别，完全有能力完成产业共性技术创新，基于产业和市场的需求，共性技术——手机芯片平台和 Turnkey solution 随之产生，并且取得了巨大的成功。

（3）虽然在群体博弈中假设每个企业都可获得相同的共性技术带来的收益 v，但事实上，进行产业共性技术创新的企业（MTK）获得了比其他“山寨”手机企业更多的收益，符合经济学中知识产权的一般规律。

（4）这个案例给我们带来的启示是对于某个产业，应积极引进、培育龙头或核心企业，使个别企业“与众不同”，这样的企业不但能够促进产业共性技术创新，而且也能带动大批中小企业或普通企业的发展。

2. 纺织产业：对称的纳什均衡

目前，我国纺织行业以中小企业为主，如何帮助中小企业健康发展是行业首要解决的问题。以骨干企业为纽带，中小企业专业化分工为依托的产业集群不仅能形成规模化生产，降低成本，提高效率，还可产生技术和知识外溢，成为行业发展的主要方向。从 2002 年开展试点至今，纺织产业集群规模不断扩大、工艺技术水平逐年提高、产业链愈发完善、区域品牌影响加大（中国质量报，2012）。纺织产业集群是中国纺织工业社会化生产发展的重要组织方式，目前已成为我国纺织工业的主体。

集群发展初期，不少企业由于不具备自主研发能力，也不愿意在研发方面投入，只能模仿他人开发的新产品，造成新产品生命周期越来越短，研发风险加大。现在，随着集群产业的发展，越来越多的企业认识到自主研发创新的重要性，主动加大了对新技术、新产品和新工艺的研发投入，对调整产品结构、提高产品附加值、保持市场竞争力起到了良好的促进作用。

虽然纺织产业集群经济发展取得很好的成绩，但面对国际国内新形势，纺织集群发展之路还很漫长，发展空间也很巨大。各集群之间的技术装备水平及发展状况还很不平衡，存在较大的差异。管理者素质及管理水平也有很大差距，集群地区普遍缺乏高素质的管理和操作人员，中小企业多的特点使集群整体科技创新及产品开发能力不足。要保持集群的可持续发展能力，还迫切需要进行产业共性技术创新（纺织服装周刊，2012）。

从某种程度上说，纺织产业集群的共性技术创新存在市场失灵的现象。产业共性技术的市场失灵同样是技术的特性，特别是产业共性技术本身的性质所引起的，即技术本身的高难度性、复杂的网络外部性等技术特性，使单个企业无力独自承担共性技术的研发。共性技术虽然在国家和产业层面非常重要，但是到了企业层面往往会产生市场失效的现象。这迫使政府必须在共性技术的发展中发挥极为重要的作用。基于对现有典型纺织行业公共技术服务平台研发和扩散机制的分析，丁玉苗等（2012）提出了我国应尽快建立政府主导型国家级纺织产业共性技术发展机构。

各地纺织产业集群纷纷建立技术服务平台，比较有代表性的是广东西樵纺织产业公共创新服务平台和浙江绍兴纺织产业创新公共服务平台。这些公共创新服务平台以企业为主体，以国内大学的理论研究和基础研究，以及科研院所对制造、使用工艺、试验、检测等方面的研究为基础，实现创新资源聚集，从而推动新一代纺织设备在关键技术、共性技术上实现重大突破，支撑和引领产业技术创新。值得注意的是，在本质上，这些共性技术研发平台与真正的共性仍有一定距离，大体可以概括为“个性化技术、共性化研究、个性化使用”。

从博弈的角度来看，纺织产业集群发展给我们带来的启示有如下两点。

（1）产业集群中各个企业的技术创新能力相差不大，可视为来自同一个总体，因此产业集群进行共性技术创新的概率随着集群规模的扩大而降低。也就是说，产业集群中企业的同质化发展将导致产业共性技术创新的市场失灵。

（2）对于企业同质化发展造成的市场失灵，可以采取引入外力的方式，聚合多个企业的力量，进行产业共性技术创新。例如，以政府为主导、以企业为主体的技术创新联盟是重要的方式之一。

3.1.5　产业共性技术创新联盟博弈

通过上面的分析，建立政府主导、企业参与的产业共性技术创新联盟是产业集群进行产业共性技术创新较好的措施之一。要保证创新联盟积极有效地进行产业共性技术创新，首先必须保证创新联盟的稳定性。从本质上说，创新联盟产出的产业共性技术可以采用“价值”来表示。假设产业共性技术创新收益是可测量的，那么这个创新产出的“价值”必须在创新联盟成员被合理地分配，才能保证联盟的稳定性，不至于使个别企业在获得较低收益的情况下离开联盟，造成联盟的瓦解。

一般而言，产业共性技术创新联盟的成员数是不同的，因此，必须研究联盟收益分配及其与成员数之间的关系。创新联盟的成员数，不但可以提高产业共性技术创新的效率（时间收益），而且可以提高技术的质量（技术收益）。由于政府通常只有一个，因此假设创新联盟的产出与组成创新联盟的企业数存在正向相关的关系是合理的，即创新联盟的产出随着组成企业数的增加而增加。但是，由于受到共性技术价值的制约，创新联盟的产出不能无限地增大，因此，创新联盟的边际产出应该是递减的。

在一个产业集群中有$n \geqslant 2$个企业面临着产业共性技术创新的需求。假设n个企业和政府共同组成产业共性技术创新联盟，这个创新联盟进行产业共性技术创新的产出记为$f(n)$。根据上面的分析，函数$f(n)$具有如下性质：①如果$n_1 < n_2$，那么$f(n_1) < f(n_2)$；②$f(0) = 0$；③令$\Delta f(n) = f(n) - f(n-1)$，如果$n_1 < n_2$，那么$\Delta f(n_1) > \Delta f(n_2)$。

性质①表明产业共性技术创新联盟的产出是关于企业成员数的增函数；性质②表明企业是创新的主体，没有企业的参与，产业共性技术创新是不能实现的；因此，在这个产业集群中共有n个创新联盟；性质③表明产业共性技术创新联盟的产出对于企业成员数而言是边际递减的。产业共性技术创新联盟的产出价值曲线如图 3-4 所示。

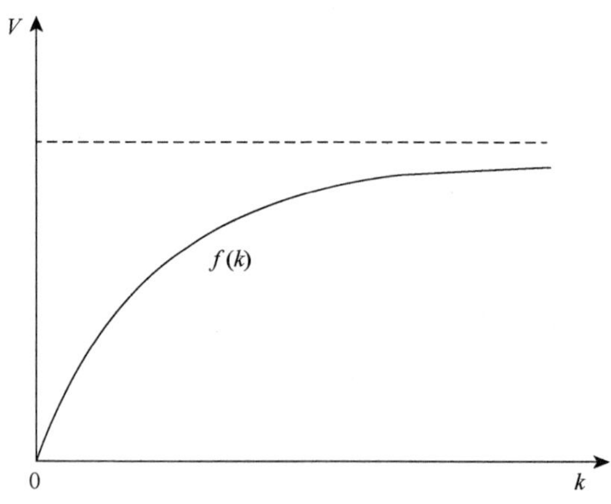

图 3-4　产业共性技术创新联盟产出价值曲线

1. 联盟博弈模型

面对产业共性技术创新联盟产出的分配，由于产业集群中的 n 个企业和政府之间存在博弈，这个联盟有可能是不稳定的。因此，这个联盟博弈由如下部分构成。

局中人：一个政府部门和 n 个企业，令政府的编号为 1，企业的编号为 $2, 3, \cdots, n+1$；

行动集：产业共性技术创新联盟产出价值的所有可能的分配方案，即局中人 i 得到创新联盟产出价值的 x_i，$i=1, 2, \cdots, n+1$；

偏好：政府和每个企业仅关心其得到价值的多少。

根据联盟博弈理论，如果没有一个联盟突然偏离并且选择了一个令它的所有成员都喜欢的行动的话，那么这个联盟的行动就是稳定的。也就是说，某个分配方案 x_i 能够使得政府和每个企业都满意。

2. 博弈分析

下面分析创新联盟产出价值分配 x_i 的取值对于联盟稳定性的影响。

（1）政府和企业都得到了一定量的产业共性技术创新的产出价值，所以 x_i 满足 $x_i \geqslant 0$，且 $x_1 + x_2 + \cdots + x_{n+1} = f(n+1)$。

（2）由于 $\Delta f(n)$ 是减函数，所以最有利可图的联盟是由政府加上除去一个企业后的其他所有企业组成的。这个联盟可以得到的产业共性技术创新产出为 $f(n)$，这个产出可以以任何方式在其联盟成员中分配。

（3）为了使这种联盟的偏离是无利可图的，x_1 与 $(n-1)$ 个其他 x_i 的任意组合之和必须至少是 $f(n)$，即有 $(x_1 + \cdots + x_n) - x_j \geqslant f(n)$，$j = 2, \cdots, n$。又因为 $x_1 + \cdots + x_{n+1} = f(n+1)$，所以 $x_j \leqslant f(n+1) - f(n)$。

根据上面的分析，当联盟稳定时，产出价值分配满足

$$0 \leqslant x_j \leqslant f(n) - f(n-1), \quad j = 2, 3, \cdots, n+1$$

$$x_1 = f(n+1) - \sum_{j=2}^{n+1} x_j$$

也就是说，采取如下的分配方案时创新联盟是稳定的：每个企业至多得到其边际产量 $f(n+1) - f(n)$，而政府得到的是总产出 $f(n+1)$ 与企业们所得总和之间的差。

3.1.6　小结

跨产业革命迫切需要产业共性技术，但是共性技术创新又存在着市场失灵的

问题。本章采用群体博弈和联盟博弈的方法分析产业共性技术创新的市场失灵问题，得到结论如下。

（1）通过群体博弈可以看出，有突出能力的核心或龙头企业可以促进产业共性技术创新。因此，在产业发展中，要积极引进、培育龙头或核心企业。

（2）对于同质化较大的产业集群来说，增加产业企业的规模并不能增加产业共性技术创新的概率，相反却降低了创新的概率。

（3）对于同质化较大的产业集群来说，构建以政府为主导、企业为主体的共性技术创新联盟是进行产业共性技术创新的重要方式，但是必须将产业共性技术创新收益向创新联盟企业进行合理、恰当地分配，才能保持创新联盟的稳定性。

本节采用博弈论中的一般准则来探索产业共性技术创新市场失灵的现象。相比经济学中需要特定情景的研究来说，博弈分析具有相当好的优势。当然，本章的研究还有不足之处。关于产业共性技术的群体博弈模型是建立在共性技术无障碍扩散的基础上的，而且模型也非常简化。实际的产业共性技术扩散并不是无障碍的，而是一个复杂的、企业相互作用的过程。联盟博弈是建立在产业共性技术创新收益可测量的基础上的，而实际的创新收益并不容易测量出来。因此，产业共性技术创新理论中的网络交互、动态测量等内容将是下一步研究的方向。

§3.2 创新演化稳定性：非对称产学研合作创新的演化博弈

3.2.1 产学研合作创新

随着经济全球化和市场竞争的日益加剧，企业处于更加复杂多变的环境中，企业之间的竞争越来越多地体现在技术创新能力的竞争（李守伟，2012）。然而，企业的技术创新正面临着越来越多的困难：一是技术创新的复杂性逐渐提高，需要更多的人才、设备、知识、技术等资源的投入，从而使得单个企业越来越难以独立支撑技术创新全过程，迫切需要企业外部的人才、技术、知识、信息等方面的服务；二是单个企业独立进行技术创新会造成创新周期的加长，从而使得技术创新活动的不确定性和技术风险不断加大，因此也需要外部相关服务机构的有效协助。

面对技术创新的现状与困境，产学研合作创新已成为提高企业技术创新能力、降低创新风险的重要方式之一。产学研合作技术创新是指高等院校和科研机构与创新企业合作，优势互补、利益共享，以支持企业进行新技术的研究、开发和应用，从而形成新产品、新工艺，并产生经济效益。产学研合作创新不仅可以提高企业技术创新的效率和成功率，更重要的是产学研合作创新可以为企业 R&D 人员提供隐性知识交流的平台，加速知识转移和扩散，最终提高企业的自主创新能力。随着经济全球一体化的不断发展，产学研合作创新已被认为是科技成果转化为生产力的最佳方式，越来越受到各国政府的重视，成为国内外学者研究的热点。

企业、高校和研究所是性质迥异的三类主体，在产学研合作创新中处于不对称的地位，具体表现在以下几个方面。一是创新资源要素的不对称性。高校和研究所拥有技术创新所需要的人才资源、科技成果、基础研究、尖端仪器设备等资源，而企业拥有创新的动力、市场等资源，但在人才、科技成果、基础研究投入等方面有所欠缺。通过对高技术产业的实证研究，Yasuda（2005）发现，当企业需要一种自身没有且同时又无法通过市场交易获得的资源时，它往往会通过与拥有这些资源的外部机构建立合作关系来获得这种资源。这里当然也包括信息的不对称。因此，创新企业就会积极寻求高等院校、科研机构的帮助，以弥补创新资源的不足。二是高校、研究所和企业所处于技术创新过程中的环节不对称。技术创新是一个科技和经济的一体化过程，包括创新思想的产生、R&D、中试、批量制造、市场销售和技术推广等多个环节。高校和研究所主要在技术创新过程的初始阶段参与，而企业更多地在创新需求和产品销售、技术推广等环节发挥作用。

产学研合作创新不但提高了技术创新的效率和成功率，而且带来了超额收益。这个超额收益要在企业和高校、研究所之间进行分配。产学研合作创新中的高校、研究所和企业等主体地位的不对称性，必然会引起技术创新收益分配的冲突。事实上，高校、研究所与企业的利益分配冲突不但一直存在于产学研合作中，而且直接影响着产学研合作的持续性和稳定性。刘学和庄乾志（1998）根据产学研合作创新风险的来源，提出了合作创新分摊和收益分配的标准。郭鹏等（2007）则认为，必须根据合作各方的贡献程度来解决收益分配的问题。而黄波等（2011）提出了基于双边激励的产学研合作利益分配方式。委托代理模型在产学研合作创新的收益分配中得到了较好的应用。基于多任务委托代理模型，马亚男（2008）分析了如何通过设计最优分配率来实现对产学研合作联盟的激励。基于委托代理关系的分析，曹兴和石中华（2005）运用米尔里斯-霍姆斯特姆模型分析了技术委托开放最优契约特征。通过利益分配委托代理模型，鲁若愚等（2003）证明了产学研各方在合作创新的不同阶段对分配方式具有不同偏好。基于一个盟主和两个成员的双代理委托代理模型，骆品亮和周勇（2005）分析了产学研利益分配和激励措施相结合的方法，以提高联盟成员的研发投入。

产学研合作创新中的不合理收益分配将会产生合作一方出现违约的现象。产学研合作创新中的违约行为不但会降低创新的效率、浪费创新资源，而且会引发一系列的道德问题。David 等（1986）研究发现，大学与企业之间的关系对于研究所来说，既有利益又有风险，这种风险在一定程度上会引起违约行为，从而导致产学研合作创新的失败。基于生态链和生态群落的理论，荣四海（2007）研究发现，传统产学研合作创新模式在实践中存在着诸多的弊端，不能有效调动产学研各方的主动性和积极性，从而造成了创新的失败或者效率的降低，但是没有给出引起这种现象的根本原因。因此，有必要研究在产学研各方不同利益主体的有限理性行为下的产学研合作创新的演化规律。

在产学研合作创新中，企业和科研院所是一对策略互动主体，它们相互研究对方的策略，并结合以往的经验来做出最优的策略。也就是说，从整体来看，在有限理性条件下，产学研合作创新是一个策略不断调整的演化博弈过程。许多学者对产学研合作创新博弈的演化作了分析，但大多局限于定性的理论分析，没有给出实验仿真分析。因此，本节不但构建了产学研合作创新演化博弈的动态复制方程，而且从理论和计算实验两个角度分析了演化博弈的渐进稳定性。这里将依次回答如下的问题：有限理性条件下产学研合作创新演化博弈具有怎样的动态复制方程？在达到稳定策略之前，演化博弈具有什么路径（渐进稳定性）？各种因素如何影响产学研合作创新博弈的演化进程？下面给出了产学研合作创新演化博弈的动态复杂方程、演化博弈的渐进稳定性分析，以及产学研合作创新博弈的计算实验模拟与分析，最后给出了小结与对策建议。

3.2.2　演化博弈模型假设及其动态复制方程

1. 产学研合作创新博弈模型假设

博弈参与人：由企业、高校和研究所等构成的产学研合作创新联盟中，多数情况下高校和研究所的区别并不大，主要承担创新人才、科技成果转化等工作，因此，本节将高校和研究所看作是一类主体，简称科研机构 O（organization）与企业 E（enterprise）进行技术创新的合作。因此，企业 E 和机构 O 是产学研合作创新博弈的参与人。从前面所述可知，产学研合作创新中的企业 E 和机构 O 各自具有不同的特性，是非对称的。

策略集：企业 E 和机构 O 对于是否开展产学研合作创新的策略集都是{合作，不合作}。如果双方都选择“合作”策略，则双方都履行产学研合作契约，进行产学研合作创新；如果双方都选择“不合作”策略，则企业 E 和机构 O 不建立技术创新合作联盟，各自独立进行研发。如果一方选择“合作”策略，而另一方选择“不合作”策略，则意味着选择“不合作”策略的一方在产学研合作创新过程中出现了违约行为的情况。例如，企业 E 在合作过程中学习到机构 O 的核心技术后，单方面终止合作关系而进行独立研发；科研机构 O 在合作过程的后期，单方面终止合作关系，独自进行技术推广和科技成果的转化工作。

博弈收益：企业 E 在不合作的状态下独立进行研发可获得的平均正常收益为 S_E；科研院所 O 在不合作状态下独立进行研发，通过科技成果转化、技术转让等形式，可以获得的平均正常收益为S_O。显然，$S_E \neq S_O$。在产学研合作创新情况下，企业 E 和科研院所 O 的共同参与，提高了技术创新的效率，从而使得产学研合作共同体获得了平均正常收益基础上的超额收益，记为ΔS。根据产学研合作契约或规则，这个超额收益要在企业 E 和机构 O 之间分配，假设分配系数为α，且$0 \leqslant \alpha \leqslant 1$。对于产学研合作中出现违约行为的情况，一方选择继续履行合约，而另一方中途违约后选择独自开发，由于其学习到了对方的核心技术或独自进行技术转让等，违约方就会在原平均正常收益的基础上获得额外收益，记为S，$S>0$。但同时，违约的一方还要支付给对方一定的罚金，即承担不合作的违约成本，记为c，且$c>0$。从现实情况来看，额外收益比违约成本大，即$S>c$，符合我国当前产学研合作违约现象频繁出现的现状，尤其是企业在产学研合作创新过程中的违约现象尤为突出。

根据以上假设，非对称产学研合作创新博弈的支付矩阵如图 3-5 所示。

		机构 O	
		合作（y）	不合作（$1-y$）
企业 E	合作（x）	$S_E+\alpha\Delta S, S_O+(1-\alpha)\Delta S$	S_E+c, S_O+S-c
	不合作（$1-x$）	S_O+S-c, S_E+c	S_E, S_O

图 3-5　产学研合作创新博弈的支付矩阵

图 3-5 中，x和y分别表示企业 E 和科研机构 O 采取“合作”策略的概率，$x,y\in[0,1]$。x,y也可以看作是在由企业和科研机构构成的群体博弈中，分别选取“合作”策略的企业和科研机构占各自总数的比例。

2. 产学研合作创新博弈的动态复制方程

假设产学研合作创新博弈中企业 E 和科研机构 O 的理性层次较低，只能简单地根据过去多次博弈的收益结果来调整各自对“合作”策略选择的概率，即调整x和y的大小。这种策略选择的动态调整机制与生物进化中生物性状和行为特征的动态适应性相类似。生物性状和行为的动态适应性表现为演化过程中的“动态复制”（谢识予，2011），即在博弈过程中，如果某一博弈方的特定策略的平均支付高于混合策略的平均支付，则该博弈方将更多地倾向于使用这个策略。假设博弈参与人使用特定策略的频率的相对调整速度与其支付超过平均支付的幅度成正比，则可以得到演化博弈中策略使用频率调整的微分方程，即动态复制方程（replicator dynamics equation）（孙庆文等，2003）。根据上述规则，下面将分别推导企业 E 和科研机构 O 的动态复制方程。

1）企业 E 的动态复制方程

根据非对称产学研合作创新博弈的支付矩阵，企业 E 的“合作”策略与“不合作”策略的期望收益分别为

$$U_{E1} = y[S_E + \alpha\Delta S] + (1-y)(S_E + c)$$
$$U_{E2} = y(S_E + S - c) + (1-y)S_E$$

则混合策略的平均期望收益为

$$U_E = xU_{E1} + (1-x)U_{E2}$$

从而，企业 E 的动态复制方程为

$$\frac{dx}{dt} = x(U_{E1} - U_E) = x(1-x)[y(\alpha\Delta S - S) + c] \quad (3\text{-}9)$$

2）机构 O 的动态复制方程

根据非对称产学研合作创新博弈的支付矩阵，科研院所 O 的“合作”策略与“不合作”策略的期望收益分别为

$$U_{O1} = x[S_O + (1-\alpha)\Delta S] + (1-x)(S_O + c)$$
$$U_{O2} = x(S_O + S - c) + (1-x)S_O$$

则混合策略的平均期望收益为

$$U_O = yU_{O1} + (1-y)U_{O2}$$

从而，企业 E 的动态复制方程为

$$\frac{dy}{dt} = y(U_{O1} - U_O) = y(1-y)\{x[(1-\alpha)\Delta S - S] + c\} \quad (3\text{-}10)$$

由式（3-9）和式（3-10）共同构成的方程组是产学研合作创新演化博弈的动态复制系统。

3.2.3 演化均衡策略的渐进稳定性分析

假设在 t 时刻，企业 E 和机构 O 分别选择“合作”策略的概率为 $x(t)$ 和 $y(t)$。显然，在演化过程中对于任意初始点（$x(0), y(0) \in [0,1]\times[0,1]$），动态复制方程组［式（3-9）和式（3-10）］的解曲线（$x(t), y(t) \in [0,1]\times[0,1]$）上任意一点 (x, y) 都对应着演化博弈的一个混合策略对 $(x \oplus (1-x), y \oplus (1-y))$，其中演化稳定策略对于产学研合作创新博弈的演化具有重要的意义。

令 $F_E(x) = \frac{dx}{dt}, F_O(y) = \frac{dy}{dt}$，分别对 $F_E(x)$ 和 $F_O(y)$ 求一阶导数可得

$$F'_E(x) = (1-2x)[y(\alpha\Delta S - S) + c]$$
$$F'_O(y) = (1-2y)[x((1-\alpha)\Delta S - S) + c]$$

根据演化稳定策略的性质（谢识予，2002），当 $F'_E(x^*) < 0$、$F'_O(y^*) < 0$ 时，策略 x^*、y^* 分别为演化稳定策略。

情况一：五个均衡点的渐进稳定性分析。

若违约成本c、超额收益ΔS、额外收益S和超额收益分配系数α满足两个条件：$0<c<S-\alpha\Delta S$且$0<c<S-(1-\alpha)\Delta S$时，令$F_{\mathrm{E}}(x)=0$，$F_{\mathrm{O}}(y)=0$，可以得到非对称产学研合作创新博弈动态系统的五个均衡点：$O(0,0)$、$A(0,1)$、$B(1,1)$、$C(1,0)$和$D\left(\dfrac{c}{S-(1-\alpha)\Delta S},\dfrac{c}{S-\alpha\Delta S}\right)$，它们分别对应着一个博弈均衡。

对于点$O(0,0)$，$F_{\mathrm{E}}'(x)=c>0$，$F_{\mathrm{O}}'(y)=c>0$；对于点$A(0,1)$，$F_{\mathrm{E}}'(x)<0$，$F_{\mathrm{O}}'(y)=-c<0$；对于点$B(1,1)$ $F_{\mathrm{E}}'(x)=-(\alpha\Delta S-S+c)>0$，$F_{\mathrm{O}}'(y)=-[(1-\alpha)\Delta S-S+c]>0$；对于点$C(1,0)$，$F_{\mathrm{E}}'(x)=-c<0$，$F_{\mathrm{O}}'(y)=(1-\alpha)\Delta S-S+c<0$；对于点$D\left(\dfrac{c}{S-(1-\alpha)\Delta S},\dfrac{c}{S-\alpha\Delta S}\right)$，$F_{\mathrm{E}}'(x)=0$，$F_{\mathrm{O}}'(y)=0$。根据微分方程的稳定性定理可知，$O(0,0)$和$B(1,1)$为不稳定点，$A(0,1)$和$C(1,0)$为稳定点，$D\left(\dfrac{c}{S-(1-\alpha)\Delta S},\dfrac{c}{S-\alpha\Delta S}\right)$为鞍点。由这五个均衡点的稳定性和动态复杂方程可以得到产学研合作创新演化博弈的系统相位图，如图 3-6 所示。

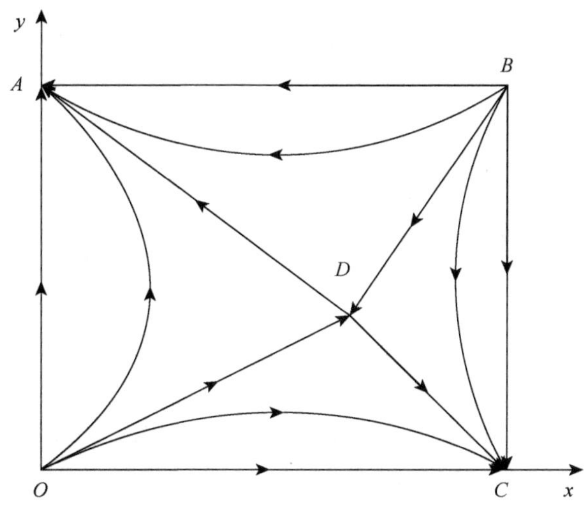

图 3-6　产学研合作创新博弈演化的相位图（五个均衡点）

在这种情况下，产学研合作创新博弈中，“不合作”策略的违约额外收益与“合作”策略的不违约超额分配收益与之差$S-\alpha\Delta S$和$S-(1-\alpha)\Delta S$均大于“不合作”策略的违约成本c，或者，违约所获额外净收益（S）均大于履行契约所获超额收益$\alpha\Delta S$和$(1-\alpha)\Delta S$，由支付矩阵可知，企业 E 和科研院所 O 可能采取“合作”策略，也可能采取“不合作”策略，具体采取哪种策略要看博弈对方所采取合作策略的概率，这说明企业或科研院所在产学研合作创新过程中会出现违约的现象，破坏产学研合作创新中的合作关系。但是在演化过程中，随着“合作”策略的选择概率 x 和 y 的不断调整，由演化相位图可知，（合作，不合作）和（不合作，合作）是两个演化稳定策略。

情况二：四个均衡点的渐进稳定性分析。

若违约成本 c 、超额收益 ΔS 、额外收益 S 和超额收益分配系数 α 不能同时满足上述两个条件，即 $0<c<S-\alpha\Delta S$ 且 $0<c<S-(1-\alpha)\Delta S$ ，令 $F_{\mathrm{E}}(x)=0$ ， $F_{\mathrm{O}}(y)=0$ ，可以得到非对称产学研合作创新博弈动态系统的四个均衡点：$O(0,0)$ 、$A(0,1)$ 、$B(1,1)$ 和 $C(1,0)$，它们分别对应着一个博弈均衡。

对于 $O(0,0)$，有 $F_{\mathrm{E}}'(x)=c>0$ ， $F_{\mathrm{O}}'(y)=c>0$ ；对于 $A(0,1)$，有 $F_{\mathrm{E}}'(x)=\alpha\Delta S-S+c>0$ ， $F_{\mathrm{O}}'(y)=-c<0$ ；对于 $B(1,1)$ ，有 $F_{\mathrm{E}}'(x)=-(\alpha\Delta S-S+c)<0$ ， $F_{\mathrm{O}}'(y)=-[(1-\alpha)\Delta S-S+c]<0$ ；对 $C(1,0)$，有 $F_{\mathrm{E}}'(x)=-c<0$ ， $F_{\mathrm{O}}'(y)=(1-\alpha)\Delta S-S+c>0$ 。根据微分方程的稳定性定理可知， $O(0,0)$ 为不稳定点， $A(0,1)$ 和 $C(1,0)$ 为鞍点， $B(1,1)$ 为稳定点。由这四个均衡点的稳定性和动态复制方程可以得到系统的演化相位图，如图 3-7 所示。

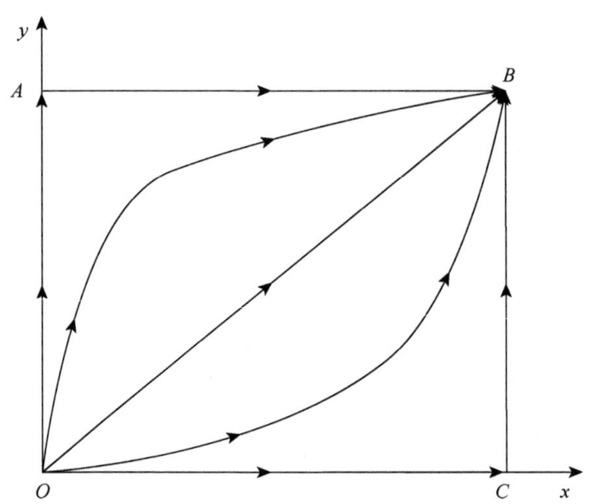

图 3-7　产学研合作创新博弈演化的相位图（四个均衡点）

在这种情况下，产学研合作创新过程中，合作双方采取“不合作”策略下所获得的额外收益 S 小于或等于“合作”策略下所获得的超额收益 $\alpha\Delta S$ 或 $(1-\alpha)\Delta S$ ，或者“不合作”策略下的违约成本 c 大于不合作策略的额外收益与合作策略的超额收益之差 $(S-\alpha\Delta S)$ 或 $[S-(1-\alpha)\Delta S]$，此时（合作，合作）是演化稳定策略，也就是说，产学研合作创新长期最终演化结果为双方均采取合作创新策略，继续履行合作契约。

3.2.4　演化博弈的计算实验分析

为了更好地、更直观地观察产学研合作创新博弈演化过程中的渐进稳定性及参数的影响，本节采用 Matlab 软件对其进行计算实验与分析。

1. 计算实验设计

由企业 E 的动态复制方程（3-9）可以得到

$$\frac{x(t+1)-x(t)}{\Delta t}=x(t)[1-x(t)][y(\alpha\Delta S-S)+c]$$

假设演化的每一步时间步长 $\Delta t=1$，则

$$x(t+1)=x(t)\{1+[1-x(t)][y(t)(\alpha\Delta S-S)+c]\} \tag{3-11}$$

这是企业 E 采取“合作”策略的概率在演化过程中的递推公式，不妨假设 $t=0$ 时刻的初始值为 $x(t=0)=x(0)$。

同理，由机构 O 的动态复制方程（3-10）可以得到“合作”策略概率演化的递推公式

$$y(t+1)=y(t)\{1+[1-y(t)][x(t)[(1-\alpha)\Delta S-S]+c]\} \tag{3-12}$$

其在 $t=0$ 时刻的初始值为 $y(t=0)=y(0)$。

给定产学研合作创新博弈的初始值以及各参数值，对式（3-11）、式（3-12）同时进行演化模拟，并对演化结果分析如下。

2. 计算实验结果分析

1）情况一：五个均衡点的实验模拟与渐进稳定性分析

取 $\Delta S=5$、$S=4$、$\alpha=0.6$、$c=0.6$，则 $D(0.3,0.6)$，线段 OD、AD、BD 和 CD 将区域 $OABC$ 分成了四个部分，如图 3-6 所示。由图 3-6 可以看出，演化博弈的渐进稳定性与博弈初值有密切的关系，即初始博弈时，博弈双方所采取的“合作”策略概率 $(x(0),y(0))$ 将决定博弈演化的最终演化稳定点，因此本节分别从四个区域选取博弈初值进行模拟：①区域 OAD：$(x(0),y(0))=(0.05,0.3)$、$(0.1,0.4)$、$(0.2,0.5)$；②区域 ABD：$(x(0),y(0))=(0.5,0.9)$、$(0.4,0.8)$、$(0.35,0.7)$；③区域 BCD：$(x(0),y(0))=(0.9,0.9)$、$(0.8,0.8)$、$(0.7,0.7)$；④区域 OCD：$(x(0),y(0))=(0.1,0.05)$、$(0.15,0.1)$、$(0.2,0.15)$。产学研合作创新博弈演化的 x-y 曲线如图 3-8 所示。

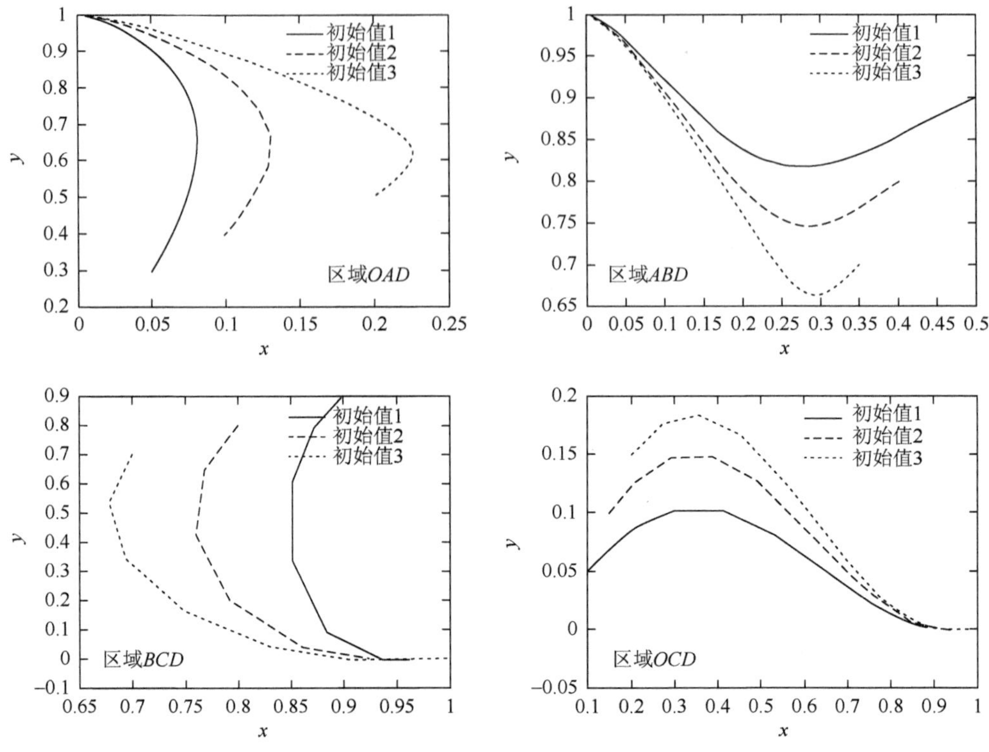

图 3-8　产学研合作创新博弈演化的 x-y 曲线

由实验模拟结果，可以得到如下结论。

结论 1：企业 E 和机构 O 的所采取的“合作”策略是相互作用、相互影响的，表现在策略选择概率 x 和 y 曲线的变化上。在产学研合作创新博弈的演化过程中，x 和 y 不断调整，逐步收敛、趋向于演化稳定的均衡点。

结论 2：O、B、D 尽管都是博弈的纳什均衡点，但都不是演化稳定点，随着博弈双方“合作”策略选择概率的不断调整，x 和 y 必将不断发生偏离，并趋向于演化稳定点 A 和 C。

结论 3：演化的最终结果对演化初值具有很强的依赖性，而且初值的范围与 D 点有密切的关系。位于区域 OAD 和 ABD 中的初值，演化博弈将收敛到（不合作，合作）均衡点；位于区域 BCD 和 OCD 中的初值，演化博弈将收敛到（合作，不合作）均衡点。

2）情况二：四个均衡点的实验模拟与渐进稳定性分析

取 $\Delta S=5$、$S=4$、$\alpha=0.6$、$c=3$，则演化博弈只有四个均衡点：O、A、B 和 C。由图 3-7 可以看出，演化博弈的渐进稳定性逐渐趋向于 $B(1,1)$ 点，与初值无关。

分别取初值 $(x(0), y(0)) = (0.2, 0.2)$、$(0.2, 0.3)$、$(0.3, 0.2)$，得到产学研合作创新博弈演化的 x-y 曲线，如图 3-9 所示。

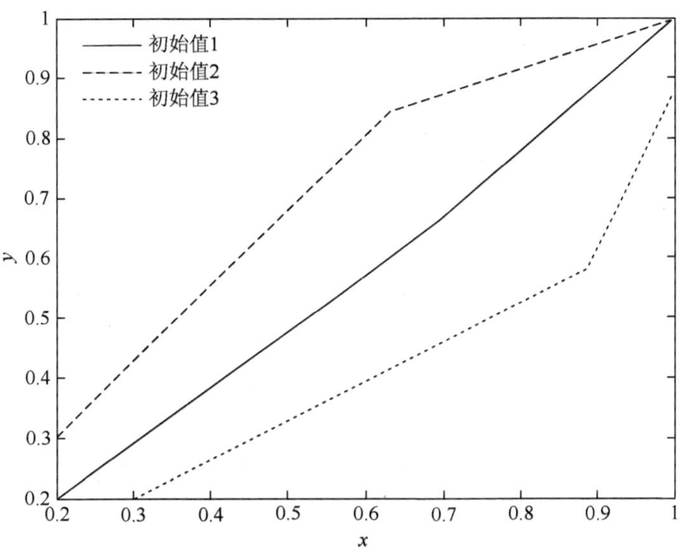

图 3-9　产学研合作创新博弈演化的 x-y 曲线

从演化模拟可以得到如下结论。

结论 1：从演化博弈的 $x - y$ 曲线的曲率可以看出，企业 E 和机构 O 的“合作”策略是相互作用、相互影响的。

结论 2：A 和 C 尽管是产学研合作创新博弈的纳什均衡点，但它们不是演化稳定点。

结论 3：演化稳定状态与初值无关，无论产学研合作创新博弈的初始值 $(x(0), y(0))$ 为任何值，演化过程都将趋于稳定点 $B(1,1)$。

3）违约成本 c 的影响

本节只对含有五个均衡点的情况［即满足两个条件 $0 < c < S - \alpha\Delta S$ 且 $0 < c < S - (1 - \alpha)\Delta S$］选取区域 OAD 进行实验模拟，以反映违约成本 c 的影响。其他区域类似，不再模拟。其他参数的影响分析也同样对这个五个均衡点在区域 OAD 中进行实验模拟。

取演化博弈参数为 $\Delta S = 5$、$S = 4$、$\alpha = 0.6$，演化初值为 $(x(0), y(0)) = (0.1, 0.4)$，分别对违约成本 c 取值：$c = 0.2$、$c = 0.5$ 和 $c = 0.8$，得到企业 E 和科研机构 O 的“合作策略”的变化曲线 x-t 和 y-t 如图 3-10 所示。

通过观察演化曲线可以得到如下结论。

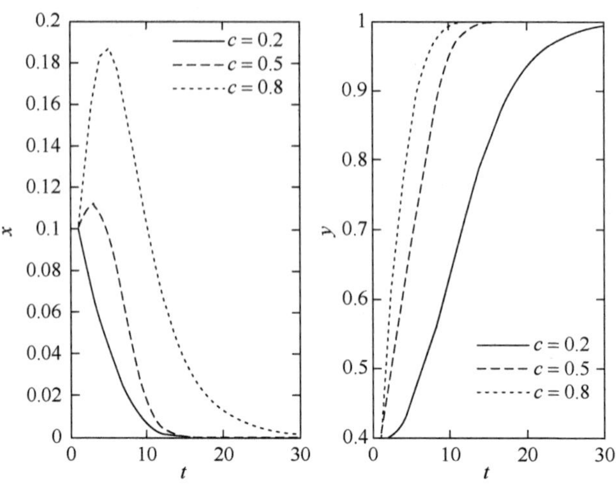

图 3-10　违约成本对于产学研合作创新博弈的影响

结论 1：对比图中不同曲线之间的曲率，可以发现，违约成本越大（局限在有效范围内），合作策略 x, y 的调整速度就越快。

结论 2：从左侧 x 的变化曲线可以看出，企业 E 的合作策略选择概率 x 并不是单调减少的，从而说明机构 O 的策略选择概率对企业 E 的策略选择概率有影响。

4）超额收益 ΔS 的影响

演化博弈参数取值为 $S=4$ 、 $\alpha=0.6$ 、 $c=0.2$ ，演化初值为 $(x(0), y(0))=(0.1,0.4)$ ，超额收益 ΔS 分别取值为：① $\Delta S=4.5$ ；② $\Delta S=5$ ；③ $\Delta S=5.5$ ，得到企业 E 和科研机构 O 的“合作策略”的变化曲线 x-t 和 y-t 如图 3-11 所示。

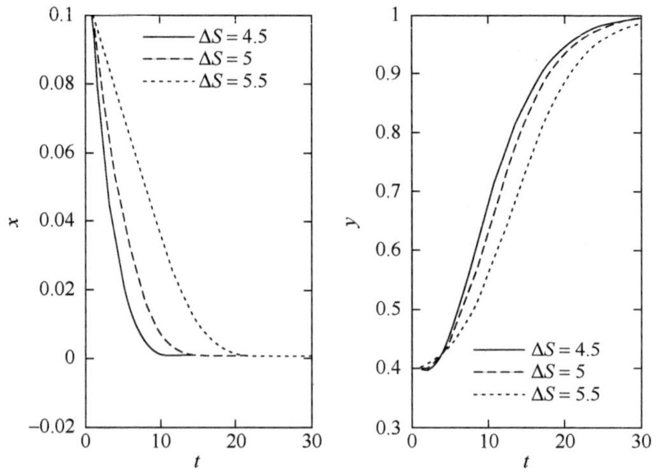

图 3-11　超额收益对产学研合作创新博弈的影响

通过对比图中不同超额收益 ΔS 下的曲线倾斜程度，可以发现，在区域 OAD 中，超额收益 ΔS 越大（在有效范围内），合作策略选择概率 x, y 变化就越慢。然而，从动态复制方程组［式（3-9）和式（3-10）］应该得到的结论是，ΔS 越大，$\frac{\mathrm{d}x}{\mathrm{d}t}$ 和 $\frac{\mathrm{d}y}{\mathrm{d}t}$ 就会越大，也就意味着 x, y 的变化就越快。这是一个非常有趣的、相互矛盾的现象。通过分析，此时在 OAD 区域中 $\alpha\Delta S - S < 0$，ΔS 的增大导致 $\frac{\mathrm{d}x}{\mathrm{d}t}$ 增大，但是其绝对值就减小，从而 x-t 下降得就越慢。x 的值非常小，使得 $\frac{\mathrm{d}y}{\mathrm{d}t} > 0$。$\frac{\mathrm{d}x}{\mathrm{d}t}$ 的剧烈变化又导致 y-t 曲线的快速上升变大，由此得到计算实验模拟的结果，所以仅凭动态复制方程的解析式来判断 x, y 的变化率是不够的，必须考虑 x, y 的数值大小。造成这种现象的根本原因在于两个方面：一是博弈演化的初值依赖性；二是博弈双方策略选择概率的相互作用。

5）额外收益 S 的影响

博弈参数为 $\Delta S = 5$、$\alpha = 0.6$、$c = 0.2$，演化初值为 $(x(0), y(0)) = (0.1, 0.4)$，额外收益 S 分别取值为：①$S = 3.5$；②$S = 4$；③$S = 4.5$，得到企业 E 和机构 O 的“合作”策略的变化曲线 x-t 和 y-t，如图 3-12 所示。

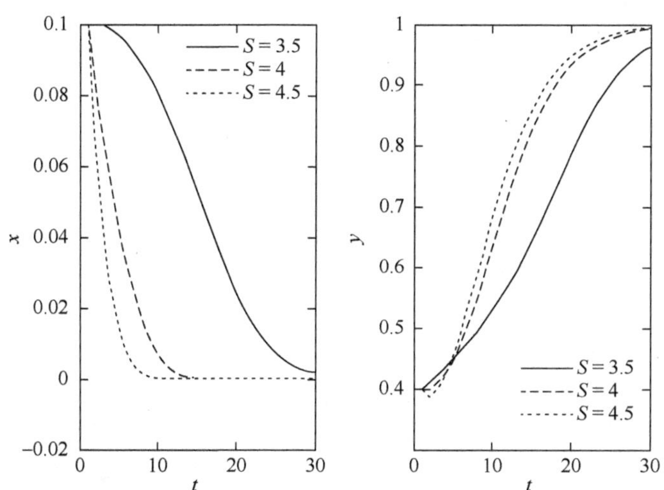

图 3-12　额外收益对产学研合作创新博弈的影响

通过对比图中不同额外收益 S 下的曲线倾斜程度，可以发现，在 OAD 区域中，额外收益 S 越大（在有效范围内），合作策略选择概率 x, y 的变化就越快。然而，从动态复制方程组［式（3-9）和式（3-10）］应该得到的结论是，S 越大，$\frac{\mathrm{d}x}{\mathrm{d}t}$ 和 $\frac{\mathrm{d}y}{\mathrm{d}t}$

就会越小，也就意味着x,y的变化就越慢。这也是一个非常有趣的现象。通过分析，此时$\alpha\Delta S - S < 0$，S增大导致$\frac{\mathrm{d}x}{\mathrm{d}t}$减小，但是其绝对值就增大，从而$x$-$t$下降得就越快。$x$的值非常小，使得$\frac{\mathrm{d}y}{\mathrm{d}t} > 0$。进而，$\frac{\mathrm{d}x}{\mathrm{d}t}$的剧烈变化又导致$y$-$t$曲线的快速上升变大。因此得到计算实验的结果，仅凭动态复制方程的解析式来判断x,y的变化率是不够的，必须考虑x,y的数值大小。造成这种现象的根本原因同前文所述。

3.2.5 对策建议

基于演化博弈理论，本节不但构建了产学研合作创新演化博弈模型，而且分析了不同情况下企业E和科研院所O的策略选择与策略的演化稳定性，还分析了违约成本、超额收益和额外收益对于产学研合作创新博弈演化的影响。要大力发展产学研合作创新，根据本节的小结，可以从以下几个方面着手。

（1）建立合理的利益分配机制。在非对称产学研合作创新过程中，收益分配不合理将导致企业或科研机构违约概率的增大，而合理的利益分配机制科研可以有效地降低违约概率，从而提高产学研合作创新的绩效。

（2）建立适度的违约惩罚机制。加大违约成本，可以促进产学研合作创新博弈演化到稳定策略对（合作，合作），但是反过来，加大违约成本又不利于产学研合作创新的结盟。因此，必须建立适度的违约惩罚机制。

（3）建立有效的投入机制。鼓励产学研合作创新中各方的有效投入，提高产学研合作创新的效率，进而提高合作出现的超额收益，使演化博弈快速地收敛到演化稳定策略。另外，根据博弈演化的初值无关性（情况二），建立信任机制，督促产学研合作各方加大加快创新资源的投入，尽快使博弈演化收敛到（合作，合作）的稳定策略。

（4）建立有效的监督机制。根据产学研合作创新博弈中各种参数对于演化的影响机理，在现实中，可以由违约成本、分配系数、超额收益和额外收益等参数的数值大小来判断博弈演化的路径和方向，进而加以监督与控制，降低产学研合作创新契约失败的风险。同时，根据博弈演化的初值依赖性（情况一），可以提前判断演化稳定策略，进而采取有效措施，防范合作创新过程中的道德风险。

基于产学研合作创新现实背景，本节构建了一个简化的产学研合作创新博弈模型。然而，事实上的产学研合作创新非常复杂，博弈支付矩阵也远比本节更复杂。因此，未来进一步的研究将考虑更加复杂的支付矩阵，如有形成本和无形成本的划分、分配系数函数、创新过程环节中超额收益的现值和额外收益的变化等，从而使得研究更贴近现实，以揭示非对称产学研合作创新博弈演化的深层机理。基于产学研合作创新博弈演化的内在机理，未来还将在对策措施上加以具体分析。

§3.3　创新驱动机理：根本性创新与累积性创新的演化

根本性创新和累积性创新是非常重要的两种技术创新方式。基于随机过程和 Dixit-Stiglitz CES 效用函数，本节构建了根本性创新和累积性创新的演化模型，并加以分析。本节研究发现：①与根本性创新相比，累积性创新在人均产值增长上更有效。企业的技术创新战略应多关注累积性创新，增加创新资源投入，提高产品质量，增加企业的人均产值。②应该有足够高的根本性创新强度，才能避免创新产品种类必须停止扩张的惜败结果。政府应更加关注根本性创新，加大资源和政策投入，提高根本性创新的能力。本节研究对于制定企业技术创新战略和政府技术创新政策有重要的指导意义。

3.3.1　累积性创新与根本性创新

创新是一个企业生存和发展的灵魂，是经济发展最重要的驱动力，已经受到国家、企业和研究者的广泛关注。自 20 世纪 30 年代末著名经济学家熊彼特（J.A.Schumpeter）首次提出技术创新理论之后，创新经济学展开了对各种类型技术创新的研究工作。按照创新强度的大小，技术创新可以分为累积性技术创新和根本性技术创新（林筠和何婕，2011）。这两种类型的技术创新不但密切相关，而且受到企业的创新能力、资源禀赋等因素的影响。

英国创新研究机构 SPRU（Science Policy Research Unit）认为，累积性创新（cumulative innovation）是一种渐进的、连续的小创新，通常是在技术原理没有重大变化的情况下，基于市场需要对现有产品所作的功能上的扩展和技术上的改进。很多学者将累积性创新等同于渐进式创新。基于现有主流技术或产品，企业持续不断地进行局部的技术改进活动，向市场提供功能更加完善、质量更加优良的产品或服务以满足客户需要（王小芳和郁义鸿，2007）。Tushman 和 Anderson（1986）通过研究认为，基于特定技术组合的长期的累积性创新会在某一时段被根本性的不连续的技术变革所打断。也就是说，在累积性创新期间，企业致力于对某一核心科技知识进行应用性的、能力提升型的改进，但当企业采用根本上不同的技术来开发新产品时，不连续的转变就出现了（根本性创新），其最终会取代基于以前科技基础的产品。根本性技术创新是在与现有技术知识资源几乎完全不同的新技术和知识资源的基础上进行创新，对企业现存的产品可能产生替代性的破坏效果，本质上是一种全新技术，可能涉及新知识领域。

累积性创新是基于持久性技术的创新，是对企业的现有产品和用户关注的产品（服务）性能方面进行改进；根本性创新是基于突破性技术的创新，远离现有技术轨道。累积性创新可以保持优势和获取稳定回报，根本性创新成为抢占未来市场的利器，但是也意味着高风险和回报的不确定性。

受企业内外各种因素的影响，创新不但具有一定的风险，而且也具有较大的不确定性，尤其是根本性创新更具有不确定性。经济学家 Arrow（1962）认为，创新具有不确定性、不可分割性和创新利润的非独占性，首次提出了创新具有不确定性的基本特征。此后，越来越多的学者展开了对创新不确定性的研究。基于对创新案例的研究，Nelson（1982）认为，技术进步过程中隐含着大量的不确定性。Kline 和 Rosenberg（1986）强调指出，如果创新存在基本维度的话，那就是不确定性。

事实上，技术创新是一种高投入、高收益与高风险并存的经济活动，是一个充满不确定性的曲折复杂的过程。技术不确定性、市场不确定性、组织不确定性是企业选择创新类型时所面临的主要变化环境（Leifer，2000），对新技术的价值估计和创新投融资决策均产生巨大影响（李强和砲勇，2005）。技术不确定性是指与技术或者产品有关的不确定性，如技术的投资成本、技术研发本身的不确定性；市场不确定性是指市场环境的不确定性，如替代产品的出现、竞争对手的介入、以及宏观经济环境的变化；组织不确定性主要是组织内部管理层意见不一致，即团队异质性。这些不确定性会导致收益不确定，进而影响创新决策行为（梅德强和龙勇，2010）。

不同企业之间的创新能力有差异，有的企业在资本、人才等方面具有资源禀赋，可以自主地进行根本性创新；而有的企业不具有相关的资源禀赋，难以开展根本性创新，但是可以通过学习、模仿，并改进产品，进行累积性创新。即使对于同一个进行根本性创新的企业而言，不同时间段上的创新能力也是有差异的，因此各个时间段上的创新成果（产品）数量也是不确定的，具有随机性。因此，这个随时间变化的创新成果序列构成了随机过程。王小芳和郁义鸿（2007）认为，技术创新是一种内在的随机过程，其中充满了不确定性与风险。技术创新的不确定性主要体现在以下几个方面：①技术时间价值的不确定；②需求的不确定；③竞争对手战略行为的不确定；④互补性创新的不确定。

企业根本性创新的随机过程如何影响累积性创新？根本性创新的强度如何影响人均产值的变化？应该保持多大的根本性创新强度才不致创新过程的终结（灭绝）？这些问题与创新的不确定性密切相关，是非常值得研究的现实问题。基于根本性创新和累积性创新的划分，本节抽象构建了两企业的产业系统，依次进行根本性创新和累积性创新，采用 Dixit-Stiglitz CES 效用函数构建产业系统的创新演化模型，采用 Wald 方程分析根本性创新强度与人均产值之间的关系，采用 Galton_Watson 分支过程分析根本性创新过程终止（灭绝）的可能性。

3.3.2　根本性创新与累积性创新的演化模型

依据创新的划分（根本性创新与累积性创新）和创新的不确定性，本节抽象建立了一个理论分析模型，研究随机创新过程中企业人均产值的变化规律和创新终止的条件。在这个模型中，假设根本性创新和累积性创新服从独立同分布的随机过程，而且创新产品的生存周期为两个阶段。在这个模型中，可以清楚地看到根本性创新的强度和累积性创新率如何影响企业的人均产值；同时还可以得到根本性创新停止的条件。

1. 基本假设

假设有两个企业 A 和 B 构成的产业系统，企业 A 拥有自主创新能力，只进行根本性创新，并生产创新产品；而企业 B 没有自主创新能力，但是可以通过学习、模仿，对企业 A 的创新产品加以改进，并提高质量。也就是说，企业 B 进行累积性创新。

对于企业 A 而言，在 t 时刻企业 A 能够创新生产出 q_t^{A} 种新产品。由于创新存在着一定的风险，q_t^{A} 的大小是不确定的，因此，每个 q_t^{A} 都是一个随机变量，从而随时间变化的序列 q_t^{A} 是一个离散随机过程。由于 $q_t^{\mathrm{A}} \geqslant 0$，这个随机过程的状态空间是非负整数集合。如果在 t 时刻，没有产品被创新出来，即 $q_t^{\mathrm{A}} = 0$，说明创新的停止。

企业 B 作为模仿者身份，其学习和模仿需要一个时间过程。因此，假设企业 B 的累积性创新过程总是相对于企业 A 的生产时间滞后一个时间段。为研究方便，不妨设企业 B 可以对企业 A 的 q_t^{A} 种创新产品实现完全模仿。所以，在 t 时刻，企业 B 生产的产品种类为 $q_t^{\mathrm{B}} = q_{t-1}^{\mathrm{A}}$ 种。

对于商品市场而言，根据熊彼特的“破坏性创新”，假设每一种产品的生存期只有两个时间段。因此，在 t 时刻，商品市场上共有 $(q_t^{\mathrm{A}} + q_t^{\mathrm{B}})$ 个产品被消费。不妨设市场上创新的消费者同时也是产业系统中的生产者。

在劳动力市场上，每个工人的平均工资为 w_t，它也是一个随机变量。因为工人是商品市场上的消费者，所以其工资全部用于创新产品的消费。为简单起见，假设生产劳动是唯一的输入，用来生产产品。并且，一个单位的劳动力只能生产一个单位的产品。假设商品市场是完全竞争的，劳动力在劳动力市场（A 和 B 企业间）是完全自由流动的，而且可以充分就业。因此，在 t 时刻，每一种产品的均衡价格是一样的，并且等于单位生产成本，即 $p_t = w_t$。

2. 演化模型

在 t 时刻，企业 A 和 B 具有相同的 Dixit-Stiglitz CES 效用函数：

$$u(c_t^{\mathrm{A}}, c_t^{\mathrm{B}}) = \left[\sum_{i=1}^{q_t^{\mathrm{A}}} \beta^t [c_t^{\mathrm{A}}(i)]^{\alpha} + \sum_{j=1}^{q_t^{\mathrm{B}}} \beta^{t-1} [c_t^{\mathrm{B}}(j)]^{\alpha} \right]^{\frac{1}{\alpha}} \tag{3-13}$$

其中，$0 \leqslant \alpha < 1,\ \beta > 1$；$c_t^{\mathrm{A}}$ 表示 t 时刻企业 A 产品的消费向量；c_t^{B} 表示 t 时刻企业 B 产品的消费向量。$\beta^{\frac{t}{\alpha}} (\beta > 1)$ 是质量改进措施，也就是说，在其他条件不变的情况下，时刻 t 的产品单位边际效用大于时刻 t–1 的产品单位边际效用。在同一时间产品和不同时间产品的替代弹性相同，即 $\sigma = \dfrac{1}{1-\alpha}$。

对于企业 A 或 B 来说，要想最大化效用函数（3-13），还必须满足如下的预算约束条件：

$$\sum_{i=1}^{q_t^{\mathrm{A}}} [p_t c_t^{\mathrm{A}}(i)] + \sum_{j=1}^{q_t^{\mathrm{B}}} [p_{t-1} c_t^{\mathrm{B}}(j)] \leqslant w_t \tag{3-14}$$

这里的 p_t 和 p_{t-1} 分别表示产品在时刻 t 和时刻 t–1 的价格。

3. 模型分析

要在约束条件［式（3-14）］下，实现企业 A 和 B 的效用最大化，必须求解等式（3-13）的最大值。应用拉格朗日乘数法，由式（3-13）和式（3-14）可以得到

$$\frac{c_t^{\mathrm{A}}(i)}{c_t^{\mathrm{B}}(j)} = \left[\frac{w_t}{\beta w_{t-1}} \right]^{-\sigma} \tag{3-15}$$

为简化一般均衡模型，由于劳动力市场就业充分，根据一个单位的劳动力只能生产一个单位的产品，可以得到

$$\frac{L^{\mathrm{A}}}{L^{\mathrm{B}}} = \frac{q_t^{\mathrm{A}} c_t^{\mathrm{A}}(i)}{q_t^{\mathrm{B}} c_t^{\mathrm{B}}(j)} \tag{3-16}$$

其中，L^{A} 和 L^{B} 分别表示企业 A 和 B 的劳动力（工人）数量。

从等式（3-15）和等式（3-16），可以得到如下的递推公式：

$$q_t^{\mathrm{A}} w_t^{-\sigma} = \beta^{-\sigma} \frac{L^{\mathrm{A}}}{L^{\mathrm{B}}} q_t^{\mathrm{B}} w_{t-1}^{-\sigma} = \beta^{-\sigma} \frac{L^{\mathrm{A}}}{L^{\mathrm{B}}} q_{t-1}^{\mathrm{A}} w_{t-1}^{-\sigma} = M q_{t-1}^{\mathrm{A}} w_{t-1}^{-\sigma} \frac{q_t^{\mathrm{A}} c_t^{\mathrm{A}}(i)}{q_t^{\mathrm{B}} c_t^{\mathrm{B}}(j)} \tag{3-17}$$

其中，系数 M 满足 $M=\beta^{-\sigma}\dfrac{L^{\mathrm{A}}}{L^{\mathrm{B}}}$。

假设在初始时刻（$t=0$），企业 A 自主根本性创新后的产品种类数为 $q_t^{\mathrm{A}}=q$，并且此时工资为 $w_0=1$。从式（3-17）可以得到

$$q_t^{\mathrm{A}}w_t^{-\sigma}=M^tq \tag{3-18}$$

虽然 q_t^{A} 和 $w_t^{-\sigma}$ 都是随机变量，但是式（3-18）表明它们的乘积遵循确定的时间路径。

3.3.3　人均产值的变化

在这个模型中，根据基本假设，工人的平均工资水平也可以被解释为实际人均产值，因此可以通过 w_t 分析经济增长（人均产值变化）的基本趋势。

对式（3-18）两边取数学期望，可以得

$$E(q_t^{\mathrm{A}}w_t^{-\sigma})=E(q_t^{\mathrm{A}})E(w_t^{-\sigma})+\mathrm{cov}(q_t^{\mathrm{A}},w_t^{-\sigma})=M^tq \tag{3-19}$$

如果在企业 A 的根本性创新的随机过程中，在时刻 t 的产品种数 q_t^{A} 基础上，时刻 $t+1$ 时产品种数的数学期望是 μ。这个 μ 可以表示根本性创新的平均创新力度。根据 Wald 方程的性质，有 $E(q_t^{\mathrm{A}})=q\mu^t$（胡学平，2009）。

由于根本性创新的产品种数 q_t^{A} 和工人的平均工资水平 $w_t^{-\sigma}$ 相互独立，则有 $\mathrm{cov}(q_t^{\mathrm{A}},w_t^{-\sigma})=0$，因此可以得到等式

$$E(w_t^{-\sigma})=\left(\frac{M}{\mu}\right)^t \tag{3-20}$$

当消费替代弹性等于 1（$\sigma=1$）时，可以直接从方程（3-20）导出

$$E(w_t)=\left(\frac{M}{\mu}\right)^{-t} \tag{3-21}$$

根据 $\dfrac{M}{\mu}$ 是否大于 1，有三种情况：如果 $\dfrac{M}{\mu}>1$，则预期人均产值将以指数速度减少；如果 $\dfrac{M}{\mu}=1$，则预期人均产值将保持不变；如果 $\dfrac{M}{\mu}<1$，则预期人均产值将以指数速度增加。根据这个结论，可以得到如下的定理。

定理 1：较高水平的根本性创新强度（μ）或者较高的累积性创新率（β）

能够以指数的速度增加预期人均产值。但是与根本性创新相比，较高的累积性创新率可以更有效地增加人均产值。

证明：因为有 $M=\beta^{-\sigma}\dfrac{L^{\mathrm{A}}}{L^{\mathrm{B}}}$ 和 $\sigma=\dfrac{1}{1-\alpha}>1$，根据 $\dfrac{M}{\mu}$ 与 1 的大小关系，可以直接判定定理 1 的结论是正确的。

这个定理说明根本性创新（μ）和累积性创新（β）在经济增长中是非常重要的。但是，根本性创新和累积性创新在推动经济增长方面的作用不是等同的，因此必须区分创新（根本性创新与累积性创新）的性质，并鼓励更多的累积性创新。

3.3.4　创新过程的终结

尽管定理 1 说明了根本性创新和累积性创新的重要性，更突出强调了累积性创新的有效性，但仍然不能采取截然相反的态度，错误地认为应牺牲根本性创新，使所有资源都致力于累积性创新，因为必须保证根本性创新在将来不会完全停止、终结。那么创新过程在未来到底会不会终结呢？要想给出明确的答案，就必须分析根本性创新完全终结的概率。如果根本性创新不存在了，那么累积性创新也就不会持续了。

本质上，企业 A 的根本性创新随机过程就是一个 Galton-Watson 分支过程，因此根本性创新完全终结的概率也就相当于 Galton-Watson 分支过程的灭绝概率（房镜，2007）。

由 Galton-Watson 分支过程的理论，根本性创新随机过程的母函数为 $\phi(s)=\sum_{j=0}^{\infty}P\{q_t^{\mathrm{A}}=j\}s^j$，则 $\phi'(1)=\mu$。根据 Galton-Watson 分支过程概率母函数的性质，可以知道 $\phi_t(s)=\phi[\phi_{t-1}(s)]$。

记 ρ 为根本性创新完全停止的概率，则

$$\rho=P(q_t^{\mathrm{A}}\to 0)=P(q_t^{\mathrm{A}}=0,\exists t)=\lim_{t\to\infty}P(q_t^{\mathrm{A}}=0)\tag{3-22}$$

由于 $\phi_t(0)=\sum_{j=0}^{\infty}P(q_t^{\mathrm{A}}=j)0^j=P(q_t^{\mathrm{A}}=0)$，所以由式（3-22）可以得到

$$\rho=\lim_{t\to\infty}(\phi_t(0))=\lim_{t\to\infty}\phi(\phi_{t-1}(\rho))=\phi\left(\lim_{t\to\infty}\phi_{t-1}(\rho)\right)=\phi(\rho)\tag{3-23}$$

由于概率母函数 $\phi(s)$ 在 $[0,+\infty]$ 上严格单调递增，且是凹向上的凸函数，则方程 $\rho=\phi(\rho)$ 在 $[0,+\infty]$ 上最多只有两个正根。显然 $\rho=1$ 是 $\phi(\rho)=\rho$ 的一个正根，故

方程 $\rho=\phi(\rho)$ 在（0, 1）内最多有一个正根。如图 3-13 所示，图中曲线 1（虚线）和曲线 2（实线）分别是方程 $\phi(\rho)=\rho$ 左右两边的函数曲线。

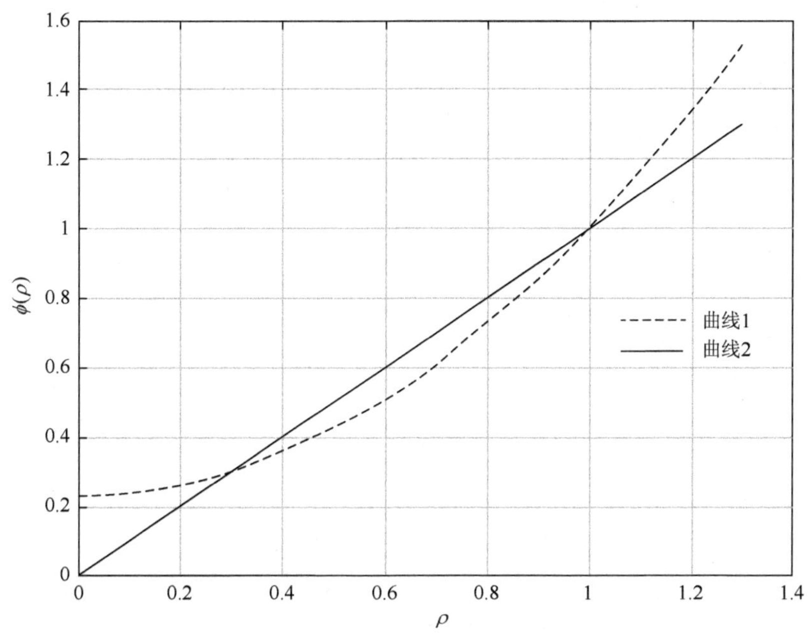

图 3-13　创新随机过程终结概率示意图

所以，当 $\mu>1$，即 $\phi'^{(1)}>1$ 时，根据均值定理（Crescenzo，1999）可知，存在 $\tilde{\rho}\in(0,1)$ 满足 $\phi(\tilde{\rho})=\tilde{\rho}$；当 $\mu\leqslant1$，即 $\phi'^{(1)}\leqslant1$ 时，1 为方程 $\phi(\rho)=\rho$ 的最小正根，所以 $\rho=1$。

根据上述推理①，可以得到如下的定理。

定理 2：如果根本性创新的强度不大于 1（$\mu\leqslant1$），那么根本性创新过程将会依概率 1 在未来某个时刻终结（$\rho=1$）；如果根本性创新的强度大于 1（$\mu>1$），依然会存在一个正的概率（$0<\rho<1$），使根本性创新终结；然而，对于较大的根本性创新强度，这种根本性创新注定终结的现象会被避免（$\rho\to0$）。

定理 2 给出了根本性创新强度不大于 1 的情况下，创新随机过程必定会终结的规律。而当根本性创新强度大于 1 时，创新随机过程不一定会终结，但是会处于一种不稳定的状态。定理 2 表明，根本性创新的强度必须处于一个适当的水平，不能太小，但也不能太大，因为此时它需要太多的资源而侵占了累积性创新的资源。最佳的选择依赖于决策者对于创新完全停止风险和预期经济增长速度之间的估值。

① 这个推理过程涉及 Galton-Waston 分支过程的灭绝概率定理，这个定理及其证明过程可以参见论文《分支过程及其应用研究》（房镜，2007）的第 12。

3.3.5 小结

基于根本性创新的随机过程，本节提出了一般性的均衡模型。通过模型分析，发现如下结论。

（1）由式（3-18）可以看出，虽然创新产品的种类 q_t^{A} 和工人的平均工资 $\omega_t^{-\sigma}$ 都是随机变量，但是它们的乘积却遵循确定的时间路径 $M^t q$；因为 $M=\beta^{-\sigma}\dfrac{L^{\mathrm{A}}}{L^{\mathrm{B}}}$，所以这个时间路径为 $\beta^{-\sigma t}\left(\dfrac{L^{\mathrm{A}}}{L^{\mathrm{B}}}\right)^t q$，与质量改进措施成正比，与从事根本性创新人数与累积性创新人数的比例成正比。

根据上面的分析，虽然根本性创新产品种类和人均产值都是随机变量，但是它们的乘积随着时间的延长呈指数增长。这个时间依赖性与质量改进措施、劳动力比例成正比。由此，政府部门应该引导企业提高根本性创新的劳动力比例，并增加质量改进措施、提高产品的单位边际效用。

同时，在给定时刻上，创新产品种类与人均产值呈反比例关系。因此，政府部门应该协调根本性创新的强度，合理实现创新产品种类与人均产值的协调发展。也就是说，根本性创新与经济增长两者不能偏颇，应该协同发展。

（2）由定理 1 可以得到，较高的根本性创新强度或者较高的累积性创新率都能够以指数增长的速度增加企业的人均产值。但是，较高的累积性创新率更能有效地增加人均产值。

因此，政府部门应引导企业提高根本性创新的强度或者累积性创新的效率。在某个短期时间范围内，政府部门更应该加强累积性创新的引导，促使企业提高累积性创新的效率，从而短时间内实现人均产值的增加。

（3）由定理 2 可以得到，低的根本性创新强度必定会使得创新活动在未来的某个时刻完全停止，因此，必须采取更高的根本性创新强度，才能避免创新活动停止的命运，从而避免创新产品种类必然停止扩张的惜败结果。

由此可见，创新是人类永恒的主题，特别是根本性创新。对于政府而言，要想提高国家竞争力，就必须引导企业提高根本性创新的强度，使创新成为“源源不断”的活动。在企业竞争力提高的基础上，实现国家创新竞争力的提高。

上述小结可以对企业的技术创新战略、政府的技术创新政策提供一定的理论指导。与根本性创新相比，累积性创新更能有效地增加人均产值，因此企业要更加重视累积性创新，向累积性创新提供更多的创新资源，如人力、资金和知识等。这一点对于企业的技术创新战略来说尤其重要。同时，由于根本性创新终结的命运，政府部门绝不能忽视根本性创新，特别是基础创新，要对革命性的技术加以开发，不断促进技术创新向前发展。这一点对于政府的技术创新政策来说尤其重要。

在本节给出的模型中，限定了企业 B 的自主创新能力，从而使得企业 B 的发展完全依附于企业 A 的自主创新。在现实中，巨大的技术差距和创新成本有可能使技术处于劣势的企业在相当长的时间内更多地依赖于学习和模仿技术优势企业的产品。为了摆脱这种消极的宿命，企业 B 必须通过自主创新，并且保持比企业 A 更高的发展速度。这个内容的研究已经超出了本节的分析路径，进一步的研究将基于更加现实的模型展开。

§3.4　创新扩散机理：基于博弈视角的分析

随着经济全球化和市场竞争的加剧，企业必须不断地进行技术创新或技术学习，以提高其竞争优势，形成核心竞争力。然而一个创新的出现，如新技术、新工艺或新管理方法的发现，常常表现为一个独立事件。创新的产生，必然引起模仿和扩散。创新的扩散决定了经济发展的节奏和生产率的变化速度，可见，创新的价值更大程度上在于创新的扩散（莫云清等，2004），但扩散依赖于路径选择与扩散规则。

创新的扩散与产业结构密切相关。产业中的企业群体的关联性是有结构的，而且结构是复杂的（李守伟和钱省三，2006）。在市场经济条件下，企业在经营运作过程中会发生各种各样的联系，如共同研发、代工服务、技术授权、工艺转移、持股投资等。产业内的相关组织及企业之间的关联形成了覆盖整个产业的网络。产业网络是一群各自拥有独特资源，也相互依赖对方资源的企业组织及学术机构、中介机构、政府组织等，凭借专业分工和资源互补，在要素投入、生产制造和技术合作等方面进行互动，长期形成的正式或非正式的互惠性关系的组织形式，它是一种介于市场与企业之间的资源配置方式（盖翊中和隋广军，2004）。产业网络的形成使产业集群成为一个有机的整体。以波特为代表的新产业区理论，也强调了产业网络的形成及其产生的经济外部效应。新产业区理论认为，产业网络提高竞争优势的实质是通过企业间协同或合作，构筑起经济体之间的战略竞争联盟，核心是经济体内成员之间的关联。产业网络在区域产业发展中起到了重要的作用，它不但提供了网络内不同节点互动的平台，而且节省了成员组织间的交易成本，进一步加快了组织间信息流通和学习速度，从而增强企业和产业的竞争力。

一个完整的网络扩散过程至少应该包括两个方面：一是网络拓扑结构的选择；二是扩散规则的制定。网络拓扑结构决定着创新扩散的路径、方式等；扩散的规则可由技术创新的扩散博弈决定。在产业网络中，企业只能与局部有限个企业相关联，从而使得创新的扩散不是同时波及网络中的所有企业，而是最先扩散到创新企业的“邻接”企业，并进一步向外扩散。在扩散过程中，产业网络上的相邻企业对技术扩散采取不同的态度，即是扩散还是封锁，是学习还是拒绝，从而在技术创新扩散的企业之间表现出了对技术创新扩散的博弈。

显然，产业网络上的技术创新扩散博弈过程不是简单、经典的一对一的博弈，而是一对多的博弈过程。如何构建这个一对多博弈，并且其纳什均衡解是怎样的？更进一步地思考，类似深度遍历，技术创新在产业网络上扩散的步数有什么规律？类似广度遍历，技术创新在产业网络上扩散的分布如何？本节将回答这些问题，并通过实际的产业网络给出实证分析。

本节第一部分给出了创新扩散的相关研究综述；第二部分提出了一对多的博弈扩散模型，并给出了混合策略的纳什均衡解；第三部分基于马尔科夫吸收链分析了博弈扩散所经历的步数；第四部分采用平均场理论分析了技术创新扩散的分布；最后应用长江三角洲“长三角”IC 产业网络数据进行了实证分析。

3.4.1 相关研究述评

创新扩散的研究最早可追溯到 20 世纪初由熊彼特所创立的创新理论，然而对创新扩散系统的研究却是由 E. M. Rogers（2003）于 20 世纪 60 年代开始的。综观国内外研究，创新扩散模型主要分为两类：一类是基于潜在采纳者总体统计行为的宏观层面（aggregate level）的数学模型；另一类是基于潜在采纳者个人采纳决策行为的微观层面（individual level）的仿真模型（张廷等，2006）。

宏观层面的数学模型分别是由 Fourt 和 Woodlock（1960）、Mansfield（1961）、Bass（1969）提出的。其中，经典的扩散模型是 Edwin Mansfield 提出的农场主推广革新模型（李守伟等，2007）。假设在 $t=0$ 时，一项新的革新被介绍到一个确定的拥有 N 个农场主的社会里，假定在时间 Δt 内采用这项革新的农场主数 ΔP 与在此之前已采用了这项革新的农场主数 P 及还不知道这项革新的农场主数 $N-P$ 成正比，即 $\Delta P = CP(N-P)\Delta t$，其中 C 为扩散系数。令 $\Delta t \to 0$，得微分方程 $\frac{\mathrm{d}P}{\mathrm{d}t} = CP(N-P)$。许多实证研究表明这个模型是成功的，众多学者的技术扩散模型研究也基本上是基于这个控制方程或其变化形式。

然而，上述常微分方程有一个与客观事实不符的前提假设：新技术采用的群体的增长是确定性的，即 $P(t)$ 是 t 的函数。事实上，它忽视了创新出现的不确定性，以及扩散的随机性。尽管有的学者考虑了扩散的随机性（段茂盛等，2001），也有的学者提出了基于马尔科夫链的改进模型（陈旭，2005），但是他们大多基于企业均匀分布的假设，没有考虑到企业群体的结构、企业对新技术采用的客观性（成本）和主观性（风险）。

微观层面的仿真研究主要是由计算机技术和模拟仿真思想的发展推动的。这类仿真模型主要有 Agent 模型（Garcia，2005）、渗流（percolation）模型（Granovetter，2000）、临界值模型（Granovetter，1978）、元胞自动机（cellular automata）模型（Goldenberg，2001）等，其中以元胞自动机模型的应用最为广泛。微观仿真模拟的基本思想认为个体状态取决于其邻居的状态，少数个体的状态逐步影响周围个体，以此引起了该状态的传播与扩散（宣慧玉和高宝俊，2002）。这些微观仿真模型都注意到了个体与群体的网络结构关系及扩散的规则，但是在结构关系上还大多处于对规则网络上扩散的仿真模拟，还有部分研究是基于随机网络作出的，然而对复杂网络上的扩散过程模拟较少。由于复杂网络能较好地模拟客观世界，所以非常有必要对复杂网络上的创新扩散过程进行研究。

对复杂网络上扩散过程的研究主要是基于著名的传染病模型 SIS 和 SIR（Pastor-Satorras and Vespignani，2001），但这些结论同样适用于技术创新在产业网络上的扩散。小结主要有：在规则网络中扩散阈值是一个不算很小的值；在小世界网络中，扩散阈值明显比规则网络中小；在同样的扩散强度下，扩散在小世界网络中所波及的范围明显大于其在规则网络中所波及的范围（Moore and Newman，2000）。如果说，从规则网络到小世界网络，扩散行为还只是量上的不同，那么，无标度网络上的扩散行为则表现出了和前两者迥异的性质。在无标度网络上，要么没有正的扩散阈值，要么扩散阈值非常接近于零（Pastor-Satorras and Vespignani，2001）。虽然 SIS 和 SIR 模型能从扩散阈值上表明网络拓扑结构对扩散的影响，但是没有考虑到网络节点对待扩散所采取的策略或态度。而且，很少有学者从博弈的角度研究复杂网络上的扩散过程。根据网络节点之间的关联性，复杂网络上的博弈应该是可变的多主体博弈。

从博弈的主体来看，众多研究者对“二人”博弈进行了研究分析；也有不少学者将博弈方的个数从 2 个扩展到多个或群体，研究了群体博弈行为。刘德海等（2000）分析了个体与群体之间的博弈问题，构造了一对多的重复博弈模型。王桂强和魏晓平（2006）基于群体博弈构造了空间网状结构的“博弈网”，其实质是一个完全规则网络。然而，技术创新在产业网络上的博弈扩散过程并不是主体不变的重复博弈过程，也不是在完全网络上扩散的，而是一个博弈主体不断变化的一对多博弈，是一个在复杂产业网络上的扩散，并且这个复杂产业网络具有小世界特征和无标度特征。

3.4.2　技术创新扩散的博弈模型

博弈论是一种研究决策主体相互交往过程及其结果的工具，研究包含相互依存情况中理性行为，有两个基本假设：每一个主体有一个明确的外生变量；每个主体的决策是基于决策者的知识及其对其他决策者的预期（盛昭瀚和蒋德鹏，2002），即基于各个博弈主体的收益。

按照技术创新的一次扩散过程，可以将企业分为两类：进行技术创新并可能扩散的企业，称为创新传播者（spreader）；通过学习其他企业的技术创新来进行技术升级的企业，称为创新学习者（studier）。显然，在技术创新扩散过程中，企业的角色是不断更替的，如图 3-14 所示。

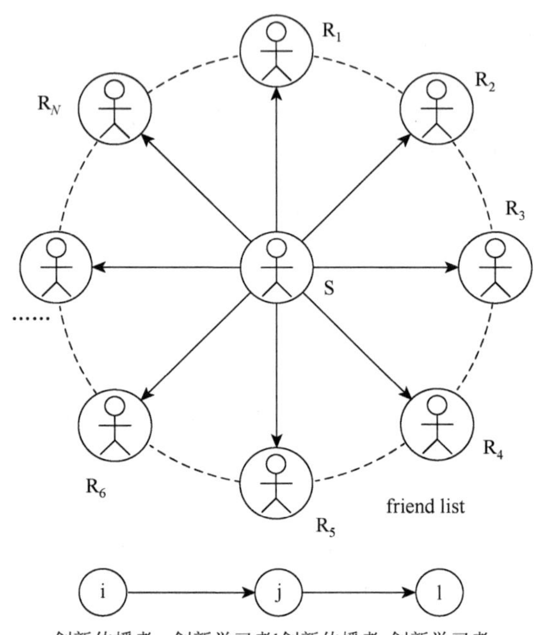

图 3-14　技术创新扩散博弈示意图

说明：图中给出了技术创新扩散的两个博弈（i→j 和 j→l）。每步博弈在传播者和学习者之间进行。企业 j 在两步博弈扩散中由学习者转换为传播者。随着路径上企业之间博弈不断地进行，企业身份不断地转换，技术创新被扩散出去

企业进行的技术创新，在给企业带来竞争优势的同时，必然带来一定的收益。这个收益在博弈各方的分配直接影响到博弈关系的稳定性。

1. 博弈模型的基本假设

基于产业网络的拓扑结构和技术创新扩散的特点（李文博和郑文哲，2005），给出博弈模型的基本假设。

（1）产业网络中的所有企业都是理性的，能够感知相邻企业技术水平的变化，并能够正确判断技术创新带来的收益。

（2）企业之间的技术水平是相容的或近似相容的。

（3）产业网络中企业技术水平和创新能力互不相同，参差不齐。

（4）假定企业从技术水平的提高所得的回报与其投入的成本成正比，当然每个企业的比例大小是不同的。

（5）面对技术创新的扩散，传播者的策略有扩散和封锁；学习者的策略有学习和拒绝。

（6）不妨设技术创新的总收益为 s，如果这个创新没有扩散出去（创新没有被学习），则传播者独享其得到的收益；如果这个创新被其邻接企业所学习（创新已经扩散出去），则技术创新总收益要在传播者与学习者之间均摊。

（7）对于创新传播者，其扩散策略是不需要成本的，但是其封锁策略是需要付出代价的。不妨设创新传播者对技术创新进行封锁的成本为 c。显然有 $0<c<(s/2)$，否则传播者因封锁成本大于收益而放弃封锁。

（8）对于创新学习者，其学习策略需要投入一定的成本，而且其拒绝策略也因竞争劣势和市场收益空间的下降而付出一定的代价。不妨设创新学习者对技术创新学习所投入的成本为 m，且为拒绝技术创新而付出的代价为 n。这里的 m 和 n 的值与总收益 s 被分摊的程度无关，因为技术创新学习的难度不会因其扩散而降低（排除剽窃的行为）。显然这里有 $s>m>n>0$，因为投入成本 m 能够获得收益，而付出代价 n 却得不到该技术创新所带来的收益。

2. 技术创新扩散的一对多博弈模型

在产业网络上，一个技术创新传播者拥有 k 个邻接企业，$k\geqslant 1$，这些企业作为学习者的角色同传播者进行一次技术创新扩散的博弈。这种博弈实质上就是一对多的博弈。每个学习者的策略分别以概率 q 选择学习策略或以概率 $(1-q)$ 选择拒绝策略，从而技术创新传播者的 k 个邻接企业学习者的策略组合共有 $(k+1)$ 种。假设第 r 个策略组合中有 r 个企业选择学习策略，其余 $(k-r)$ 个企业选择拒绝策略，则第 r 个策略组合出现的概率为 $C_k^r q^r(1-q)^{k-r}$，其中 C_k^r 是从 k 个数中任意选取 r 个的组合数，$C_k^r=\dfrac{k!}{r!(k-r)!}$。

通过以上的分析，基于博弈假设可得一对多博弈的支付矩阵，如表 3-1 所示。

表 3-1　技术创新传播者与 k 个邻接企业学习者博弈的支付矩阵

		传播者的 k 个邻接企业策略组合（概率）		
		k 个企业皆学习（q^k）	k 个企业中 r 个学习 $C_k^r q^r(1-q)^{k-r}$	k 个企业皆拒绝 $(1-q)^k$
传播者策略（概率）	扩散（p）	$\dfrac{s}{k+1},\dfrac{ks}{k+1}-km$	$\dfrac{s}{r+1},\dfrac{r}{r+1}s-rm-(k-r)n$	$s,-kn$
	封锁（$1-p$）	$s-c,-km$	$s-c,-rm-(k-r)n$	$s-c,-kn$

在这个博弈中，不存在纯策略的纳什均衡，只能寻找混合策略的纳什均衡。

如果技术创新传播者选择进行技术扩散策略，其市场期望回报为

$$E(X_1)=\sum_{r=0}^{k}C_k^r q^r(1-q)^{k-r}\cdot\frac{s}{r+1} \tag{3-24}$$

如果技术创新传播者选择对创新的技术进行封锁策略，其市场期望回报为

$$E(X_2)=\sum_{r=0}^{k}C_k^r q^r(1-q)^{k-r}\cdot(s-c)=s-c \tag{3-25}$$

则技术创新传播者的期望回报为

$$\begin{aligned}E(X)&=p\left(\sum_{r=0}^{k}C_k^r q^r(1-q)^{k-r}\cdot\frac{s}{r+1}\right)+(1-p)(s-c)\\&=ps\frac{1-(1-q)^{k+1}}{q(k+1)}+(1-p)(s-c)\end{aligned} \tag{3-26}$$

如果 r 个企业中有 r 个采取学习策略、$(k-r)$ 个采取拒绝策略，其市场期望回报为

$$\begin{aligned}E(Y_r)&=p\left(\frac{r}{r+1}s-rm-(k-r)n\right)+(1-p)\big(-rm-(k-r)n\big)\\&=\frac{r}{r+1}ps-rm-(k-r)n\end{aligned} \tag{3-27}$$

则邻接企业的期望回报为

$$\begin{aligned}E(Y)&=\sum_{r=0}^{k}C_k^r q^r(1-q)^{k-r}\left[\frac{r}{r+1}ps-rm-(k-r)n\right]\\&=ps\left[1-\frac{1-(1-q)^{k+1}}{q(k+1)}\right]-qmk-(1-q)nk\end{aligned} \tag{3-28}$$

从式（3-26）、式（3-28）可以看出，传播者和学习者的期望回报与学习者的个数 r 无关。

显然 $\frac{\partial E(X)}{\partial p}=0$ 和 $\frac{\partial E(Y)}{\partial q}=0$ 没有解析解，因此，求取其近似解。

取 $(1-q)^{k+1}\approx 1-(k+1)q+\frac{(k+1)k}{2}q^2$，则 $E(X)$、$E(Y)$ 分别简化为

$$E'(X)=p\left(1-\frac{k}{2}q\right)s+(1-p)(s-c) \tag{3-29}$$

$$E'(Y)=q\frac{k}{2}ps-qmk-(1-q)nk \tag{3-30}$$

令 $\frac{\partial E'(X)}{\partial p}=0$、$\frac{\partial E'(Y)}{\partial q}=0$ 分别得到

$$q^* = \frac{2c}{ks}, \quad p^* = \frac{2(m-n)}{s} \tag{3-31}$$

所以，在这个一对多的博弈模型中，混合策略的纳什均衡为$\left(\frac{2(m-n)}{s}, \frac{s-2(m-n)}{s}\right)$、$\left(\frac{2c}{ks}, \frac{ks-2c}{ks}\right)$。

从式（3-31）可以得到有趣的结论：在混合策略纳什均衡的条件下，学习者采取学习策略的概率q^*与学习者的个数k成反比；而传播者采取扩散策略的概率却与其邻接企业数k无关。

为了分析技术创新在产业网络上的扩散过程，有必要分析基于混合策略纳什均衡的变化，进而分析博弈均衡中技术创新扩散过程的特点与规律。

3.4.3　技术创新扩散步数分析

初始创新的企业 i 要与k_i个邻接企业节点进行博弈，然后邻接企业 j 要与k_j个邻接企业进行博弈，如此反复，技术创新就慢慢地扩散出去，如图 3-15 所示。类似深度遍历，下面分析技术创新扩散的步数。

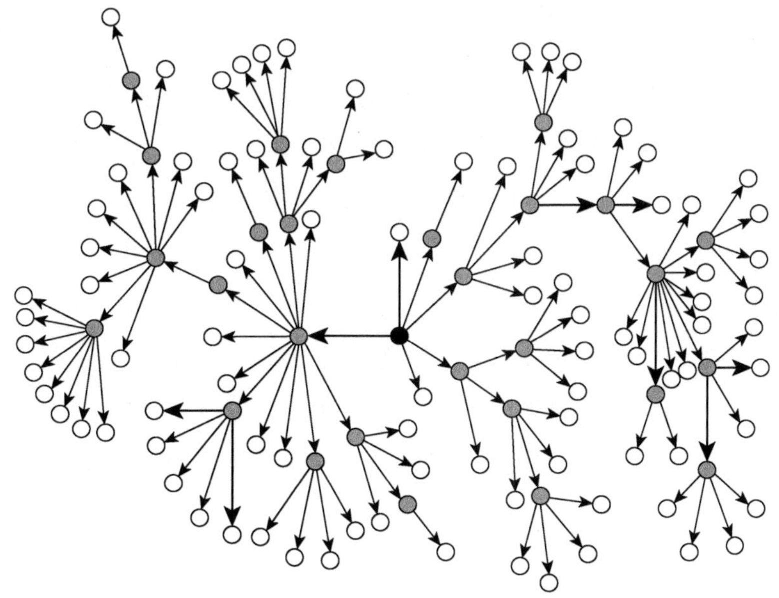

图 3-15　产业网络上的技术创新扩散示意图

1. 技术创新扩散过程的马尔科夫链

考虑一个起点为企业i、终点为企业j的扩散路径，其路径长度$l_{ij} \geqslant 1$。下面分析基于博弈均衡的技术创新扩散过程的特点。

1）节点企业状态的有限性

路径上的节点企业虽然在产业链或产业网络上的位置不同，但它们都是独立的个体（agent），具有相对的独立性。在技术创新扩散过程中，各自独立地依据自身的技术水平、创新能力和投资收益分析来确定所采取的策略（学习或拒绝、扩散或封锁），不同的策略使企业处于不同的状态，因此，节点企业在技术创新扩散过程中只有有限个状态（4 个）。

2）博弈过程的无后效性

正是由于节点企业的相对独立性，在技术创新的扩散博弈中，博弈方企业所采取的策略只与博弈参与者的策略有关，而与已经发生了的博弈无关。因此，从i到j的扩散过程是一个具有无后效性的随机过程。无后效性是指：当过程在t_m时刻所处的状态为已知时，过程在大于t_m的时刻所处状态的概率特性只与过程在t_m时刻所处的状态有关，而与过程在t_m时刻以前的状态无关。

3）状态转移概率与时间的无关性

作为技术创新的传播者，有两种状态：扩散与封锁；作为技术创新的学习者，有两种状态：学习与拒绝。因此，除初始创新节点外，产业网络上的企业节点以传播者和学习者两种身份出现，其状态也在扩散与封锁和学习与拒绝之间相互转换。原始创新企业的一个邻接企业首先作为学习者，然后作为传播者。邻接企业作为学习者所采取策略的概率分布，即其作为学习者的状态（策略的概率分布）为$\boldsymbol{b}=\begin{bmatrix} q^* \\ 1-q^* \end{bmatrix}$，随之，由学习者到传播者的状态转移矩阵为$\boldsymbol{P}=\begin{bmatrix} p_{11} & p_{12} \\ p_{21} & p_{22} \end{bmatrix}=\begin{bmatrix} p^* & 0 \\ 1-p^* & 1 \end{bmatrix}$。

同样，邻接企业在面对技术创新扩散作出决策后，通过状态转移矩阵的作用，其身份由学习者变为传播者。此时，其作为传播者的状态（策略的概率分布）为$\boldsymbol{a}=\begin{bmatrix} p^* \\ 1-p^* \end{bmatrix}$，随之，由传播者到学习者的状态转移矩阵为$\boldsymbol{Q}=\begin{bmatrix} q_{11} & q_{12} \\ q_{21} & q_{22} \end{bmatrix}=\begin{bmatrix} q^* & 0 \\ 1-q^* & 1 \end{bmatrix}$。

上述两个状态转换过程不断交替进行，技术创新被不断地“一波一波”地扩散出去，直到状态转换停止，即技术创新扩散过程停止。显然，状态的转换与时间无关。

通过分析，可以得到如下的命题。

命题 1：产业网络的技术创新博弈扩散过程是马尔科夫链。

2. 技术创新扩散步数分析

转移矩阵 $\boldsymbol{P}$ 、$\boldsymbol{Q}$ 中的转移概率 p_{22}、q_{22} 分别表示企业的封锁和拒绝状态，由于 $p_{22}=1$、$q_{22}=1$，则企业的封锁和拒绝状态是该马尔科夫链的吸收态。具有吸收态的马尔科夫链又称为吸收链。对于吸收链存在如下的结论。

命题 2：对于具有 r 个吸收态的马尔科夫吸收链 L 的标准形式 $\boldsymbol{L}=\begin{bmatrix} I_{r\times r} & 0 \\ R & U \end{bmatrix}$，$(\boldsymbol{I}-\boldsymbol{U})$ 可逆，$\boldsymbol{M}=(\boldsymbol{I}-\boldsymbol{U})^{-1}$，$\boldsymbol{e}=(1,1,\cdots,1)^{-1}$，则 $\boldsymbol{Y}=\boldsymbol{Me}$ 的第 i 分量是从第 i 个非吸收状态出发，被某个吸收状态吸收的平均转移次数（姜启源等，1998）。

在技术创新扩散停止时，关心的是其扩散过程所经历的步数，即马尔科夫链的长度。

定理 1：技术创新在复杂产业网络上的扩散步数与网络的平均邻接企业数 $\langle k\rangle$ 成反比。

证明：首先证明技术创新扩散的马尔科夫链是一个吸收链。

假设扩散的步数为 t，原始技术创新企业的状态为 $\boldsymbol{a}(0)=\begin{bmatrix} p^* \\ 1-p^* \end{bmatrix}$，当 t 为奇数时，扩散路径的终点状态为 $\boldsymbol{b}(t)=\boldsymbol{QPQ}\cdots\boldsymbol{PQPQa}(0)$；当 t 为偶数时，扩散路径的终点状态为 $\boldsymbol{a}(t)=\boldsymbol{PQ}\cdots\boldsymbol{PQPQa}(0)$。

将 p^*、q^* 分别代入上式，可得

$$\boldsymbol{a}(t)=\begin{bmatrix} a_1 \\ a_2 \end{bmatrix} \tag{3-32}$$

其中 $a_1=\left[\dfrac{4(m-n)c}{s}\right]^t\cdot\left(\prod\limits_{j=1}^{t}k_j\right)^{-1}$，$a_2=1-a_1$；

$$\boldsymbol{b}(t)=\begin{bmatrix} b_1 \\ b_2 \end{bmatrix} \tag{3-33}$$

其中 $b_1=\left[\dfrac{4(m-n)c}{s^2}\right]^{t-1}\cdot\dfrac{2c}{s}\cdot\left(\prod\limits_{j=1}^{t}k_j\right)^{-1}$，$b_2=1-b_1$。

对于给定的产业网络，k_{j} 是定值，则当 $t\to\infty$ 时，$a_1\to 0$、$b_1\to 0$。也就是说，在某个扩散步之后，技术创新将不再被扩散。因此，技术创新扩散的马尔科夫过程是吸收链。

从实际情况来看，技术创新扩散停止的原因有两个：一是由于技术创新扩散

过程是呈发散状的，在某个扩散步后，技术创新已经遍历了产业网络上的大部分节点企业；二是由于新技术创新的出现，原技术创新迫于市场压力及企业的策略选择而停止其扩散过程。

下面分析技术创新扩散的步数。

由于 $\boldsymbol{PQ}=\boldsymbol{Qp}=\begin{bmatrix} p^*q^* & 0 \\ 1-p^*q^* & 1 \end{bmatrix}$，通过交换行列，得到吸收链的标准形式：

$$\boldsymbol{L}=\begin{bmatrix} I & 0 \\ R & U \end{bmatrix}=\begin{bmatrix} 1 & 0 \\ 1-p^*q^* & p^*q^* \end{bmatrix}$$

由于扩散路径上各个节点的度不尽相同，因此在统计意义下，取 $q^*=\dfrac{2c}{<k>s}$，其中 $<k>$ 表示产业网络中企业节点的平均度数，即企业节点平均拥有的邻接企业数。

从命题 2 可知，企业从技术创新扩散或学习状态到封锁或拒绝状态的平均转移次数为

$$y=\frac{1}{1-p^*q^*}=\frac{s^2}{s^2-\dfrac{4c(m-n)}{<k>}} \tag{3-34}$$

从式（3-34）可以看出，技术创新在复杂产业网络上的扩散步数与网络的平均邻接企业数成反比。

3.4.4 产业网络上技术创新扩散的分布与分布密度

从扩散的博弈过程可以得出，当且仅当扩散者采取扩散策略和学习者采取学习策略时，技术创新的扩散才是成功的。在纳什均衡条件下，成功的技术创新发生的概率为 p^*q^*。在成功的技术创新扩散后，学习者变为扩散者；反之，技术创新扩散不成功就会使学习者仍保持其学习者的身份。为行文的方便，在不引起混淆的情况下，将 p^*、q^* 分别简单记为 p、q。

为了考查节点状态随时间的变化情况，不妨将 pq 看作是单位时间上技术创新扩散成功的概率。基于网络的拓扑结构，分析上面的动态过程。

1. 技术创新扩散的分布

考虑在时刻 t 节点企业 j 处于学习者的身份。p_{ii}^{j} 表示学习者在时间区间 $[t,t+\Delta t]$ 内保持其学习者身份的概率，即技术创新扩散不成功的概率。$p_{is}^{\mathrm{j}}=1-p_{ii}^{\mathrm{j}}$ 表示节点由学习者身份转变为扩散者身份的概率，即技术创新扩散的概率。

由上面的定义和网络结构可得

$$p_{ii}^{\mathrm{j}} = (1 - pg\Delta t)^{g} \tag{3-35}$$

这里，$g = g(t)$ 表示在时刻 t 节点 j 的那些具有扩散状态的邻接点（扩散者）数目。

假定节点 j 拥有 k 个连接，那么 g 服从二项分布

$$p(g,t) = \begin{pmatrix} k \\ g \end{pmatrix} \theta(k,t)^{g} [1 - \theta(k,t)]^{k-g} \tag{3-36}$$

其中，

$$\theta(k,t) = \sum_{k'} P(k' \mid k) P(s_{k'} \mid i_{k}) \tag{3-37}$$

这里，$p(k' \mid k)$ 是节点的度-度相关性函数，$p(s_{k'} \mid i_{k})$ 是指具有 k' 个连接的扩散者节点与一个具有 k 个连接的学习者相连的条件下，扩散者保持其身份不变的条件概率。在统计意义下，$p(s_{k'} \mid i_{k})$ 可近似表示为在 t 时刻，具有 k' 个连接的扩散者节点的分布密度（Nekovee et al.，2007），即

$$p(s_{k'} \mid i_{k}) \approx \rho^{s}(k',t) \tag{3-38}$$

所以，有

$$\theta(k,t) = \sum_{k'} p(k' \mid k) \rho^{s}(k',t) \tag{3-39}$$

节点具有学习者身份的平均概率分布为

$$\begin{aligned}
\overline{p}_{ii}(k,t) &= \sum_{g=0}^{k} C_{k}^{g} (1 - pq\Delta t)^{g} \theta(k,t)^{g} [1 - \theta(k,t)]^{k-g} \\
&= \sum_{g=0}^{k} C_{k}^{g} [(1 - pq\Delta t)\theta(k,t)]^{g} [1 - \theta(k,t)]^{k-g} \\
&= \{(1 - pq\Delta t)\theta(k,t) + [1 - \theta(k,t)]\}^{k} \\
&= [1 - pq\theta(k,t)\Delta t]^{k} \\
&= \left[1 - pq\Delta t \sum_{k'} p(k' \mid k) \rho^{s}(k',t)\right]^{k} \\
&= \left[1 - \frac{4c(m-n)}{ks^{2}} \Delta t \sum_{k'} p(k' \mid k) \rho^{s}(k',t)\right]^{k}
\end{aligned} \tag{3-40}$$

所以，技术创新扩散的平均概率分布为

$$\begin{aligned}
\overline{p}_{is}(k,t) &= 1 - \overline{p}_{ii}(k,t) \\
&= 1 - \left[1 - \frac{4c(m-n)}{ks^{2}} \Delta t \sum_{k'} p(k' \mid k) \rho^{s}(k',t)\right]^{k}
\end{aligned} \tag{3-41}$$

2. 技术创新扩散的分布密度

假设 $I(k,t)$ 表示在时刻 t 具有 k 个连接的学习者个数的期望。在时间区间 $[t,t+\Delta t]$ 内，学习者转变为扩散者的个数为 $I(k,t)[1-p_{ii}(k,t)]$，所以时间间隔 $[t,t+\Delta t]$ 上学习者数量的变化为

$$\begin{aligned}I(k,t+\Delta t) &= I(k,t)-I(k,t)[1-p_{ii}(k,t)] \\ &= I(k,t)p_{ii}(k,t) \\ &= I(k,t)\left[1-pq\Delta t\sum_{k'}P(k'|k)\rho^{s}(k',t)\right]^{k}\end{aligned} \tag{3-42}$$

式（3-42）中，令 $\Delta t\to 0$，并对 t 求导，可得

$$\begin{aligned}\frac{\partial\rho^{i}(k,t)}{\partial t} &= -kpg\rho^{i}(k,t)\sum_{k'}\rho^{s}(k',t)P(k'|k) \\ &= -\rho^{i}(k,t)\frac{4c(m-n)}{s^{2}}\sum_{k'}\rho^{s}(k',t)P(k'|k)\end{aligned} \tag{3-43}$$

因为 $\rho^{i}(k,t)+\rho^{s}(k,t)=1$，所以有

$$\begin{aligned}\frac{\partial\rho^{s}(k,t)}{\partial t} &= kpq\rho^{i}(k,t)\sum_{k'}\rho^{s}(k',t)p(k'|k) \\ &= \rho^{i}(k,t)\frac{4c(m-n)}{s^{2}}\sum_{k'}\rho^{s}(k',t)p(k'|k)\end{aligned} \tag{3-44}$$

3.4.5 集成电路产业网络的技术创新博弈扩散实证分析

1. 产业网络的复杂性

通过对长三角地区的IC企业服务关系的调查和分析，可以得到长三角地区IC产业的产业网络，如图3-16所示。

应用复杂网络的统计分析方法（Newman，2003；Albert and Barabási，2002），对IC产业网络的节点度分布和集聚系数进行了计算，并绘制了双对数坐标下的图形，如图3-17、图3-18所示。

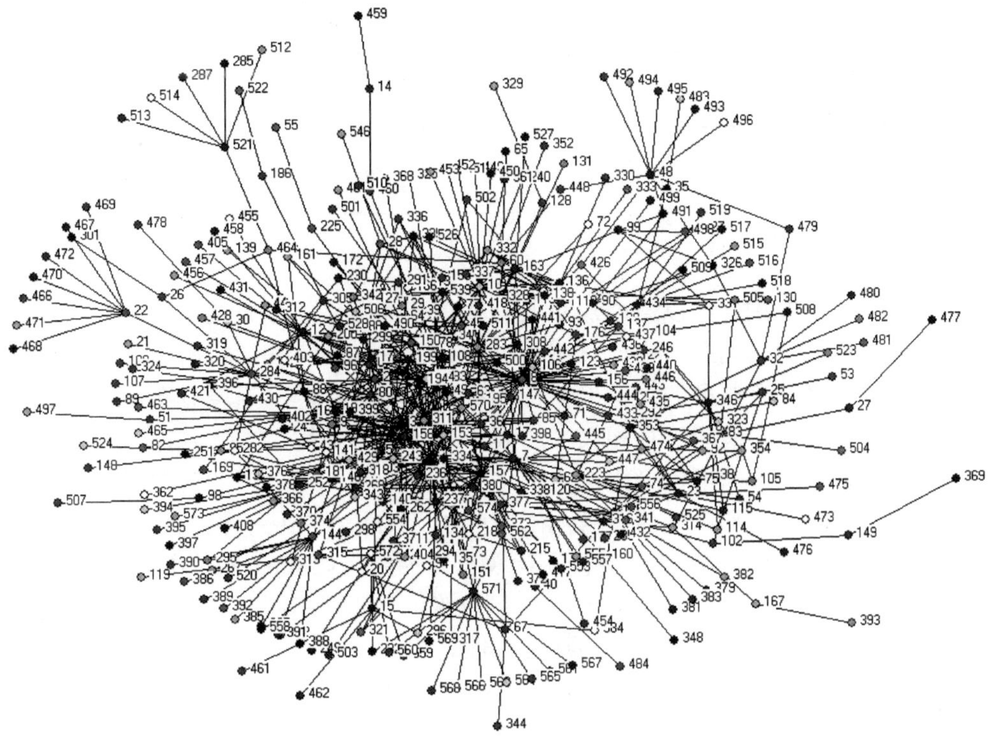

图 3-16　长三角地区 IC 产业网络

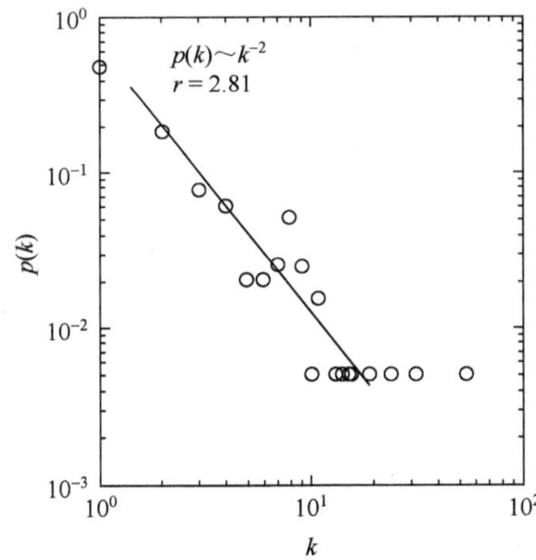

图 3-17　IC 产业网络的节点度 k 的分布

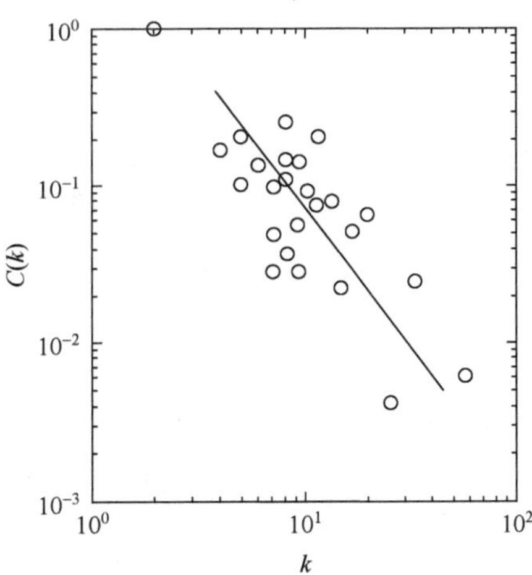

图 3-18　IC 产业网络的局部集聚系数与节点度 k 的关系

为判断网络的小世界特性，还计算了图 3-16 产业网络的其他一些参数，如表 3-2 所示。注意，这里的 ER 随机网络是按照 IC 产业网络的规模和密度随机生成的。

表 3-2　IC 产业网络与随机 ER 网络的比较

网络类型	网络平均度 (k)	最大节点度 (k_{max})	平均最短路径 (d)	平均集聚系数 (C)	度分布幂指数 (r)
IC 产业网络	3.503	53	3.554	0.046	2.81
ER 随机网络	3.472	10	4.261	0.016	—

注：本表由本研究整理。

从上面的分析数据可以看出，企业关联在产业网络的分布是极不均匀的，但又不是完全随机的。因此，产业网络是一种介于规则网络和随机网络之间的复杂网络。产业网络具有典型的无标度特征和小世界特征，即节点度分布服从幂律分布，具有较小的平均最短路径和较大的集聚系数（李守伟，2006）。

产业网络中，关联可以分为两类：由技术分工而形成的产业链关联（如上下游企业的供应联系）和由价值分解而形成的服务关联（如科研机构与企业的技术合作开发联系）。因此，产业网络既不同于技术网络（如 Internet、电力网等），也不同于社会网络（如科学家合作网等）。可以说，产业网络同时具有基于产业链分工的技术特性和基于价值链分解的社会特性。

2. 技术创新扩散分析

产业网络的复杂性结构对技术创新扩散具有一定的影响。产业网络所具有的关联分布的不均匀性，影响着技术创新扩散的方式和路径，显示出与规则网络截然不同的特点。

（1）从产业网络中企业之间的关联分布上看，扩散博弈并不局限于一对一博弈，更多的是一对多博弈，而且博弈参与者的数量$1+k$也在不断变化。由于企业节点度k服从幂律分布，$p(k)\sim k^{-r}$，较少的 Hub 企业节点（k较大的节点）能够在博弈中影响到大量的“叶”节点企业，从而使得技术创新易于扩散；但是，也正是由于大量“叶”节点企业的存在，它们的影响面窄，又在一定程度上阻碍了技术创新的扩散。大部分时间里，扩散的“波浪”断断续续地爆发，间隔较长的静止时间，也就是说，系统呈现短暂平衡的行为。例如，一些技术，如手机或者 VCR，潜伏多年且突然被大量地使用。

（2）产业网络的平均度(k)是重要的参数。一方面，博弈扩散所经历的步数与(k)成正比（定理 1）；另一方面，根据产业网络的拓扑结构，博弈扩散的步数应该与其平均最短路径(d)成正比。由表 3-2 中的数据$(k)=3.503$、$(d)=3.554$和定理 1 可知，$\dfrac{s^2}{c(m-n)}\sim\dfrac{4}{2.5}$（常数），说明企业在技术创新的博弈扩散中所付出的成本与收益成正比，且收益大于成本。

（3）产业网络的平均集聚系数(C)也是重要的参数。集聚系数C的大小用社会学的语言来描述就是“朋友的朋友还是朋友”的概率大小。由表 3-2 中的数据可以看出，产业网络的C大于随机网络的C，说明产业网络中的“团体”（clique）更多，从而使技术创新的收益得到更充分的分享。

（4）对于复杂网络，$p(k'|k)$可写作（Pastor-Satorras and Vespignani，2004）

$$p(k'|k)=\frac{k'p(k')}{<k>}$$

由于产业网络的节点度分布服从幂律分布$p(k)=Ak^{-r}$，其中$r=2.81$，A为标准化系数。

因此，长三角 IC 产业网络中技术创新扩散的分布及分布密度可具体写作

$$\overline{p}_{ii}(k,t)=\left[1-A\frac{4c(m-n)}{ks^2}\Delta t\sum_{k'}\frac{(k')^{-r+1}}{k}\rho^s(k',t)\right]^k$$

$$\frac{\partial\rho^i(k,t)}{\partial t}=-A\rho^i(k,t)\frac{4c(m-n)}{s^2}\sum_{k'}\frac{(k')^{-r+1}}{k}\rho^s(k',t)$$

3.4.6　小结

创新的真正价值在于其在产业网络上的扩散，因此产业网络的复杂拓扑结构对技术创新的扩散具有重要的影响作用。

从扩散博弈的纳什均衡来看，传播者采取扩散策略的概率与学习者的学习成本和拒绝代价之差成正比；学习者采取学习策略的概率不但与传播者的封锁成本成正比，而且与网络的平均度成正比。

从转移矩阵可知，技术创新扩散的马尔科夫链是一个吸收链，从而技术创新的扩散状态将最终变为封锁或拒绝状态，并且技术创新扩散的平均步数与网络的平均邻接企业数成正比。

产业网络的无标度特性表明博弈扩散具有既突然爆发又短暂平衡的“断断续续”的特点；产业网络的小世界特性表明扩散过程是一个相对快速的过程（相对于同规模的规则网络）；同时，产业网络的集聚系数表明创新分享的程度。

§3.5　创新扩散机理：基于系统动力学的分析

系统动力学是基于系统论、吸收反馈理论与信息论的精髓，并借助于计算机模拟技术的交叉学科。系统动力学研究解决问题的方法是一种定性分析与定量分析统一，以定性分析为先导、定量分析为支持，两者相辅相成，螺旋上升逐步深化、解决问题的方法。

用系统动力学解决问题的过程，实际上也是一种寻找最优的过程：通过仿真实验，剖析系统，掌握系统各有关因素之间的变化，以及系统主体所表现的行为趋势，寻求系统较优的结构和参数，达到改善系统的目的，或者为预测系统未来发展等提供决策和科学依据。

系统动力学在研究处理复杂问题时，擅长处理周期性问题、长期性问题、数据相对缺乏的问题以及高阶次、非线性、时变的问题，可以进行长期的、动态的、战略的定量分析。

流图的建立是系统动力学建模的重要一步，流图的结构能够准确地反映一个系统的结构。系统动力学的模型基本上是靠流图反映的。流图由“流位”、“流率”、“物质流”、“信息流”等符号构成，直观形象地反映系统结构和动态特征。流图能清楚地描述速率与状态，并区分物质流与信息链，如图 3-19 所示。

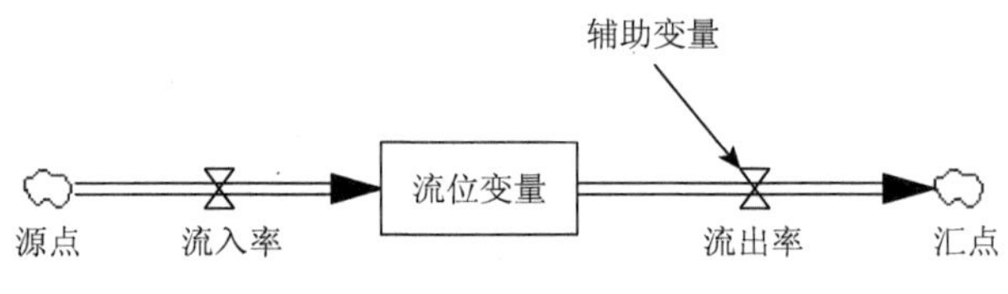

图 3-19　系统动力学流图

本节运用系统动力学对技术创新扩散影响因素进行研究，主要借助相关软件对所研究问题进行模拟分析并获得分析结果。InsightMaker 是一个基于浏览器界面的可视化的系统动力学在线建模工具（http: //www.insightmaker.com），可以实现跨平台的在线应用，方便快捷。InsightMaker 提供了功能强大的图形编辑环境，在构建完成包括水平变量、辅助变量、常量等要素在内的因果反馈环之后，可以通过公式编辑器，输入变量方程，生成完整的系统动力学模型。

3.5.1　相关研究综述

创新扩散描述了创新在一个社会系统中扩散的基本规律和过程。创新扩散理论在瑞恩和格罗斯有关杂交玉米的著作发表后，才真正在学术界确立了地位。此后的绝大多数研究主要集中在两个方面：①以社会系统为考察对象的宏观系统层次创新扩散研究，考察创新扩散的进程和各种影响因素，用于反映创新扩散速度的时空模式，主要包括技术创新扩散的过程研究、扩散模式及其机制研究，以及扩散速度及其影响因素的研究；②建立在对潜在采纳者个体决策行为分析基础上、以个体（潜在采纳者）为考察对象的个体层面创新扩散研究，考察个体采纳创新与否的各种影响因素及采用过程，反映潜在采纳者的采纳决策过程（盛亚，2002）。其典型的模式是 Rogers 提出的创新决策模型。微观经济主体的创新采纳决策内容包括创新采纳者分类及其决定因素的研究、创新采纳的过程及其影响因素的研究。

宏观层面的研究主要集中在技术采用过程中扩散规律及其影响因素的动态分析，即从宏观上分析创新如何传播并被市场采纳的更为广泛的问题，既包括有意的技术转让，又包括无意的技术传播。宏观层面的研究较多地利用 Logistic 函数（即 S 型曲线）或者康柏次函数模拟某种新技术随时间的变化而呈现出的扩散过程。Bass（1969）从系统层面详细论述了创新扩散的模式并得出了创新扩散的 S 型曲线。

相对宏观层面的研究而言，个体层面的研究进展缓慢。微观层面的研究强调了技术采纳决策对扩散的影响，主要集中在两个方面：①潜在采用者决策过程研究。罗杰斯认为创新决策过程包括五个阶段：认识阶段、说服阶段、决策阶段、实施阶段和证实阶段。这五个阶段又受到一系列变量的影响，例如，在认知阶段决策者受社会经济地位、性格变量及传播行为的影响；而在说服阶段则主要受技术创新本身相对优势、相容性、复杂性和可试验性的影响。②不同采用者的采用行为差异。大量的实证研究表明，不同接纳者采用时间分布接近正态曲线。Robers（1988）及 Chatterjee 和 Eliashberg（1990）研究了新产品扩散所需的产品信息及相关的产品信息与潜在采纳者最终采纳新产品的概率。张彬等（2002）则研究了创新的扩散模型在 Internet 采纳者分析中的具体应用。

创新扩散中的一个重要模型就是传染病模型，该模型指出由于创新本身的特性使得它们被“感染”（扩散）的概率较高。罗杰斯认为这些创新特性包括创新本身的相对优势、相容性、复杂程度、可试验性、可观察性等。托拉茨基和克莱恩在对 75 种创新扩散速度与其本身属性之间的关系进行研究后指出，相对优势和相容性与扩散速度呈正相关关系，而创新的复杂程度与创新扩散速率呈负相关关系。有的学者认为回报率最高但风险、不确定性最小的创新扩散得最快。Rutger（2004）从个体层面研究了创新的扩散过程，提出了创新扩散的 ACMI 模型并讨论了传染病的传播机理。Sterman（2000）依据传染病的传播机理研究了创新的扩散过程。

创新扩散过程的参与人可能包括创新供给者、采纳者（已采纳者、潜在采纳者）、中介机构、政府及互补者和替代者。不同的技术创新扩散过程、不同的技术创新扩散模式中的参与人也会有所不同。上述研究分别从宏观层面及个体层面研究了创新的扩散，可以说每一项研究无论理论上还是实践中都具备一定的科学性与合理性，但是，创新的扩散不仅取决于创新本身，而且还取决于采纳者的行为决策模式。赵新刚等（2006）在 SIR 模型基础上，根据信息经济学理论从个体层面研究了创新扩散过程中采纳者行为决策的决定因子及其行为选择方式。常悦和鞠晓峰（2013）研究发现，在技术创新扩散过程中，中介机构的作用是一个非常值得关注的问题。从分析博弈各方的收益入手，讨论了技术创新扩散链式过程中技术创新供给者、中介与潜在采纳者之间的博弈。基于典型的鲁宾斯坦三阶段讨价还价博弈模型，首先研究了没有技术中介参与时的讨价还价博弈，在此基础上进一步研究了中介机构分别代表技术创新供给者和潜在采纳者时讨价还价博弈，通过对中介参与前后技术创新供给者与潜在采纳者的收益分别进行对比分析，研究了中介机构存在的必要性。研究结果证明了技术创新信息对技术创新供给者、中介和潜在采纳者的收益都有重要影响。

传染病假说的主要缺陷在于：①假定潜在采用者获取创新信息后立即采用创新。事实上，创新的采用一般需要经历一个决策过程。②假定所有的潜在采纳者在接受技术中的公平性。事实上，信贷能力、对相关信息的接收能力、人力资本差异等的不同都导致了对创新信息接收机会的不均等分布。

因此，上述研究对产品创新扩散过程中采纳者的行为决策模式研究略有不足之处。事实上，从个体层面研究采纳者的行为决策模式是促进创新得以扩散的前提。鉴于上述原因，本节从个体层面基于传染病模型，根据信息经济学理论对企业产品创新扩散中采纳者的行为决策模式进行系统动力学仿真与研究。

3.5.2　简单的创新扩散模型

考虑创新扩散的一个简单情况。系统中只有创新的采纳者和潜在采纳者。采纳者和潜在采纳者以一定的概率相互接触。潜在采纳者在接触过程中，了解创新的相关知识，然后以一定的概率接受和采纳该创新。显然，这里有两个概率来模拟现实社会中的真实情况，前者被称为接触率，后者被称为采纳率。这个简单的创新扩散系统流程图如图 3-20 所示。

在这个系统中，控制变量为初始采纳者数量、潜在采纳者数量、接触率和采纳率。其他的变量采用以下公式来计算：企业总数=初始采纳者+初始潜在采纳者；潜在采纳者向采纳者转换流=接触率×采纳率×初始采纳者×初始潜在采纳者/企业总数。

采用 InsightMaker 对创新扩散系统进行仿真实验。模型的初始参数：初始采纳者数为 10、初始潜在采纳者数为 500、接触率为 0.25、采纳率为 0.37。运算模拟仿真结果如图 3-21 所示。

从仿真结果可以看出，在时间步 $t = 43.5$ 时，系统中的创新采纳者数目和潜在采纳者数目相等；当时间步达到 $t = 100$ 后，系统中的所有企业都成了该创新的采纳者，完成了创新的扩散。

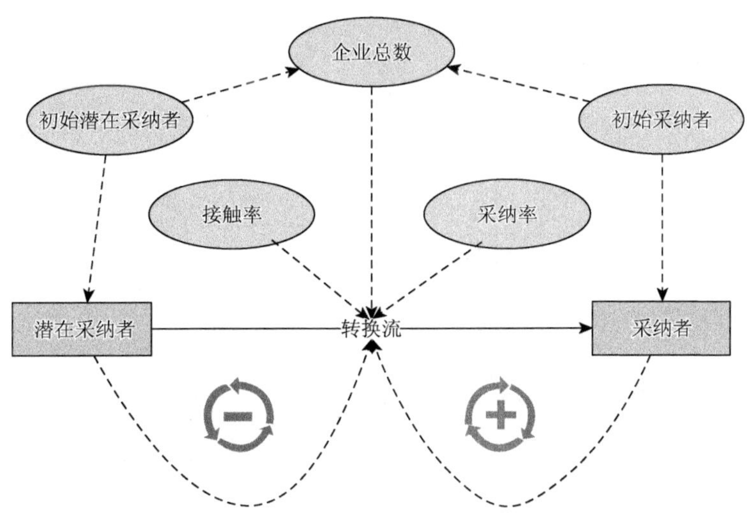

图 3-20　简单的创新扩散因果关系图

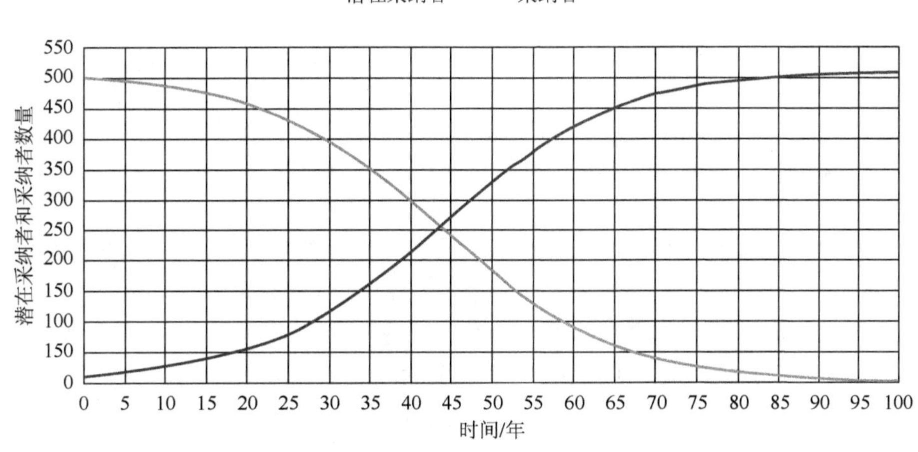

图 3-21　简单创新扩散模型中状态变量的变化曲线

3.5.3　考虑市场口碑和舍弃的创新扩散模型

在产业系统中，潜在采纳者还可以通过市场广告和采纳者的口碑来对创新技术的采纳与否作出决策。同时，采纳者通过应用创新，也可能会发现创新的缺点或者劣势，而放弃对创新技术的应用。因此，创新扩散不但要考虑市场口碑的影响，而且要考虑采纳者对创新的舍弃。当采纳者放弃创新，则将其转换为潜在采纳者。因此，本节构建了具有市场口碑和舍弃的系统动力学模型，如图 3-22 所示。

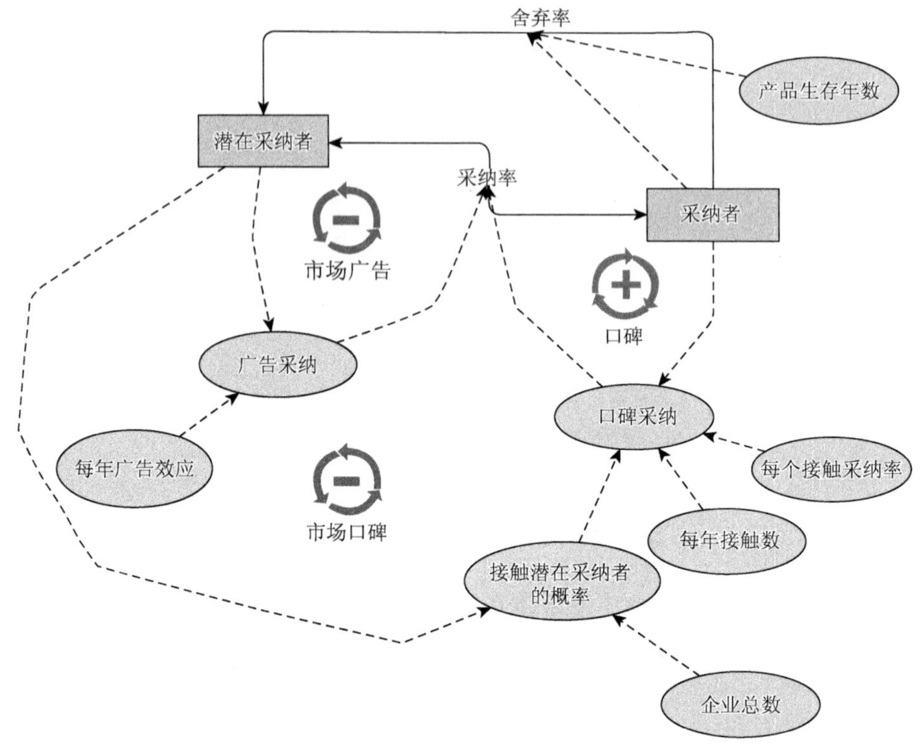

图 3-22　考虑市场口碑和舍弃的创新扩散因果关系图

在模型中，初始控制变量是创新技术或产品生存的年数、潜在采纳者的数量、采纳者的数量、每年的广告效应、企业总数、每年的企业平均接触数，以及接触过程中的采纳概率。其他的变量采用计算公式来确定：采纳率 = 广告采纳 + 口碑采纳，口碑采纳 = 采纳者×接触潜在采纳者的概率×每年接触数×每个接触的采纳率，广告采纳 = 每年广告效应×潜在采纳者。

我们采用 InsightMaker 对创新扩散系统进行仿真模拟。模型的初始参数：产品生存年数为 5、潜在采纳者为 100000、采纳者为 0、每年广告效应为 0.2、企业总数为 150000、每年接触数为 20，每个接触采纳率为 0.1。运算模拟仿真结果如图 3-23、图 3-24 所示。

从图 3-23 可以看出，当 $t = 1.5$ 年时，产业系统中的采纳者和潜在采纳者的数量相同，此后采纳者数量越来越多。由于有舍弃因素的影响，系统中总有一定数量的潜在采纳者不能转换成采纳者。

从图 3-24 可以看出，系统中的舍弃率曲线处于上升状态，但是逼近一个极限。系统中的广告采纳一直处于下降状态，也同样逼近一个极限值。当 $t = 1.5$ 年时，系统中的口碑采纳率达到了峰值，然后下降。从图 3-24 中还可以看出，口碑采纳

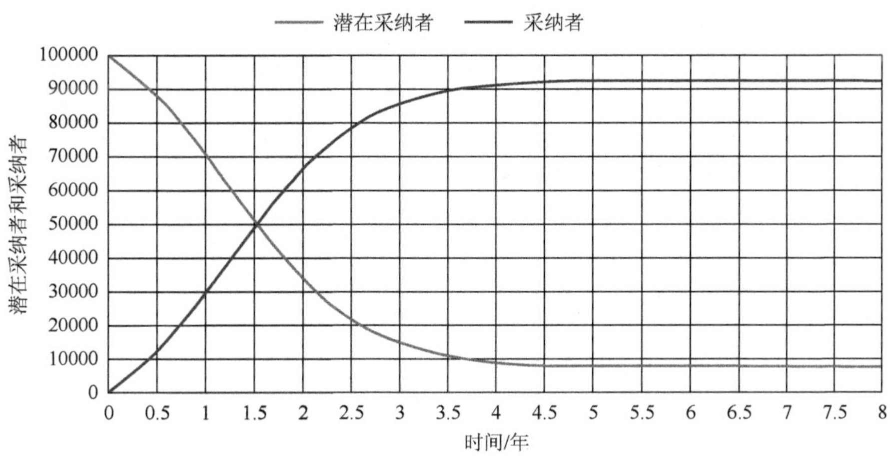

图 3-23　考虑市场口碑和舍弃的创新扩散中状态变量的变化曲线

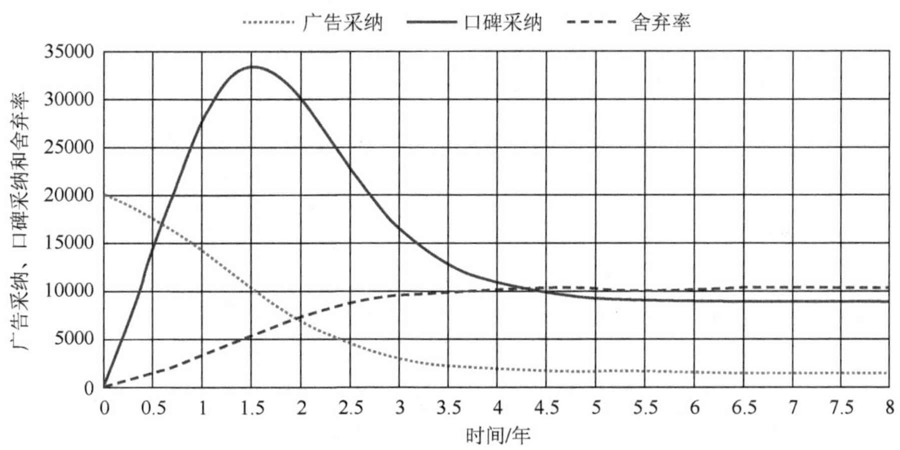

图 3-24　考虑市场口碑和舍弃的创新扩散中流位变量的变化曲线

在达到峰值后，一直高于广告采纳。从而说明，新产品或者新技术的推广，要靠企业的应用体验来证明其绩效或能力。

3.5.4　考虑市场口碑和重复购买行为的创新扩散模型

在产业系统中，采纳者在对创新技术进行评判后，可能会采取重复购买行为。因此，有必要将企业的重复购买行为因素放到系统演化中。因此，构建了具有市场口碑和重复购买行为的系统动力学模型，如图 3-25 所示。

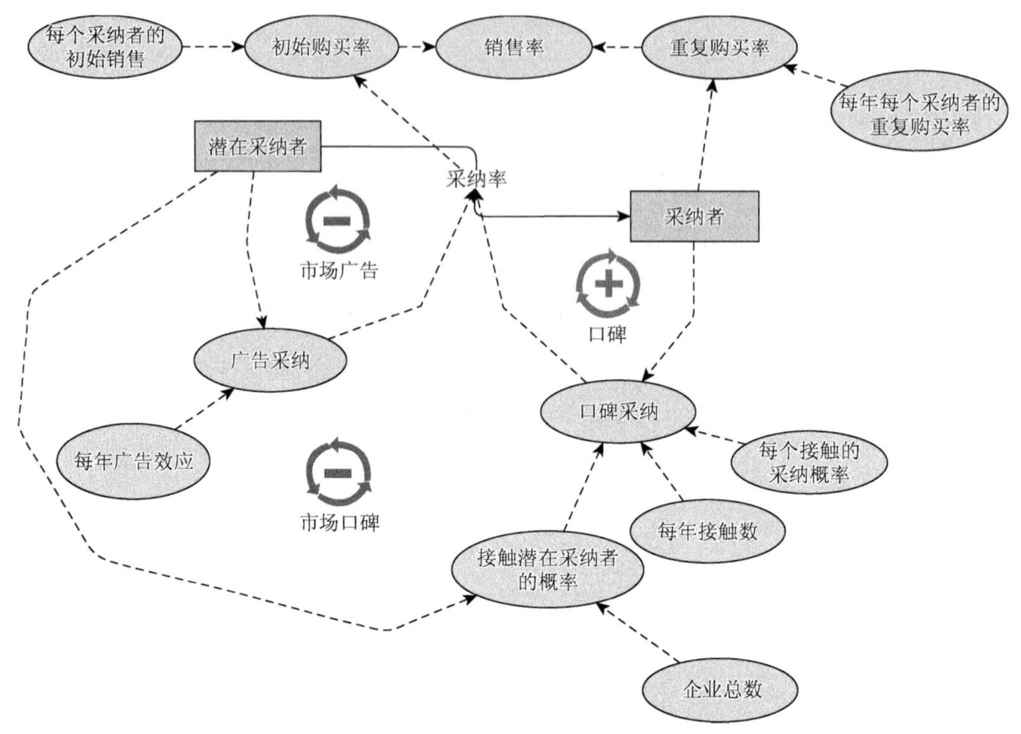

图 3-25　考虑市场口碑和重复购买行为的创新扩散因果关系图

在模型中，初始控制变量是潜在采纳者数量、采纳者数量、每个采纳者的初始销售数量、每年每个采纳者的重复购买率、每年的广告效应、系统中的企业总数、潜在者和采纳者之间每年的接触数、对于每一个接触所发生的采纳概率等。其他变量采用计算公式的方法：初始购买率 = 采纳率×每个采纳者的初始销售、销售率 = 初始购买率 + 重复购买率、重复购买率 = 采纳者×每年每个采纳者的重复购买率、接触潜在采纳者的概率 = 潜在采纳者/企业总数、广告采纳 = 每年广告效应×潜在采纳者、口碑采纳 = 采纳者×接触潜在采纳者的概率×每年接触数×每个接触的采纳概率、采纳率 = 广告采纳 + 口碑采纳。

我们采用 InsightMaker 对创新扩散系统进行仿真模拟。模型的初始参数：潜在采纳者为 100000、采纳者为 0、每个采纳者的初始销售为 1、每年每个采纳者的重复购买率为 0.1、每年广告效应为 0.1、企业总数为 150000、每年接触数为 20、每个接触的采纳率为 0.05。运算模拟仿真结果如图 3-26、图 3-27 所示。

从图 3-26 可以看出，当 $t = 2.75$ 年时，产业系统中的潜在采纳者和采纳者数量相等。当 $t = 10$ 年以后，系统中几乎全部是采纳者。

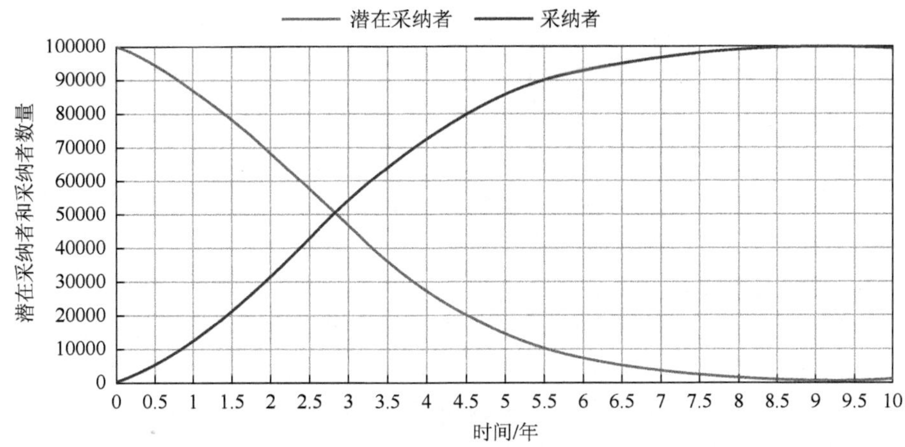

图 3-26　考虑市场口碑和重复购买行为的创新扩散中状态变量的变化曲线

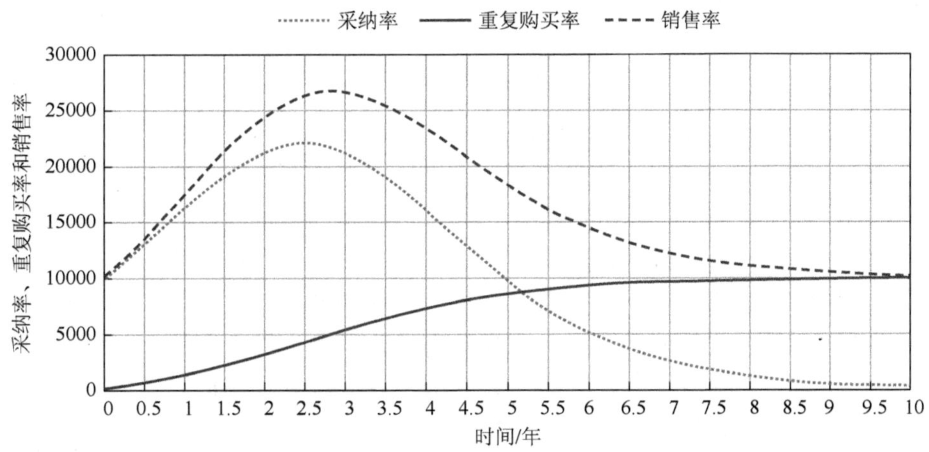

图 3-27　考虑市场口碑和重复购买行为的创新扩散中流位变量的变化曲线

从图 3-27 可以看出，采纳率和销售率在达到一定的峰值后，逐渐下降。重复购买率却持续上升，但逼近一个极限值。采纳率最后变为 0，意味着系统中只有采纳者，而没有潜在采纳者。此时，产业系统中的销售率和重复购买率相等。

3.5.5　小结

传统上对于创新扩散的研究大多集中在传染病模型上，但是创新的扩散比传染病的传播更为复杂。本节从三个角度提出了创新扩散的系统动力学模型。

本节简单的创新扩散模型是基于潜在采纳者的决策及两类企业之间接触的概率而作出的，它类似于传染病的 SI 模型。通过系统仿真模拟，可以发现潜在采纳者是如何转换成采纳者的。

本节还考虑了市场口碑（广告和口碑）的影响，依次构建了两类系统动力学模型。在考虑舍弃情况的模型中，系统演化中总有潜在采纳者的存在。在考虑重复购买行为的模型中，潜在采纳者会较简单模型更慢一些转换成采纳者。但是采纳率和重复购买率都有一个峰值出现。

事实上，影响创新扩散的因素非常多。本节构建的三个模型比较简单，只是为了便于分析个别因素（如舍弃、重复购买、广告和口碑）对创新扩散的影响。在进一步的研究中，还将考虑更多的影响因素，构建更为复杂且更贴近实际的系统动力学模型，深入研究创新在产业系统中的扩散行为。

§3.6　创新驱动案例分析：华为以自主创新获得网络地位

21 世纪是创新的世纪，企业必须进行持续的创新才能求得生存和发展。由于创新环境的变化，人才的可获得性和流动性越来越强；风险投资市场的兴起、被搁置的研究成果所面临的外部选择、外部供应商的生产能力不断提高等破坏性因素的出现，使得封闭式创新的良性循环被打破，封闭式创新越来越不适应形势的发展。开放式创新是一种与传统创新模式截然相反的全新创新模式，它强调的是研究过程中创新资源的开放性及创意开放途经的多样性。开放式创新模式有利于企业的创新，对现代企业的发展具有重要的意义。本节以华为技术有限公司（以下简称“华为”）为例，分析其自主创新的历程与经验，从而分析以自主创新获得产业网络地位的创新驱动案例。

华为成长于企业创新从封闭走向开放的转型时期，从一家通信产品代理商发展成为世界顶级的通信和网络设备制造商，华为用自己的实践理论阐述了自主创新对现代企业创新发展的极大推动作用。

华为成立于 1987 年，专门从事通信网络技术与产品的研发、生产与销售，为电信运营商提供固定网、移动网、数据通信网和增值业务领域的网络解决方案，是中国电信市场的领导供应商，并已成功进入全球电信市场。华为目前的业务重心主要在 3GWCDMA/CDMA2000/TD-SCDMA（第三代移动通信技术欧洲/北美/中国制式）、NGN（下一代网络）、光网络、ADSL（宽带）、数据通信等几个领域，并努力成为这几个领域的全球领先者。

为了提高研发水平，华为在瑞典斯德哥尔摩、美国达拉斯及硅谷、印度班加罗尔、俄罗斯莫斯科，以及中国的深圳、上海、北京、南京、西安、成都、武汉等地设立了多个研发机构，通过跨文化团队合作，实施全球异步研发战略。印度所、南京所、中央软件部、上海研究所都已经通过软件能力成熟度模型（CMM）5 级国际认证，表明华为的软件过程管理与质量控制以达到业界先进水平。

过硬的产品和服务质量、出色的管理水平给华为带来了飞速的发展。华为的成长历程可以在一定程度上说明企业的技术能力是企业快速成长、获得较高网络地位的原因。

3.6.1　华为自主创新历程

华为从一家成立之初只有 21000 元注册资金、十几名员工的公司，发展到销售额上百亿美元、拥有 87500 多名员工、在国际市场上占据一席之地的公司，是通过不断创新来寻求生存和发展的。

纵观华为的成长历程，可以发现，华为的诞生、发展、壮大过程是一个模仿、自主创新、开放式创新的成长路径。华为的创新历程可以分为三个阶段。

第一阶段：1987～1996 年。这是华为成长的起步阶段，也是华为通过模仿、尝试创新以寻求生存的阶段。

在华为成立的最初几年里，我国正处于改革开放初期，“以市场换技术”的政策吸引了许多跨国公司进入中国电信市场。国内外电信设备质量的差距，形成了国外进口设备对中国通信市场的垄断和价格居高不下的局面。华为此时看到了生存的危机，也看到了国内交换机生产的空白及其巨大的市场机会。于是，华为决定进行改变。华为在继续代理香港模拟交换机的同时，进入数字交换机研发和生产领域，学习和仿制交换机。

这个时间段内，与创新相关的事件拉开了华为创新的序幕，如表 3-3 所示。

表 3-3　第一阶段华为创新的典型事件

时间/年	创新产品和事件
1990	研发出小容量用户交换机 BH03； 开始自主研发面向酒店与小企业的 PBX 技术并进行商用
1991	研发出 512 门用户交换机 HJD48 和纵横市局用机 JKI（XX）
1992	开始研发并推出农村数字交换解决方案
1993	研发出 2000 门大型交换设备 C&C08 机
1994	推出 C&C08 数字程控交换机
1995	成立知识产权部； 成立北京研发中心
1996	成立上海研发中心

华为通过创新为自身带来了长足的发展，在国内市场取得了初步的成功。华为通过知识产权部、北京研发中心和上海研发中心等，将战略目光瞄准了国际市场。

第二阶段：1997～2002 年。这是华为实现从相对封闭创新走向开放式创新的阶段。

从 1997 年开始，华为从技术和管理上开始创新变革。在技术创新上，华为先后与 Texas Instruments、Motorola、IBM、Intel、Agere Systems、Sun Micro Systems、Altera、Qualcomm、Infineon 和 Microsoft 等世界领先企业成立了联合研发实验室。同时，为了获取国外的研发技术，华为先后在俄罗斯的莫斯科、印度的班加罗尔、美国的硅谷和达拉斯及瑞典的斯德哥尔摩等地设立了研发中心。

在管理创新上，华为开始借鉴国际先进的管理模式。1999 年华为启动了以集成产品开发流程（IPD）和集成供应链（ISC）为核心的业务流程变革。IPD 主要用于研发管理，从项目形成到最终研发都严格按照该管理系统进行，提高了华为的研发效率；ISC 是一种集财务、信息和管理模式于一体的综合管理体系。华为通过对 ISC 的学习吸收，对供应链中信息流、物流和资金流进行重新设计、规划和控制，降低了供应链的成本，提高了客户的满意度。第二阶段华为创新的典型事件如表 3-4 所示。

表 3-4　第二阶段华为创新的典型事件

时间/年	创新产品和事件
1997	推出无线 GSM 解决方案； 与 Texas Instruments、Motorola、IBM、Intel、Agere Systems、Sun Microsystems、Altera、Qualcomm、Infineon 和 Microsoft 等企业，成立了联合研发实验室
1998	在印度班加罗尔设立研发中心
2000	在瑞典首都斯德哥尔摩设立研发中心； 在美国硅谷和达拉斯设立研发中心
2001	在美国设立四个研发中心； 加入国际电信联盟（ITU）
2002	华为通过了 UL 的 TL9000 质量管理系统认证； 为中国移动部署世界上第一个移动模式 WLAN

开放式的创新模式为华为的发展注入了强劲的动力。华为不但在很多领域实现了技术突破，获得了一大批有价值的专利，还通过了许多重要的国际认证，为企业的发展打下了坚实的基础。尽管 2001～2002 年，全球电信基础设施的投资下降了 50%，华为的国际销售额依然增长了 68%，从 2001 年的 3.28 亿美元上升到 2002 年的 5.52 亿美元，华为开始从一个超速的无序发展，走向了规范化、规模化的有序发展历程，逐渐与国际接轨。

第三阶段：2003 年至今。这个时期华为实现了开放式创新的快速、稳定发展。

在这个阶段，华为加快了自主创新的步伐，不但在全球多地设立研发中心，还加入了国际电信联盟（ITU）、国际通信标准组织（3GPP）、国际电气与电子工程师学会（IEEE）、欧洲电信标准协会（ETSI）、开放移动联盟（OMA）、电信管理论坛（TMF）、全业务接入网（FSAN）、数字用户线路论坛（DSLF）等七十个国际标准组织，有力地提高了企业的创新能力，促进了企业的发展。第三阶段华为创新的典型事件如表 3-5 所示。

表 3-5　第三阶段华为创新的典型事件

时间	创新产品和事件
2003 年	与 3COM 合作成立合资公司，专注于企业数据网络解决方案的研究； Cisco Systems 指控华为侵犯部分 Cisco 技术专利，但是，Cisco 最终撤回了诉状，双方解决了所有的专利纠纷，并承认华为没有侵权行为； 与 3Com 成立合资企业，生产企业数据网络设备； 通过了 DNV（DET NORSKE VERITAS）的 ISO 14001 认证； 在 12 月为阿联酋电信公司（Etisalat）提供了一项覆盖全国范围的 UMTS 服务，强化了 Etisalat 技术领导者的地位，同时帮助其成为中东和阿拉伯世界中第一个引进第三代网络的运营商
2004 年	与西门子成立合资企业，针对中国市场开发 TD-SCDMA 移动通信技术； 获得 29 家银行共同提供为期三年的 3 亿 6 千万美元的贷款，用于实施公司的全球发展规划； 赢得为荷兰运营商 Telfort 提供 UMTS 网络设备的合同，此合同价值超过 2500 万美元，首次实现在欧洲的重大突破
2005 年	与沃达丰签署“全球框架协议”，正式成为沃达丰优选通信设备供应商； 成为澳大利亚运营商 Optus 的 DSL 合作商，提供支持高速数据、语音（包括 IP 语音业务）、视频广播和商业服务的 DSL 接入设备； 成为英国电信（BT）首选的 21CN 网络供应商，为 BT21CN 网络提供多业务网络接入（MSAN）部件和传输设备； 获得了在中国生产和销售手机的许可
2006 年	与摩托罗拉合作在上海成立联合研发中心，开发 UMTS 技术； 在 2006 年香港 ITU 展上，华为推出了基于 All IP 网络的 FMC 解决方案； 沃达丰选择华为承建其西班牙 WCDMA/HSDPA 无线接入网络； 摩托罗拉和华为 UMTS 联合研发中心在沪成立，该合作旨在为全球客户提供功能更强大、全面的 UMTS 产品解决方案和高速分组接入方案（HSPA）； eMobile 选择华为为其部署日本第一个基于 IP 的 HSDPA 无线接入网络； 华为与 3COM 完成针对 H3C 的竞购； 美国移动运营商 Leap 选择华为建设 3G 网络，该 CDMA 3G 网络将覆盖美国加利福尼亚州、爱达荷州、内华达州等重要地区
2007 年	与赛门铁克合作成立合资公司，开发存储和安全产品与解决方案； 与 Global Marine 合作成立合资公司，提供海缆端到端网络解决方案
2008 年	被商业周刊评为全球十大最有影响力的公司； 根据 Informa 的咨询报告，华为在移动设备市场领域排名全球第三
2009 年	率先发布从路由器到传输系统的端到端 100G 解决方案； 获英国《金融时报》颁发的“业务新锐奖”，并入选美国 Fast Company 杂志评选的最具创新力公司前五强； 首次在北美大规模商用 UMTS/HSPA 网络，为加拿大运营商 Telus 和 Bell 建设下一代无线网络； 全年共递交 1737 件 PCT 专利申请

续表

时间	创新产品和事件
2010 年	华为超越了诺基亚、西门子和阿尔卡特朗讯，成为全球仅次于爱立信的第二大通信设备制造商；全球部署超过 80 个 SingleRAN 商用网络，其中 28 个已商用发布或即将发布 LTE/EPC 业务；在英国成立安全认证中心；加入联合国世界宽带委员会；获英国《经济学人》杂志 2010 年度公司创新大奖
2011 年	华为与赛门铁克公司宣布双方已就华为收购华赛 49%的股权达成协议；在云计算大会暨合作伙伴大会上成立 IT 产品线，预计云计算投入一万人；华为入选首批“国家技术创新示范企业”；推出华为 honor 荣耀手机；华为获 2011 年度中国金融业客服中心优秀服务商大奖；推出华为 Vision 远见手机
2012 年	华为在 CES 2012 展会发布了全球最薄的智能手机华为 Ascend P1 S；2012 年 2 月 26 日，于巴塞罗那 2012 年 WMC2012 展会上发布了第一款搭载自研的四核心移动中央处理器 K3V2 的手机“Ascend D quad”，该处理器由华为旗下子公司海思研发，也是至今封装最小的四核处理器，同时，华为也成为国内第一家推出自研手机移动中央处理器的手机厂商，该举对于打破高通、德州仪器 TI 等对手机 CPU 的垄断，具有重要意义；2012 年 7 月 30 日华为在北京正式发布 Emotion UI 系统，实现了华为可分享自主独特应用的目的，这是华为整合自身产品，探索研发独立操作系统的一次勇敢尝试，这也为华为在未来推出真正属于自身独立的操作系统提供了经验
2013 年	华为在“2013 炫动 ICT 中国行”巡展暨华为视讯 20 周年之际推出了新一代视频会议产品，包括 TE30 视讯终端和具备 1080P60 全适配能力的 96 系列 MCU，华为力推视讯平民化，让视频告别宽带特供；2013 年 6 月 18 日在伦敦发布华为 Ascend P6，以 6.18mm 的机身厚度成为全球最薄手机
2014 年	2014 年 2 月 25 日，在世界移动通信大会上，华为创新地推出全球最小的运营级路由器——原子路由器（atom router），这款原子路由器仅手指大小，可在现网任意节点、任意设备部署，零改造现网即可实现 IP 网络的可视化、可管理，提供实时的每用户、每业务高精度性能检测，助力传统网络实现网络增值；2014 年 10 月 9 日发布的全球百大品牌排行榜中，中国民营企业华为排名第 94 位，这是首次有中国企业登上这一榜单

华为在全球设立了 14 个研究所（表 3-6），在瑞典斯德哥尔摩、美国达拉斯及硅谷、欧洲、印度班加罗尔及中国的深圳、上海、北京、南京、西安、成都和武汉等地设立了研发机构，每个研发中心的研究侧重点及方向都不同。华为采用国际化的全球同步研发体系，聚集全球的技术、经验和人才来进行产品研究开发，使产品一上市，技术就与全球同步。

表 3-6　华为的全球研究所及其研发重点

国外	研发重点	中国	研发重点
印度班加罗尔	软件开发、平台	北京	分组域、网关与终端
德国波恩	固定网络	上海	RAN、终端与 ASIC 芯片
美国硅谷	长途波分	南京	业务与软件、3G 业务

续表

国外	研发重点	中国	研发重点
美国达拉斯	工程技术、核心网	西安	核心网
美国圣地亚哥	基站关键技术和 ASIC	武汉	光传输
瑞典斯德哥尔摩	基站系统设计 RAN 技术	杭州	网络企业语音
俄罗斯莫斯科	编码与射频	成都	网络、无线

注：根据华为公开资料整理。

华为通过采用开放式的创新模式，使其创新能力得到了前所未有的提升。在 2014 年 10 月 9 日发布的全球百大品牌排行榜中，中国民营企业华为排名第 94 位，这是中国企业首次登上这一榜单。

华为创新发展的三个阶段描述了华为进行自主创新的艰苦历程。从中可以看出，从一家弱小的通信产品代理商发展成为世界一流的通信和网络设备制造商，华为在短短的 20 年里取得了跨越式的发展，靠的正是开放的全球眼光及不断地进行开放式自主创新。

3.6.2　华为自主创新的组织方式

华为开放式创新的组织方式不但多，而且很灵活，主要有表 3-7 所示几种。

表 3-7　华为自主创新的组织方式

组织方式	创新事件	优点
收购公司	2002 年初，华为完成对光通信厂商 OptiMight 的收购，大大增强了在光传输方面的技术实力； 2003 年对网络处理厂商 Cognigine 的收购大大加强了华为在交换机和路由器核心处理器方面的研发实力	不但避免了重复研发和资源浪费，而且缩短了研发的周期、提高了研发的效率
支付专利使用费	华为与高通签订了 CDMA 专利授权使用协议，华为通过向高通缴纳专利许可费的方式，直接使用成熟技术，而把自己定位于非核心专用芯片开发，这为华为未来在 3G 的发展上打下了坚实的基础	
合资公司	1997 年 4 月，华为在莫斯科建立了合资公司贝托华为（由俄罗斯贝托康采恩、俄罗斯电信公司和华为三家合资成立），以双方共有的品牌进行销售，但当时主要还是采取自有品牌方式； 2003 年 3 月，华为以拥有 51%股权的方式将网络部分资产化，3COM 以 1.6 亿美元外加技术产品专利授权和中国区的所有资产入资，成立华为 3COM 合资公司，华为可以利用 3COM 在国际市场的品牌和地位，以 3COM 的品牌销售合资公司生产的数据通信产品，以达到进军海外市场的目的； 2003 年 8 月 29 日，华为和西门子宣布共同投资 1 亿美元，成立了西门子华为 TD-SCDMA 合资公司，共同研发 TD-SCDMA 无线系统； 2003 年 9 月 17 日，华为又与欧洲著名的半导体公司英飞凌科技公司合作开发低成本的 WCDMA 手机开发平台； 华为还选择与 NEC、松下公司合资成立宇梦公司，为华为的数据通信产品迅速打入日本市场奠定了基础	通过成立合资公司的方式，华为降低了企业的生产成本，并获得合作企业相应技术，同时达到了更好地了解当地的环境、加速进入当地市场、建立快速高效的进入分销渠道的多重目标

续表

组织方式	创新事件	好处
研究联盟	华为与 Texas Instruments、Motorola、IBM、Intel、Agere Ststems、Sun Microsystems、Altera、Qualcomm、Infineon 和 Microsoft 成立了联合研发实验室	利用全球各国特有的人力资源及产业集聚优势，从事有针对性的技术开发
海外研发中心	华为在世界各地成立了多个研发中心	
加入国际标准化组织	华为已经加入了 70 多个国际标准组织，是 3GPP、3GPP2、OIF、RPR、OMA、TIA、TMF、PTC 等国际标准组织的成员	在参加国际标准化组织和参与行业标准制定的过程中，华为扩大了国际影响力，获取了行业内最前沿的信息，从而始终保持自己的研发同步于甚至超前于国际上最先进的水平
行业标准的制定	华为还关注通信行业标准的发展与建设。通过积极参与国际通信行业的标准会议和活动，华为不断向业界贡献新的技术和解决方案。例如，在新一代无线通信标准 TD-SCDMA 与 NGN 标准的制定过程中，华为参与并成为推动标准进展的重要力量	

通过各种创新组织方式，华为全方位地开展了开放式创新，在最大程度上利用国内外的资源，提高了华为的技术水平及全球市场的占有率，从而实现了企业跨越式的发展。

3.6.3 华为自主创新的成功经验

华为采用开放式的创新模式，提高了企业的竞争力，极大地促进了企业的发展。华为开放式创新的成功经验归纳起来有以下几点。

第一，充分利用各种内外部资源，提高自主创新能力。

从某种程度上讲，开放式创新的过程就是利用各种外部资源进行自主创新，并将成果通过多种渠道推向市场的过程。华为获得成功最重要的经验之一就是利用多种外部资源来提高自身的创新能力。

在倾注了华为 1/3 研发能力的 3G 技术研发过程中，华为把 WCDMA 作为公司的新增长点，并要求华为全球研发体系都为 WCDMA 系统提供支持。华为在全球 40 多个国家和地区的市场分支机构和合资公司、研发体系都参与了 WCDMA 技术的研发，并依据各自的优势进行了明确的分工。美国硅谷研究所和达拉斯研究所主持 WCDMA 的芯片开发；俄罗斯研究所主持 WCDMA 射频技术开发；瑞典研究所主持 WCDMA 核心技术的开发；印度研究所主持 WCDMA 核心软件的开发，吸纳当地的人才和技术，攻克技术软件难题。在国内，以上海研发中心为主，包括深圳、北京、南京等多个研发中心从事 WCDMA 系统的研发，研发人员超过 2500 人。华为还与北京大学、清华大学、东南大学、中国科技大学、四川邮电职业技术学院、西安邮电大学、西安交通大学、复旦大学等多家高校，就包括 WCDMA 在内的移动通信系统关键技术研究展开广泛合作。

在 WCDMA 非核心专用芯片开发中，华为在俄罗斯和美国的研究所对 WCDMA

从芯片到系统进行了全系统规划。最终，华为研制出了具有自主知识产权的ASIC芯片，从而使得华为的这类芯片采购成本下降了5/6，极大地提高了华为3G产品的价格优势。此外，华为还根据IBM基于市场变革的模型，在WCDMA全系统开发中100%推广IPD模式，使得华为WCDMA产品更快速、更符合客户需求。CMM作为一种提高开发效率和保证开发质量的流程和方法，在WCDMA软件系统中被广泛采用，提高了系统的可靠性。

通过采用多方的创新资源，华为提高了自己的创新能力，并终于掌握了WCDMA系统核心技术到芯片设计的全套技术，成为全球少数几个能提供全套商用系统的厂商之一。经过将近十几年的努力，华为已经掌握了包括GSM、WCDMA、CDMA2000和TD-SCDMA产品在内的全套移动通信解决方案，成为3G的全球主流厂商（尹强军，2005）。

第二，重视对知识产权的管理。

知识产权管理是开放式创新理论的核心内容之一。在现代开放的市场经济环境中，“企业的竞争体现在市场上，市场的竞争体现在技术上，技术的竞争体现在技术创新上，技术创新的竞争体现在知识产权上”（尹强军，2005）。华为用自己的成功实践很好地诠释了这一点。

华为作为中国最有竞争力的企业，其在国内申请的专利数量连续多年都是国内企业中最多的。此外，华为在海外研究所也是华为在海内外重要的专利产生基地。同时，华为也尊重其他企业的知识产权，为了支付海外市场的专利费用，华为同样花费不菲。以CDMA设备为例，海外市场上，华为向高通缴纳的专利许可费率高达6.75%，而在国内这个比例只稍高于1%。尽管华为公司支付了高昂的专利使用费，但是这种开放式创新给华为带来了巨大的收益。

第三，以市场为导向来进行开放式创新。

开放式创新理论不但要求企业在技术研究中创新资源采用的开放性，而且也要求企业的研究成果在市场开发中的开放性。华为也成功地做到了这一点，并取得很好的效果。

在WCDMA手机的开发过程中，华为并不是仅依靠一己之力，而是看准了市场需求，选择了与欧洲著名的半导体公司英飞凌科技公司合作，把简化版的WCDMA手机控制在CDMA手机同等价位水平，打破此前WCDMA手机价格居高不下的局面。华为通过充分利用英飞凌科技公司的技术资源，结合自身的优势，达到了快速进入市场目的，收到了事半功倍的良好效果。另外，为了将数据产品打入欧洲市场，华为还与西门子公司合作，共同开发TD-SCDMA无线系统。

第四，积极引进先进的创新管理模式。

为了改进管理水平，缩短与其他公司的差距，华为引进了IBM的IPD和ISC管理模式。

IPD 是关于产品开发（从产品概念产生到产品发布的全过程）的一种理念和方法，它强调以市场和客户需求作为产品开发的驱动力，在产品设计中构建产品质量、成本、可制造性和可服务性等方面的优势。尤其重要的是它将产品开发作为一项投资来管理。在产品开发的每一个重要阶段，都从商业的角度而不是从技术的角度进行评估，以确保产品投资回报的实现或尽可能减少投资失败所造成的损失。由于产品开发流程处于企业价值链最上游，这里出现的问题会通过生产制造、销售、交付、售后服务等下游环节产生十倍百倍的放大。在分析采购业务系统时，发现很多问题的根源就出在产品开发过程。因此，从产品开发这一源头入手，才是提高产品投资收益及解决公司系统性问题的治本之举（尹强军，2005）。华为花巨资引进 IPD，通过变革产品开发模式、缩短产品上市时间、降低费用、提升产品质量，最终提高了产品的盈利能力。

ISC 管理的原则是，通过对供应链中的信息流、物流和资金流进行设计、规划和控制，保证实现供应链的两个关键目标：提高客户满意度和降低供应链的总成本。ISC 不仅是一种供应链，而且集财务、信息和管理模式于一体，任正非曾经说："集成供应链解决了，公司的管理问题基本上就全部解决了"（尹强军，2005）。通过利用 ISC 管理模式重整供应链，华为构建了以客户为中心、成本最低的集成供应链。

IPD 和 ISC 管理模式极大地提高了华为的管理水平，缩短了与国际知名企业的差距，为华为早日成为世界级企业打下良好的基础。

作为开放式创新的一个典型，华为的自主创新历程能较好地反映开放式创新的运行机制，同时华为的成功也证明了开放式创新是高科技行业中企业创新的最佳模式。华为通过收购公司或支付专利使用费、成立合资公司和研究联盟、参加国际标准化组织和参与行业标准的制定等一系列灵活的组织方式，利用企业内部和外部的创新资源提高了企业的创新能力和创新效率。在华为开放式创新的过程中，企业创新以市场为导向，重视知识产权的管理，积极引进创新管理模式等成功经验，对其他企业开展开放式创新具有很大的借鉴意义。然而，在开放式创新中，华为公司还存在着资本运作不成熟、缺乏核心技术、基础研究能力不强等不足之处，这是影响华为保持创新优势和创新持续性的问题，对华为未来的发展将是一个严峻的挑战和考验。

§3.7　创新交易：基于环境规制的创新专利许可定价策略研究

环境规制成为经济可持续发展的重要保障，可以激发减排技术的创新，实现经济的增长和污染的减排。专业化分工的加深，促进了创新与生产的分离。

3.7.1　环境规制与技术创新

据我国国家环保局统计，全国 75%的湖泊出现了富营养化，90%的流经城市河段水体黑臭，水土流失面积达 356 万平方公里，森林资源总量不足，生态系统退化。这些现象都表明，我国的环境污染问题日益严峻，迫切需要对环境污染进行防与治。

在 1972 年里约的“地球峰会”之后，环境规制已成为世界经济实现可持续发展的有力措施和重要保障（Wang et al.，2011）。当前对于环境规制的实施，各国政府主要有命令性、激励性和自愿性等三种规制工具。命令性环境规制是指政府以行政命令方式要求排污企业遵守环保法律法规的目标和标准，并对于违反法律法规的企业进行相应处罚（Hahn，1990）。《中华人民共和国环境保护法》中的企业环评制度、排污许可证制度、限期治理与关停并转制度等都属于命令性环境规制范畴。激励性环境规制是指政府通过排污权交易、减排价格等市场信号激励排污企业降低排污水平（Hahn，1984）。我国目前实施的减排补贴制度、排污收费制度、可交易排污许可证制度及押金退款制度都属于激励性环境规制范畴。自愿性环境规制是指企业自觉减排、自愿控制污染的自我约束机制，以实现环境保护的目的（Blackman et al.，2010）。我国目前实施的环境认证制度、环境听证制度、环境标志制度等都属于自愿性环境规制范畴（赵玉民等，2009）。

事实上，污染减排的最根本解决方法是减排技术创新，以便找到更高效、更低成本的方法来减少污染排放和降低环境影响。技术创新的“波特假说”认为（Poter，1991），恰当的环境规制可以激发排污企业进行技术创新，获得超额效率收益，进而提升绝对竞争优势。日本、德国等国家实施了严格的环境标准，同时也产生了大量的相关创新，被波特看作是“环境规制提高企业创新能力”的强有力证据。另外，也有充分的经验证据表明污染治理支出与环境技术专利之间存在正相关关系。马富萍和茶娜（2012）研究发现，命令—控制性环境规制并不显著地正向影响技术创新绩效和生态，但激励性环境规制和自愿性环境规制都显著地正向影响技术创新绩效和生态绩效。张嫚（2004）的研究支持了波特假说，且进一步提出环境规制受企业面临的内外部条件、环境管理动机等因素的影响。

随着技术复杂性的提高，单独由企业进行的技术创新往往表现出低效率。因此，环境规制激发了专门的科研机构加入减排技术的研发中（肖兴志和李少林，2013）。通常情况下，科研机构将研发成果申请为专利，以保护自己的知识产权，并获得收益来弥补研发投入成本。因此，科研机构通过专利许可的方式将新技术应用于企业的污染减排，并同时从专利许可交易中获得收益（Petra，2005）。

近年来，伴随技术市场的日益普及和智能增强，企业之间及企业与科研机构之间的专利许可交易行为将更加普遍，越来越多高技术企业和科研机构都将专利许可作为新的竞争武器和收益来源（潘小军等，2008；Sena and Tauman，2007；Collinson et al.，2005；Saracho，2005；Kamien and Tauman，2002）。成立于 1985 年 7 月的美国高通公司是一家无线电通信技术研发企业，作为全球最大的专利许可收费公司和最大的无线通信芯片制造商，其专利之多，让几乎所有手机厂商都离不开这家公司的授权，包括 WCDMA、CDMA、TD－SCDMA、LTE 等技术规范在内，都需要高通公司的基本专利。根据彭博新闻社的数据，在 2009～2013 年的 5 年里，高通公司收入了 305 亿美金的专利费（张晓京和于渤，2013）。徐珊等将产品市场区分为专利保护完善市场与专利保护不完善市场，建立了创新企业在面对后进企业可能通过仿制进入市场时的专利许可定价模型。研究发现，在专利保护完善的产品市场中，创新企业通过在一定范围内的专利许可费定价，使两个企业都愿意以给定费率许可形成合作博弈，实现市场总利润最优；当专利保护不完善时，创新企业可以通过对专利许可费率或固定费用的合理定价，避免后进企业仿制的发生，并且当新产品市场利润足够大时，给予后进企业一定补贴来促使其放弃仿制也是值得的（徐珊等，2010）。

随着专业化分工的不断加深，污染企业越来越多地对科研机构的创新减排技术产生了依赖（杜晓君，2007）。世界各国政府正在努力推动创新，但对于创新与减排等相关问题的研究较少，如何有效地诱导创新？什么政策能有效地促进创新的必要量？显然，将碳排放价格直接或间接地发送给创新者是非常重要的，但对碳价格如何转化为降低减排成本的创新，则研究较少。因此，本节第一部分分析各种环境规制工具如何影响科研机构的创新行为和专利许可定价行为。第二部分提出了一个包括环境规制、减排和创新的模型。第三部分和第四部分分别基于命令性规制工具和激励性规制工具，分析科研机构的专利许可定价。最后给出了小结。

3.7.2　环境规制、污染减排与技术创新模型

在某一个地区，假设存在一个排污企业，企业的排污情况受到当地政府的监管和控制，即环境规制（潘峰等，2014）。为研究方便，假设排污企业只关注生产，在减排压力下寻求减排技术研发的研究机构。研究机构开展减排技术的创新研究工作，对创新成果申请专利，并将其许可给排污企业来降低企业的排污量。研究机构通过专利许可费来弥补研发投入和成本，并获得利润。

针对环境保护，减排问题可以分成三个阶段。

在第一个阶段中，政府的监管和控制起作用以达到环境保护的水平。政府的

管制策略主要有三种：命令型定量减排策略、激励型定价减排策略和自愿性减排策略。政府的命令控制型策略是通过向排污企业直接下达一个减排数量（q），企业必须完成，否则就会关停（关闭）。市场激励型策略是通过对减排量进行定价（p），企业可以通过增加减排量以获取更多的收益。政府的这些策略是公开的，即排污企业和研究机构都可以完全获取这些信息。

在第二个阶段中，面对减排技术的需求，科研机构根据减排技术水平进行研发，申请专利，对专利许可进行定价，将专利许可给排污企业。假设研究机构的创新减排技术可以降低减排的边际成本为 σ，即减排的技术水平。将专利授权给排污企业，每单位减排量的费用为 φ，即专利许可定价。对于 σ 水平的减排技术，研究机构投入的成本为 $R(\sigma)$。$R(\sigma)$ 满足 $R'>0$、$R''>0$。注意，$R(\sigma)$ 的测量单位为元，而 σ 的测量单位是元/吨（或元/单位减排污染）。

在第三个阶段中，面对政府监管策略和减排技术水平及其定价，排污企业确定减排量，以符合政府监管要求，并获得最大的收益。

3.7.3　命令型环境规制工具下的专利许可定价策略

政府对排污企业直接下达一个定量指标，强制要求企业减排的数量为 q（吨），那么该企业要么选择减排数量 q，要么放弃生产，别无其他选择。

为了实现这一减排数量 q，假设企业必须依赖于研究机构的创新技术来达到减排目标。由于减排企业没有能力来调整减排量，研究机构可以设置专利许可费来获得减排带来的所有收益。科研机构可以通过选择专利许可定价 φ（元/吨）和减排技术水平 σ（元/吨），来最大化创新者的利润。

显然，科研机构要获取较大的利润，那么每单位减排的价格应该不低于每单位减排的成本，即 $\varphi \geqslant \sigma$。然而，如果 $\varphi > \sigma$，那么排污企业的自身利益被剥夺，生产就会出现亏损，从而造成企业放弃生产，进而导致科研机构无法转让新技术，当然也就会收不回研发成本。所以有 $\varphi = \sigma$。

在这种环境规制下，科研机构的利润是

$$\pi_R = \varphi q - R(\sigma) = \sigma q - R(\sigma) \tag{3-45}$$

要实现利润的最大化，对式（3-45）求导，并令一阶导数为 0，可以得到

$$\frac{\mathrm{d}\pi_R}{\mathrm{d}\sigma} = q - R'(\sigma) = 0 \tag{3-46}$$

式（3-46）给出了科研机构利润最大化的条件：选取创新减排技术水平 σ 使得研发边际成本等于减排的量，即 $R'(\sigma) = q$。

式（3-46）两边对于 σ 求导数，可以得到

$$\frac{\mathrm{d}\sigma}{\mathrm{d}q}=\frac{1}{R''} \tag{3-47}$$

根据研发成本函数 $R(\sigma)$ 的曲率假设，式（3-47）意味着，随着减排数量的增大，科研机构的创新数量也将增加。

根据研发成本函数 $R(\sigma)$ 满足的条件，选取幂函数 $R(\sigma)=\sigma^a$ 作为科研机构的成本函数，其中 $a>1$ 是幂指数。那么，专利许可定价 φ、指令性减排数量 q 和成本函数指数 a 之间的关系如图 3-28 所示。

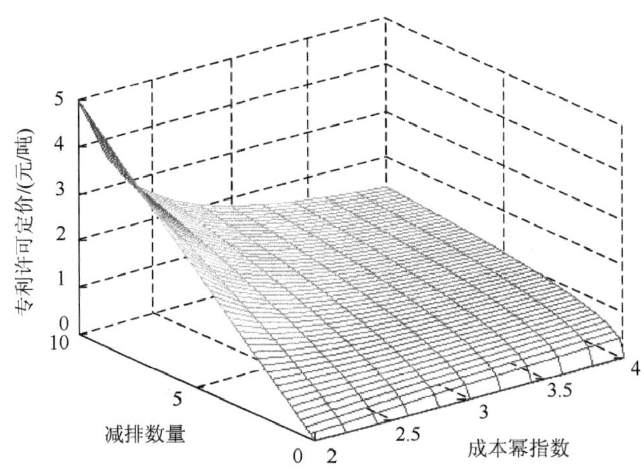

图 3-28　指令性环境规制下专利许可定价、减排指令和成本幂指数的关系图

从图 3-28 可以看出，专利许可定价随着减排数量的增大而增大，随着成本指数的增大而缓慢增大。在减排成本较小时，专利许可定价受到减排数量的影响较大，说明此时研发机构有较强的定价自主权；但当企业的减排成本较大时，专利许可定价受到减排数量影响的变化不剧烈，说明此时研发机构定价能力较弱，需要考虑减排企业的成本来定价。

3.7.4　激励型环境规制工具下的专利许可定价策略

当前，政府对于企业的排污监管更多地是从市场激励的角度，鼓励企业减排，因此政府可以对减排量设置一个价格。当然在概念上，企业额外减排的支付等同于对持续污染收取费用。相比于命令控制型工具的定量指标，市场激励型工具的价格向减排企业和研究机构双方发送了一个比较间接的信号。

科研机构和减排企业面对政府给出的减排价格进行博弈。博弈的顺序是：首先科研机构选择减排单位成本σ和专利许可价格φ，其次减排企业在p、σ和φ给定的条件下，确定自己的减排量q。

假设政府对于减排设置价格为p（元/吨），科研机构的单位减排成本为σ，单位减排的专利许可价格为φ，则在企业减排量为q（吨）的情况下，其利润由式（3-48）给出：

$$\pi_E = pq - C(q) + (\sigma - \varphi)q \tag{3-48}$$

其中，右边第一项表示企业的减排从政府单位减排量定价上获得的收益；第二项$C(q)$表示企业减排量为q的情况下企业的成本，成本函数$C(q)$满足$C'(q) > 0$和$C''(q) > 0$，说明减排量越大，企业所付出的成本越多；第三项表示除了付给科研机构专利许可费外，企业采用创新减排技术所获得的收益。

要使企业获得最大的利润，式（3-48）对q求一阶导数，并令其等于 0，可得

$$\frac{\mathrm{d}\pi_E}{\mathrm{d}q} = p - C'(q) - (\sigma - \varphi) = 0 \tag{3-49}$$

所以减排企业的最优减排量q^*满足等式

$$p = C'(q^*) - (\sigma - \varphi) \tag{3-50}$$

即减排企业的最优减排量q^*满足等式

$$C'(q^*) = p + (\sigma - \varphi) \tag{3-51}$$

为了确定q^*与σ和φ的关系，假定σ是q^*的函数，并保持其他量不变，可以得到

$$\frac{\mathrm{d}q^*}{\mathrm{d}\sigma} = \frac{1}{C''(q^*)} \tag{3-52}$$

同理，可以得到φ和q^*满足的关系式

$$\frac{\mathrm{d}q^*}{\mathrm{d}\varphi} = -\frac{1}{C''(q^*)} \tag{3-53}$$

对于科研机构而言，科研机构的利润为

$$\pi_R = \varphi q^* - R(\sigma) \tag{3-54}$$

作为减排技术的创新者，科研机构必须选择σ^*和φ^*两个量使得利润最大化，从而导致一阶条件满足下列条件：

$$\frac{\partial \pi_R}{\partial \varphi} = \varphi \frac{\mathrm{d}q^*}{\mathrm{d}\varphi} + q = 0 \tag{3-55}$$

$$\frac{\partial \pi_R}{\partial \sigma} = \varphi \frac{\mathrm{d}q^*}{\mathrm{d}\sigma} - R'(\sigma) = 0 \tag{3-56}$$

则由式（3-55）可以得到φ^*与q^*满足的关系式为

$$\varphi^* = q^* C''(q^*) \tag{3-57}$$

由式（3-56）及式（3-57）可以得到 σ^* 和 q^* 满足的关系式为

$$R'(\sigma^*) = q^* \tag{3-58}$$

在本质上，式（3-51）、式（3-57）和式（3-58）隐含地定义了 q^*、σ^* 和 φ^* 都是政府单位减排量的定价 p 的函数，是政府激励减排定价 p 的隐函数。

根据科研机构的研发成本函数 $R(\sigma)$ 和企业减排成本函数 $C(q)$，选取 $R(\sigma)=\sigma^\alpha$（$\alpha>1$），$C(q)=q^\beta$（$\beta>1$），则由式（3-51）、式（3-57）和式（3-58）可以得到

$$\beta^2(q^*)^{\beta-1} - \left(\frac{1}{\alpha}q^*\right)^{\frac{1}{\alpha-1}} = p$$

若令 $\alpha=\beta=2$，可以得到

$$q^* = \frac{2}{7}p\text{、}\ \varphi^* = \frac{4}{7}p\text{、}\ \sigma^* = \frac{1}{7}p$$

企业最优减排数量 q^* 和科研机构的专利许可定价 φ^*、单位减排成本 σ^* 和政府单位减排定价 p 之间的关系如图 3-29 所示。

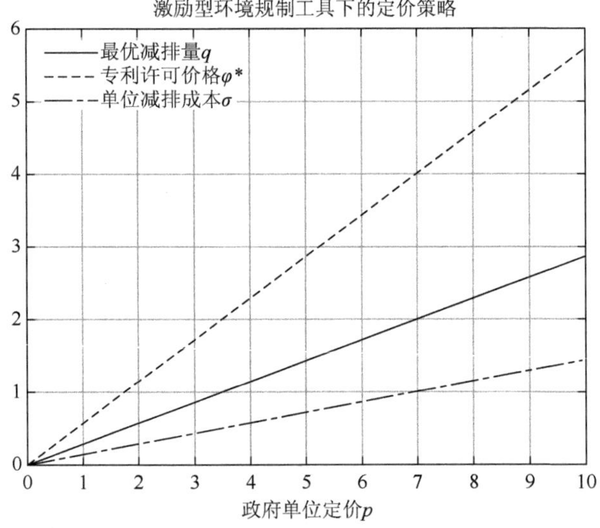

图 3-29　激励型环境规制工具下最优减排量、专利许可定价、单位减排成本与政府单位定价的关系

3.7.5　自愿型环境规制工具下的专利许可定价策略

政府、科研机构和排污企业三者可以有一个共同的目标，即使得社会福利最优。存在如下的目标函数：

$$W(q,\sigma,\varphi) = B(q) - [C(q) + \varphi q] - R(\sigma) + F(\sigma,\varphi) \tag{3-59}$$

式（3-59）的右边分成三个部分。$B(q)$ 表示从污染减排中得到的环境效益，包括减排企业的经济收益（产品认同度带来的经济效益）和社会收益（企业声誉、品牌等），也包括政府的间接收益，属于社会福利，但 $B(q)$ 不包括研发机构的直接和间接收益；q 表示污染企业选择的一个污染减排量；$C(q)$ 表示排污企业的减排成本，它是减排量 q 的函数；σ 表示减排技术水平，$R(\sigma)$ 表示科研机构的减排技术创新的研发成本；$F(\sigma,\varphi)$ 表示研发机构的收益，它是减排技术水平 σ 和专利许可定价 φ 的函数。

式（3-59）分别对 q 、σ 和 φ 求导数，令导数为 0，若 q^* 、σ^* 和 φ^* 分别是最优企业减排量、最优减排技术水平和研发机构的最优专利许可定价，则可以得到

$$B'(q^*) - C'(q^*) - \varphi^* = 0 \tag{3-60}$$

$$F'_{\sigma}(\sigma^*,\varphi^*) - R'(\sigma^*) = 0 \tag{3-61}$$

$$F'_{\varphi}(\sigma^*,\varphi^*) - q^* = 0 \tag{3-62}$$

从式（3-60）可以看出，最优专利许可定价 φ^* 是边际环境收益 $B'(q^*)$ 与企业边际减排成本 $C'(q^*)$ 的差；从式（3-61）可以看出，研发机构的边际研发成本 $R'(\sigma^*)$ 等于其收益在技术水平上的偏导数；从式（3-62）可以看出，最优企业减排量 q^* 等于研发机构的收益在专利许可定价上的偏导数。

3.7.6　小结

对于政府的环境规制，减排技术创新显然是一个核心问题。研究环境规制工具对于技术创新的诱导作用，将有助于政府设计出更好的政策，以鼓励创新和减排。

通过对命令性的环境规制工具研究，本节发现科研结构会选取创新减排技术水平，使得研发的边际成本等于减排量。

通过对激励性的环境规制工具研究，本节发现科研机构的研发技术水平、专利许可定价和排污企业的减排量都是政府减排价格的函数。

通过对自愿性的环境规制工具研究，本节发现企业的最优减排量等于研发机构的收益在专利许可定价上的偏导数；研发机构的最优专利许可定价是边际环境收益与企业边际减排成本的差；研发机构的边际研发成本等于其收益在技术水平上的偏导数。

这几种方法各有利弊。对于命令性规制工具，虽然科研机构获取全部的减排收益、激发了创新的积极性，但是不利于排污企业的发展。对于激励性规制工具，减排收益在科研机构和排污企业间分配，不利于提高减排技术水平和科研机构的积极性，但是对排污企业却是有利的。进一步的研究包括两个方面，一是将命令性工具和激励性工具结合起来加以分析；二是分析自愿性环境规制的影响。这些研究将向政府提供更全面的政策建议。

第 4 章　产业网络的协同演化研究

产业网络表现出复杂的演化行为，包括水平互动和垂直互动等行为；从创新与服务的选择关系上，产业网络逐渐演化成二分网络；我国 IC 产业和江苏省产学研也实证了产业二分网络的复杂性特征；由于企业和服务机构之间知识距离的影响，服务、创新与产业网络呈现出复杂的协同演化行为；根据调研数据，采用 SEM 方法实证分析了网络位势对于服务嵌入与创新绩效关系的中介作用。因此，本章围绕上述几个方面逐一展开研究，以期系统地分析产业网络的协同演化行为。

§4.1　产业网络的互动机制：演化博弈分析

系统工程学理论认为："要素是系统形成的必要条件，但不是充分条件，要素间以某种方式相互作用，形成整体的结构后才能构成系统"。产业网络是一类复杂系统，内部行动主体的互动机制是网络结构形成和形态演化的内生机理。互动机制的运作，表明行动主体间通过直接或间接的纽带，对其他主体施加影响的能力与对环境的反应能力。互动机制的形成，可以顺畅信息的流通，加快观念、知识和技术的传播，缓和经济利益的冲突，减少交易的困难，从而获取集体效率，并形成产业持续的创新动力（李守伟和钱省三，2006）。从产业网络中垂直互动和水平互动两个视角，探讨网络中行动主体互动策略的选择机制，以指导产业网络的建立和产业的协调发展。

4.1.1　垂直互动机制的演化博弈分析

产业网络中各种主体之间不断发生竞争与合作的互动行为，从而促进产业升级、提高产业技术创新能力。

产业网络是相关企业和其他行动主体互动的平台，也是他们之间演化的结果，不同行动主体间互动的方式可以简化为两种：合作、竞争（丁伟等，2005）。合作能够促使彼此共同建立并维持产业网络，通过"边互动边学习"了解对方的信息，加快观念、技术和知识的传播，降低交易成本，激发创新的能力和可能性。竞争是一种消极的互动方式，行动主体之间是纯粹的商业关系，如 IC 设计企业与晶圆代工厂之间的一种纯代工生产关系，外包业务结束后，双方便没有任何联系。考虑到 IC 产业网络中行动主体间的互动是在一个具有不确定性和有界理性的空间里进行的，以 IC 设计公司与晶圆代工厂为例，受启发于银行家-企业家网络系统（杨满沧，2007）和供应链企业合作竞争机制的演化博弈分析（王永平和孟卫东，2004），以设计-代工互动关系为对象建立演化博弈模型，并分析网络中企业竞合互动演变的动态过程。

1. 互动机制的演化博弈模型

首先假设在产业网络中，有一群 IC 设计公司 D 和晶圆代工厂 F 进行策略互动，双方的策略集合分别为 D（合作，竞争）和 F（合作，竞争）。并且假设没有一个协会或第三方组织来设计或安排这样的产业网络系统，网络系统是通过“边互动边学习”的原则自发演化形成的。设计公司和晶圆代工厂根据其他成员的策略选择，考虑在自身群体中的相对适应性，来选择和调整各自的战略。

本节建立了一个演化博弈模型来反映网络中设计-代工的互动过程及互动规则的自发形成过程，自发演化而来的一个互动规则对应于演化博弈中的一个 ESS。设计-代工互动博弈的支付矩阵结构与捕鹿博弈模型相似。捕鹿博弈是基于 Rousseau 的捕鹿故事提出的，是一个介于“囚徒困境”和协调博弈之间的博弈（Ullmann-Margalit，2015）。其基本含义是：当猎手们捕鹿时都能单打独斗捕到鹿，但是假如他们一起合作，则可能会捕到更多的鹿。捕鹿博弈的支付矩阵结构如表 4-1 所示，其中 $u>1$ 表示合作对双方都有利。

表 4-1　捕鹿博弈的支付矩阵

	合作	不合作
合作	u, u	0, 1
不合作	1, 0	1, 1

根据捕鹿博弈的思想，参考捕鹿博弈的支付矩阵，建立设计-代工竞合互动的支付矩阵，如表 4-2 所示。

表 4-2　设计-代工竞合互动的支付矩阵

		晶圆代工厂 F	
		合作（Coo）	竞争（Com）
设计公司 D	合作（Coo）	$\delta_D+\Delta V_D,\delta_F+\Delta V_F$	δ_D-C_{0D},δ_F
	竞争（Com）	δ_D,δ_F-C_{0F}	δ_D,δ_F

在表 4-2 的支付矩阵中，δ_{D}，δ_{F} 分别为设计公司和晶圆代工厂采用竞争策略时获得的正常收益；ΔV_{D}，ΔV_{F} 分别为双方选择合作策略时所得的超额利润，且 $\Delta V_{\mathrm{D}}+\Delta V_{\mathrm{F}}=\Delta V$，并假设 $\Delta V_{\mathrm{D}}>0, \Delta V_{\mathrm{F}}>0$。注意，这里的超额利润是指扣除成本后合作策略所带来的利润；$C_{0\mathrm{D}}$，$C_{0\mathrm{F}}$ 分别为双方选择合作策略所投入的初始成本。

假设设计公司中选择合作策略的比例为 p，晶圆代工厂中选择合作策略的比例为 q，则选择竞争策略的设计公司和晶圆代工厂的比例分别为 $1-p$，$1-q$，那么 (p,q) 表示设计−代工网络系统演化的动态策略对，下面分析该博弈演化过程的均衡情况。

2. 设计−代工互动过程的演化稳定战略

上述产业网络系统的演化可用一个由两个微分方程组成的系统来描述。假设一个策略的增长率等于它的相对适应度，只要一个策略的适应度比群体的平均适应度高，那么这个策略就会发展（吴克晴和冯兴来，2015）。

因此，采取合作策略的设计公司 D 的适应度为

$$\mu_{\mathrm{D}}(\mathrm{Coo}, J)=q(\delta_{\mathrm{D}}+\Delta V_{\mathrm{D}})+(1-q)(\delta_{\mathrm{D}}-C_{0\mathrm{D}}) \tag{4-1}$$

采取竞争策略的设计公司 D 的适应度为

$$\mu_{\mathrm{D}}(\mathrm{Com}, J)=q\cdot\delta_{\mathrm{D}}+(1-q)\cdot\delta_{\mathrm{D}} \tag{4-2}$$

设计公司 D 的平均适应度为

$$\overline{\mu_{\mathrm{D}}}=p\mu_{\mathrm{D}}(\mathrm{Coo}, J)+(1-p)\mu_{\mathrm{D}}(\mathrm{Com}, J) \tag{4-3}$$

由此，可以将设计公司 D 选择合作策略的动态复制方程表示如下：

$$\frac{\mathrm{d}p}{\mathrm{d}t}=p[\mu_{\mathrm{D}}(\mathrm{Coo}, J)-\overline{\mu_{\mathrm{D}}}]=p(1-p)[q(\Delta V_{\mathrm{D}}+C_{0\mathrm{D}})-C_{0\mathrm{D}}] \tag{4-4}$$

同理，晶圆代工厂 F 选择合作策略的动态复制方程为

$$\frac{\mathrm{d}q}{\mathrm{d}t}=q(1-q)[p(\Delta V_{\mathrm{F}}+C_{0\mathrm{F}})-C_{0\mathrm{F}}] \tag{4-5}$$

式（4-4）和式（4-5）给出了演化网络系统的群体动态，由式（4-4）可以看出，当且仅当 $p=0,1$ 或 $q=\dfrac{C_{0\mathrm{D}}}{(\Delta V_{\mathrm{D}}+C_{0\mathrm{D}})}$ 时，设计公司 D 选择合作策略的比例是稳定的；同理，由式（4-5）可以看出，当且仅当 $q=0,1$ 或 $p=\dfrac{C_{0\mathrm{F}}}{(\Delta V_{\mathrm{F}}+C_{0\mathrm{F}})}$ 时，晶圆代工厂 F 选择合作策略的比例是稳定的。

根据 Friedman（1991）提出的方法，微分方程系统描述的群体动态，其均衡点的稳定性可由该系统的雅可比（Jacobian）矩阵的局部稳定分析得到。采用 Jacobian 矩阵的局部稳定性分析方法分析式（4-4）和式（4-5）组成的系统的稳定性可得，系统在平面 $S=(x,y),\{0\leqslant x,y\leqslant 1\}$ 上有 5 个局部均衡点，如图 4-1 所示，分别为 $O(0,0)$、$A(0,1)$、$B(1,0)$、$C(1,1)$ 和 $D(P_D,Q_D)$，其中

$$P_D = \frac{C_{0F}}{(\Delta V_F + C_{0F})}, \quad Q_D = \frac{C_{0D}}{(\Delta V_D + C_{0D})}$$

以上 5 个局部均衡点中，只有 O 点和 C 点两个是稳定的，是 ESS，它们分别对应于设计公司和晶圆代工厂互动自发形成的两种模式：设计公司与晶圆代工厂互动合作形成产业网络系统的模式和双方间的市场竞争模式。另外，该演化系统还有两个不稳定的均衡点 $A(0, 1)$、$B(1, 0)$，一个鞍点 $D(P_D, Q_D)$，如图 4-1 所示。

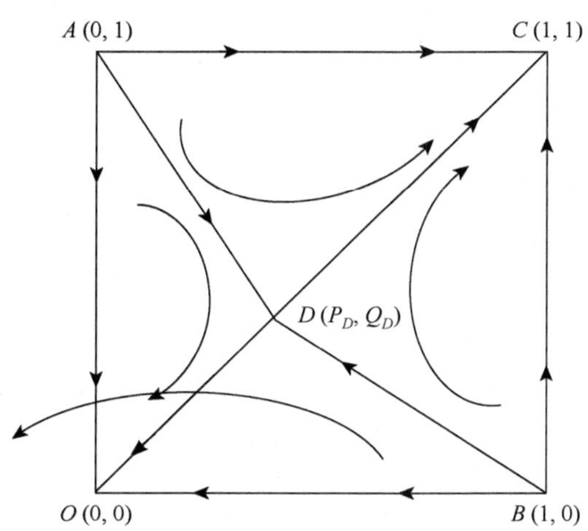

图 4-1　设计-代工互动的动态演化过程

图 4-1 描述了设计-代工竞合互动的动态过程。由两个不稳定的均衡点 $A(0, 1)$、$B(1, 0)$及鞍点 $D(P_D, Q_D)$ 连成的折线可以看作系统收敛于不同状态的临界线，即位于折线的右上方（*ADBC* 部分）的所有点将收敛于完全合作伙伴关系，位于折线的左下方（*ADBO* 部分）的所有点将收敛于完全竞争关系。网络系统收敛于两种模式的概率依赖于两者合作支付与竞争支付的相对大小，当合作的相对支付增加时，收敛于完全合作伙伴关系模式的概率就会增大。更进一步的分析得出，产业网络的演化还与两者为彼此互动而付出的初始成本 C_{0D} 和 C_{0F} 有关，初始成本的大小与双方互动的难易程度、互动的环境和氛围等有关，因此，产业互动的平台的搭建和环境的创造，对产业网络中行动主体间有效互动的形成具有重要作用。

4.1.2　垂直互动策略

以上运用演化博弈理论的方法建立了互动机制的演化博弈模型，分析了互动过程演变的动态过程，得出了互动机制形成和收敛的结果取决于互动收益和互动初始成本的结论。

1. 制造企业支配下设计企业的互动策略选择

设计企业与制造企业被形象地称作“哑铃的两端”，在产业网络中处于关键的环节和地位。设计企业最接近整机与系统厂商等客户，承担着新产品的开发任务，制造企业掌握着最关键的资源，处于不可替代的地位。同时，制造企业在关键资源的掌握、组织规模及制程标准制订方面，比设计企业占有明显的优势，并处于网络中重要位置或中心位置。两者间不对称的关系使得设计企业必须积极主动地与制造企业互动合作，并试图摆脱受制造企业支配的关系。

1）技术与产品创新策略

技术创新的目的是提升设计企业的资源地位，当设计企业成为技术领先的委托代工客户时，制造企业可以学到新的产品技术，自然就是优先代工厂的厂商，即使产能不足时仍然能够得到代工厂充分的配合。不过，就我国设计企业的规模和技术水平来讲，要成为全世界技术领先的厂商是相当困难的，只有极少数的设计企业能够采取这种扭转资源依赖的策略。

设计企业是没有制造能力的企业组织，无法获取生产过程所累积的利润，所以营运的利润来自所推出的领先市场的产品。设计企业开创市场的必要条件之一，就是拥有创新的技术，创新技术来自素质良好的工程师研发的结果，因此设计企业在人力资源上的投资是很关键的。企业内部的研发通常并不能完全掌握最领先的技术，外部信息渠道的进入也很重要。所以我国台湾地区有些设计公司，如智原、钰创、扬智等都转投资在美国硅谷成立子公司，从而可以从拥有最尖端技术的硅谷地区获得最及时的信息资源，并且，这些子公司同时也承担着挖掘具有创新知识的美国工程师的任务。

相对于技术创新而言，产品创新并不是一定要利用最尖端的技术，而是开发具有新用途的产品，有创意且便利性高的设计是主要的要求。当设计公司开发出新的高利润产品时，其他的设计公司与制造公司都会跟随，导致价格下跌，利润降低，设计公司便失去竞争优势。因此，对于设计公司，必须要不断地开发新的产品，并开拓新的市场。

大唐微电子作为国内最知名的设计公司之一，其员工最感自豪的就是公司的创新与研发能力。据了解，与同行业其他卡商相比，大唐微电子拥有规模较大的专家级的技术支持队伍，可以保证对客户全面、完善、周到的技术咨询服务，能够把最新的技术信息与产品解决方案以最快的速度送达用户，同时也能对客户的要求在最短时间内进行反馈。在产品创新上，大唐微电子总是努力将步伐迈得比别人更快。2002 年，OTA（移动增值业务空中下载）技术和超级号簿 SIM 卡技术被中国移动采用，并得到了移动全网的大规模推广；中国移动曾就 OTA 技术向国际电信联盟申报了 2002 年全球最佳电信科技进步奖，超级号簿 SIM 卡技术被业内评为无线通信业务 2002 年十大亮点之一。2003 年年初，配合中国移动的大规模无线局域网计划，大唐微电子研发成功全球首张 WLAN/GPRS 双模 SIM 卡，再一次巩固了公司在世界移动通信智能卡技术领域的领先地位。2003 年远程写卡系统在江苏移动实现全国首次商用后，在浙江、安徽、山东、河北等省相继完成商用。该系统的成功推广，突破了移动公司实现跨区服务的技术瓶颈，为移动公司的跨区服务和未来的业务模式创新提供了一个良好的技术平台。这些创新和应用，在为中国移动带来巨大增值效益的同时，也让大唐微电子自身得到了极大的发展：仅用了短短两年时间，就成为了中国移动四大核心供应商之一。

2）横向合作与结盟策略

IC 产业发展的现实情况是结成联盟占据主动。例如，多个规模小的设计企业各自都不能成为代工企业重点客户的情况下，可以联合获得量的优势，与代工企业商谈好的价钱与服务。同时，也可以共同购买某些彼此都不具备但又都需要的 IP。

上海复旦微电子与凌航科技股份有限公司等台湾设计公司的合作便是设计公司横向合作的一个好例子。上海复旦微电子与包括凌航（凌阳为其大股东之一）在内的几家台湾设计公司组成策略联盟，通过共享 IP、提供软件技术及联合华岭前段测试与多家晶圆代工厂的力量，提高系统整合的能力，共同进军大陆智能卡市场。双方合作的主要因素是市场重叠性较小，并且两家公司有相当的互补性。而更重要的是，台湾设计与软件公司经验较为丰富，在争取订单上较有竞争优势。

3）多家代工厂的互动策略

设计公司委托其他专业芯片制造和封装厂家进行加工，已是目前 IC 产业比较成熟的经营模式，也成为世界半导体产业重要发展模式之一。这种经营模式与其他工业企业的委托加工业务一样，在生产良率、产能保证、代工价格、交货时间等方面存在一定的风险。为降低代工中的风险，设计公司在选择代工厂时选择两家以上有相同工艺的制造公司，以避免过分依赖一家代工厂的风险。例如，杭州士兰微电子股份有限公司选择无锡华晶上华半导体有限公司、上海贝岭股份有限公司和首钢日电电子有限公司作为自己的晶圆代工厂。

2. 设计企业劣势地位下的制造企业互动策略选择

晶圆制造企业的策略主要有如下几个方面。

1）优先代工厂的互动策略

纯代工制造公司已成为目前制造公司发展的一种有效模式，从设计公司的位置来看，代工厂可以分为优先代工厂和替代性代工厂。为了降低代工风险、减小对一家代工厂的依赖性，设计公司通常会选择 2～3 家代工厂，委托代工的客户。没有建立单一专属代工厂的协力生产制度，反而利用多家优先代工厂制度的原因，是 IC

产业的经营风险很大，对于生产效率、产品交货的准确性及生产搭配的弹性要求很高，单一优先代工厂倘若发生任何特殊情况，如机器故障、厂房失火等，而无法按时交货，对于委托代工的客户将会产生经营上重大的负面影响。此外，IC 产品类型多，并不是每一家代工厂在产品良率、产品种类与不同产品产能的配合上，都能够完全符合设计公司的要求，因此，就技术方面来说，单一的专属代工厂不是一种最适当的协力生产关系。晶圆代工厂为争取到更多的客户，必须具有先进的制程技术和产品良率，从而成为设计公司和其他 IDM 公司的优先代工厂。

2）与技术领先设计公司实施产能“预先性支付”的互动策略

设计公司预先支付资金，倘若未来不能委托足够的产能，将会受到违约的惩罚，同时也会选择条件好、配合度高与代工价格低的厂商。在产能不足的时候，设计公司受制于制造公司产能分配的政策及苛刻的代工条件，而制造公司更进一步地要求设计公司接受“预付产能”，即预先将设计公司在景气不好、产能过剩时，选择代工厂或改变代工条件的自主性加以限制。

从晶圆代工厂的角度分析，推动“预付产能”的主要目的，是为了分担庞大的投资风险，巩固与客户较为长期的代工关系。要达到这个目的，晶圆厂本身要具备相当丰富的实力，创造客户对于这个厂商高度的依存关系。如果代工晶圆厂市场占有率高，是技术领先的企业，对于客户的支配力大，那么“预付产能”成功的可能性就大，例如，台湾积体电路制造股份有限公司正是“预付产能”机制成功实施的典范。

3）追逐技术领先客户与生产技术创新的良性循环互动机制

高科技产业的企业组织之所以能够保持在市场上的竞争力，最主要的条件来自拥有的创新技术，技术持续落后将导致组织的衰微，所以这些企业组织必须搜寻保持企业进步的动力。技术的突破首先要靠企业组织内部素质精良的研发团队与研发经费的投资，但某些制度性的安排可以促发更多的技术创新。晶圆代工厂与技术领先的设计公司，也会使组织技术的创新更迅速，因为技术领先的设计公司所委托的产品，可以提供代工厂学习先进技术的机会。另外，这些客户是代工厂取得市场信息的重要渠道之一，通过最先进产品的销售，掌握市场变化与发展的趋势，代工厂得以充分了解未来所需的制程技术。最后，技术领先的设计公司与晶圆代工厂可以通过在每一个研发步骤上交换经验解决技术瓶颈，强化彼此技术创新的能力，达到巩固技术领先的目的。

4.1.3 水平互动机制的演化博弈分析

水平互动是指产业网络中处于相同环节的企业及它们与研究机构、中介机构和政府等之间的互动（余大杭和蔡经汉，2015）。

对于知识高度依赖的产业网络而言，其成本的节约最为重要的因素是知识的转移、知识的创新及知识的专业化所导致的成本节约。网络中行动主体间知识互动的过程，可以分为知识生产、知识扩散、知识选择、知识获取、知识内化和知识外化六个主要活动，不同行动主体在整个知识互动活动中所起的主要作用是不同的：高校、研究机构等主要的知识活动是进行知识获取、知识生产与扩散，而企业主要的知识活动是知识选择、知识内化、知识外化等。

基于这种认识，将网络中的行动主体分成两大类：一类是进行知识生产和扩散的知识生产者，主要指高校、科研机构等行动主体；另一类是接受知识和应用知识的知识消费者，企业是网络中典型的知识消费者。因此，假设产业网络中只存在进行水平互动的两个行动主体 i 和 j，i 为知识生产者（高校或科研机构），j 为知识消费者（企业）。这个假设虽然与现实情况存在着一定差距，但也是产业网络知识互动中很常见的一类情况。i 是可以独立存在的，假设其生产的知识符合 Logistic 规律增长，j 为 i 的知识生产提供相应的信息从而支持 i 的知识生产活动。可以将 i 的知识 k_{i} 的变化规律表示为

$$\frac{\mathrm{d}k_{\mathrm{i}}}{\mathrm{d}t}=\alpha_{\mathrm{i}}k_{\mathrm{i}}\left(1-\frac{k_{\mathrm{i}}}{N_{\mathrm{i}}}+\lambda_{\mathrm{i}}\frac{k_{\mathrm{j}}}{N_{\mathrm{j}}}\right) \tag{4-6}$$

其中，α_{i} 表示 i 新知识的生产速率；k_{j} 表示 j 所拥有的知识量；$-\frac{k_{\mathrm{i}}}{N_{\mathrm{i}}}$ 表示知识的生产使得相应资源减少而对新知识的生产产生阻滞作用；N_{i}、N_{j} 分别表示在其所具备要素的条件下能拥有的知识最大量；λ_{i} 表示 j 的知识存量对 i 新知识生产的作用系数。

对于 j 而言，当它不从 i 处获取新知识并实现知识内化时，其知识量的变化情况可以表示为

$$\frac{\mathrm{d}k_{\mathrm{j}}}{\mathrm{d}t}=-\alpha_{\mathrm{j}}k_{\mathrm{j}}$$

当 i 为 j 提供新知识时，j 知识量的变化情况则可以表示为

$$\frac{\mathrm{d}k_{\mathrm{j}}}{\mathrm{d}t}=\alpha_{\mathrm{j}}k_{\mathrm{j}}\left(1-\frac{k_{\mathrm{i}}}{N_{\mathrm{i}}}+\lambda_{\mathrm{j}}\frac{k_{\mathrm{i}}}{N_{\mathrm{i}}}-\frac{k_{\mathrm{j}}}{N_{\mathrm{j}}}\right) \tag{4-7}$$

其中，$-\frac{k_{\mathrm{j}}}{N_{\mathrm{j}}}$ 表示知识的老化使得原有知识所占有的资源不能用于新知识的扩散而对 j 知识量变化的阻滞。

由式（4-6）和式（4-7）可得，i 和 j 之间进行知识互动的数学模型为

$$
\begin{cases}
\dfrac{\mathrm{d}k_{\mathrm{i}}}{\mathrm{d}t}=\alpha_{\mathrm{i}}k_{\mathrm{i}}\left(1-\dfrac{k_{\mathrm{i}}}{N_{\mathrm{i}}}+\lambda_{\mathrm{i}}\dfrac{k_{\mathrm{j}}}{N_{\mathrm{j}}}\right)\\
\dfrac{\mathrm{d}k_{\mathrm{j}}}{\mathrm{d}t}=\alpha_{\mathrm{j}}k_{\mathrm{j}}\left(1-\dfrac{k_{\mathrm{i}}}{N_{\mathrm{i}}}+\lambda_{\mathrm{j}}\dfrac{k_{\mathrm{i}}}{N_{\mathrm{i}}}-\dfrac{k_{\mathrm{j}}}{N_{\mathrm{j}}}\right)
\end{cases}
\tag{4-8}
$$

对式（4-8）求解可得 3 个平衡点，分别为 $O(0, 0)$、$A(N_{\mathrm{i}},0)$ 和 $B\left(\dfrac{N_{\mathrm{i}}(1-\lambda_{\mathrm{i}})}{1-\lambda_{\mathrm{i}}\lambda_{\mathrm{j}}},\dfrac{N_{\mathrm{j}}(1-\lambda_{\mathrm{j}})}{1-\lambda_{\mathrm{i}}\lambda_{\mathrm{j}}}\right)$。

分别讨论 3 个均衡点的稳定性可知，$O(0, 0)$点是不稳定的均衡点。对于 $A(N_{\mathrm{i}},0)$ 点，当 $\lambda_{\mathrm{j}}<1$ 时，$A(N_{\mathrm{i}},0)$ 是稳定的均衡点，但这时演化为独立的系统，不符合讨论的互动主题；当 $\lambda_{\mathrm{j}}>1$ 时，$A(N_{\mathrm{i}},0)$ 是不稳定的均衡点。对于 $B\left(\dfrac{N_{\mathrm{i}}(1-\lambda_{\mathrm{i}})}{1-\lambda_{\mathrm{i}}\lambda_{\mathrm{j}}},\dfrac{N_{\mathrm{j}}(1-\lambda_{\mathrm{j}})}{1-\lambda_{\mathrm{i}}\lambda_{\mathrm{j}}}\right)$ 点，在解有意义且 j 的知识增长为正值，即 $\lambda_{\mathrm{j}}>1, \lambda_{\mathrm{i}}\lambda_{\mathrm{j}}<1$ 的情况下，$B\left(\dfrac{N_{\mathrm{i}}(1-\lambda_{\mathrm{i}})}{1-\lambda_{\mathrm{i}}\lambda_{\mathrm{j}}},\ \dfrac{N_{\mathrm{j}}(1-\lambda_{\mathrm{j}})}{1-\lambda_{\mathrm{i}}\lambda_{\mathrm{j}}}\right)$ 点是稳定的均衡点。

从以上讨论可以看出，产业网络中行动主体间知识互动对彼此的知识增长都具有正效应。一方面，知识生产者能够为知识消费者提供新知识，另一方面，知识生产者又能通过与知识消费者间的互动交流、信息沟通等，准确地把握市场动向，从而加快对知识消费者更有价值的知识的生产。

4.1.4　水平互动方式

基于上述分析，产业网络中的水平互动机制与方式，主要有如下几种。

1. 以高科技资源共享促进知识互动的方式

IC 产业是一个科技资源特别丰富的产业，其涉及的分析测试设备、设计工具、技术专利及数据库资源都是十分昂贵的，往往一家公司拥有部分设备（IP 或数据库）而另一家公司又拥有另外一些设备（数据库或 IP），提高这些昂贵设备的利用率，并通过设备等资源的共享促进各主体间的知识互动，已成为产业发展和创新能力提高的重要途径。曾有调查表明，科技基础条件资源及其利用效率正在成为决定一个国家科技创新能力的关键因素。目前中国科技基础条件建设的滞后与薄弱，已经导致战略性研究经常受制于人，国家关键技术突破难以实现，重大原创性科技成果难以形成，全社会的科技创新和创业活动得不到及时有效的支持。

科技资源的交流与共享，也必然会带动不同行动主体间技术人员与管理人员间的技术交流与互动。2003 年 9 月上海市 SIP 交易中心的成立迈出了半导体产业资源共享的关键性一步。IP 是指一种具有特定功能，事先经过设计、通过验证、可重复使用的组块（block），可看成一个个不同功能的积木，IC 设计人员依据芯片所需功能及规格，选择现有的 IP 组合在一起即可完成大部分的设计工作（飞利浦半导体的科技总监 Classen 认为 95%～99%的芯片设计可借由 IP 模块来完成），不需要将所有芯片所需的功能都自行重新设计，如此才能加速芯片的设计时程。在当今半导体产业多变与产品创新时程缩短的双重挑战之下，IP 的提供与取得将更显重要。SIP 交易中心的成立将为 IC 设计创业者提供一条从开始到成功的快速信道，推动 SOC 的发展，形成一批具有自主知识产权的原创 IC 技术，孵化和造就一批知名设计企业及其企业家，培育一支精干的 IC 设计人才队伍。上海 SIP 交易中心的成立及 SIP 开发服务平台的建设所提供的 IP 开发、保护、授权、交换交易及功能验证等服务将有助于半导体产业的互动，并将对 IC 设计业的跨越式发展提供更强有力的支持。

2. *以共同开发项目带动产业互动的方式*

以共同开发项目带动产业互动是全球主要产业领先国家一致的做法，20 世纪 70 年代，日本就组织当时日本主要的 IC 公司一起开发大规模 IC 技术的共同研究所，为日本大规模 IC 的发展奠定了基础。之后，日本 11 家知名公司又共同成立了一个 90nm 生产线行业联盟 Asuka。90nm 生产线的开发是由日本主要半导体制造商和经济贸易工业厅（META）共同发起的。Asuka 的 11 个成员包括富士通、日立、松下、三菱、NEC、冲电气、Rohm、三洋、夏普、索尼和东芝。该项目结束后，各成员可将 90nm 技术转移至各自的晶圆厂。不过也许会建立一个采用 90nm 工艺的 300mm 晶圆厂，为成员公司提供代工服务。

Intel 副总裁兼研究总监 David Tennenhouse 博士也曾报告 Intel 的下一代研发模式，即开放式的研发。在基础研究上，Intel 实验室在技术上与大学互动，在资金上与政府和非营利组织互动，在业界与供应商和消费者互动，在产品上与 Intel 产品事业部互动。例如，IBM 与英飞凌共同开发 0.18μm MRAM 存储器原型，德州仪器（TI）与 Ramtron 公司共同开发 4Mb FRAM，中芯国际和芯成（上海）联合开发出面向汽车电子市场的高可靠性 EEPROM 技术等。

4.1.5　小结

本节运用演化博弈理论的方法，以设计-代工互动为例，建立了垂直互动机制的演化博弈模型，分析了网络中企业竞合互动机制演变的动态过程；在此理论指导之下，探讨了垂直互动中设计公司和晶圆代工厂的互动策略选择机制。对于水平互动机制的研究，还建立了产业网络中知识生产者和知识消费者之间知识互动的模型，并提出了促进知识互动的机制与方式。目的是为加强网络中行动主体间的互动合作探索有益的模式，促进产业网络的演化和产业的协调发展。

在垂直互动策略的选择上，设计企业的主要策略有技术与产品创新策略、横向合作与结盟策略、多家代工厂互动策略；制造企业的主要策略有优先代工厂策略、与技术领先设计企业实施产能“预先性支付”策略、追逐技术领先客户与生产技术创新的良性互动循环。

在水平互动方式上，产业网络的水平互动方式主要有两种：①以高科技资源共享，促进知识互动；②以共同开放项目，带动产业互动。

§4.2　产业二分网络的生成机理：开放性与择优性分析

产业网络中产学研合作创新已经向网络化方向发展，其中企业与科研机构之间的博弈直接影响网络的形成。因此，本节从产学研合作出发分析产业二分网络生成机理，并进行计算实验模拟。将计算实验和复杂网络应用于产学研合作创新网络的研究具有较强的理论价值，同时对于政府部门和产业发展来说都有一定的借鉴和参考意义。

4.2.1　产学研合作创新

众所周知，产学研合作创新是一种跨组织合作的重要形式，可以有效促进知识在不同主体间的流动、提升企业的技术创新能力，是提升产业技术创新能力的基本途径，对于建设创新型国家有着非常重要的战略意义（吕海军和甘志霞，2005）。产学研合作创新有狭义和广义之分。狭义的产学研合作创新主要是指以实现技术创新为目标，创新企业与科研院所、高等院校联合起来，在优势互补和利益共享的基础上，按照市场经济规则，采取多种方法进行的研究开发、人才培养等经济合作活动（惠青和邹艳，2010）。广义的产学研合作创新还包括了政府部门、金融机构、中介服务机构等。本节主要以狭义的产学研合作创新为研究对象，从博弈演化的角度分析产学研合作创新二分网络的生成机理，不但可以探索产学研合作的本质所在，而且对广义的产学研合作也有重要的参考价值。

当前，产学研合作创新模式已由线性创新模式向网络创新模式发展，形成了产学研合作创新网络。产学研合作创新通过组织间的网络关系越来越依赖于外部创新资源，如专业人才、技术、基础性研究等。产学研合作创新网络不但具有产学研组织的协同性、稳定性、共享性等特征，而且具有网络组织的动态性、系统性和开放性的优点，通过产学研合作创新网络可以实现知识传递、资源共享和技术扩散，最终实现技术创新。

通过产学研合作、创新与网络组织等含义的整合，朱桂龙和彭有福（2003）给出了产学研合作创新网络的一般定义，探讨了网络的组织模式和运作机制。从分析产学研合作创新网络的节点入手，吴潍和陈莉平（2007）分析了产学研合作创新的结网过程和运行过程，提出以构建产学研合作创新网络来促进产学研的合作效率。喻科（2011）从价值网的视角分析了产学研合作创新网络主体间的网络关系，并进而探讨了产学研合作创新网络动态创新能力的培养。Perkmann 和 Walsh（2007）认为产学研合作创新的研究主要集中在两个领域：大学和企业之间的搜索和匹配过程，以及合作关系的组织和管理。Inzelt（2004）以匈牙利产业转型升级为研究对象，分析了产学研合作创新网络中关系的演化。彭锐和杨芳（2008）研究发现，产学研合作创新网络的发展有三个阶段：单部门单链合作阶段、跨部门单链合作阶段和复合部门多链合作阶段。

Leydesdorff 和 Etzkowitz（2001）将产学研合作创新网络中的关系解释为知识交流，能够推动技术进步和区域发展。网络的复杂性特征，如小世界，对知识流动有着重要的影响。Cowan 和 Jonard（2004）等分析了产学研合作创新网络中的知识流动，认为小世界网络可以在很大程度上提高产学研合作创新网络各主体间的知识交流。冯锋和王亮（2008）利用小世界网络模型，分析了产学研的网络结构特征，提出了一系列促进其合作交流的培育策略。唐承林和顾新（2010）认为产学研合作创新网络能够借助核心能力、学习能力和联盟能力形成包括存量优势和流量优势在内的知识优势。

在产学研合作创新过程中，由于各参与主体在信息、能力、资源等方面的不对称性，企业和科研机构之间存在着投入和收益分配的博弈。企业与科研机构之间的合作关系是在它们之间相互博弈的基础上形成的。影响合作关系形成的因素有很多，但基本的影响因素是创新带来的超额收益及其分配方式、独自开发所获得的额外收益及违约带来的处罚成本。恰当的超额收益分配比例、高创新超额收益、高违约成本及低独自开发得到的额外收益，都会促进产学研合作关系的形成，以及产学研合作创新效率的提高。反之，就会造成产学研合作关系的破裂和产学研合作创新的失败。因此，创新企业和科研机构总是在“合作”和“不合作”之间相互博弈，最终达到混合策略的纳什均衡状态。即创新企业和科研机构分别以一定的概率选择“合作”策略，进行产学研合作创新。显然，产学研合作创新网络中关系的形成与混合策略的选择概率有关。

当前，对于产学研合作创新网络的研究大多集中在定性分析上，较少有对网络拓扑结构的定量化研究，更缺乏对产学研合作创新网络生成机理的分析；即使有的学者分析了产学研合作创新过程中的博弈行为，但是没有更进一步探索博弈行为如何影响产学研合作创新网络的形成与发展。因此，本节将依次回答如下问题：一是产学研合作创新二分网络具有怎样的拓扑结构？二是网络联系上产学研合作创新博弈是如何发生的？三是产学研合作创新二分网络是如何生成的？本节不但构建了产学研合作创新二分网络的概念模型，而且从网络关系上的博弈视角，分析了产学研合作创新二分网络的生成机理，并给出了理论分析和计算实验分析。

本节第一部分给出了产学研合作创新的研究进展；第二部分给出了产学研合作创新二分网络的概念模型；第三部分分析了二分网络联系（边）上的博弈行为；第四部分结合博弈行为和网络的增长性，提出了产学研合作创新二分网络的生成模型；第五部分采用 Mean-field 方法对二分网络的连通度分布进行了理论推导分析；第六部分采用计算实验方法验证了产学研合作创新二分网络的度分布；最后给出了研究结论与展望。

4.2.2　产学研合作创新的产业二分网络模型

在由企业、高校和研究所等构成的产学研合作创新联盟中，大多数时候，高校和研究所的区别并不大，主要承担创新人才培育与输送、基础研究、研发设备服务、科技成果转让等工作，因此，本节将高校和研究所看作是一类主体，简称科研机构 O（organization）。因此在产学研合作创新联盟中存在着两种类型的组织：科研机构和创新企业 E（enterprise）。

由于创新企业之间或研究机构之间存在着竞争关系，为研究问题的方便，假设同种类型的组织之间不发生产学研合作关系。事实上，产学研合作创新联盟需要众多企业、高校和研究所的共同参与，只有创新企业或只有研究机构是不够的。

如果将创新企业和科研院所分别看成两种不同类型的节点，那么它们之间的产学研合作关系则是两类节点之间的边，因此一个产学研合作创新联盟就形成了一个网络。在产学研合作创新过程中，一个创新企业可能需要多个科研机构的配合。反之，一个科研机构也可能与多个创新企业进行产学研合作创新。多个产学研合作创新过程相互交织在一起，形成了产学研合作创新二分网，其中创新企业和科研服务机构之间存在着多对多的合作关系。

4.2.3　产业二分网络的产学研合作创新博弈

根据 3.3.2 节假设，非对称产学研合作创新博弈的支付矩阵如表 4-3 所示。

表 4-3　产学研合作创新博弈的支付矩阵

		科研机构 O	
		合作（q）	不合作（$1-q$）
企业 E	合作（p）	$S_E+\alpha\Delta S, S_O+(1-\alpha)\Delta S$	S_E+c, S_O+S-c
	不合作（$1-p$）	S_E+S-c, S_O+c	S_E, S_O

对于创新企业而言，如果$S-c>\alpha\Delta S$，即在违约情况下，创新企业的违约收益（额外收益与违约成本之差）大于产学研合作创新时分配得到的超额收益，从而使得创新企业会在合作过程中违约。对于高校和研究机构而言，如果$S-c>(1-\alpha)\Delta S$，即在违约情况下，高校和研究机构获得的违约收益高于合作时分配得到的超额收益，从而造成高校或研究机构的违约。这两种情况符合我国当前产学研合作中违约现象频繁出现的现状。对上述两式整理可以得到，$0<c<S-\alpha\Delta S$、$0<c<S-(1-\alpha)\Delta S$。

根据各个参数之间的大小关系，可以发现这个三方博弈不存在纯策略的纳什均衡，而只存在混合策略的纳什均衡。因此，假设p和q分别表示企业 E 和科研机构 O 采取"合作"策略的概率，$p,q\in[0,1]$。通过计算可以得到，混合策略的纳什均衡解为$p^*=\dfrac{c}{S-(1-\alpha)\Delta S}$和$q^*=\dfrac{c}{S-\alpha\Delta S}$。值得注意的是，$p^*$、$q^*$也可以看作是在由企业和科研机构构成的群体博弈中，分别选取"合作"策略的企业和科研机构占各自总数的比例。为方便研究问题，以下采用p、q分别表示p^*、q^*。

通过对纳什均衡解的分析，可以发现：①$S\nearrow\Rightarrow p\searrow, q\searrow$，即违约所得的额外收益越大，越容易发生违约现象；②$\Delta S\nearrow\Rightarrow p\nearrow, q\nearrow$，即产学研合作创新成功得到的超额收益越大，企业和科研机构越倾向于采取"合作"策略，合作现象越容易发生；③$c\nearrow\Rightarrow p\nearrow, q\nearrow$，即违约成本越大，企业和科研院所越倾向于选择"合作"策略，违约现象发生的可能性就越小；④$\alpha\nearrow\Rightarrow p\searrow, q\nearrow$，即超额收益的分配系数越大，也就意味着创新企业可以得到更多的收益，而科研机构只能获得更少的收益，但是此时企业的合作倾向变小，而科研机构的合作倾向变大，这似乎是一个不可思议的结论，初看上去颇令人费解。从博弈模型来看，分配系数相当于创新企业在产学研合作创新中的话语权。分配系数越大，说明创新企业对于产学研合作创新的投入或者创新能力越大，因此，其就越倾向于独立承担技术创新，"合作"策略的选择概率越小；而此时，科研机构对于该技术创新的能力有限，则更倾向于参与合作创新。

4.2.4 产业二分网络的生成演化模型

1. 模型提出的背景

1）合作策略选择的随机性

从前面的产学研合作创新博弈来看，企业和科研机构的“合作”策略选择概率与多个因素有关，是介于0～1之间的值，是不确定的，但是对于特定某次的博弈来说，策略选择的结果又是明确的。因此，合作策略选择概率说明了企业或科研机构对于产学研合作的倾向性。两者的合作策略选择概率影响到节点是否进入二分网络。

2）创新能力的差异性

创新资源和能力的不同，使得不同的企业对科研机构的吸引力不同，从而与企业合作的科研机构的数目也就不同。同样地，不同的科研机构在某些领域上的人才培养、基础研究、应用研究、成果转化等方面各具特色，表现出服务能力的差异性，使得科研机构对于企业的吸引力是不同的，从而不同机构服务企业的数目是不同的。对于产学研二分网络而言，这些合作关系表现为与节点相连的边，称为节点的连通度。吸引力的不同，反映了对合作对象选择中的“择优特性”，即能力越好的节点，被连接的可能性就越大。这也就是“富者愈富”的表现形式。

3）产学研合作创新的动态性

也就是说，产学研合作不定期地频繁发生，企业与服务机构之间不断建立合作关系，并融入到二分网络中，从这种意义上来说，产学研合作创新二分网络是动态增长的。这里，由于产学研合作创新关系要持续一段时间，至少要到技术创新的完成，因此不考虑合作关系的断裂。为了研究问题的方便，不妨假设企业节点或者机构节点是有序进入二分网络的。

2. 产学研合作创新的产业二分网络生成模型

基于上面的分析，给出产学研合作创新二分网络的生成模型如下。

1）随机添加新节点

假设二分网络最初有孤立的n_0个企业节点和m_0个机构节点，在每个时间间隔，向二分网络添加一个对产学研采取“合作”策略的节点。这个节点可以是企业节点，也可以是机构节点。

节点进入产学研合作二分网络的目的就是进行产学研合作创新，如果对产学研持有“不合作”的策略，则就没有必要进入二分网络。因此，这个假设是合理的，也符合当前产学研合作创新二分网络的现状。

2）择优选取合作对象

当选择与新节点进行产学研合作的对象时，假设选中节点 i 的概率 Φ_i 是与其连通度 k_i 成正比的，即

$$\Phi_i = \frac{k_i}{\sum_j k_j} \tag{4-9}$$

也就是说，如果添加的是企业节点，则从机构节点集中以概率 Φ_i^{O} 选取机构节点 i，$\Phi_i^{\mathrm{O}} = \frac{k_i^{\mathrm{O}}}{\sum_j k_j^{\mathrm{O}}}$；如果添加的是机构节点，则从企业节点集中以概率 Φ_i^{E} 选取企业节点 i，$\Phi_i^{\mathrm{E}} = \frac{k_i^{\mathrm{E}}}{\sum_j k_j^{\mathrm{E}}}$；这里，$k_i^{\mathrm{O}}$、$k_i^{\mathrm{E}}$ 分别是机构节点 i 和企业节点 i 的连通度。

择优选取合作对象，意味着被选的合作对象的创新能力是有差异的，事实上也正是如此的。因此这个假设也是合理的。

3）博弈与建立连接

进入的节点与被选定的合作对象之间发生博弈，如果合作对象的策略也是“合作”，则在它们之间连线；否则，移除新添节点。

新添节点和合作对象的策略都是“合作”，意味着建立了产学研创新合作关系，因此新添节点及其合作关系成为二分网络的组成部分。如果合作对象拒绝合作，那么新添节点必然成为孤立节点；没有合作关系的维系，这个新添节点也就不属于这个二分网络，因此移除新添节点是合理的。

这样在 t 个时间间隔之后，模型就形成了一个在 $(n_0 + 0.5pt)$ 个企业节点和 $(m_0 + 0.5qt)$ 个机构节点之间有 pqt 条边的产学研合作创新二分网络。

4.2.5　演化稳定状态下产业二分网络节点连通度分布的理论分析

从网络理论的角度来看，节点连通度分布是网络区别于其他网络的一个特性。例如，规则网络中所有节点都有相同的度，因此其度分布是一个单点分布；ER 随机网络的度分布是泊松分布；无标度网络的度分布是幂律分布。

从产学研合作创新二分网络的实际意义来看，节点连通度表示企业或机构节点对于技术创新的能力，也表示节点参与创新过程的数量。连通度分布则表明在创新能力影响下合作创新关系在创新企业和科研机构间的布局，对于分析产业创新能力有着重要的指导意义。

在演化稳定状态时，给定节点连通度的时间相关性可用平均场方法进行解析计算（Barabási et al.，1999）。假设连通度 k 连续，则概率 $\Phi_i = \frac{k_i}{\sum_j k_j}$ 可以看作是 k_i 的连续变化率。根据产学研合作创新二分网络的生成模型，分别推导企业节点和科研机构节点的连通度分布。

1. 企业节点连通度分布

对于企业节点 i，根据连通度 k 的连续性假设，可以得到

$$\frac{\mathrm{d}k_i^{\mathrm{E}}}{\mathrm{d}t} = A\Phi_i^{E} = A\frac{k_i^{\mathrm{E}}}{\sum_j k_j^{\mathrm{E}}} \tag{4-10}$$

对于二分网络而言，在演化到 t 时刻时，网络共有 pqt 条边，则企业节点一侧的连通度总和为 $\sum_j k_j^{\mathrm{E}} = pqt$ 。

在一个时间间隔中，企业节点的连通度变化是在添加企业节点和机构节点的条件下，新建连接带来的连通度变化，因此有 $\Delta k^{\mathrm{E}} = \frac{pq}{(p+q)}$，可知 $A = \frac{pq}{(p+q)}$ 。

所以有

$$\frac{\mathrm{d}k_i^{\mathrm{E}}}{\mathrm{d}t} = \frac{k_i^{\mathrm{E}}}{(p+q)t} \tag{4-11}$$

假设企业节点 i 是 t_i 时刻被添加到二分网络中的，其连通度为 $k_i^{\mathrm{E}}(t_i) = q$ ，则式（4-11）的解为

$$k_i^{\mathrm{E}}(t) = q\left(\frac{t}{t_i}\right)^{\frac{1}{p+q}} \tag{4-12}$$

式（4-12）是企业节点 i 在 t 时刻的连通度表达式。

因此，随着时间的变化，旧节点（小 t_i ）将比新节点（大 t_i ）获得更多的连接。事实上，企业与研究机构开展产学研合作，能够提高其技术创新能力，进而产生更多的产学研合作创新的需求以便开发更多的技术与产品，又吸引更多的研究机构。这也是企业创新能力“富者愈富”的表现。

对于 $k_i^{\mathrm{E}}(t) < k$ ，由 $k_i^{\mathrm{E}}(t)$ 的表达式［式（4-12）］可以得到 $t_i > \left(\frac{q}{k}\right)^{(p+q)} \times t$ ，则企业节点连通度 $k_i^{\mathrm{E}}(t)$ 小于 k 的概率 $P(k_i^{\mathrm{E}}(t) < k)$ 可表示为

$$P(k_i^{\mathrm{E}}(t)<k)=P\left(t_i>\left(\frac{q}{k}\right)^{(p+q)}\times t\right) \tag{4-13}$$

由于节点是等间隔时间地被添加到网络中的，且每个时间间隔只增加一种类型的节点，则添加企业节点的概率是 0.5，因此 t_i 的概率密度为

$$P(t_i)=\frac{t_i}{n_0+0.5pt} \tag{4-14}$$

代入方程（4-13）可得

$$\begin{aligned}P\left(t_i>\left(\frac{q}{k}\right)^{(p+q)}\times t\right)&=1-P\left(t_i\leqslant\left(\frac{q}{k}\right)^{(p+q)}\times t\right)\\&=1-\frac{t}{n_0+0.5pt}\times q^{(p+q)}\times k^{-(p+q)}\end{aligned} \tag{4-15}$$

式（4-15）对 k 求导可得概率密度

$$p(k)=\frac{\mathrm{d}P(k_i^E(t)<k)}{\mathrm{d}k}=\frac{(p+q)t}{n_0+0.5pt}\times q^{(p+q)}\times k^{-(1+p+q)} \tag{4-16}$$

从式（4-16）可以看出，企业节点的连通度分布服从幂律分布 $p(k)\sim k^{-\gamma}$，其中 $\gamma=1+p+q$。

2. 机构节点连通度分布

对于机构节点 i，根据连通度 k 的连续性假设，可以得到

$$\frac{\mathrm{d}k_i^{\mathrm{O}}}{\mathrm{d}t}=A\Phi_i^O=A\frac{k_i^{\mathrm{O}}}{\sum_j k_j^{\mathrm{O}}} \tag{4-17}$$

同理可得

$$\sum_j k_j^{\mathrm{O}}=pqt\text{，}\quad A=\frac{pq}{p+q}$$

所以，有

$$\frac{\mathrm{d}k_i^{\mathrm{O}}}{\mathrm{d}t}=\frac{k_i^{\mathrm{O}}}{(p+q)t} \tag{4-18}$$

假设机构节点i是t_i时刻被添加到二分网络中的，其连通度为$k_i^{\mathrm{O}}(t_i)=p$，则式（4-18）的解为

$$k_i^{\mathrm{O}}(t)=p\left(\frac{t}{t_i}\right)^{\frac{1}{p+q}} \tag{4-19}$$

该式是机构节点i在t时刻的连通度表达式。

对于机构节点i而言，其进入网络的时间t_i的概率密度为

$$P(t_i)=\frac{t_i}{m_0+0.5qt} \tag{4-20}$$

所以，同理可以得到

$$p(k)=\frac{\mathrm{d}P(k_i^{\mathrm{O}}(t)<k)}{\mathrm{d}k}=\frac{(p+q)t}{m_0+0.5qt}\times p^{(p+q)}\times k^{-(1+p+q)} \tag{4-21}$$

从式（4-21）可以看出，机构节点的连通度分布也服从幂律分布$p(k)\sim k^{-\gamma}$，其中$\gamma=1+p+q$。

4.2.6 产业二分网络节点度分布的实验分析

下面给出一次典型的实验结果，其中参数的取值如下：超额收益$\Delta S=5$、额外收益$S=4$、分配系数$\alpha=0.6$、违约成本$c=0.6$，则混合策略的纳什均衡解为$p=0.3$、$q=0.6$。

经过一段时间的演化，企业和科研机构构成的二分网络达到相对稳定的状态，这种稳定状态对于分析产学研合作创新联盟的分布有着重要的意义。这里，取系统演化时间$t=10^5$，可以得到企业节点和机构节点连通度分布如图 4-2 所示。从图中可以看出，企业节点和机构节点上的连通度分布都服从幂律分布，而且幂指数近似相等。对比两个图中的度分布可以看出，企业节点的度分布较机构节点的度分布更均匀些，而机构节点中的“核心”节点更多。

演化达到稳定状态之前，随机性的概率对于二分网络节点度分布有较大影响。从现实情况来看，产学研合作创新二分网络的形成受到两个方面的概率影响：一是企业或机构群体中持有合作策略的比例，即混合策略纳什均衡的概率。二是企业和机构个体之间的合作博弈概率（都持有合作策略）。从二分网络生成模型来看，新添节点受到两个概率的影响：一是企业和机构节点被添加的概率分别都是 0.5；二是新添加的节点还要持“合作”策略，那么对于企业节点来说，这个概率就是

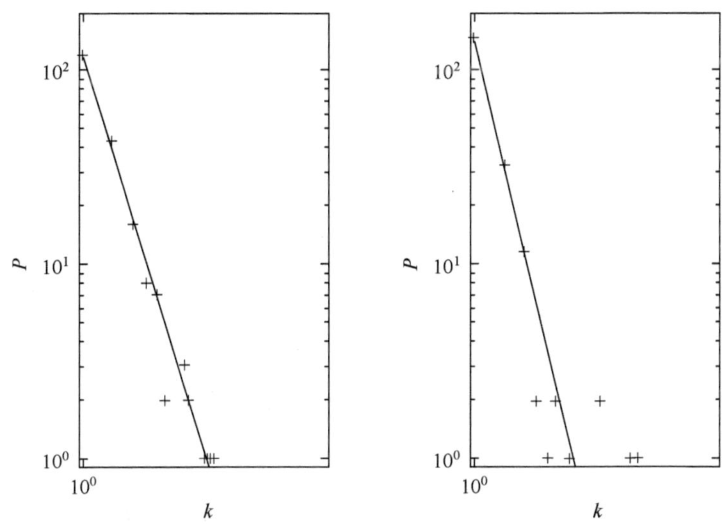

图 4-2　演化稳定状态下二分网络连通度分布

p，而对于机构节点来说，这个概率就是 q。因此，新添节点的概率为 $0.5p$ 或者 $0.5q$；择优选择合作对象受到节点连通度大小的影响，即择优选择概率与节点连通度成正比；建立合作关系主要受到个体博弈中的合作对象所采取的“合作”策略概率的影响。因此，在二分网络演化的初期，节点数目较少，而且进入网络的节点数目也较少，使得“节点连通度 k 连续”的假设不成立，所以只能通过计算实验的方法来分析。这里，取系统演化时间 $t = 500$，可以得到产学研合作创新二分网络。此时，企业节点和机构节点的连通度分布如图 4-3 所示。从图中可以看出，尽管可以用幂律分布来拟合连通度分布，但是两者的幂指数是不同的。

4.2.7　小结

运用计算实验和复杂网络研究产学研合作创新问题在国内还是一项崭新而非常富有意义的工作。本节尝试用复杂网络和计算实验的方法，对近年来被政府、企业和学者广泛关注的产学研合作创新网络进行了研究。

本节将高校和研究所等看成是一类的创新服务性机构，通过构建企业与科研机构的二分网络，分析企业与科研机构间的博弈，提出了基于博弈演化的二分网络的生成模型；进而，采用平均场理论推导了演化稳定状态下二分网络的节点连通度分布，并采用计算实验的方法加以验证和分析，得到如下的结论。

（1）创新企业和科研机构存在着多对多的合作关系，构成了产学研合作创新二分网络。

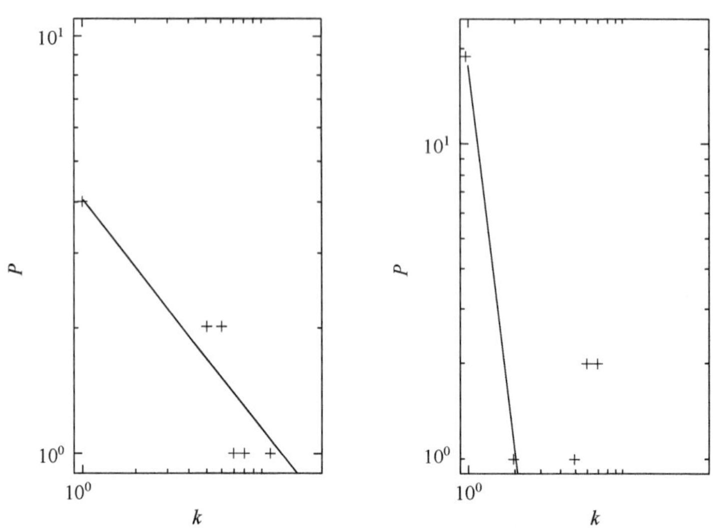

图 4-3　演化达到稳定状态前的二分网络连通度分布

（2）创新企业和科研机构的博弈中，“合作”策略选择概率与超额收益、额外收益、分配系数及违约成本有关。额外收益越大，越容易发生违约现象；超额收益越大，合作越容易发生；违约成本越大，合作越容易发生；企业获得超额收益的分配系数越大，企业的合作倾向越小，而科研机构的合作倾向越大。

（3）企业或科研机构创新能力的差异性和产学研合作创新的动态性决定了产学研合作创新网络的生成：有序性随机添加网络节点、择优性选取合作对象、博弈并建立连接。

（4）通过平均场方法（mean-field theory）推导发现，在演化稳定状态下企业节点和机构节点的连通度分布都服从幂律分布，且幂指数相同。通过计算实验发现，演化稳定状态下企业节点和机构节点的连通度分布近似相等，但是在演化初期，二者之间的连通度分布有较大差异。

本节小结的现实意义在于，由于产学研合作创新在特定产业中频繁发生，一般无法直接观察到企业或科研机构的创新能力，也无法预测合作创新的未来价值（超额价值和额外价值），但可以通过产学研合作关系的统计分析，获得企业和科研机构的合作概率。因此，小结可以用于产业创新能力的分析。

当然，本研究仍处于初步阶段，进一步改进企业和科研机构的二分网络模型及博弈规则的设计，使之更加贴近真实的产学研合作创新，从而增强结论的可靠性是今后需要考虑的重要研究问题。

§4.3 产业二分网络的实证分析：以 IC 产业为例

二分网络的数据格式可以提供一些非常有意义的分析，以更深入地了解“宏观与微观”之间的关系。在由服务关系所形成的产业二分网络中，可以分析企业与服务机构之间对合作与否决策的相互影响，也可以分析宏观网络结构是如何影响企业或服务机构的策略选择的。

类似的二分网络模式结构在实际生活中随处可见。社会领域是个人被嵌入到较大的结构中。事实上，分析“结构和机构”或者“宏观与微观”之间的关系是社会学的理论和分析的核心主题之一。

在本节中，采用 NodeXL 软件绘制产业二分网络图，再用 Ucinet 软件对产业二分网络中的数据进行定量和定性分析。

4.3.1 IC 产业二分网络

产业网络图中节点之间的关系（边）是描述一个产业结构的非常有效的方式。一个好的网络图可以立即表现出一些整体网络结构的最重要的特点。例如，网络关系的分布如何？

网络图可以帮助我们更好地了解一个特定节点是如何嵌入到 Ego 子网络和整体网络中的。通过分析特定节点及其 Ego 子网络，可以得到一个节点所面临的结构性限制和机会。从某种意义上说，通过 Ego 子网络分析，可以更好地了解一个企业或者服务机构在技术创新中所扮演的角色。

将创新企业和服务机构分别视作两种不同类型的节点，并用连线将这两类节点连接起来以表示它们之间的合作关系，可以得到产业二分网络。

从第 3 章的调研数据中，专门抽取出企业与服务机构之间的关系，去掉同类型节点之间的关系（企业与企业、服务机构与服务机构之间的关系），得到双模式（2-Mode）数据。使用网络分析工具 NodeXL 软件来对产业二分网络进行可视化，得到如图 4-4 所示的产业二分网络图。其中，实心的圆点表示服务机构，空心的圆点表示企业。

从这种可视化的二分网络（特别是当某种缩放方法用于定位空间中的点），可以得到一些启发。首先，可以发现某个企业和哪些服务机构之间具有服务关系，或者某个服务机构为哪些企业提供服务；其次，可以发现某些企业是通过某个服务机构的桥接作用（结构洞）而联系在一起，或者哪些服务机构共同为某个企业提供服务，展开创新合作。还可以发现网络中规模较大的子网络，其中最大子网络（最大簇）对于产业的技术创新有着重要的影响。

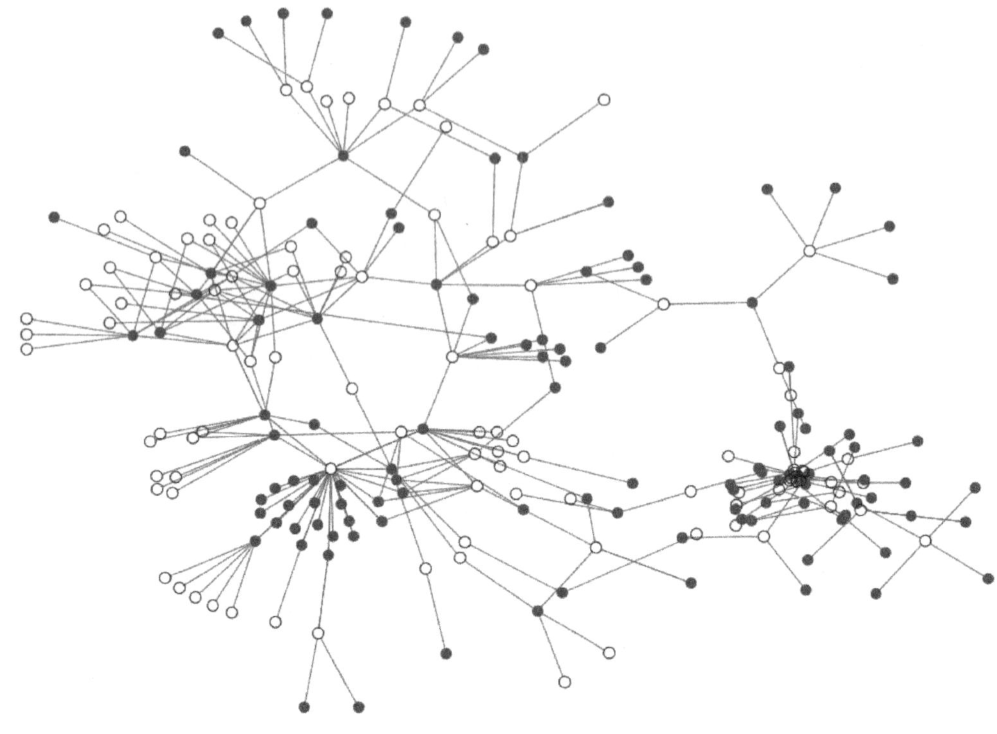

图 4-4　IC 产业二分网络图

4.3.2　奇异值分解分析

奇异值分解（SVD）是一种有很明显物理意义的方法，它可以将一个比较复杂的矩阵用更小更简单的几个子矩阵的乘积来表示，这些小矩阵描述的是矩阵的重要的特性。就像是描述一个人，如浓眉大眼、方脸、络腮胡，而且戴黑框眼镜，这样几个特征就让人脑海里面对此人有一个较为清楚的认识。实际上，人脸上的特征有无数种，之所以能这么描述，是因为人天生就有非常好的抽取重要特征的能力。

奇异值（singular value）类似于特征值（eigenvalue），是较常见的因素和成分分析技术。SVD 的目的是提取网络邻接矩阵的最重要的特征。不同的是，特征值分解只能用于方阵，而奇异值分解则可以作用于任意规模的矩阵。显然，二分网络的邻接矩阵的行数和列数是不同的，是一种 2-Mode 数据。

SVD 也是一种识别双模式数据基本因素的方法。SVD 在统计中的主要应用为主成分分析（principal component analysis，PCA）。PCA 是一种数据分析方法，用来找出大量数据中所隐含的“模式”，可以用在模式识别、数据压缩等方面。PCA

算法的作用是把数据集映射到低维空间中去。数据集的特征值（在 SVD 中用奇异值表征）按照重要性排列，降维的过程就是舍弃不重要的特征向量的过程，而剩下的特征向量张成空间（span space）为降维后的空间。

抽取因子（奇异值）的方法不同于传统的因素和成分分析法，可以用来检查 2-Mode 数据的双方 SVD 和双模式因素结果。

采用 Ucinet 软件的 Tools＞2-Mode Scaling＞SVD 可以得到产业二分网络的 SVD，然后将所得特征值与因子的对应关系绘制出来，如图 4-5 所示。需要注意的是，图 4-5 中的坐标是双对数坐标。在 Matlab 中先对特征值和引子取对数，然后采用曲线拟合工具进行绘制和多项式拟合，图中直线是拟合的结果：$f(x)=-0.5283x+2.439$。也就是说，奇异值和因子之间服从幂律分布。

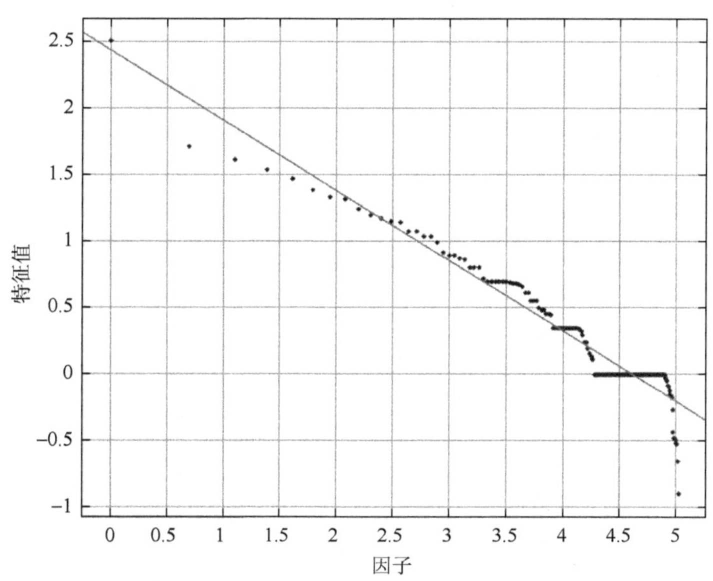

图 4-5 产业二分网络 SVD 的特征值与因子关系图（双对数坐标）

如果能很容易地感知如“左右”和“财务/道德”等模式的潜在维数，那么就可以用少数的奇异值来解释相当大的联合方差。企业和服务机构“集聚”一起的方式不是清楚、简单和容易的。然而，更重要的是，需要检查企业和服务机构是如何“测量”（scale）的，或者位于哪个潜在的维数。

通过因子分析，第一个维度中起到重要地位作用的企业主要集中在 IC 设计产业，表明它们在服务机构的配合下积极进行技术创新；而得分最少的行业是半导体设备产业。从数据来看，半导体设备产业似乎没有积极开展技术创新。从原始数据来看，半导体设备产业主要被国外企业所垄断，因此造成了奇异值得分较少。同时，通过相同的奇异值得分可以发现具有相同潜在维数的企业。

通过 SVD 分析，产业二分网络的 2-Mode 数据得到了降维。

4.3.3 因子分析

SVD 的目的就是提取出一个矩阵最重要的特征。因子分析（factor analysis）提供了一种替代 SVD 的方法：识别 2-Mode 变量联合空间的潜在维数、定位或者标度空间中的成员和事件。使用因子分析识别维数的方法不同于 SVD。在 Ucinet 中，采用命令 Tools＞2-Mode＞Factor analysis 可以得到主成分的特征值，如表 4-4 所示。限于篇幅所限，只给出前 10 个最大的特征值。

表 4-4 产业二分网络的因子分析特征值

因子	值	百分比/%	累积百分比/%	占比/%
1: 00	7.005	3.8	3.8	1.4
2: 00	5.005	2.7	6.5	1.367
3: 00	3.662	2	8.5	1.069
4: 00	3.424	1.8	10.3	1.026
5: 00	3.336	1.8	12.1	1.111
6: 00	3.003	1.6	13.7	1.202
7: 00	2.499	1.4	15.1	1.094
8: 00	2.285	1.2	16.3	1.028
9: 00	2.222	1.2	17.5	1.019
10: 00	2.18	1.2	18.7	1.043

在主成分特征值的基础上，采用 Matlab 将因子与特征值的关系绘制出来，如图 4-6 所示。需要注意的是，图 4-6 中的坐标是双对数坐标。在 Matlab 中首先分别对特征值和因子取对数，然后采用曲线拟合工具进行绘制和多项式拟合，图中直线是拟合的结果：$f(x) = -0.5422x + 2.206$。也就是说，因子分析的特征值与因子之间也服从幂律分布。对比 SVD 的数据拟合结果，可以发现这两种因子分析方法得到的特征值分布近似相同，但因子分析的幂指数更小，也就是说在图中更加倾斜，因此因子分析方法可以比 SVD 产生更低的复杂性。

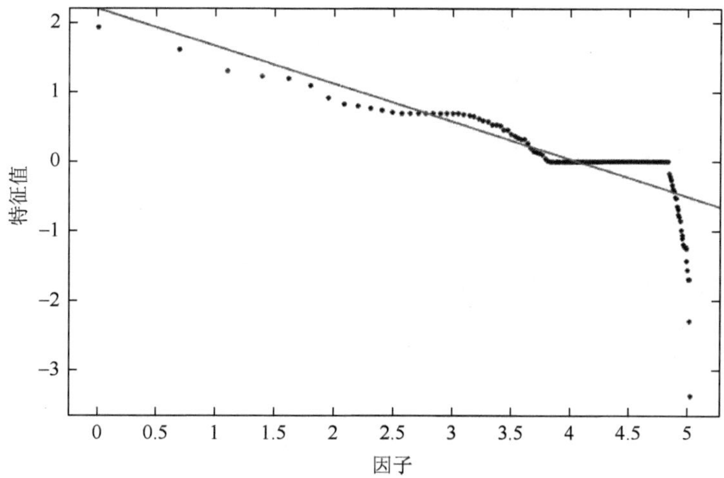

图 4-6　产业二分网络因子分析的特征值与因子关系图（双对数坐标）

4.3.4　一致性分析

因子分析方法作用于企业和服务机构间的方差/协方差或相关系数矩阵。当以二进制形式表示企业与服务机构之间的连接（无权重的二分网络）时，协方差的相关性会被严重地低估，并且使模式很难辨别。

作为一种替代二进制 2-Mode 数据测量，一致性分析法（method of correspondence analysis）可以用来分析二分产业网络的 0-1 邻接矩阵。

采用 Ucinet 可以得到产业二分网络一致性分析的特征值。在一致性分析的基础上，采用 Matlab 将因子与特征值的关系绘制出来，如图 4-7 所示。需要注意

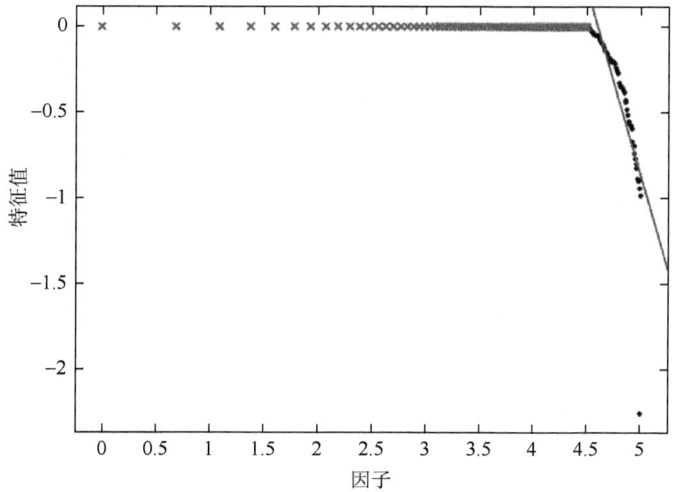

图 4-7　产业二分网络一致性的特征值与因子关系图（双对数坐标）

的是，图 4-7 中的坐标是双对数坐标。在 Matlab 中首先分别对特征值和引子取对数，然后采用 Curve fitting tools 进行绘制和多项式拟合，图中直线是对除去红色点数据外的拟合结果：$f(x) = -2.157x + 9.945$。也就是说，一致性分析的特征值与因子之间也服从幂律分布。

对比三种因子分析的特征值分布情况可以发现，SVD 和因子分析的方法，可以有效区分较高特征值的因子；而一致性分析可以有效区分较低特征值的因子。将特征值分析与 Ego 子网络相结合，可以从更微观、个体层面分析企业或服务机构在产业网络中的地位和作用。

4.3.5　小结

本节基于创新企业与服务机构之间的服务关系，采用 NodeXL 将产业二分网络进行可视化。从研究中可以看出，部分服务机构同时和多个企业建立服务关系；部分企业同时和多个服务机构建立服务关系。

通过产业二分网络的 SVD 分析，产业二分网络的双模式数据得到了降维。第一个维度中起到重要作用的产业主要集中在 IC 设计产业，表明它们在服务机构的配合下积极进行技术创新；而得分最少的产业是半导体设备产业。从数据来看，半导体设备产业似乎没有积极开展技术创新。从原始数据来看，半导体设备产业主要被国外企业所垄断，因此造成了奇异值得分较少。同时，通过相同的奇异值得分可以发现具有相同潜在维数的企业。

通过因子分析以发现，因子分析的幂指数较 SVD 更小，也就是说在图中更加倾斜，因此因子分析方法可以比 SVD 产生更低的复杂性。

通过一致性分析可以发现，一致性分析的特征值与因子之间也服从幂律分布，可以有效区分较低特征值的因子。将特征值分析与 Ego 子网络相结合，可以从更微观、个体层面分析企业或服务机构在产业网络中的地位和作用。

§4.4　产学研合作创新二分网络的实证分析：以江苏省为例

4.4.1　江苏省中小企业技术创新的产学研现状分析

江苏省拥有 40 万科技大军、13 万研发人员、近 4000 个研发机构和上百所大学，科教优势全国领先。如何把这样的科教优势转化为经济发展的优势？通过政策引导、机制创新，江苏形成了多领域、全方位的产学研合作局面，产学研“拧成一股绳”，形成强大合力，成为江苏加快创新型建设的“能量转换器”。近年来，江苏省充分发挥科教资源优势，深入开展多种形式的产学研合作，加快科技成果转化，成功地探索出了一条富有江苏地方特色的自主创新的有效途径。产学研合作已成为江苏省加快创新型省份建设的重要举措。

1. 产学研合作取得丰硕成果

1）多次召开了江苏省产学研合作成果展示洽谈会

为全面展示江苏省产学研活动的丰硕成果，认真总结科技成果转化资金取得的显著成效，充分发掘江苏省在推进产学研合作、促进自主创新方面的巨大潜力，江苏省人民政府决定举办“中国·江苏产学研合作成果展示洽谈会”，以此建立一个立足江苏、面向全国的产学研合作交流平台，引导和支持各类创新要素向江苏集聚，加快形成以企业为主体、市场为导向、产学研相结合的技术创新体系，为江苏率先建成创新型省份提供重要支撑。作为江苏推进产学研合作的一个长效机制，展示洽谈会将每两年举办一届。从 2007 年的第一届至今，江苏省产学研合作成果展示洽谈会已经召开了五届。

2）江苏省各地产学研合作活动蓬勃开展

江苏省各级政府与江苏内外科研机构积极开展产学研合作，签订全面合作协议。江苏省各级政府与江苏内外科研机构签订全面科技合作协议 803 份，建立产学研合作领导小组或办公室等工作机构 275 个。2006 年以来共举办各类产学研合作展示洽谈会 530 场，现场正式签约项目 3232 项，成交金额 78 亿元；各地安排产学研合作经费 11 亿元，达成产业化合作项目 3709 项，总投资 722 亿元，实现年销售 1606 亿元，利税 368 亿元。其中，与江苏省外科研单位共同实施的项目 1639 项，占 44.2%。

截至 2016 年年底，有 120 多个高校、科研院所的 3400 多个学科团队与江苏企业结对合作，共建立“校企联盟”4011 个，服务企业科技人员达 15000 多名。通过他们和企业科技人员的共同努力，江苏省企业的创新活力迅速激发，今年江苏省高新技术产业完成投资额、新开工项目数、投产项目数均居全国首位。

3）成果和人才的集聚效应日益显著

截至 2016 年年底，有 10630 件已获授权专利等知识产权的科技成果在江苏企业进行转化。其中，国际专利 55 项，发明专利 916 项，软件著作权 1796 项，已申请发明专利 3024 项；到江苏企业从事产学研合作的科研单位的中高级职称科技人员达到了 18365 名。其中，江苏内外科技人员通过产学研合作参与创办了近 120 个企业，总投资额达 9.88 亿元，骨干科技人员持股 5570 万元，技术股份占比为 5.6%，已实现年销售收入 16.9 亿元，利税 5 亿元。

4）产学研合作载体日趋完备

目前，江苏已建立各类产学研合作载体 1530 个，其中研发中心 327 个，重点实验室 76 个，工程技术研究中心 349 个，创业服务中心 72 个，专业开发园区 29 个，产业化基地 48 个，技术培训中心 78 个，累计投资额 319 亿元，建筑面积达 3343 万平方米，成为江苏地区最活跃的创新创业基地。

2. 科技成果转化专项资金工作实施成效巨大

2004 年，江苏省政府设立科技成果转化专项资金，大力支持产学研合作、加强自主创新，强力推进重大科技成果向现实生产力转化。四年来，江苏省共组织实施 300 个项目，安排省资助经费 35.4 亿元，带动社会资金总投入 390 亿元，取得了显著成效。

截至 2016 年年底，江苏省 80%以上的科技计划项目由企业承担，80%以上的科技经费投向企业；近几年企业研发投入年均增长 30%，2016 年达 440 亿元，占全社会研发投入的 80%以上。

科技成果转化专项资金的投入取得了如下成就。

（1）突破了一批重大原创性技术。形成了具有自主知识产权的标志性创新成果，企业的创新意识显著增强，在已获授权专利 1135 项基础上，新增授权专利 800 余项。

（2）壮大了一批创新型骨干企业。在一些相关行业发挥了龙头带头作用，形成 1000 多项重大创新产品，实现新增销售收入 500 多亿元，新增利税 90 多亿元。

（3）培育了一批高技术新兴产业。软件产业形成了大型系统集成软件、国产基础软件、嵌入式软件、动漫设计软件等重点产品群；光伏产业建立了从多晶硅原料、光伏电池到生产装备和应用系统的完整产业链；风电装备产业构建了兆瓦级风力发电整机与叶片、控制系统、发电机、齿轮箱等关键装备产业布局；轨道交通产业完成了具有自主知识产权的整车设计制造、动力牵引、信号控制、空气制动等关键设备的产业链构建；集成电路、新型显示、生物质利用等产业正在布局之中。冶金、纺织机械、数控装备等传统优势产业不断向产业链高端攀升。

（4）引导了全社会资金的广泛投入，吸引风险投资资金 5.2 亿元，获得银行贷款支持 136 亿元，一批企业通过上市募集到大量发展资金。

（5）推进了产学研合作深入开展，至 2006 年江苏省共举办各类产学研活动 530 场次，达成产业化合作项目 3709 项，形成了海内外大批科技成果、项目及人才向江苏聚集的良好局面。

3. 产学研合作促进产业快速发展

（1）产学研结合，助推新兴产业迅速发展。产学研结合使高校、科研院所的尖端科技应用于产业发展，为新兴产业的崛起提供了智力保障。2009 年，江苏新能源、新材料、医药与生物技术、软件及服务外包、节能环保、物联网等六大新兴产业销售收入增长 26%，明显高于工业平均增速，产业规模占全部工业销售收入的 21%，成为江苏省调整产业结构、转变发展方式的一大亮点。碳纤维、“龙芯”CPU、液晶显示器、兆瓦级风力发电叶片、高速喷气织机等一大批重大科研成果在江苏实现了产业化。2009 年，江苏省产学研联合创新资金重点支持了南京无线通信、无锡微纳传感网、苏州纳米、常州创意文化、泰州生物医药等 9 个重大创新载体的建设。

（2）通过产学研紧密合作，江苏高新技术产业规模不断扩大。2008 年，IC 产业规模占全国 43.1%；光伏产业形成国内最完整的产业链，产能占全国 70%、全球 20%；风电装备产业规模约占全国 20%，齿轮箱、叶片等关键部件占国内 50%以上；新型环保装备产业占全国 20%以上。

（3）加强产学研合作，使江苏成为全国科技成果转化的重要基地。目前江苏省内企业与省内外 941 家高校及科研院所建立了稳定合作关系；中科院所有应用类研究所全部与江苏开展了产学研合作，合作项目近 1000 项，2016 年项目产出规模首次突破 200 亿元，2017 年有望提前一年实现 300 亿元的院省合作目标。

4. 产学研合作提升创新能力

（1）产学研合作增强了企业的自主创新意识。在先进制造、新材料、生物医药等重点领域的骨干企业联合高校及科研院所建设 59 家省级重要实验室、500 多家省级工程技术研究中心、142 家企业院士工作站。目前，江苏省 40%以上的大中型制造企业已建有研发机构。

（2）产学研结合，促进企业创新能力极大发挥。连云港市海州开发区近年来积极搭建科技创新平台，助推园区转型升级，园区 80%以上的企业与高校和科研机构建立战略合作关系，引进各类高端人才近百人。未来园区将建立大学生创业基地和海外留学生创业基地，为园区转型升级提供智力支持和人才保证。

5. 产学研合作实现多赢局面

产学研合作，使高校和企业获得多赢。通过合作，企业获得了智力支持和人才保证，而高校、科研院所在获得充足科研资金的同时，面向企业要求培养专门人才，使学生学有所用。南京工程学院与苏州永儒塑胶工业有限公司建立了集工程实践、毕业设计指导、学生就业、科研合作与教改资助等功能于一体的综合性产学研合作基地，很多学生一毕业即进入该企业工作。

6. 推进产学研合作的政策措施

近年来，江苏省始终把推进产学研合作，加快集聚和释放科教资源优势，作为建设创新型省份、实现又好又快发展的重要举措。这些政策措施主要有如下方面。

（1）提高合作层次，构建产学研合作协调指导机制。江苏省政府先后与中国科学院、中国工程院、清华大学、北京大学、科技部等签订了科技合作协议；建立由江苏省科技厅牵头，省财政厅、省经贸委、省教育厅、省国资委、中科院南京分院等部门参加的产学研工作协调指导小组，进一步加大统筹协调和组织力度。

（2）盘活源头资源，充分释放科研机构的创新优势。运用评估考核和运行补贴等手段，推动科研机构建立以应用为导向的科研评价体系，鼓励和支持科研人员走进企业，进入产业一线。支持和鼓励企业与科研机构合作共建重点实验室、工程技术研究中心等一批研发机构，扶持建设一批高校科技成果转化服务中心，进一步促进科研机构创新要素向企业集聚。

（3）强化计划引导，调动企业和社会的积极性。江苏省科技成果转化专项资金及省级各类科技计划资金进一步突出了对产学研合作的引导和支撑，支持了一大批产学研合作项目，推动企业自觉地将产学研合作作为提高自主创新能力的重要手段，努力形成以企业为主体的产学研合作格局。

（4）搭建工作平台，打造江苏产学研合作活动品牌。江苏省每两年分别举办面向国内的“产学研合作成果展示洽谈会”和面向国外的“国际产学研暨跨国技术转移大会”，中国（南京）国际软件产品博览会等成为各具特色的产学研合作品牌。同时，积极支持地方产学研工作平台建设。

（5）建立产业联盟，提高产学研合作的组织程度。启动建设了江苏省生物医药、风力发电、集成电路、软件技术、船舶制造、光伏太阳能、半导体照明、轨道交通、纺织机械、数控机床十大产业技术创新联盟，推动产学研合作由单个企业、单项成果、单项技术、单个产品与高校科研机构合作向全产业链上中下游贯通。

（6）运用评估考核和运行补贴等手段，推动高校院所建立以应用为导向的科研评价体系，鼓励和支持科研人员进入产业一线。江苏省教育厅2015年出台了《关于深化高等学校科研评价改革的指导意见》，意见提出按照“鼓励创新、服务需求、科教结合、特色发展”的原则，做好总体设计，坚持统筹谋划、因校制宜。遵循科研工作规律和科研人员及教师的成长规律，大胆突破，激发活力，充分发挥科研人员和教师积极性、创造性，形成促进高等学校科研支撑创新人才培养、更好服务经济社会发展的评价机制。

（7）启动建设了生物医药、风力发电、集成电路、软件技术、船舶制造等十大产业技术创新联盟，推动产学研合作向全产业链上中下游贯通，实现产学研从提升企业竞争力向提升产业竞争力的跃升。

4.4.2　数据来源与处理方法

1. 数据来源

科技进步报告是对科研成果和科研过程的总结，是重要的国家战略性资源。欧美等科技强国均已建立较为完善的科技报告体系。目前我国已进入科研活动活跃期，大量科技成果纷纷呈现。科技部 2012 年通过的《关于深化科技体制改革、加快国家创新体系建设的意见》强调，要建立科研院所、高等学校和企业开放科研设施的合理运行机制，推进大型科学仪器设备、科技文献、科学数据等科技基础条件平台建设，建立统一的管理数据库和统一的科技报告制度，并依法向社会开放。

江苏省科技厅及市县科技局每年都编写《科技进步报告》，对上一年度的科技创新情况进行统计和总结，其中产学研合作项目统计工作是《科技进步报告》的重要内容。因此，本节以官方公布的《科技进步报告》为数据来源，构建产学研合作二分网络，加以实证分析。

2. 构建产学研合作创新数据库

为了便于数据统计分析和研究，本节利用桌面数据库软件 FileMaker 构建产学研合作创新数据库。

3. 生成 Ucinet 分析数据库

在使用 Ucinet 6.0 作任何分析前，必须创建一个 Ucinet 数据库。一般来说，Ucinet 支持 4 种格式的数据文件：原始数据、DL 格式、Excel 格式和 UCINET3 旧格式。原始数据文件是那些包含由变量矩阵记录的数字集。UCINET3 旧格式文件类似 DL 格式文件，但提供的信息范围有限。Excel 是标准的 Excel 电子表格数据文件。DL 格式文件不但包含原始的行和列数据，而且包含各种信息，如变量的名字、关系属性等。DL 格式的文件是最受欢迎的，可以灵活地组织各种格式的数据，而且可以随时将数据输出到另一个文件类型。

DL 格式文件有两种基本类型的格式链表：nodelists 和 edgelists。每种链表都有两种模式的数据：整体网（1-Mode）和二分网络（2-Mode）。在完成 DL 格式的 ASCⅡ码文档后，通过 UCINET 的 Import 命令，可以导入 DL 格式文件，然后生成 UCINET 的二分网络数据库。

4.4.3　产学研合作创新二分网络及其分析

在本节中，采用 Ucinet 软件分析二分网络中的数据，进行定量和定性分析。

1. 产学研合作创新二分网络图

将产学研合作创新中的创新企业和科研机构分别视作两类不同的节点，并用线将这两类节点连接起来以表示它们之间的合作关系。使用 Ucinet 软件来对产学研合作创新二分网络进行可视化，生成一个二分网，如图 4-8 所示。其中方块表示创新企业，圆点表示科研机构（高等院校或者研究所）。

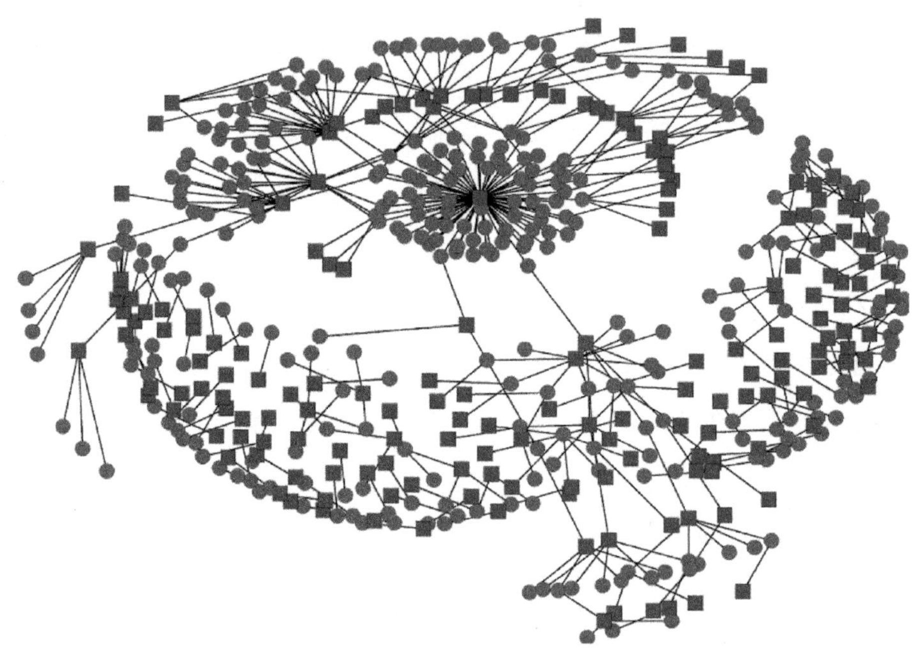

图 4-8　镇江市 2006～2010 年产学研合作创新二分网络图

2. 奇异值分解分析

采用 Ucinet 软件，可以得到产学研合作创新二分网络的奇异值，如表 4-5 所示。

表 4-5　产学研合作创新二分网络的奇异值

因子	值	百分比/%	累积百分比/%	占比/%	削减误差比例/%	累积削减误差比例/%
1: 00	12.323	5.1	5.1	2.223	0.241	0.241
2: 00	5.544	2.3	7.4	1.101	0.049	0.29
3: 00	5.034	2.1	9.5	1.08	0.041	0.331
4: 00	4.662	1.9	11.4	1.074	0.035	0.366
5: 00	4.342	1.8	13.2	1.085	0.03	0.396

续表

因子	值	百分比/%	累积百分比/%	占比/%	削减误差比例/%	累积削减误差比例/%
6: 00	4	1.7	14.9	1.05	0.026	0.422
7: 00	3.81	1.6	16.5	1.021	0.023	0.445
8: 00	3.732	1.5	18	1.077	0.022	0.467
9: 00	3.464	1.4	19.4	1.044	0.019	0.486
10: 00	3.317	1.4	20.8	1.027	0.018	0.504
11: 00	3.231	1.3	22.1	1.025	0.017	0.521
12: 00	3.152	1.3	23.4	1.007	0.016	0.537
13: 00	3.129	1.3	24.7	1.065	0.016	0.553
14: 00	2.937	1.3	26	1.003	0.014	0.567
15: 00	2.928	1.2	27.2	1.035	0.013	0.58
16: 00	2.828	1.1	28.3	1	0.013	0.593
17: 00	2.828	1.2	29.5	1.046	0.013	0.606
18: 00	2.705	1.1	30.6	1.081	0.012	0.618
19: 00	2.502	1.1	31.7	1.021	0.01	0.628
20: 00	2.449	1	32.7	1.002	0.01	0.638
21: 00	2.445	1	33.7	1.02	0.009	0.647
22: 00	2.397	1	34.7	1.009	0.009	0.656
23: 00	2.376	1	35.7	1.063	0.01	0.666
24: 00: 00	2.236	0.9	36.6	1	0.008	0.674
25: 00: 00	2.236	0.9	37.5	1.004	0.008	0.682
26: 00: 00	2.227	1	38.5	1.087	0.008	0.69
27: 00: 00	2.049	0.8	39.3	1.024	0.007	0.697
28: 00: 00	2	0.8	40.1	1	0.006	0.703
29: 00: 00	2	0.9	41	1	0.006	0.709
30: 00: 00	2	0.8	41.8	1	0.007	0.716
31: 00: 00	2	0.8	42.6	1	0.006	0.722
32: 00: 00	2	0.8	43.4	1	0.006	0.728
33: 00: 00	2	0.9	44.3	1.003	0.007	0.735
34: 00: 00	1.994	0.8	45.1	1.007	0.006	0.741
35: 00: 00	1.98	0.8	45.9	1.006	0.007	0.748
36: 00: 00	1.969	0.8	46.7	1.004	0.006	0.754
37: 00: 00	1.961	0.8	47.5	1.015	0.006	0.76
38: 00: 00	1.932	0.8	48.3	1.043	0.006	0.766
39: 00: 00	1.852	0.8	49.1	1.002	0.006	0.772
40: 00: 00	1.848	0.8	49.9	1.067	0.005	0.777
41: 00: 00	1.732	0.7	50.6	1	0.005	0.782
42: 00: 00	1.732	0.7	51.3	1	0.005	0.787
43: 00: 00	1.732	0.7	52	1.054	0.005	0.792

续表

因子	值	百分比/%	累积百分比/%	占比/%	削减误差比例/%	累积削减误差比例/%
44: 00: 00	1.643	0.7	52.7	1.015	0.004	0.796
45: 00: 00	1.618	0.7	53.4	1	0.004	0.8
46: 00: 00	1.618	0.6	54	1.025	0.004	0.804
47: 00: 00	1.578	0.7	54.7	1.001	0.004	0.808
48: 00: 00	1.577	0.7	55.4	1.011	0.004	0.812
49: 00: 00	1.56	0.6	56	1.103	0.004	0.816
50: 00: 00	1.414	0.6	56.6	1	0.003	0.819
51: 00: 00	1.414	0.6	57.2	1	0.004	0.823
52: 00: 00	1.414	0.6	57.8	1	0.003	0.826
53: 00: 00	1.414	0.5	58.3	1	0.003	0.829
54: 00: 00	1.414	0.6	58.9	1	0.003	0.832
55: 00: 00	1.414	0.6	59.5	1	0.004	0.836
56: 00: 00	1.414	0.6	60.1	1	0.003	0.839
57: 00: 00	1.414	0.6	60.7	1	0.003	0.842
58: 00: 00	1.414	0.6	61.3	1	0.003	0.845
59: 00: 00	1.414	0.6	61.9	1	0.003	0.848
60: 00: 00	1.414	0.5	62.4	1	0.004	0.852
61: 00: 00	1.414	0.6	63	1	0.003	0.855
62: 00: 00	1.414	0.6	63.6	1.007	0.003	0.858
63: 00: 00	1.405	0.6	64.2	1.018	0.003	0.861
64: 00: 00	1.38	0.6	64.8	1.031	0.003	0.864
65: 00: 00	1.338	0.6	65.4	1.049	0.003	0.867
66: 00: 00	1.276	0.5	65.9	1.002	0.003	0.87
67: 00: 00	1.273	0.5	66.4	1.045	0.003	0.873
68: 00: 00	1.219	0.5	66.9	1.038	0.002	0.875
69: 00: 00	1.174	0.5	67.4	1.029	0.002	0.877
70: 00: 00	1.141	0.4	67.8	1.022	0.002	0.879
71: 00: 00	1.117	0.5	68.3	1.117	0.002	0.881
72: 00: 00	1	0.4	68.7	1	0.002	0.883
73: 00: 00	1	0.4	69.1	1	0.001	0.884
74: 00: 00	1	0.4	69.5	1	0.002	0.886
75: 00: 00	1	0.5	70	1	0.002	0.888
76: 00: 00	1	0.4	70.4	1	0.001	0.889
77: 00: 00	1	0.4	70.8	1	0.002	0.891
78: 00: 00	1	0.4	71.2	1	0.001	0.892
79: 00: 00	1	0.4	71.6	1	0.002	0.894
80: 00: 00	1	0.4	72	1	0.002	0.896
81: 00: 00	1	0.4	72.4	1	0.001	0.897

续表

因子	值	百分比/%	累积百分比/%	占比/%	削减误差比例/%	累积削减误差比例/%
82: 00: 00	1	0.5	72.9	1	0.002	0.899
83: 00: 00	1	0.4	73.3	1	0.002	0.901
84: 00: 00	1	0.4	73.7	1	0.001	0.902
85: 00: 00	1	0.4	74.1	1	0.002	0.904
86: 00: 00	1	0.4	74.5	1	0.001	0.905
87: 00: 00	1	0.4	74.9	1	0.002	0.907
88: 00: 00	1	0.4	75.3	1	0.002	0.909
89: 00: 00	1	0.5	75.8	1	0.001	0.91
90: 00: 00	1	0.4	76.2	1	0.002	0.912
91: 00: 00	1	0.4	76.6	1	0.001	0.913
92: 00: 00	1	0.4	77	1	0.002	0.915
93: 00: 00	1	0.4	77.4	1	0.002	0.917
94: 00: 00	1	0.4	77.8	1	0.001	0.918
95: 00: 00	1	0.4	78.2	1	0.002	0.92
96: 00: 00	1	0.5	78.7	1	0.001	0.921
97: 00: 00	1	0.4	79.1	1	0.002	0.923
98: 00: 00	1	0.4	79.5	1	0.002	0.925
99: 00: 00	1	0.4	79.9	1	0.001	0.926
100: 00: 00	1	0.4	80.3	1	0.002	0.928
101: 00: 00	1	0.4	80.7	1	0.002	0.93
102: 00: 00	1	0.4	81.1	1	0.001	0.931
103: 00: 00	1	0.5	81.6	1	0.002	0.933
104: 00: 00	1	0.4	82	1	0.001	0.934
105: 00: 00	1	0.4	82.4	1	0.002	0.936
106: 00: 00	1	0.4	82.8	1	0.002	0.938
107: 00: 00	1	0.4	83.2	1	0.001	0.939
108: 00: 00	1	0.4	83.6	1	0.002	0.941
109: 00: 00	1	0.4	84	1	0.001	0.942
110: 00: 00	1	0.5	84.5	1	0.002	0.944
111: 00: 00	1	0.4	84.9	1	0.002	0.946
112: 00: 00	1	0.4	85.3	1	0.001	0.947
113: 00: 00	1	0.4	85.7	1	0.002	0.949
114: 00: 00	1	0.4	86.1	1	0.001	0.95
115: 00: 00	1	0.4	86.5	1	0.002	0.952
116: 00: 00	1	0.4	86.9	1	0.002	0.954
117: 00: 00	1	0.5	87.4	1	0.001	0.955
118: 00: 00	1	0.4	87.8	1	0.002	0.957
119: 00: 00	1	0.4	88.2	1	0.002	0.959

续表

因子	值	百分比/%	累积百分比/%	占比/%	削减误差比例/%	累积削减误差比例/%
120: 00: 00	1	0.4	88.6	1	0.001	0.96
121: 00: 00	1	0.4	89	1	0.002	0.962
122: 00: 00	1	0.4	89.4	1	0.001	0.963
123: 00: 00	1	0.4	89.8	1	0.002	0.965
124: 00: 00	1	0.5	90.3	1	0.002	0.967
125: 00: 00	1	0.4	90.7	1	0.001	0.968
126: 00: 00	1	0.4	91.1	1	0.002	0.97
127: 00: 00	1	0.4	91.5	1	0.001	0.971
128: 00: 00	1	0.4	91.9	1	0.002	0.973
129: 00: 00	1	0.4	92.3	1	0.002	0.975
130: 00: 00	1	0.4	92.7	1	0.001	0.976
131: 00: 00	1	0.5	93.2	1	0.002	0.978
132: 00: 00	1	0.4	93.6	1	0.002	0.98
133: 00: 00	1	0.4	94	1.004	0.001	0.981
134: 00: 00	0.996	0.4	94.4	1.006	0.002	0.983
135: 00: 00	0.99	0.4	94.8	1.024	0.001	0.984
136: 00: 00	0.966	0.4	95.2	1.017	0.002	0.986
137: 00: 00	0.95	0.4	95.6	1.033	0.001	0.987
138: 00: 00	0.919	0.4	96	1.01	0.002	0.989
139: 00: 00	0.91	0.4	96.4	1.032	0.001	0.99
140: 00: 00	0.881	0.3	96.7	1.024	0.001	0.991
141: 00: 00	0.86	0.4	97.1	1.01	0.001	0.992
142: 00: 00	0.852	0.4	97.5	1.018	0.002	0.994
143: 00: 00	0.837	0.3	97.8	1.094	0.001	0.995
144: 00: 00	0.765	0.3	98.1	1.186	0.001	0.996
145: 00: 00	0.645	0.3	98.4	1.044	0.000	0.996
146: 00: 00	0.618	0.2	98.6	1	0.001	0.997
147: 00: 00	0.618	0.3	98.9	1.018	0.001	0.998
148: 00: 00	0.607	0.3	99.2	1.017	0.000	0.998
149: 00: 00	0.597	0.2	99.4	1.013	0.001	0.999
150: 00: 00	0.59	0.2	99.6	1.139	0.001	0.999
151: 00: 00	0.518	0.2	99.8	1.273	0	1
152: 00: 00	0.407	0.2	100	0	1	
	241.443	100				

表 4-5 的结果显示出，通过一个简单的特征并不能很好地捕捉企业和科研机构之间差异的联合“空间”。表 4-5 中的特征值比较多，不利于观察，因此绘制了特征值与因子的对应关系图，如图 4-9 所示。

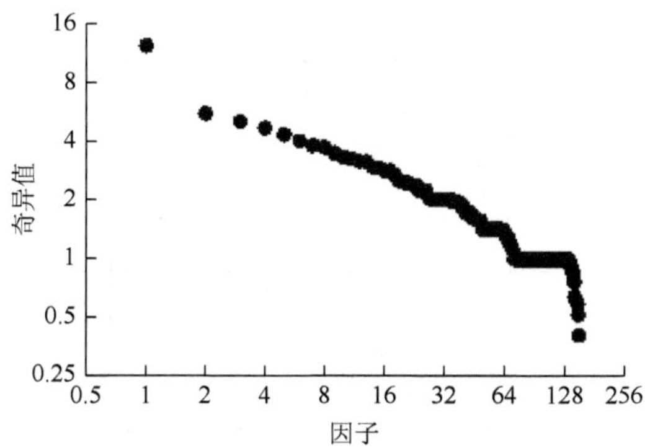

图 4-9　产学研合作创新二分网络的奇异值与因子关系图（双对数坐标）

奇异值分解分析可以检查企业和科研机构是如何“测量的”，或者位于哪个潜在的维数。表 4-6 显示出每一个企业在高的多维空间的前三个潜在维数上的测量得分。限于篇幅的限制，我们选取了镇江 R1 得分最高的前十个企业，R1 得分为零的企业比较多，我们仅取了最后的十个企业。

表 4-6　创新企业的奇异值分解得分

	企业代码	企业名称	R1	R2	R3
得分前十名的企业	zhenjiang034	镇江正汉泵业有限公司	0.321	0.065	−0.012
	zhenjiang005	镇江液压件厂有限责任公司	0.27	0.048	0.068
	zhenjiang183	镇江忆诺唯记忆合金有限公司	0.241	0.049	−0.009
	zhenjiang192	镇江同盛环保设备工程有限公司	0.241	0.049	−0.009
	zhenjiang006	镇江华晨华通路面机械有限公司	0.18	−0.358	−0.075
	zhenjiang018	大全集团有限公司	0.179	−0.211	−0.058
	zhenjiang016	江苏国泉泵业制造有限公司	0.165	0.013	−0.013
	zhenjiang036	江苏绿扬电子仪器集团有限公司	0.165	0.036	0.01
	zhenjiang033	江苏花王园艺有限公司	0.162	0.034	−0.006
	zhenjiang063	江苏希西维轴承有限公司	0.162	0.007	0.161

续表

	企业代码	企业名称	R1	R2	R3
得分后十名的企业	zhenjiang274	镇江万山红遍农业园	0	0	0
	zhenjiang275	句容市九龙药材有限公司	0	0	0
	zhenjiang277	镇江市瑞繁农艺有限公司	0	0	0
	zhenjiang279	镇江恒弛科技有限公司	0	0	0
	zhenjiang283	江苏豪然喷射成形合金有限公司	0	0	0
	zhenjiang285	镇江爱德计算机技术有限公司	0	−0.007	−0.001
	zhenjiang286	唐桥微电子（镇江）有限公司	0	0	0
	zhenjiang287	镇江大成硅科技有限公司	0	0	0
	zhenjiang290	镇江蓝天新能源科技有限公司	0	0	0
	zhenjiang291	镇江新区苏润农业发展有限公司	0	0	0

从表 4-6 可以看出，第一个维度中起到重要作用的企业主要集中在机械制造行业，表明它们积极参加产学研合作创新项目；而得分最少的行业有农业和电子技术产业，从数据来看，这些产业似乎没有积极参加产学研合作创新项目。从原始数据来看，这些行业的产学研合作创新项目的缔约方比较少，比较专业，因此造成了奇异值得分较少。同时，相同的奇异值得分可以让我们找到或者测量沿着相同潜在维数的企业。

同样地，我们给出每一个科研机构（高校和研究所）在多维空间的前三个潜在维数上的测量得分。限于篇幅，这里只给出得分最高的前十个科研机构，如表 4-7 所示。

表 4-7　科研机构的奇异值分解得分

科研机构代码	科研机构名称	C1	C2	C3
gaoxiao001	江苏大学	0.989	0.09	−0.015
gaoxiao003	同济大学	0.091	−0.001	0.097
gaoxiao004	东南大学	0.077	−0.957	−0.138
gaoxiao006	西安交通大学	0.03	−0.085	−0.026
gaoxiao033	解放军理工大学	0.021	−0.066	−0.017
gaoxiao002	江苏科技大学	0.017	−0.143	0.843
yanjiusuo021	中科院金属研究所	0.015	−0.042	−0.013
yanjiusuo033	中科院沈阳自动化研究所	0.015	−0.038	−0.011
yanjiusuo034	西安高压电气研究所	0.015	−0.038	−0.011
yanjiusuo015	中国船舶重工集团公司第七一一研究所	0.014	0.008	−0.002

从表 4-7 可以看出，第一个维度中奇异值分解得分最高的是高等院校，其次是研究所。主要原因是高等院校都是综合性的，专业技术和人才较研究所更丰富、更广泛；而研究所则在某个领域上更深入。

通过比较企业和科研机构的奇异值分解得分（表 4-6 和表 4-7）可以看出，企业的得分比科研机构的得分高得多，表现在产学研合作创新中，企业起到主要的作用。

对于奇异值分解分析，二分网络的 2-Mode 数据得到了降维。以企业得分为横轴、科研机构得分为纵轴，将企业和科研机构的奇异值分解的相关性绘制在二维坐标系中，形成了如图 4-10 所示的散点图。这个散点图对于可视化企业和科研机构的关系是非常有用的。

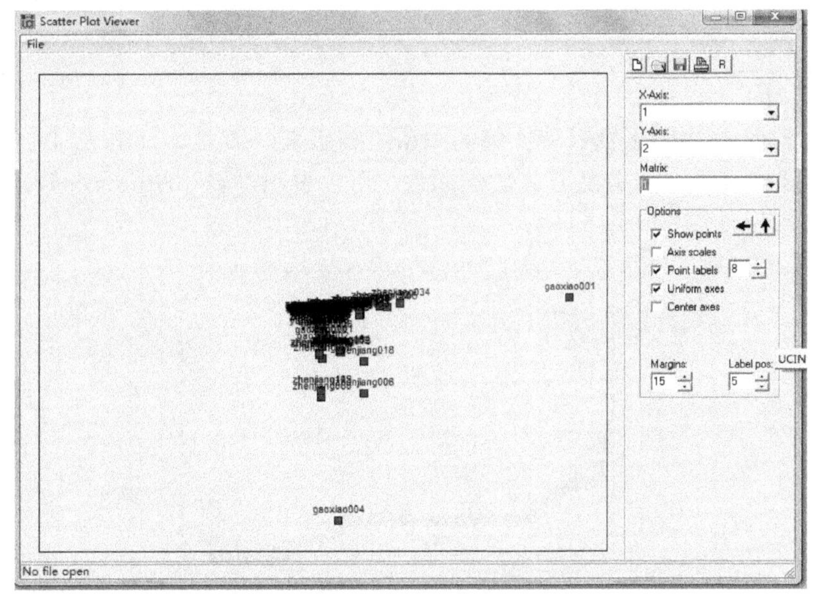

图 4-10　企业和科研机构的散点图

从图 4-10 可以看出，图中上下方向维度上有被高校所锚定的极点，分别是江苏大学（gaoxiao001）和东南大学（gaoxiao004），表明这两个高校在产学研合作创新中具有特殊的地位和作用。图中左右方向上企业之间的分组并不明显，图示的结果不能清楚和清晰地显示特别的企业和科研机构。这主要是调查数据中的企业大多数位于镇江所造成的。

3. 因子分析

在 Ucinet 中，采用命令 Tools＞2-Mode＞Factor analysis 可以得到主成分的特征值，如表 4-8 所示。限于篇幅所限，我们只给出前 10 个最大的特征值。常数坐标和双对数坐标下的因子分析分布图分别如图 4-11 和图 4-12 所示。

表 4-8　二分网络的因子分析特征值

因子	值	百分比/%	累积百分比/%	占比/%
1: 00	7.005	3.8	3.8	1.4
2: 00	5.005	2.7	6.5	1.367
3: 00	3.662	2	8.5	1.069
4: 00	3.424	1.8	10.3	1.026
5: 00	3.336	1.8	12.1	1.111
6: 00	3.003	1.6	13.7	1.202
7: 00	2.499	1.4	15.1	1.094
8: 00	2.285	1.2	16.3	1.028
9: 00	2.222	1.2	17.5	1.019
10: 00	2.18	1.2	18.7	1.043

采用 Matlab 将因子及其特征值的关系绘制出来，如图 4-11 和图 4-12 所示，前者是普通坐标系，后者是双对数坐标系，可以看出，较小的因子和较大的因子近似服幂律分布。

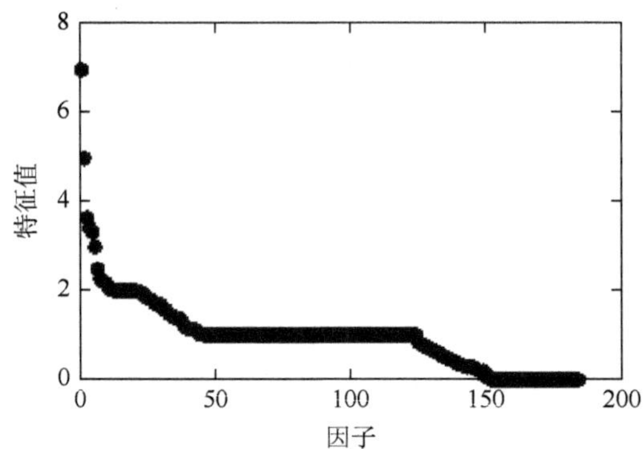

图 4-11　因子分析的特征值分布图（常数坐标）

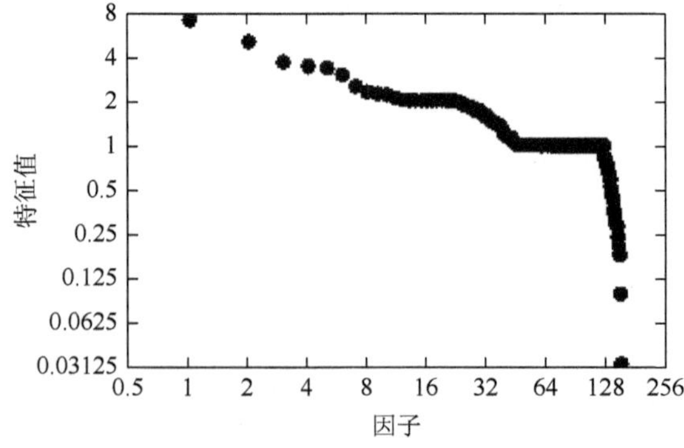

图 4-12　因子分析的特征值分布图（双对数坐标）

4. 一致性分析

作为一种替代二进制 2-Mode 数据测量，可以采用一致性分析法。这种方法也可以用于定位在多个潜在维度上的行为。

图 4-13 显示出企业和科研机构在联合对应分析空间的前两个维度上的散点图。这种差异意味着这两种分组倾向于参加不同组别的活动，而不是在同一活动中彼此面对。

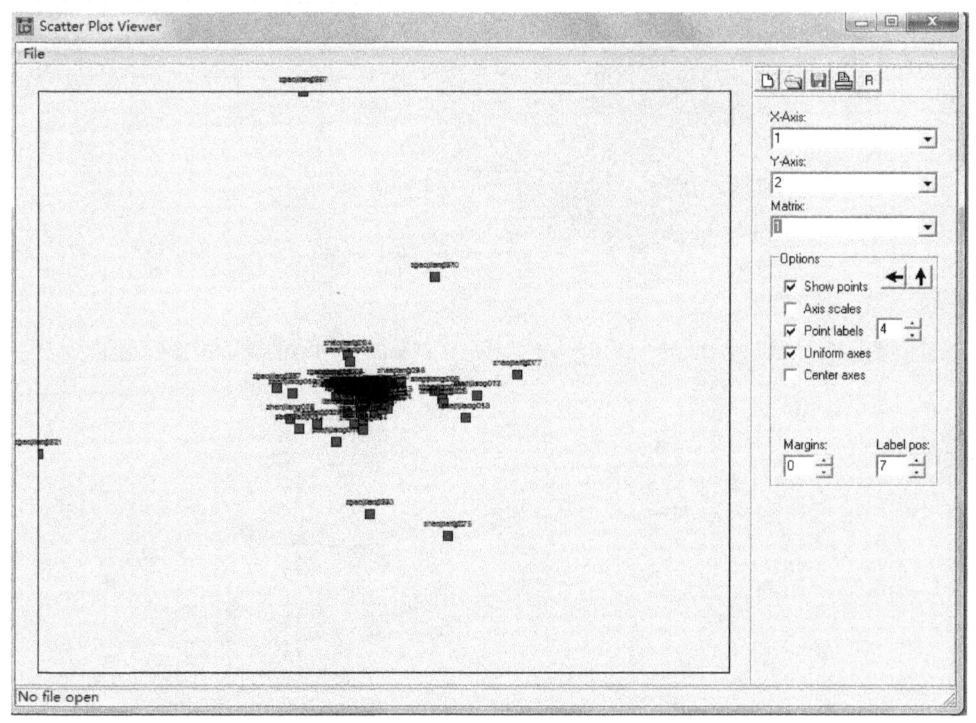

图 4-13　一致性分析的散点图

4.4.4　产学研合作创新二分网络的投影网络及其复杂性分析

1. 产学研合作创新二分网络的投影网络

将二分网络向企业端和机构端投影，分别得到创新企业投影网络图和科研机构投影网络图，如图 4-14 和图 4-15 所示。

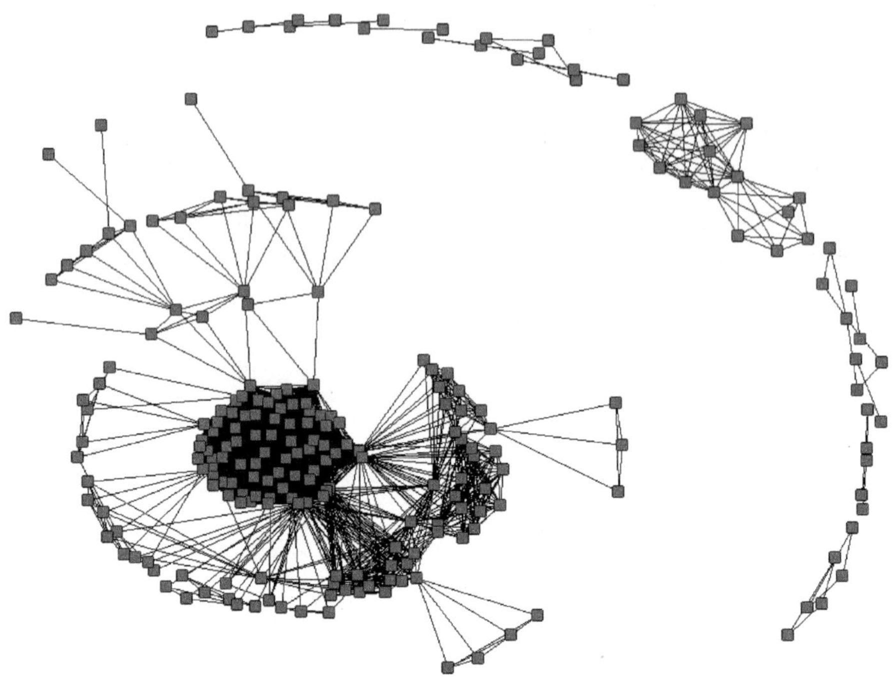

图 4-14 镇江市 2006～2010 年产学研合作创新二分网络的企业投影网络图

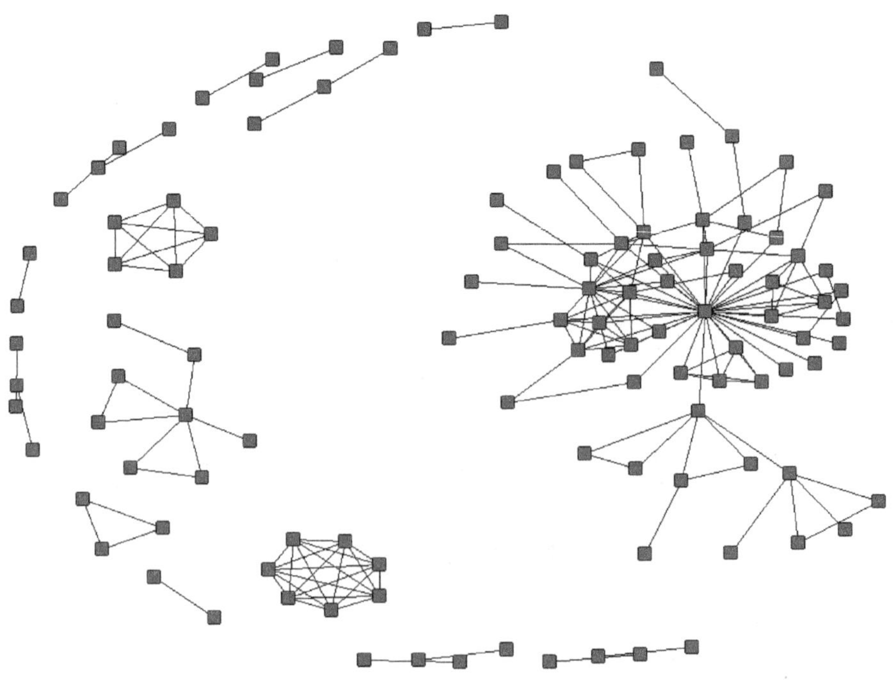

图 4-15 镇江市 2006～2010 年产学研合作创新二分网络的科研机构投影网络图

从上面的网络图可以看出，企业和科研机构在网络中的地位是不同的。有的节点处于网络的“核心”地位，与较多的其他节点建立了联系，而有的则处于网络的“边缘”，只与很少的节点建立了联系。这些特点的具体刻画，将在后面的分析中给出。

社会网络分析认为，个人或者组织如果在一个社会网络中与其他人发生越多的联系，他就越是居于中心位置，其在整个群体中的作用越大，那些影响力较少的则处于较为边缘的位置，即中心性分析。

基于上述分析，本节将从以下几个方面分析投影网络的中心性特征：节点连通度、最短路径、集聚系数等。

2. 投影网络的连通度分析

拥有较多连接的网络节点处于一个优势的地位。由于它们有多个连接，就会有可替代的方式来满足需要，并且较少地依赖其他单个网络节点。同时，由于有多个连接，它们可以有能力请求更多的网络资源；它们也经常在其他节点的交易中扮演第三方或者交易制造者，并且从这种经纪活动中获得收益。所以，一个非常简单却非常有效的测量网络节点中心性和权力潜力的变量是网络节点连通度。

1）网络节点连通度统计特征

网络中节点连通度是指与该节点相关联的边的数量。通过计算机构投影网络的每个节点的连通度，并对其进行统计分析，得到表 4-9。

表 4-9　科研机构投影网络的节点连通度统计表

	度	标准化度	份额
平均值（mean）	3.168	0.143	0.005
标准差（Std Dev）	7.094	0.321	0.012
总度数（Sum）	586	26.54	1
方差（variance）	50.323	0.103	0
SSQ	11166	22.903	0.033
MCSSQ	9309.806	19.096	0.027
Euc Norm	105.669	4.786	0.18
最小值（minimum）	0	0	0
最大值（maximum）	79	3.578	0.135
网络中心性（network centralization）		3.47%	
网络异质性（heterogeneity）		3.25%.	
网络标准性（normalized）		2.73%	

就整个网络平均而言，每个科研机构的关联度为3.168，即每个科研机构与3～4个机构相联系。从表4-9可以看出，网络连通度的方差较大，最大连通度值也较大，而网络的中心性、异质性和标准性都较小，说明网络连接在网络中的分布极不均匀，必须要对连接分布进行统计分析。

通过计算企业投影网络的每个节点的连通度，并对其进行统计分析，得到表4-10。

表4-10 企业投影网络的节点连通度统计表

	度	标准化度	份额
平均值（mean）	35.77	0.969	0.003
标准差（Std Dev）	58.877	1.603	0.005
总度数（Sum）	10922	297.44	1.000
方差（variance）	3466.557	2.571	0.000
SSQ	1452800.000	1077.458	0.012
MCSSQ	1064233.000	789.281	0.009
Euc Norm	1205.322	32.825	10110
最小值（minimum）	0.000	0.000	0.000
最大值（maximum）	372.000	10.131	1.034
网络中心性（network centralization）		9.22%	
网络异质性（heterogeneity）		1.22%	
网络标准性（normalized）		0.90%	

就整个网络平均而言，每个企业的关联度为35.77，即每个企业与35～36个机构相联系。从表4-10可以看出，网络连通度的方差较大，最大连通度值也较大，而网络的中心性、异质性和标准性都较小，说明网络连接在网络中的分布极不均匀，必须要对连接分布进行统计分析。

2）网络节点连通度分布特征

假设 $p(k)$ 为网络中度数为 k 的节点个数占网络总节点个数的比例，则 $p(k)$ 也等于在随机一致的原则下挑选出的节点度数为 k 的概率。$p(k)$ 是刻画网络节点连通度状态的重要指标。

（1）机构投影网络的连通度分布。

对科研机构投影网络中的节点连通度按照出现的频率进行统计，可以得到节点连通度的概率分布，如表4-11所示。

表 4-11　科研机构投影网络节点连通度的分布表

连通度	次数	频率	连通度	次数	频率
0	74	0.389474	10	2	0.010526
1	32	0.168421	11	2	0.010526
2	21	0.110526	14	1	0.005263
3	11	0.057895	15	1	0.005263
4	7	0.036842	16	3	0.015789
5	10	0.052632	17	1	0.005263
6	2	0.010526	19	1	0.005263
7	3	0.015789	31	1	0.005263
8	5	0.026316	79	1	0.005263
9	12	0.063158			

将节点连通度的概率分布绘制在双对数坐标系中，可以得到如图 4-16 所示的规律，其中直线是对概率分布点的拟合 $p(k)\approx k^{-r}$，其中斜率 $r=2.38$。

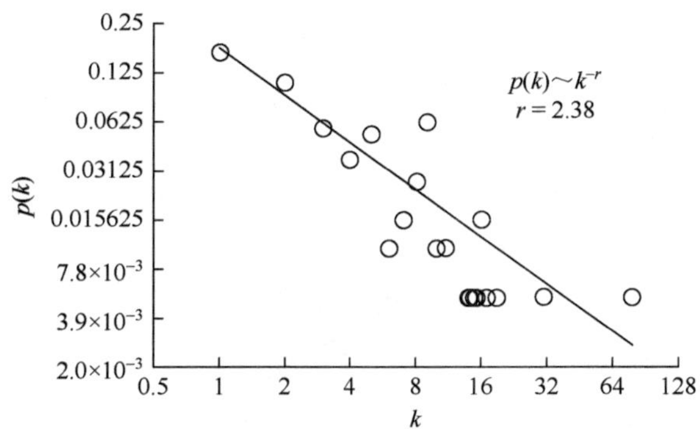

图 4-16　科研机构投影网络的连通度分布图

从图 4-16 可以看出，产学研合作创新二分网络的科研机构投影网络是一个无标度网络，其节点连通度分布服从幂律分布 $p(k)\sim k^{-r}$。即网络节点的连通度分布在网络中的分布是极不均匀的（从表也可以看出），大多数节点的连通度较小，而较少节点的连通度较大。

（2）企业投影网络的连通度分布。

对企业投影网络中的节点连通度按照出现的频率进行统计，可以得到节点连通度的概率分布，如表 4-12 所示。

表 4-12 企业投影网络节点连通度的分布表

连通度	次数	频率	连通度	次数	频率	连通度	次数	频率
0	77	0.250814	19	11	0.035831	103	1	0.003257
1	18	0.058632	21	8	0.026059	116	1	0.003257
2	23	0.074919	25	1	0.003257	117	3	0.009772
3	7	0.022801	28	2	0.006515	190	4	0.013029
4	14	0.045603	30	1	0.003257	191	1	0.003257
5	10	0.032573	33	1	0.003257	192	1	0.003257
6	10	0.032573	36	1	0.003257	194	1	0.003257
7	13	0.042345	37	1	0.003257	195	1	0.003257
9	5	0.016287	40	2	0.006515	209	1	0.003257
10	8	0.026059	47	1	0.003257	225	1	0.003257
11	10	0.032573	51	1	0.003257	241	1	0.003257
14	2	0.006515	96	53	0.172638	282	2	0.006515
15	2	0.006515	98	2	0.006515	298	1	0.003257
18	1	0.003257	101	2	0.006515	372	1	0.003257

将节点连通度的概率分布绘制在双对数坐标系中，可以得到如图 4-17 所示的规律，其中直线是对概率分布点的拟合 $p(k)\sim k^{-r}$，其中斜率 $r=2.118$。

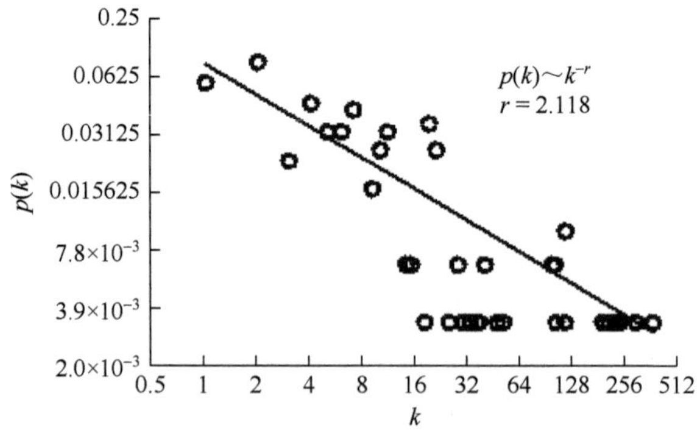

图 4-17 企业投影网络的连通度分布图

从图 4-17 可以看出，产学研合作创新二分网络的企业投影网络是一个无标度网络，其节点连通度分布服从幂律分布 $p(k)\sim k^{-r}$。即网络节点的连通度分布在网络中的分布是极不均匀的（从表 4-12 也可以看出），大多数节点的连通度较小，而较少节点的连通度较大。

3. 投影网络的最短路径分析

1）科研机构投影网络的最短路径分析

通过科研机构投影网络的统计分析（表 4-13），可以得到网络的平均最短路径长度为 2.703，说明科研机构投影网络的企业节点中任意两个科研机构，或者通过 1 个，或者通过 2 个中间科研机构就能发生联系。即产学研合作创新二分网络的机构投影网络是一个小世界网络，具有小世界特性（较小的平均最短距离和较大的集聚系数）。

表 4-13　科研机构投影网络的平均最短距离统计表

距离	数值
平均最短距离	2.703
紧密性	0.046
宽度	0.954

对科研机构投影网络中不同长度的最短距离出现的次数进行统计，可以得到各种最短距离出现的频率，如表 4-14 所示。

表 4-14　科研机构投影网络中最短距离出现的频率表

最短距离	次数	比例
1	343	0.096
2	1314	0.369
3	1130	0.317
4	611	0.172
5	152	0.043
6	10	0.003

将最短路径的频率绘制在直角坐标系中，并用曲线进行拟合，如图 4-18 所示。可以看出，最短路径概率近似服从偏正态分布。

新知识和新技术不会马上被掌握，往往通过网络形式扩散。科研机构投影网络的小世界特性表明，技术创新的传播与扩散是一个快速的过程。

2）企业投影网络的最短路径分析

通过对企业投影网络的统计分析（表 4-15），可以得到网络的平均最短路径长度为 2.275，说明企业投影网络的企业节点中任意两个科研机构，或者通过 1 个，或者通过 2 个中间科研机构就能发生联系。即产学研合作创新二分网络的企业投影网络是一个小世界网络，具有小世界特性。

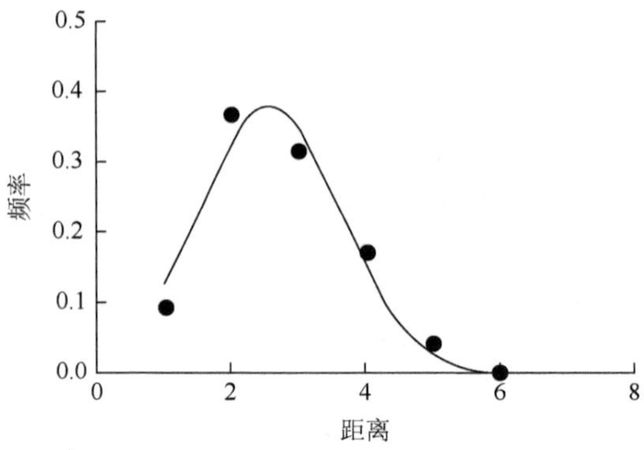

图 4-18　科研机构投影网络的最短路径分布图

表 4-15　企业投影网络的平均最短距离统计表

距离	数值
平均最短距离	2.275
紧密性	0.184
宽度	0.816

对企业投影网络中不同长度的路径进行统计分析，可以得到各种长度的路径出现的频率，如表 4-16 所示。

表 4-16　企业投影网络中最短距离出现频率统计表

最短距离	次数	比例
1	7072	0.224
2	13537	0.428
3	7161	0.226
4	3041	0.096
5	734	0.023
6	78	0.002
7	4	0

将企业投影网络中各种长度的路径出现频率绘制在直角坐标系中，并用曲线进行拟合，可以得到图 4-19。从图 4-19 可以看出，企业投影网络的路径概率分布近似服从偏正态分布。

新知识和新技术不会马上被掌握，往往通过网络形式扩散。企业投影网络的小世界特性表明，技术创新的传播与扩散是一个快速的过程。

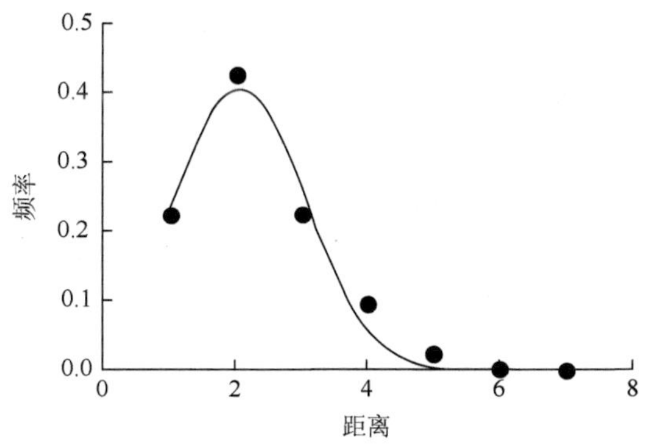

图 4-19　企业投影网络的最短路径分布图

4. 投影网络的集聚系数分析

Watts（1998）和其他一些学者认为，在大型真实的网络中，有看上去自相矛盾的结构模式。

一方面，在许多大型网络（如 Internet）中，任何两个节点之间的平均最短距离是相对短的。“六度分离”现象就是一个例子。所以，非常大网络中的大多数节点与其他节点距离相当近。

另一方面，大多数的企业在局部区域内运营，在局部区域内，企业之间相互连接（即建立各种服务联系）。也就是说，在多数网络中，较大比例的连接（tie）都集聚在局部区域内，即网络中局部区域的密度倾向于比同规模随机网络的密度大得多。

这就是小世界现象，网络的平均最短距离较短，而且局部区域被耦合成小集团。小世界现象在大规模网络中很常见。

前面探讨了网络的平均最短距离，在这里计算网络的集聚系数。网络的集聚系数反映了网络的集聚性。

1）科研机构投影网络的集聚系数分析

对产学研合作创新二分网络的科研机构投影网络的集聚系数进行计算，可以得到表 4-17。

表 4-17　科研机构投影网络的集聚系数

集聚系数类别	数值
整个网络的集聚系数（overall graph clustering coefficient）	1.658
整个网络的加权集聚系数（weighted overall graph clustering coefficient）	0.731

整个网络的集聚系数是网络中所有科研机构邻接点的密度的平均值。这里的“加权”是以节点规模的比例对邻接点密度进行加权。也就是说，拥有

较多邻接点的科研机构在计算平均密度时被给予更多的权重。由于较大网络通常情况下较规模小的网络的密度要小，所以这个加权集聚系数要比非加权集聚系数小。

对集聚系数出现的频率进行统计分析，并绘制在图 4-20 上（双对数坐标系）。从图 4-20 中可以看出，大部分的集聚系数出现的频率较低，但是其他的集聚系数服从幂律分布。

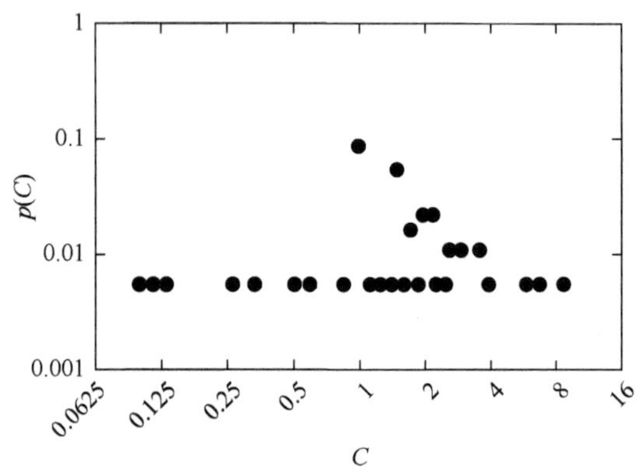

图 4-20 科研机构投影网络的集聚系数分布图

对节点的连通度与集聚系数的相关性进行统计分析，得到如图 4-21 所示的散点图。可以看出，连通度的大小与集聚系数的大小无直接正比例关系。

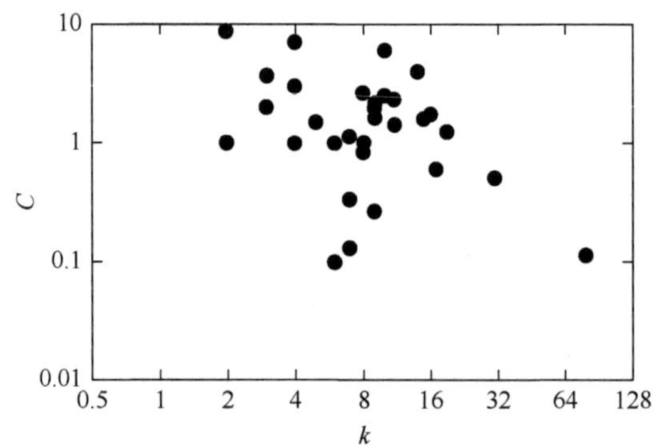

图 4-21 科研机构投影网络的连通度与集聚系数关系图

2）企业投影网络的集聚系数分析

对产学研合作创新二分网络的企业投影网络的集聚系数进行计算，可以得到表 4-18。

表 4-18　企业投影网络的集聚系数

集聚系数类别	数值
整个网络的集聚系数（“Overall” graph clustering coefficient）	1.334
整个网络的“加权”集聚系数（“Weighted Overall” graph clustering coefficient）	1.502

对集聚系数出现的频率进行统计分析，并绘制在图 4-22 上（双对数坐标系）。从图中可以看出，大部分的集聚系数出现的频率较低，但是其他的集聚系数服从幂律分布。

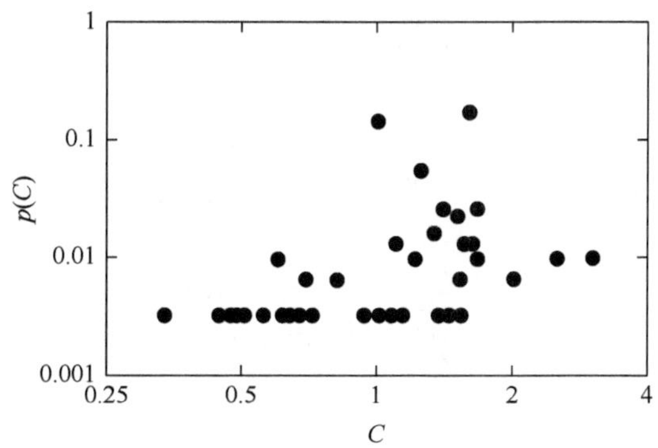

图 4-22　企业投影网络的集聚系数分布图

对于节点的连通度与集聚系数的相关性进行统计分析，得到如图 4-23 所示的散点图。可以看出，连通度的大小与集聚系数的大小无直接正比例关系。

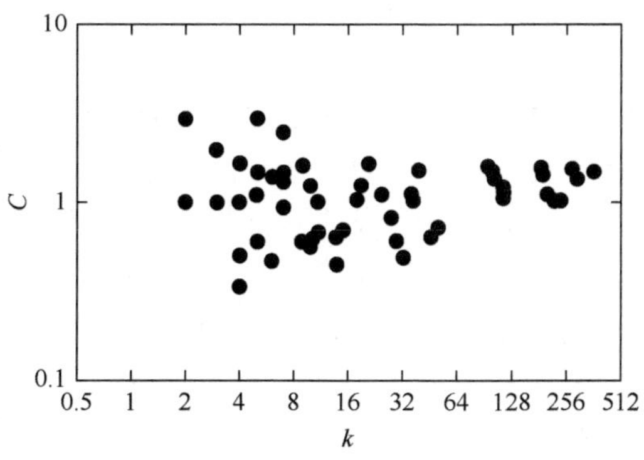

图 4-23　企业投影网络的连通度与集聚系数关系图

4.4.5　小结

本节以 2006～2010 年期间的镇江市产学研合作创新项目为例，构建了产学研合作创新二分网络，并对二分网络的两个集合（企业和科研机构）作了投影，得到了科研机构投影网络和企业投影网络。对这些网络分别作了进一步的分析。通过实证分析，可以得到如下结论。

（1）产学研合作创新二分网络和投影网络都是复杂网络，具有小世界特性和无标度特性。

（2）产学研合作创新网络中合作关系的分布非常不均匀，使得不同科研院所在技术创新活动中的作用和地位不同，但它们形成了服务的合力，共同推动了技术创新的完成。

产学研合作创新二分网络的构建为进一步研究网络特性提供了平台，更为发展江苏省产学研合作提供了强有力的理论支撑与保障。

§4.5　服务、创新与产业网络的协同演化：基于知识距离的分析

4.5.1　知识传播

知识经济的发展促进了技术创新，也促进了知识分布的网络化和社会化。知识的促进作用必然要经历一个过程，实现个体知识与组织知识、显性知识与缄默知识的转换及知识的扩散。从一定程度上来说，知识的作用就是促进技术创新。

技术创新的本质在于新知识的创造、应用与扩散。用于技术创新的各种知识则分布于各种社会化服务机构中，如大学、科研机构与企业。因此，企业的技术创新活动离不开各种社会化服务机构的知识密集型服务。

知识与创新是经济全球化服务业不断发展和繁荣的重要基础，新型服务经济发展的重要特征之一就是服务在知识的产生、创造与传播中起着重要的作用，同时在知识运动的过程中也不断孕育着服务创新（白玲和汪小雯，2006）。

知识在人类社会中的传播越来越重要。知识传播的研究涵盖了广泛的主题，如组织中影响知识转移的因素（Szulanski，2000）、知识转移对组织绩效的影响（Cavusgil et al.，2003）、促进组织间知识转移的方法和工具（Bartol and Srivastava，2002）。最近，随着网络科学的快速增长，社交网络上知识传播的研究已经吸引了大量的研究关注（Phelps et al.，2012）。

关于社交网络上知识传播的研究，两个研究问题从中脱颖而出，即知识在社交网络中是如何扩散的，以及在知识扩散中社交网络本身是如何演变的。

对于前一个问题，典型的研究包括网络中关系强度对知识转移的作用（Hansen，1999）、凝聚力和范围对知识转移的影响（Reagans and McEvily，2003）。另外，网络拓扑结构是对知识传播造成影响的一个关键特性。因此，近年来在不同类型网络结构上的知识扩散已被广泛研究，如规则网络（Deroian，2000）、无标度网络（Lin and Li，2010）、小世界网络（Eslami et al.，2013）。最近，在协作的超级网络上的知识创造和传递也被研究（Yang et al.，2015）。

后一个问题与网络的拓扑结构和动力学的研究有关，它们已经引起了极大的关注。各种研究分析了知识密集社会网络的结构和演化，特别是不同类型的合作网络，如科学协作网络已经被广泛地研究（Demirkan et al.，2013）。技术创新网络是另一种被充分研究的网络。在这些研究中，讨论了影响网络结构的行为和社会因素，并且探索了网络演化的潜在机制（Ter Wal，2014）。

社交网络上的知识扩散动力学和社交网络动力学的研究都是卓有成效的。然而，这两个动力学是分开研究的。为了解决这个问题，有必要研究社交网络和知识的协同进化。这种协同进化综合了网络拓扑演化与网络节点知识动力学，是近期复杂网络领域主要研究方向（Gross and Blasius，2008）。Roth 和 Cointet（2010）实证检验了社会关系网络和社会语义网络的协同进化。类似的，Wang 和 Groth（2010）衡量传播内容和社交网络之间的动态双向影响。Iñiguez 等（2012）在自适应网络上研究了科学概念的扩散，研究发现科学化的概念难以普及，相对于个人更倾向于形成紧密的社区，以防止舆论共识。

本节以产业网络为研究背景，产业网络在本质上是动态的，而且，网络演变动力学与网络中的知识转移动力学相互交织。因此，本节提出了一种基于 Agent 的模型，探索网络和知识的协同进化动力学。

4.5.2　协同演化模型

1. 模型背景

本节提出了一种基于 Agent 的仿真模型来研究产业网络中知识距离驱动服务、创新与网络的协同演化。

在产业网络中，知识密集型服务与技术创新相互作用、相互影响，知识在企业和服务机构之间不断地发生迁移。同时产业网络中企业之间、服务机构之间，以及企业与服务之间的关系也不断地发生断开、重连，从而引起了产业网络拓扑结构的变化，它们之间的关系如图 4-24 所示。

借鉴 Gross 和 Blasius（2008）对人类动力学和网络演进关系的刻画，图 4-24 描绘了创新水平、服务关系和产业网络结构之间的反馈环路。这种反馈环可以在网

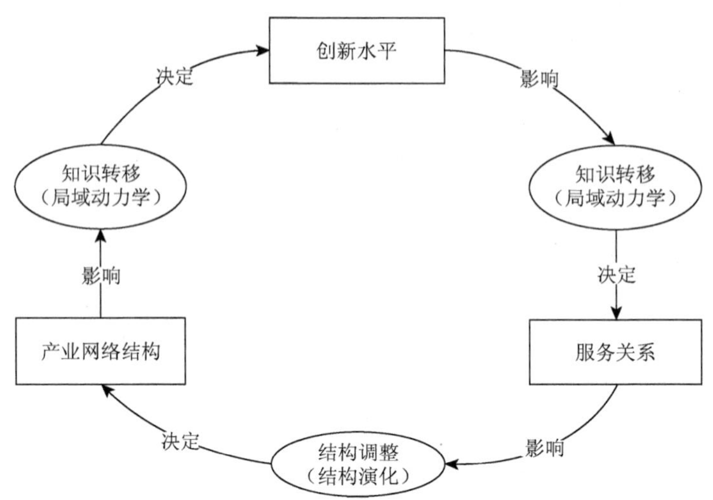

图 4-24 知识密集型服务、技术创新与产业网络影响关系图

络暂时结构和节点动态之间产生复杂的相互作用。根据这一循环，设计一个简单的机制在全局的层面上来实现这种相互影响，并且分析协同演化动力学。

本节所设计的机制是基于知识距离对知识转移有效性和 Agent 之间沟通链接稳定性的影响。在社会学习和协作的环境中，较大知识差距有时可能会产生沟通上的困难。例如，专家和新手之间的合作往往是无效的。另外，高异质性的知识可能会激发较高的知识潜力。例如，Guimera 等（2005）研究表明，在多个科学合作网络中，合作者之间知识背景的多样性呈正相关。Hong 和 Page（2004）也研究发现，知识多样性带来的好处是可以解决更为复杂的问题。因此，知识异质性在知识转移中既有优点又有缺点，这取决于不同的场合。

结合知识异质性的优缺点，Scholl（1996）认为，在知识转移中，Agent 的知识异质性既不太大也不太小才是最有效的。同样，Mowery 等（1998）通过研究组织间的协作和知识转移也发现，联盟中的两个组织之间存在一个最优的知识距离。Ahuja 和 Katila（2001）也发现了两个 Agent 知识库的重叠和创新绩效之间的倒 U 关系。Agent 对合作伙伴的选择在很大程度上取决于知识转移和合作的有效性。因此，Agent 首先趋向于断开与超高异质 Agent 的联系，即那些超过预定的知识差阈值的链接。在阈值内，异质链路变得有利，以提高知识交换的潜力。

因此，在模型中，知识距离是一个关键因素，它影响知识转移的绩效和两个 Agent 间联系的稳定性。在交流互动中，知识在两个高度异构的 Agent 之间进行转移往往是无效的，这主要是较大的知识差距（gap）造成的；同时，知识在两个高度同质 Agent 之间的转移绩效也可能是不利的，这主要是因为高度知识相似性降低了知识交换的收益。因此，当知识距离既不太大也不太小时，知识转移才是最有效的（van der Vegt and Bunderson，2005）。

2. 协同演化模型

分别使用 $I_1=\{1,\cdots,N_1\}$ ， $I_2=\{1,\cdots,N_2\}$ 表示特定产业中企业和服务机构的集合，对于企业和服务机构而言，各自都围绕技术创新拥有一些独特的知识。因此，对于网络节点 $i\in I$ 来说，用向量 $v_i=(v_{i1},\cdots,v_{ik},\cdots,v_{il})$ 表示其拥有的知识量，其中 v_{ik} 表示节点 i 在类别 k 上的知识水平。产业中企业和服务机构彼此互连，形成了产业网络。在这个产业网络中，顶点是企业和服务机构，边是为实现技术创新而发生的服务关系，用 $G=(I,E)$ 表示这个产业网络，这里 $I=I_1\cup I_2$ ，是预先定义的企业和服务机构集合； E 是边（服务关系）的集合。对于任何 $i,j\in I$ ，如果 i 和 j 之间存在服务关系（边），则 $\delta_{ij}=1$ ，否则 $\delta_{ij}=0$ 。因此，边集合可以被定义为 $E=\{(i,j):\delta_{ij}=1;i,j\in I\}$ 。同时，网络节点 i 的邻接点被定义为 $\Gamma_i=\{j\in I:\delta_{ij}=1\}$ 。

模型按照如下步骤进行。

（1）设置初始产业网络为一个随机网络，其中包括 N_1 个企业顶点、 N_2 个服务机构顶点和 M 条边；初始化产业网络中每个顶点的知识向量。

（2）从产业网络中任意选择一个顶点，记为 i 。

（3）顶点 i 要么以概率 p 与邻接点 j 交换知识，要么以概率 $1-p$ 调整其网络位置。①在知识转移（knowledge transfer，KT）时，使用知识转移规则；②在网络调整时，采用邻接点调整（neighborhood adjustment，NA）规则，使得顶点 i 将已有的链接重新链接到新的顶点（企业或者服务机构）。

（4）更新每个顶点的知识现状和整个网络结构。

（5）重复步骤（2）、（3）、（4），直到迭代计数达到预先设定的上限值 $T_{\max}$ 。

在前面的程序中，参数 p 反映了现有链接的黏性，或关系嵌入（Rowley et al.，2000）。下面分别阐述 KT 和 NA 两个规则。

3. 知识转移规则

根据协同演化模型，需要指定的知识转移规则来决定两个相邻顶点之间的知识转移。按照技术创新的需要，知识转移应该能够提高双方的知识水平，从而使得它们在知识转移的过程中获得收益。事实上，当双方的知识水平有一定的差距时，知识转移才会发生。当然，这个差距不能太大，否则转移的知识不能被很好地学习和吸收；多个学者研究发现，两个发生知识转移的个体之间的知识距离既不能太大也不能太小（van der Vegt and Bunderson，2005；Ahuja and Katila，2001；

Scholl，1996；Witte and Davis，1996；Piaget，1976），因此知识转移规则应该是基于相互作用顶点之间知识距离的测量。当知识距离大于给定的阈值时，由于缺乏常识的学习阻碍，双方没有从知识转移中获得收益。因此，假设 d 为知识距离的阈值，也是知识交换门槛。

按照如下的步骤计算顶点 i 和顶点 j 从知识转移中获得的收益。

（1）计算顶点 i 和顶点 j 之间的知识距离：

$$d_{ij}=\sum_{k}\max(v_{jk}-v_{ik},0) \tag{4-22}$$

（2）计算每个知识类别 k 的实际增益：

$$\begin{cases}\min\{\max(v_{jk}-v_{ik},0),ks\} & d_{ij}<d \\ 0 & d_{ij}\geqslant d\end{cases} \tag{4-23}$$

（3）计算顶点 i 新的知识水平：

$$v_{ik}(t+1)=v_{ik}(t)+G_k,\quad k=1,2,\cdots,l \tag{4-24}$$

从式（4-22）可以看出，顶点 j 的知识水平要高于顶点 i，从而发生了从顶点 j 到顶点 i 的知识转移；从式（4-23）可以看出，当 d_{ij} 小于阈值 d 时，顶点 i 从顶点 j 获得一个有限的知识量，这个上限值由 ks 给出。当某类知识的知识距离小于 ks 时，距离越大，顶点 i 从知识转移中获得的收益也就越大。否则，当 d_{ij} 超过 d，顶点 i 就没有从知识转移中获得收益。从式（4-24）可以看出，顶点 i 的知识水平是逐个更新的，而且是不断提高的。

4. 网络调整规则

根据协同演化模型，顶点 i 要根据邻接点调整规则调整其邻居，改变其网络位置。如先前说明，邻居的调整也是由知识距离来确定。顶点往往会删除现有无效的知识交流链接，并且与其他顶点建立新的联系，以寻求更好的交流机会。

网络邻居调整过程是通过以下步骤完成的。

（1）对于服务机构类型的顶点 i，以概率 α 被重新链接至其原始邻居中随机选择的邻居，或以概率 β 链接到除其邻居外，从企业类型的其他节点中随机选择的节点；或以概率 γ 链接到除其邻居外，从服务机构类型的其他节点中随机选择的节点。同样，对于企业类型的顶点 i，以概率 α 被重新链接至其原始邻居中随机选择的邻居，或以概率 β 链接到除其邻居外，从服务机构类型的其他节点中随机选择的节点；或以概率 γ 链接到除其邻居外，从企业类型的其他节点中随机选择的节点。

（2）如果顶点 i 在步骤（1）已被成功地重新连接到一个新的邻居，则其原有的链接中的一个将被移除。①根据式（4-22），计算顶点 i 和其邻居 j 之间的知识距离 d_{ij}；②移除顶点 i 和邻居 j 之间的链接，该邻居是由下列过程选择的：如果存在至少一个邻居，其与顶点 i 的知识距离 d_{ij} 比阈值 d 大，选择具有最大知识距离邻居；否则，选择与顶点 i 具有最小知识距离的邻居 j。

在步骤（1）中，三个概率值满足等式 $\alpha+\beta+\gamma=1$。在本节中，设定 $\beta>\gamma$，意味着不同类型的节点之间具有优先选择的机会。三个概率值分别刻画了顶点 i 在网络邻居调整中的倾向性。

在步骤（2）中，通过知识距离来判断是否移除顶点 i 与邻接点 j 之间的链接。当多个知识距离 d_{ij} 大于阈值 d 时，说明两个节点之间的知识差距太大，无法完成知识转移，故移除服务关系；当没有一个知识距离 d_{ij} 大于阈值 d 时，说明节点之间可以进行知识转移，考虑到知识转移增益时，优先移除增益最少的一个链接，即具有最小知识距离的邻居。

参数 α 衡量了本地群组的平均黏性（Friedkin，2004）或结构性嵌入（Rowley et al.，2000）。较大的参数 α 值表示强大的凝聚力，这样个体更可能留在本地群组，而不建立远程连接。相反，较小的参数 α 值表示本地群组具有较小的内聚力，并且个体倾向于将服务关系迁移到产业网络中远程位置的节点上。因此，通过邻接点调整规则，可以测试社会凝聚力或结构镶嵌对于知识转移和网络结构的影响。

知识转移规则和网络调整规则的组合塑造了产业网络的拓扑结构演化和知识转移的局部动力学之间的相互影响。在邻接点调整上，顶点去除链接的决策在很大程度上取决于相邻顶点之间的知识距离。因此，知识转移活动可能影响网络结构。反过来，产业网络的拓扑结构决定哪些顶点之间可以进行交流知识，它对知识的扩散性能有很大的影响。下面通过计算机模拟验证知识和网络之间的协同演化。

4.5.3　协同演化的计算实验分析

使用前面给出的协同演化模型进行计算模拟，来分析网络和知识的协同演化。考虑具有 N_1 个企业节点、N_2 个服务机构节点和 M 条边的网络，$N=N_1+N_2$。一般来说，服务关系是双向的，因此假设边是无向的，且不允许重复。每个顶点有 5 类知识载体（即 $l=5$），对于每个类别，初始化为 $v_{ik}\sim U[0,10]$。设置每次迭代的知识量上限为 $ks=0.4$，以及最大迭代次数为 $T_{\max}=60000$。由于知识水平的上限为 10，让知识交换阈值 d 在从 0～7 的范围内变化。

1. 协同演化的测量指标

在模拟中主要测量两类特征：知识属性和产业网络的结构特性。

1）知识属性

为了衡量知识传播的效率，主要考虑产业网络上两个宏观统计数据，即平均知识存量和平均知识增长速度。

平均知识库存$V(t)$是产业网络中所有顶点在时刻t的知识平均存量，即

$$V(t)=\frac{1}{N}\sum_{i=1}^{N}v_i(t) \tag{4-25}$$

其中，$v_i(t)$表示顶点i在时刻t的知识存量，即

$$v_i(t)=\frac{1}{l}\sum_{k=1}^{l}v_{ik}(t) \tag{4-26}$$

考虑一个从$t=0$到$T_{\max}$的模拟。$V(T_{\max})$表示仿真模拟中最终达到的产业网络平均知识存量，可以看作是整个过程中知识转移的效率。在任意时刻$t=T$，$V(T)$表示仿真模拟中进行T次迭代时的产业网络平均知识存量，可以看作是直到第T个时间时的知识转移效率。因此，$V(T)$值越大，说明从t从0到T之间知识转移的速度越大。

在时刻t的知识增长速度为

$$\rho(t)=\frac{V(t)}{V(t-\Delta t)}-1 \tag{4-27}$$

式（4-27）中的$\rho(t)$直接说明了知识增长的速度。

2）结构性能

使用三种指标来衡量观测到的社交网络的结构特性，即网络的最大簇G（Guimera et al.，2005）、平均最短路径长度和聚集系数（Watts and Strogatz，1998）。第一个指标测量整个网络的连通性，用来评价产业网络中的大多数顶点是在连通的网络中，还是被分隔成多个相互隔离的“孤岛”。后面两个指标组合起来用于测量网络的小世界特征。

在上述模型中，链接黏性p和知识交换阈值d被用于调节知识扩散，因此分析这两个参数如何影响产业网络的结构及网络内知识转移的整体效能。

2. 网络连通性与链接黏性、知识交换阈值之间关系的实验分析

假设用最大簇系数G表示产业网络中最大簇中顶点数占全部顶点数的比例。在图 4-25 中，用等高线展示了最大簇系数G作为链接黏性p和知识交换阈值d的函数。可以看出，对于固定的知识交换阈值d，链接黏性p的增加将导致较大的簇系数G。这是因为当链接黏性p的值较大时，边的重新布线的倾向较小。

当知识交换阈值d增大时，最大簇系数G增大。也就是说，知识交换的阈值越小，则整个网络被分割成若干分离的小簇。与此相反，当知识交换阈值d较大时，网络中的大多数顶点相互连接，形成一个较大的簇；当阈值大于 4 时，整个产业网络是全连通的（$G=1$）。因此，产业网络结构的演变过程可以分为两个阶段，即“大簇”阶段和“碎裂”阶段。

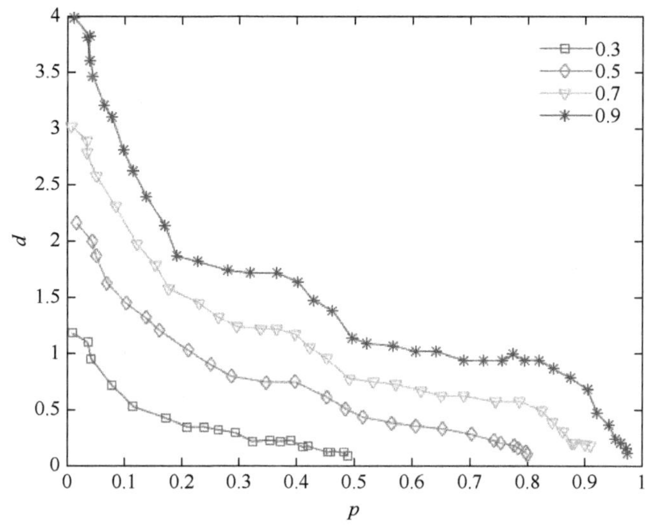

图 4-25　最大簇系数与链接黏性、知识交换阈值的关系

基于协同演化模型，可以发现知识交换阈值 d 对网络结构影响：当 d 较大时，具有较低知识距离的顶点对更可能是断开的；反之，当 d 较小时，具有较高知识距离的顶点对更可能被断开。因此，在较高阈值 d 的情况下，强连通的本地派系倾向于瓦解。同时，一个顶点与另一个具有大的知识距离的远程顶点之间的链接有更多的机会来维持。整个群体趋向于形成“大簇”的阶段。同样地，在低阈值 d 的情况下，由于边的去除一般发生在具有很高的知识距离顶点对之间的链接上，所以强连通的本地派系更容易生存，并且整个网络更容易被分割成多个小簇。换句话说，产业网络可能落入“碎裂”阶段，每个分离的簇是由同样知识水平的顶点所构成的。

3. 平均知识存量与链接黏性、知识交换阈值之间关系的实验分析

图 4-26 给出了产业网络中所有顶点的平均知识存量 V 和参数 p 和 d 之间的关系。从图 4-26 中可以看出，知识交换阈值 d 对平均知识存量 V 有着重要的影响：对于固定的链接黏性 p，知识交换阈值 d 的增大，将会导致 V 的增大。然而，链接黏性 p 对 V 的影响非常复杂。对于固定的知识交换阈值 d，当链接黏性 p 在一个较小的水平时，链接黏性 p 的增大会导致平均知识存量 V 的增大。然而，当链接黏性 p 达到一个相当大的水平时，链接黏性 p 的增加将不会对平均知识存量 V 有显著的影响。

令 $d=4$，$\alpha=0.3$，并且采样时间为 $T=100000$，可以得到图 4-27。从图 4-27 可以看出，如果给定的链接黏性 p 比较大，那么 p 的进一步增大将导致 V 的降低。从图 4-27 还可以看到，如果 p 介于 0.1 与 0.3 之间，那么 p 与 V 呈正相关。当 $p>0.3$ 时，p 与 V 之间呈略微负相关。当 $p>0.8$ 时，p 与 V 之间明显呈负相关关系。这种现象说明，如果链接黏性非常高或非常低，那么知识转移是无效的。

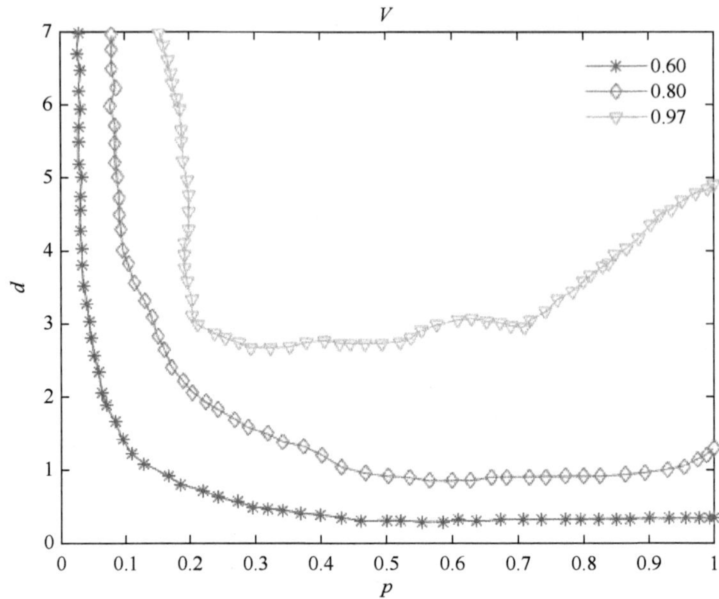

图 4-26　产业网络平均知识存量与链接黏性、知识交换阈值的关系

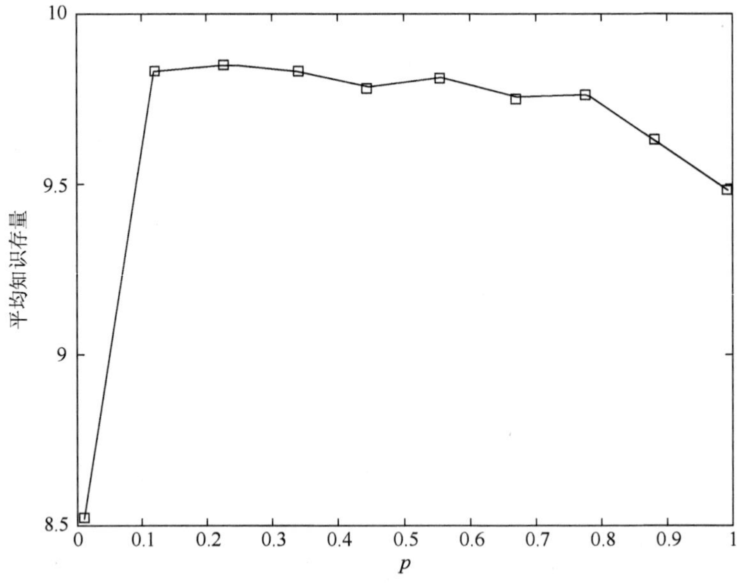

图 4-27　平均知识存量与链接黏性之间的关系

4. 知识增长速度与链接黏性之间关系的实验分析

产业网络中的链接黏性 p 对知识扩散的影响还可以通过网络中的平均知识增长速度来衡量。图 4-28 给出了产业网络知识增长速度 $\rho(t)$ 随时间 t 的变化曲线。

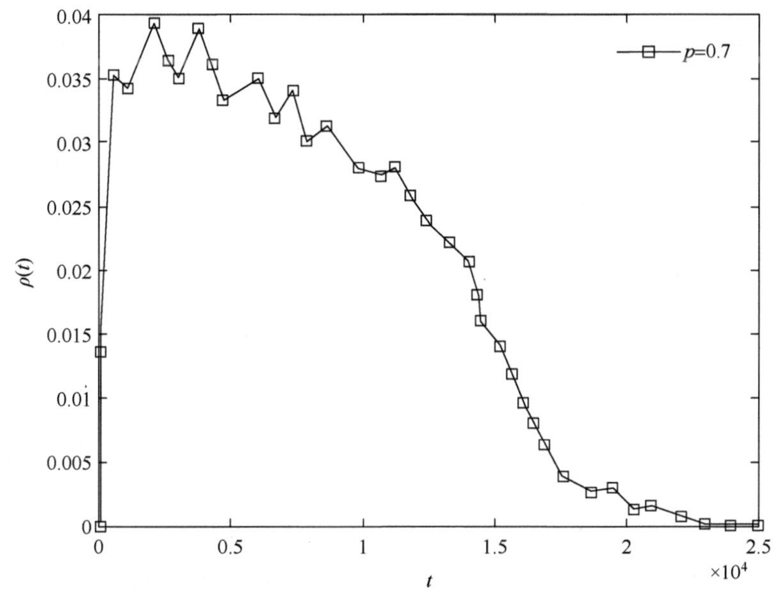

图 4-28　产业网络知识增长速度变化曲线

从图 4-28 可以看出，在早期阶段，各个顶点之间的知识不平衡，顶点之间的知识不断重复交换，使得知识增长的速度急剧升高；随着时间的推移，知识增长速度达到峰值。随后，顶点之间的知识交换不频繁，使得网络知识增长速度缓慢降低。在足够长的时间后，产业网络顶点的知识增长速度不断降低，并趋于 0，最终使得平均知识库存 V 处于稳定状态。

5. 产业网络小世界特性的实验分析

通过产业网络的最大簇系数分析，可以发现，产业网络在演化过程中不断碎裂与重组，呈现出连续的小世界拓扑结构的构建与破坏现象。取 $p=0.2$、$d=4$ 和 $w=0.5$，图 4-29 和图 4-30 分别给出了集聚系数变化曲线和平均最短路径随时间的变化曲线。

从图 4-29 和图 4-30 可以看出，在演化初期，集聚系数 C 和平均路径长度 l 不断增加，小世界特征不显著；在平均最短路径长度到达峰值后，逐渐下降，同时集聚系数也在不断增加，产业网络的小世界特征越来越显著；在 $t=60000$ 时，集聚系数 $C=0.1$、平均最短路径长度为 $l=0.4$，与同规模的随机网络相比，产业网络具有较大的集聚系数和较小的最短路径，因此产业网络逐渐自组织，并演变成一个小世界网络。

图 4-29 和图 4-30 表明，产业网络顶点之间以知识异质性为基础的知识交流，使得网络链接重新布线，这是导致小世界网络形成的关键因素。

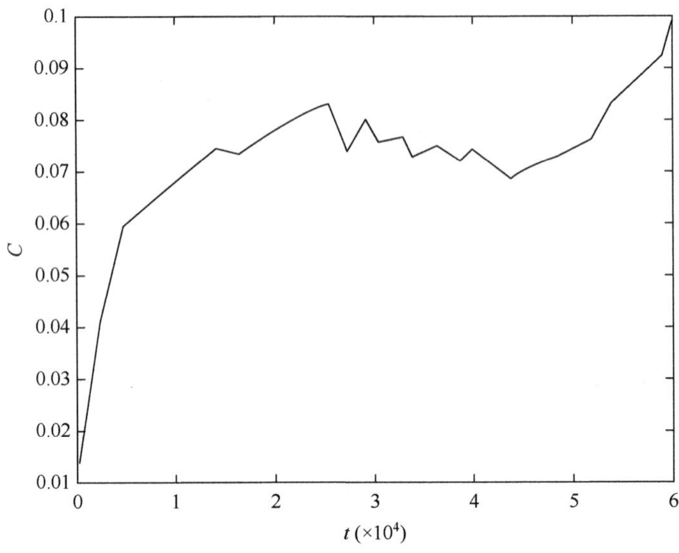

图 4-29　产业网络演化中集聚系数 C 的变化曲线

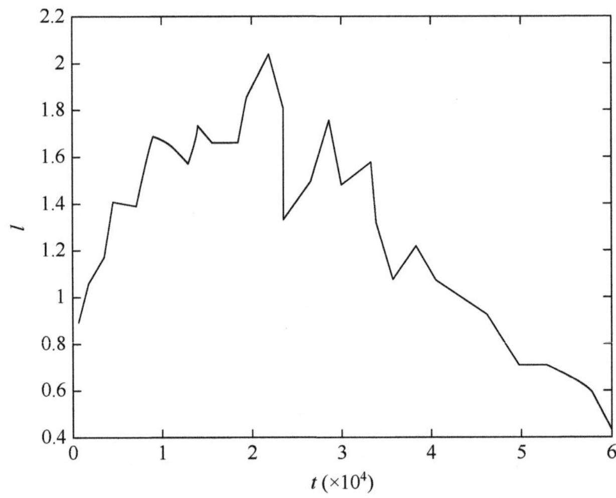

图 4-30　产业网络中平均最短路径长度变化曲线

4.5.4　小结

本节基于知识距离提出了知识密集型服务、技术创新和产业网络协同演化的动态模型。通过计算实验发现：①产业网络中的技术创新过程不断促进知识转移，进而影响到网络拓扑结构的变化。②产业网络在演化过程中保持小世界的特性，尽管产业网络表现出不同的外观形式。③恰当的知识差距，不但能够形成产业网络，而且能够提高技术创新的绩效。

本节的研究还存在如下的局限性。首先，协同演化模型中所涉及的产业网络是大小不变的，事实上，真实的产业网络的大小是不断变化的；其次，模型没有考虑新知识的创造，在现实世界中的知识转移总是与知识创造有关；最后，本节仅使用计算实验的方法分析了知识密集型服务、技术创新与产业网络的协同演化，需要更为详细的实证检验。未来进一步的研究将在以上几个方面展开。

§4.6 服务嵌入、网络位势与创新绩效的实证研究：SEM 方法

4.6.1 创新网络

企业创新成功的解释有悠久的研究传统。但是，由于创新成本越来越多、技术复杂性不断提高、创新时间不断加长，近来研究学者又从新的视角展开了研究分析。总体来说，研究人员大致可以分为两大阵营：一组是寻找到创新成功的内在因素，如创新过程、企业文化、跨职能团队和技术能力等（Cooper，1997；Brown and Eisenhardt，1995）；另一组研究人员在组织边界上寻找创新成功的解释变量，并在其网络中分析企业与其他组织的互动。他们认为，创新是各种组织间合作的结果（Biemans，1992；de Bresson and Amesse，1991）。创新的过程可能涉及许多不同类型合作伙伴的协作，每个合作伙伴提供显著的创新资源。图 4-31 表明了创新企业是如何嵌入由合作伙伴构成的创新网络中的。概括地说，研究结果表明，密集的协作可以缩短创新流程，降低创新成本，提高创新产出（Langerak et al.，1999；Clarket and Fujimoto，1991；Wasti and Liker，1977）。因此，必须在比单个企业更大的范围内观察和理解创新的发展，即创新网络。

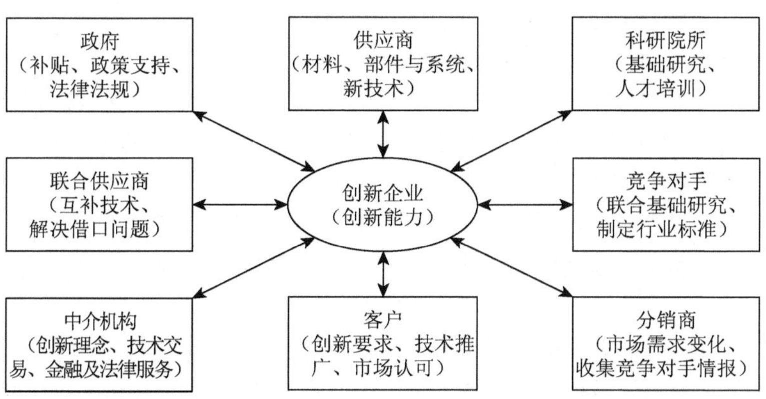

图 4-31 创新企业与合作伙伴之间的关系

在当今网络经济背景下，技术创新活动不再仅依靠内部资源，而愈来愈多地取决于对外部创新网络资源的利用（池仁男和汤临佳，2008）。利用创新网络提升企业的创新能力与地位已经成为新的有效竞争手段。企业的网络位势主要是指企业在产业网络中的地位和能力。本节正是从创新网络的服务关系嵌入视角，探索企业在网络中的地位和能力，进而分析企业的创新绩效。因此，需要分析的是，创新网络是如何影响企业创新成功的。此外，还需要了解企业外部的服务关系嵌入对企业的网络能力和网络地位的影响。

4.6.2 理论分析与假设

1. 网络能力与创新绩效的关系

在网络能力对创新绩效的影响方面，学者们分别在理论和实证上都进行了探索。在理论分析方面，Möller 和 Halinen（1999）指出，通过网络规划能力、网络管理能力、组合管理能力和关系管理能力，企业可以实现在创新网络中的战略定位、合作伙伴选择、关系资源利用及成员关系管理，从而建立与合作伙伴的信任关系和信息共享机制，最终获得满意的创新绩效。Ritter 和 Gemünden（2003）认为，建立并维持一个有效的网络是创新成功的关键，成功开发和管理与其他组织间各种关系的网络能力也被视为企业的一种核心能力，企业利用这种能力可以避免冲突，获取信息和位置优势。Hagedoorn 等（2006）则从网络态势和网络效率方面对此进行了分析，认为网络能力不但可以帮助企业获得丰富的信息，而且提高了企业声誉和参与合作活动的水平，有利于企业进一步筛选合作伙伴，从而利于创新绩效的提高。在实证分析方面，Ritter 和 Gemünden（2004）借助德国企业的样本验证了网络能力除对创新绩效有显著的直接正向影响外，还对焦点企业与技术伙伴之间的技术协作（technological interweavement）有显著正向影响，并通过技术协作这一中介变量来影响创新绩效。

传统上，对市场营销能力的研究都集中在公司吸引顾客、销售产品和服务的能力上。作为一项规则，作者不考虑客户对产品和流程创新的贡献，也不考虑其他合作伙伴提供的专业技术知识和信息，特别是供应商、研究机构和销售系统的销售合作伙伴。此外，涉及管理创新合作伙伴网络的特定能力也得不到解决。对实现创新的成功而言，对创新管理网络性质的上述讨论表明，需要采取更广泛的网络视角。

特别与企业创新成功相关的是其开发和利用技术为导向的组织间关系的能力，这些关系链接到创新网络中合作伙伴的（技术）能力。Ritter（1998）提出了一个企业网络能力的概念，通过处理企业关系，它捕捉到网络管理任务绩效和网络管理质量的水平。这个概念扩展了营销竞争力的概念，因为它突出了企业获取信息、交流产品和技术协作的相互作用。这种观点也考虑到一个事实，即组织间关系具有明确的问题（如机会主义行为、资产特异性等）（Williamson，1979），尤其是投资过程的关系包括了沉没成本。它强调了企业发展创新网络管理能力的必要性。

网络能力能使企业与其他组织之间建立关系，并使用这些关系。这将导致高度的技术协作，反过来，它也是创新成功的一个主要因素（Gemunden et al.，1996；Heydebreck，1996；Biemans，1992）。此外，具有高水平网络能力的企业遵循更加现实和更加市场化的创新发展道路，并且为销售创新产品建立更好的关系营销策略（Ritter，1998）。此外，网络能力可以被假定为具有较高水平的市场竞争力知识，它将有利于创新的成功（Li and Calantone，1998）。

基于上面的分析，提出第一个假设：

假设 1：企业的网络能力对其创新绩效具有正向影响作用。

2. 网络地位与创新绩效的关系

Cook（1977）指出权力在组织间分布程度的差异会对组织间交换收益的分配产生影响，组织拥有的权力越多，它对交换关系的性质，以及互动的形式与交换比例的影响就越大，因此，网络中的组织总是寻求获得更多的战略性资源来提高其所拥有的权力水平。

Paruehuri 等（2006）认为关键企业成长主要源于企业内知识、企业外及组织间知识再整合，而知识的整合导致 R&D 能力演化，这种能力的演化又有很强的路径依赖。Ter Wal 等（2011）在研究区域网络企业成长的机理中，引进社会网络的分析方法，得出网络内各个企业占有的知识相当薄弱且分布不均匀，而这种不均匀的产生是由企业的网络地位决定的，处于网络中的核心企业能增强它的创新能力与网络外部企业的连接紧密程度。

Cohen 和 Levinthal（1990）认为网络中的核心企业更有机会和能力与其他组织（竞争者、供应商、大学、研究中心）进行资源耦合，而非核心企业在这方面却恰恰相反，它们很难获得对于自身发展有利的资源，因为与核心企业相关的企业连接大多是紧密的。

基于上述分析，提出第二个假设：

假设 2：企业的网络地位对其创新绩效具有正向影响作用。

3. 服务嵌入与网络能力、网络地位及创新绩效的关系

在当今科技与经济环境快速变化的经营环境中，成功的创新除了需要核心技术和研发能力，还需要建立网络关系才能掌握科技发展趋势、促成研发合作与联

盟，这种网络关系包括企业与大学、研究机构、政府、组织间等相互的合作（Osborn and Hagedoorn，1997；Powell，1990）。因此，唯有拥有适当的网络关系才能分享更多有意义的知识和技术，进而实现复杂产品或流程的创新。显然，网络化是企业不可避免的趋势，唯一的选择是如何管理关系网络以促进伙伴间的信息分享和相互学习、优势互补，从而提高企业的效能与效率（Ritter and Gemünden，2003；Ritter et al.，2002）。

陈彦豪、薛荣堂和黄宗兴（2009）通过实证研究指出，在服务创新的过程里，与合作伙伴的网络镶嵌关系是影响服务创新绩效相当重要的因素，因此为了提升服务创新的绩效，企业必须要与合作伙伴进行程度更紧密的各种连结，才能在竞争激烈的环境中取得更好的绩效。

技术创新需要多样性知识的参与，如果服务机构与创新企业之间有强联结的关系，那么在相对密集的互动活动中，能彼此分享信息与知识而产生新的构想，就会有较高的创新成功机会。

基于此，提出如下三个假设：

假设 3：服务关系的嵌入对于企业网络能力有着正向的影响作用。

假设 4：服务关系的嵌入对于企业网络地位有着正向的影响作用。

假设 5：服务关系的嵌入对于企业创新绩效有着正向的影响作用。

综合上述假设，可以得到结构方程模型，如图 4-32 所示。

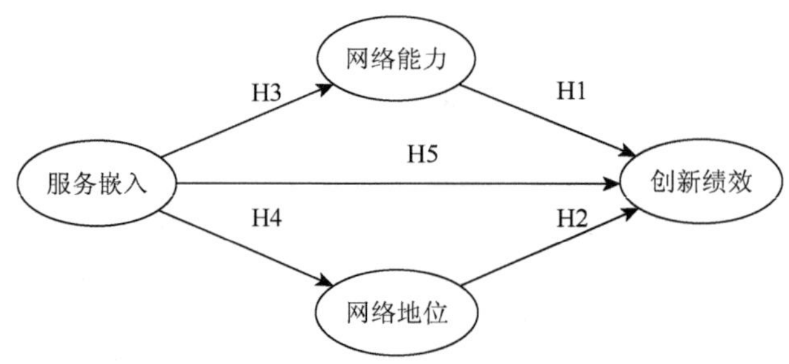

图 4-32　服务嵌入、网络特征与创新绩效的结构方程模型图

4.6.3　变量测度

1. 创新绩效的测量

Hagedoom 和 Cloodt（2003）采用 R&D 投入额、申请的专利数、引用的专利数和新产品开发数 4 项指标，并对美国 4 个高技术产业中约 1200 个样本企业的创新绩效进行了测度。

张方华等（2006）从创新效益和创新效率两个方面对创新绩效进行了测度，

指标一般包括：①新产品数的情况；②申请的专利数情况；③新产品产值占销售总额的比重情况；④新产品的开发速度情况；⑤创新产品的成功率情况。

Gemunden 等（1996）则以“创新成功”代替“创新绩效”术语，描述创新的结果；但其中并不包括 R&D 投入额、申请专利数等具体指标，而是扩大了创新的范围，并且涵盖了创新效率等概念；内容上包括产品创新成功和工艺创新成功两个方面。

本节在 Ritter 和 Gemunden（2003）关于创新成功的测度量表的相关内容的基础上，结合本节的研究内容，作了适当的调整，作为在本节中衡量技术创新绩效的测度变量，包括产品创新和工艺创新 2 个维度共计 6 个题项，见表 4-19。

表 4-19　创新绩效的测度题项

变量名称	题项
产品创新绩效	与竞争对于相比，企业产品的改进和创新有较好的市场反应； 企业的产品在技术含量上是一流的； 与竞争对于相比，企业在产品创新上成功率较高
工艺创新绩效	企业有非常先进的生产设备； 企业的生产设备体现了一流的工艺技术； 与竞争对手相比，企业的生产设备更先进

2. 网络能力的测量

网络能力的思想最初是由 Hakansson（1987）提出的，Hakansson 认为企业网络能力由两部分组成：企业提高其网络地位的能力和处理特定关系的能力。此后关于网络能力的研究随之兴起。学者们主要从网络能力的维度解剖、能力构成等方面来研究，但至今尚未达成共识。如 Ritter 等（2002）、Ritter 和 Gemünden（2003，2004）等认为网络能力包含资质条件和任务执行两个维度，并分析了两者之间的内在关系。Müller 和 Halinen（1999）将网络能力分为产业、企业、关系集和单一关系四个层次，并提出针对各个层次的相应管理策略。Hagedoorn 等（2006）则从社会网络理论出发，提出了两种重要的网络能力：基于中央性的网络能力（centrality-based network capability）和基于效率的网络能力（efficiency-based network capability）。

Halinen 和 Tomroos（2005）基于关系管理的角度提出网络能力的四个层次：网络愿景，这是网络能力的战略层次，更多关注的是产业网络；网络管理能力，主要关注企业网络；关系组合能力，主要关注企业网络中的多个合作伙伴；关系管理能力，主要关注企业的单个合作伙伴。Ritter 和 Gemünden（2003）将网络能力划分为任务执行和资格条件两个维度，资格条件是执行网络任务的前提，而在执行网络任务的过程中又可以提升网络管理的资格。

徐金发等（2001）以战略、关系和过程三个层次，定义了网络能力的三个维度：网络构想能力、网络关系组合能力和网络角色管理能力。邢小强和全允桓（2006）将网络能力分解为网络愿景能力、网络管理能力、组合管理能力和关系管理能力。

方刚（2008）等认为企业的网络能力可以首先简单地分成战略性网络能力和操作性网络能力。战略性网络能力致力于发现、创造和利用参与创新网络后带来的机会，企业利用这类能力来指导具体的网络活动和网络事务的管理。操作性网络能力则专注于根据网络环境的变化来调整企业对网络活动的管理，企业利用这类网络能力来寻找和选择合适的网络伙伴、管理与网络伙伴的关系，并占据合适的网络位置，以实现网络学习绩效的提高和获得更多且更有价值的知识和信息。

综上所述，网络能力的测度可用表 4-20 所示的题项。

表 4-20　网络能力的测度题项

变量名称	题项
网络管理任务执行能力	在何种程度上分别进行以下活动： 计划 组织 人员配置 控制 激励 交流 协调
网络管理资格能力	在何种程度上进行上述活动的人具备以下资格条件： 特殊资格 社交资格

3. 网络地位的测量

Freeman（2005）首先提出了复杂网络中核的概念，把在网络结构中占有重要地位的个体称为核，并认为这些核对网络具有重要的作用，对网络的增长具有关键影响作用。Whittington 和 Owen-Smith（2009）对技术创新网络中核心地位的形成因素进行了研究，认为企业越靠近网络中心或者中介性越强，其接触的信息量也就越多，企业的创新性越强。这将会导致企业的网络地位逐渐提升，最终成为技术创新网络中的核心企业。

中心性衡量了核心企业作为媒介者的能力，核心企业往往占据着桥的位置，成为占据其他结点间快捷方式的重要位置的结点，如果它拒绝这种媒介，被分割开来的节点可能就无法沟通。核心企业也通常位于结构洞的位置，这样可以优先获得其他网络的信息与知识，甚至对本网络结点进行屏蔽或控制。企业在技术创新网络中占据这样的位置越多，其核心性越明显，权力越大。

集聚性指合作企业间的相互合作程度。在网络中，集聚型与连通度、集聚系数密切相关。在技术创新网络中，企业会根据市场的预测、技术分析结合自身的技术创新规划不断调整自己的战略，包括对合作伙伴的选择、合作内容的确定和合作方式的设计，而由于结点企业间存在着密切的关系，任何一方的行为变化都会触动这一关系网络，进而影响到其他结点的行为。

综上所述，本节选取如表 4-21 所示的测度题项。

表 4-21　网络地位的测度题项

结构	题项
中心性	在合作技术创新网络中，大多数组织都与我们保持联系； 网络整体的技术发布通过我们来向外部发布； 我们经常组织网络内的集体活动（学习交流会）； 在技术创新网络中企业的建议容易受到其他组织的采纳
集聚性	网络中某企业的离开不会给我们造成很大的损失； 网络内部组织间通常经过我们来相互沟通； 可以同时加入多个同类的技术创新网络； 很容易形成新的技术创新网络

4. 服务嵌入的测量

本节主要从服务关系嵌入度的视角，提出产业网络服务关系嵌入的测度题项，如表 4-22 所示。

表 4-22　服务嵌入的测度题项

变量名称	题项
服务嵌入度	我们经常接受其他组织的技术转让与专利授权等技术交易； 我们容易获取金融机构的投融资服务； 服务机构经常参与新技术研发； 科研院所经常为企业员工培训知识和技能

4.6.4　研究方法与数据

本节以 IC 产业、电子信息产业为对象进行实证检验，因为其产业网络化程度比较高，网络能力和网络地位具有典型的代表性。本节设计了一份问卷，通过几个高校的 MBA 学员和 EMBA 学员将问卷提供给受访者。所有的问题都采用五点测度方法。

使用关键线人的方法（John and Reve，1982；Phillips，1981），向受访者询问

公司的概况、技术网络、关系网络和创新绩效。受访者中有四分之三左右是公司高层或者研发部门负责人，其余的受访者属于销售、生产或管理部门。我们认为，这种做法可以给出质量非常高的答案。

问卷的发放和回收历时 3 个月，总计发出问卷 300 份，回收问卷 236 份，其中有效问卷为 208 份，总回收率为 78.6%，总有效回收率为 69.3%。Gaedeke 等（1976）曾经预测对于高层经理人员的问卷回收率为 20%。调查数据的描述性统计如表 4-23 所示，可见本研究的问卷调查效果是比较良好的。

表 4-23 数据的描述性统计结果

测量变量	总数	均值	标准差
产品创新绩效	208	3.00	1.52
工艺创新绩效	208	3.17	1.18
网络管理任务执行能力	208	3.15	1.2
网络管理资格能力	208	2.87	1.42
中心性	208	3.09	1.29
集聚性	208	3.18	1.27
服务嵌入度	208	3.08	1.16

4.6.5 验证性因子分析与模型拟合

测量模型是对研究概念的描述。本研究的验证性因子分析使用 LISREL 软件进行数据处理，以检验模型中各概念测量结果的信度、建构效度及测量模型与数据之间的拟合度。几个拟合指数可以用来评估模型的适当性：自由度（df）的 χ^2 比值被用作整体描述方法。χ^2 比值小于 3 表示一个可接受的模型拟合（Medsker et al.，1994），但更高的值也被认为是可接受的（Hildebrandt，1983）。拟合优度指数（GFI）、调节拟合优度指数（AGFI）和比较拟合指数（CFI）应该超过最小值 0.9（Bagozzi and Youjae，1988）。对于近似误差均方根（RMSEA），其值达到 0.08 表示一个合理的模型拟合（Browne and Cudeck，1993）。均方根残差（RMR）不得超过 0.10。

采用协方差矩阵作为输入，以及最大似然作为估算方法，对每个题项进行了测试运算，如表 4-24 所示。整体而言，大部分的标准得到了满足，且尺度可以接受。

表 4-24　题项层面的验证性因子分析结果

变量	题项数	二级变量个数	χ^2(df)	GFI	AGFI	CFI	RMSEA	RMR
创新绩效	6	2	7.16(0.00)	0.94	0.85	0.94	0.14	0.05
网络能力	9	2	3.31(0.00)	0.94	0.90	0.95	0.08	0.04
网络地位	8	2	6.67(0.00)	0.91	0.83	0.85	0.14	0.07
服务嵌入	4	1	0.91(0.40)	0.99	0.98	1.00	0.00	0.01

注：括号内的数字为显著性水平 Sig 的值。

根据 Anderson 和 Gerbing（1988）建议的计算流程，使用 LISREL 对模型层面进行验证性因子分析，如表 4-25 所示。结果表明，测量模型满足普遍认可的准则。

表 4-25　模型层面的验证性因子分析结果

变量	指标数（S = sum scale；I = item）	标准化因子荷载	项目总相关系数	克龙巴赫系数 α	第一因子方差分析（探索性因子分析）	结构信度	平均解释方差
C1 创新绩效	1（S） 2（S）	0.88 0.71	0.62 0.62	0.74	81.0	0.77	0.63
C2 网络能力	3（S） 4（S）	0.83 0.72	0.60 0.60	0.72	79.7	0.75	0.60
C3 网络地位	5（S） 6（S）	0.77 0.63	0.48 0.48	0.65	73.9	0.65	0.49
C4 服务嵌入	7（I） 8（I） 9（I） 10（I）	0.64 0.75 0.65 0.65	0.51 0.59 0.48 0.53	0.73	56.2	0.77	0.45

通过 LISREL 可以计算结构方程模型的整体拟合度，如表 4-26 所示。拟合结果表明，数据和提出的模型之间有非常好的拟合。

表 4-26　模型的整体拟合度

<table>
<tr><th colspan="2">拟合度指标</th><th>模型估计</th><th>模型解释</th></tr>
<tr><td rowspan="7">总体拟合指标</td><td>χ^2</td><td>82.634</td><td>卡方检验值</td></tr>
<tr><td>df</td><td>72</td><td>自由度</td></tr>
<tr><td>P</td><td>0.184</td><td>大于 0.05，表明 χ^2 不显著，说明模型整体拟合度较好</td></tr>
<tr><td>χ^2/df</td><td>1.148</td><td>介于 1～3 并且远远小于 3，表明模型拟合度较好</td></tr>
<tr><td>GFI</td><td>0.935</td><td>超过了 0.9，表明模型拟合度较好</td></tr>
<tr><td>AGFI</td><td>0.905</td><td>超过 0.9，表明模型拟合度很好</td></tr>
<tr><td>RMSEA</td><td>0.030</td><td>小于 0.06，表明模型拟合度很好</td></tr>
</table>

续表

拟合度指标		模型估计	模型解释
比较拟合优度指标	IFI	0.969	接近 1，表明模型拟合度较好
	TLI	0.959	接近 1，表明模型拟合度较好
	CFI	0.968	接近 1，表明模型拟合度较好

4.6.6　假设关系验证

SEM 模型结果的解释可以采用标准化系数及非标准化系数，使用者根据研究需要决定采用标准化系数或者非标准化系数。本研究按照一般常规，采用标准化路径系数来进行变量间关系的说明。另外，没有一个标准的规定来决定哪种效果为大的效果，研究者需要依据研究领域与性质来作决定。Cohen（1988）提出了一个标准作为一般参考，但不是绝对的答案。对标准化路径系数而言，其绝对值小于 0.10 算是小效果，其绝对值在 0.30 左右算是中效果，其绝对值在 0.50 以上就是大的效果。对照此标准与本研究中的路径系数表可以看出，本研究中的主要路径效果大多在中等效果的范围之内。

经过对测量模型和结构模型的检验，可以认为本研究提出的模型和概念的测度是可靠的。因此，通过分析相关要素之间的路径系数，就能够检验本研究所提出的关于创新绩效和网络能力、网络地位、服务嵌入之间的关系。

使用 LISREL 对数据进行分析（Joreskog and Sorbom，1996），得到如表 4-27 所示的路径系数和如图 4-33 所示的结构模型。

表 4-27　结构方程模型的路径系数表

路径	路径系数	t
网络能力 ⟶ 创新绩效	0.40	4.78
网络地位 ⟶ 创新绩效	0.37	4.49
服务嵌入 ⟶ 网络能力	0.80	8.32
服务嵌入 ⟶ 网络地位	0.56	6.92

如图 4-33 所示，分析结果支持假设 1 和 2。网络能力和技术能力对创新绩效有显著的正向影响。可以看到，这两种类型竞争力的影响是大致相等的。这说明考虑两种类型竞争力作为创新成功的解释是重要的，这取决于企业内部的技术实力和通过组织间关系获得外部技术资源的能力。

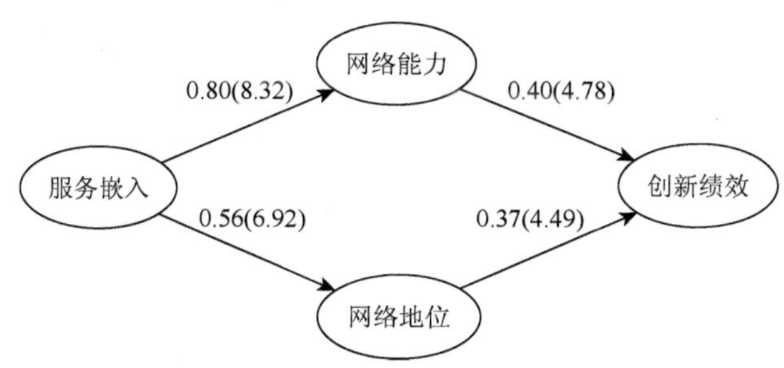

图 4-33　验证后的结构方程模型

图中数字为其路径及其 t 值

服务嵌入对网络能力和网络地位有很大的影响。具有较高网络地位的企业可以通过产业网络获得更多可用的资源，以建立更高水平的网络能力。这证实了假设 3 和 4。

我们还测试了模型中服务嵌入和创新绩效之间的直接关系。结果表明，服务嵌入对创新绩效没有直接影响。因此，假设 5 不支持。基于模型和调研数据，可以给出下面的解释：由于知识转移的难度、创新企业的消化吸收能力存在差异，以及服务机构与创新企业之间的耦合程度，服务机构的服务嵌入并不能直接转化为企业的创新绩效，而是需要借助创新企业的网络能力及关系嵌入所形成的网络地位来实现创新的成功。当然，在问卷调查中，没有对服务嵌入的质和量有区别、更细致地调研，这也是假设 5 不成立的一个原因。

基于前面的分析，表 4-28 列出了假设检验的结果。

表 4-28　假设检验结果

序号	假设内容	是否通过
假设 1	企业的网络能力对其创新绩效具有正向影响作用	是
假设 2	企业的网络地位对其创新绩效具有正向影响作用	是
假设 3	服务关系的嵌入对于企业网络能力有着正向的影响作用	是
假设 4	服务关系的嵌入对于企业网络地位有着正向的影响作用	是
假设 5	服务关系的嵌入对于企业创新绩效有着正向的影响作用	否

该模型解释了创新绩效与网络能力、网络地位之间的影响关系。模型也进一步说明了创新企业不但要积极提高网络能力，而且要有意识地做好网络关系的布局，以提高网络地位。

4.6.7　小结

通过理论探讨和实证研究，可以发现如下几方面。

首先，企业的技术能力不是其创新成功的唯一因素。在网络经济中，必须越来越多地关注创新企业的网络能力和网络地位。如果做不到这一点，网络中所嵌入的服务及其效能就不能聚集到创新企业。这表明，网络地位使企业处于产业网络的中心位置，网络能力使得企业控制和管理各种服务关系，从而充分发挥其网络的集聚性。

其次，服务嵌入与创新的成功并无直接的关系。这一结果说明了这样一个事实：服务机构的专业化服务和知识转移毕竟来自于企业外部，只有将外部的知识和技术转化为企业内部的创新能力，才能实现技术创新。简言之，外部资源必须转化为内部能力。

这些研究还有如下的限制：重点调查了产业网络上服务关系的嵌入对于创新成功的影响，侧重于企业外部创新资源的调查。但是，企业内部的多种因素也会对创新成功起到一定的作用，包括内部管理流程、新产品和新工艺的开发。有些学者认为，模块化的产品设计是成功的关键因素（Sanchez，1999），因为它允许开发新产品的进程相互耦合，使这些流程并行处理，从而使模块化组织设计适应产品的开发。通过这些因素，可以开发一个更广泛的参考框架，进一步深入了解触发创新成功的机制。另外，本节中，我们的分析侧重于创新的成功。进一步的研究可以考察其对企业成功的影响。

本节将企业外部的服务关系嵌入与企业的网络地位、网络能力结合起来，研究影响企业创新成功的因素。鉴于当今世界网络经济的发展，网络能力和网络地位的动态变化将成为未来的主要管理问题和学术挑战。

第 5 章　服务嵌入、创新驱动与产业网络演化的政策与措施

理论研究来源于实践，更重要的是要为实践服务。众多学者关注了创新政策、服务措施等方面的研究，因此本部分围绕服务嵌入提出了产业系统创新平台，进而提出创新驱动的对称措施。同时，提出了以互动融合促进产业网络协同演化的对称措施。鉴于产学研合作对于创新的重要作用，本部分还以江苏省为例，提出了推动产学研合作创新的政策与措施。

§5.1　服务嵌入的新平台：产业协同创新平台设计

“2011 计划”是继“211 工程”、“985 工程”之后的创建创新型国家的又一项重大工程。其中，构建具有活力的产业协同创新平台又是实施“2011 计划”的重要措施之一。研究发现，具有多主体网络化的协同创新平台，既不同于传统的产学研合作联盟，也不同于一般的公共服务平台。面向行业产业的协同创新平台的架构，应以提升高等学校创新能力为目标，以工程技术学科为主导，包括组织管理、资源配置、人才培养、研发模式、产业化、创新文化、国际合作、评价体系等八个部分。这些组成部分在功能上相互作用、相互协调，共同推动重大工程技术创新与应用。

5.1.1　引言

为贯彻落实胡锦涛总书记在庆祝清华大学建校 100 周年大会上的重要讲话精神，积极推动协同创新，促进高等教育与科技、经济、文化的有机结合，大力提升高等学校的创新能力，支撑创新型国家和人力资源强国建设，2012 年 3 月 15 日教育部和财政部联合下发通知，决定实施“高等学校创新能力提升计划”（简称“2011 计划”），随后于 2012 年 5 月 4 日又联合制定了《“高等学校创新能力提升计划”实施方案》。

《“高等学校创新能力提升计划”实施方案》提出：“2011 计划”要瞄准科学前沿和国家发展的重大需求，重点建设以自然科学为主体、面向科学前沿的协同

创新中心；以哲学社会科学为主体、面向文化传承创新的协同创新中心；以工程技术学科为主体、面向行业产业的协同创新中心；以地方政府为主导、面向区域发展的协同创新中心等四大类协同创新中心。这些协同创新中心将以平台的形式凝聚创新资源、优化配置、协同创新。因此，构建协同创新平台已成为目前最为紧迫的任务。

要构建协同创新平台，首先必须明确其主要发展目标。“2011 计划”指出，要从重大前瞻性科学问题、行业产业共性技术问题、区域经济与社会发展的关键问题及文化传承创新的突出问题出发，充分发挥高校多学科、多功能的综合优势，联合国内外各类创新力量，建立一批协同创新平台，形成“多元、融合、动态、持续”的协同创新模式与机制，培养大批拔尖创新人才，逐步成为具有国际重大影响的学术高地、行业产业共性技术的研发基地和区域创新发展的引领阵地，在国家创新体系建设中发挥重要作用。

随着创新模式的不断发展，传统的产学研合作模式已经不能适应“2011 计划”的要求，必须研究和分析新形势下协同创新的平台、模式、机制和体制。在分析之前，还需要明确协同创新平台的参与主体。本节主要针对以工程技术学科为主体、面向行业产业的协同创新中心展开研究。那么面向行业产业的协同创新平台的参与主体有哪些？具有什么特点？协同创新平台的架构如何？这些都是本节要研究的问题。

5.1.2 协同创新及其相关研究述评

协同是系统论中的概念，指的是系统中各子系统通过相互协调、合作、同步联合等集体行为，使系统输出产生“1＋1＞2”的功能放大效应。协同创新是指合作各方以创新成果为目标，以资源共享或优势互补为前提，以利益共享、风险共担为准则，相互协调、相互合作，共同完成一项技术创新的活动。当前，以企业为技术需求方、以大学/科研机构为技术供给方的产学研合作研发是主要的协同创新形式（鲁若愚，2002），且大多数对于协同创新的研究都是针对产学研合作展开的。

从产学研合作的视角出发，众多学者从协同创新的动机、机理、模式等多个方面展开了研究。对于创新企业而言，Lee（1996）指出，获取互补性研究成果、进入新技术领域、开发新产品、接近大学的重要人员、提高学术研究是企业参与产学协同创新的主要动机。而对于科研院所而言，也能从合作中获得企业对其研究的经济支持、推进研究的实用性、探索新的研究领域以获得更多的学术成果（Geuna and Nesta，2006）。李应博等（2007）提出了协同创新服务中的创新能力转移的内涵，系统地研究了创新能力转移的条件，分析了创新能力转移的组织形式与制度安排方式。进而，在系统研究产学研合作的基础上，何郁冰（2012）提出了“战略—知识—组织”三重互动的产学研协同创新模式。

从企业对于科研院所的合作需求上来看，大多数学者们的观点近似。Fritsch 和 Franke（2004）认为，同公共研究机构的合作有利于推动企业研发活动的开展，提高企业创新能力和加速专利的产生；Nieto 和 Santamara（2007）则指出，企业同研究机构的合作能够显著地提升企业的创新绩效。Haggedoorn 和 Roijakkers（2006）的一项研究表明，企业倾向于寻求技术支持和专家服务（特别是在测试和分析阶段），即使该大学远离企业所在的区域。在他们的样本中，超过 20%的芬兰企业至少与邻近的一所大学的实验室或公共科研机构建立了协作关系以完成企业的创新项目。

对于政府在协同创新上的作用，存在着两种对立的观点。Biggs 和 Shah（2006）指出，政府机构与中小企业创新和绩效存在密切的联系。然而，Cooke 等（2000）和 Doloreux（2004）等的研究却表明，实际运作中政府对中小企业创新的推动作用比预期要小。

但是，对于大学和科研机构在系统创新上的作用，大多数的观点基本一致。大学是科技创新和技术变革的强劲动力，它不仅为企业提供大量具有知识和技术的人才，而且能够为新产业的出现和企业创新提供知识和技术支持（Razak and Saad，2007）。Mansfield 和 Lee（1996）指出，企业同大学的合作是推动技术创新的重要因素。Gulbrandsen 和 Smeby（2005）认为，企业同大学的合作能够产生双向的知识流动，促进企业和大学的双赢。

创新企业、大学、科研机构和中介机构等相互联系，形成了协同创新网络。Hadjimanolis（1999）认为，协同创新网络是由企业和客户、供应商、中介机构等通过形成垂直或水平的关联节点构成的。Pekkarinen 和 Harmaakorpi（2006）认为，中小企业协同创新网络主要来自异质的参与者，包括企业、大学、研究机构和中介组织等。基于加拿大渥太华 53 家中小企业的实证研究，Doloreux（2004）指出，中小企业创新更多地依赖与客户和供应商所形成的协同网络。然而，Cooke 等（2000）等则认为，中小企业很少同大学、研究机构、中介组织等建立交互协同网络。另外，解学梅（2010）研究发现：“企业-企业”、“企业-中介”和“企业-研究组织”等类型的协同创新网络对企业创新绩效有着显著的正向效应，其中“企业-企业”协同创新网络对提升企业创新绩效的效应最为显著。而“企业-政府”协同创新网络对企业创新绩效没有直接效应，但却存在显著的间接效应。

在新时期、新形势下，我国提出的高校创新能力提升计划和“以工程技术学科为主体、面向行业产业的协同创新中心”的建设要求迫切需要从更新颖、更系统、更深入、更全面的视角研究产业协同创新平台。

5.1.3 协同创新平台的架构设计

“2011 计划”中强调的协同创新主体，包括高等院校、企业、政府，旨在通过多方主体的深度融合，发挥高校的科技研发优势，形成技术创新的重大突破，经过企业这一转换器，将技术优势变为产业优势，推动国家产业转型升级，实现国家的区域发展政策目标。高校、企业、政府形成相互需求、优势互补的关系，通过协同创新平台在与各自需求相匹配的合作期望上达成一致。

协同创新平台涉及不同利益目标的创新主体，它是一种独特的、混合式的、跨机构的组织形式。单个组织机构无法获得对相互合作的完全控制权，必须采取新的管理技能、组织设计能力、协同控制能力。

1. 平台主体的构成及其网络化

Katz 和 Tushman（1983）认为，建立以企业、大学和科研机构为核心，联合政府相关部门、中介组织、金融机构等组成的协同创新委员会，有助于组织和协调知识在不同的个体和组织领域中的跨界流动。协同创新平台应面向高校创新能力提升的目标，以高校（群）为主导，联合行业或产业中的龙头企业、相关政府部门，同时吸引科技服务机构、金融投资机构、公共服务平台等的参与。

传统的产学研合作创新大多侧重企业与大学/科研机构的内部协同，忽略了外部的支持性因素和辅助组织的作用，没有建立起包括中介机构、金融机构、政府部门等共同参与的协同创新网络，不能把相关参与方纳入合作模式中，也就不能调动这些参与方的积极性，从而造成产学研合作的生态环境恶化，影响了协同创新的实际效果（李廉水，1998）。

协同创新平台不但要重视结构协同，还要重视过程协同。Bonaccorsi 和 Piccalugadu（1994）认为，企业和大学所投入的创新资源、合作协议的时间长度、合作关系的正式化程度这三方面决定了协同创新过程。

随着网络技术和信息技术的发展，以实现知识的快速转移为特征，由众多企业及大学、科研机构所形成的网络化、虚拟型产学研协同创新正成为发展的趋势（郭斌，2007）。由信息与通信技术推进协同创新的新型组织结构，体现出组织结构柔性化和弹性化、信息网络化、研发活动并行化等优势，同时也提高了知识产权纠纷管理的难度（王英俊和丁堃，2004）。跨学科、跨专业的知识合作与交流是网络化协同创新的优势，企业、大学/科研院所应该在力所能及的情况下，嵌入多个协同创新网络中，并找准自身在各个网络中的节点位置，通过联结不同节点的路径，使网络化组织的协同创新效应最大化。

2. 协同创新平台的总体架构

根据“2011 计划”的要求，协同创新平台以解决两大问题（行业产业共性技术问题、前瞻性科学技术问题）和满足两大需求（区域发展的需求、文化传承的需求）为目标，采用协同创新机制整合人才、资本和技术等各种创新资源。

整个协同创新平台包括组织管理、资源配置、人才培养、研发模式、产业化、创新文化、国际合作、评价体系等几个组成部分，这些部件在协同创新机制的作用下协同工作，填平“官产学研”之间的无形“鸿沟”，提升高校的创新能力，提升高校在区域和产业发展方面的创新服务能力。协同创新平台的架构如图 5-1 所示。

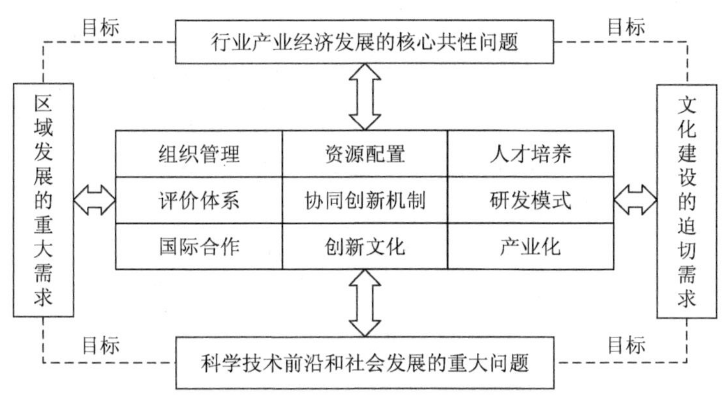

图 5-1　协同创新平台的系统架构

3. 协同创新平台的功能设计

协同创新平台的八个组成部分各自具有不同的结构和功能，这些功能相互作用、相互影响，共同实现协同创新。

1）组织管理体系

平台的组织管理大致包括四个部分：组织管理机构、创新决策机制、开发共享制度、责权利匹配机制，如图 5-2 所示。

组织管理机构负责协同创新平台的组织管理工作，首先由官产学研等各参与主体共同成立管理委员会，对平台的运行与管理负全责；管理委员会下设日常管理机构，负责日常事务的管理工作；同时，管理委员会制定并实施协同创新平台的各种管理制度及其他相关制度。

平台的主要职责是围绕创新展开的，因此创新决策是非常重要的一个方面。在创新决策方面，可以采取集体协商机制、创新方案选择机制、表决权机制等对重大创新进行决策。

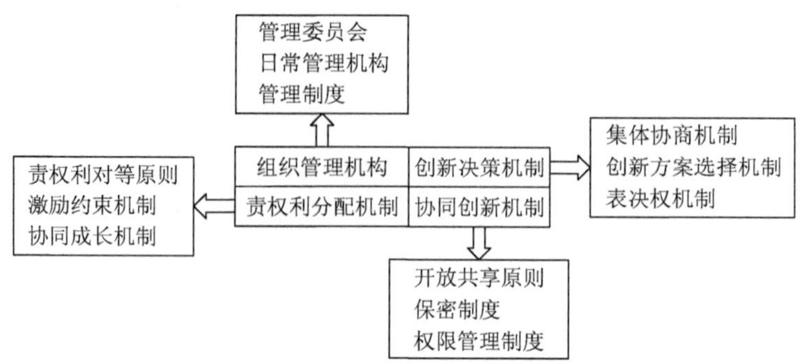

图 5-2　协同创新平台的组织管理体系

开放共享是平台管理体系中一个较重要的部分，没有充分的开放共享，就不可能实现重大的协同创新项目。当然，并不意味着没有分级权限的存在。制定开放共享的基本原则，并辅以各种制度如保密制度、权限管理制度等。

责权利对等原则是保证平台良好运行的关键内容。应该在责权利对等的原则下制定官产学研等各参与主体的激励约束机制和协调成长机制。

2）协同创新平台的资源配置

组建协同创新平台的各参与主体拥有各自独特的创新资源，应该加以合理配置。平台资源配置至少包括以下几个方面：资本配置方案、设备共享制度、技术转化制度、产能匹配制度、人才流动制度、财政税收政策等，如图 5-3 所示。

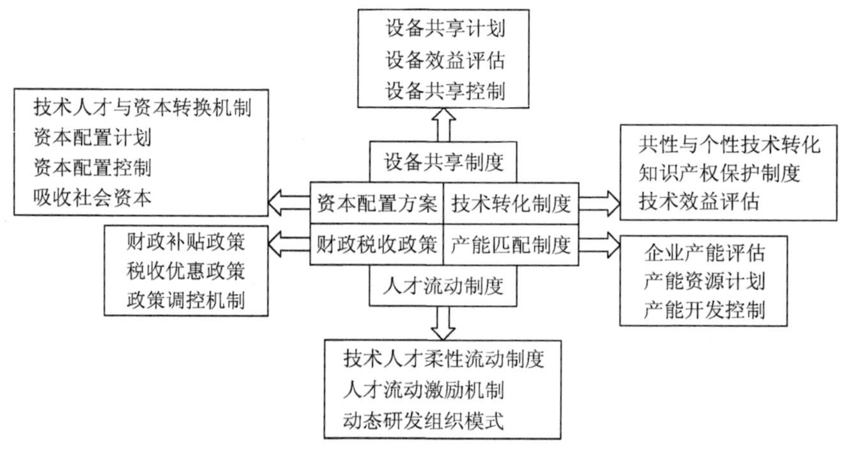

图 5-3　协同创新平台的资源配置

在资本配置方面，首先由各参与主体共同制定技术、人才和资本等之间的等价转换原则，实现不同创新资源的等价转换；然后，根据创新资源情况制定资源配置计划等方面的资本配置方案，并加以资本配置控制管理，还可以吸收社会资本的加入。

平台产学研各方拥有不同层次和具有互补性的装备（设备），应制定设备共享计划、评估各个设备的使用效益，并加以设备均衡利用的控制。

高校拥有较先进的新技术，应该实施技术转化制度，加快知识转移。区别对待产业共性技术和企业个性技术的转化方式，实施知识产权保护制度，企业进行技术效益评估并反馈给高校。

企业要对新技术进行产业化，产能匹配是一个重要因素。首先进行企业产能的评估，然后制定产能计划，最后在多产品的情况下进行产能的控制与协调。

企业与高校拥有各自独具特长的各种人才，应在平台体系下加强人才的流动，提高创新效率。建立高技术人才的柔性流动制度，制定人才流动的激励机制，构建动态研发的组织模式。

政府也要充分利用手中的财税资源，发挥财税杠杆的作用。制定财政补贴政策和税收优惠政策，发挥政策的调控与导向机制。

3）协同创新平台的人才引进、交流与培养

创新离不开人才的支撑。加强人才的引进、交流与培养是平台成功的一个重要因素。协同创新平台的人才管理包括以下几个方面：人员聘用方式、领军人才引进、人才培养机制、人才流动机制、学科培养制度、人事管理制度等，如图 5-4 所示。

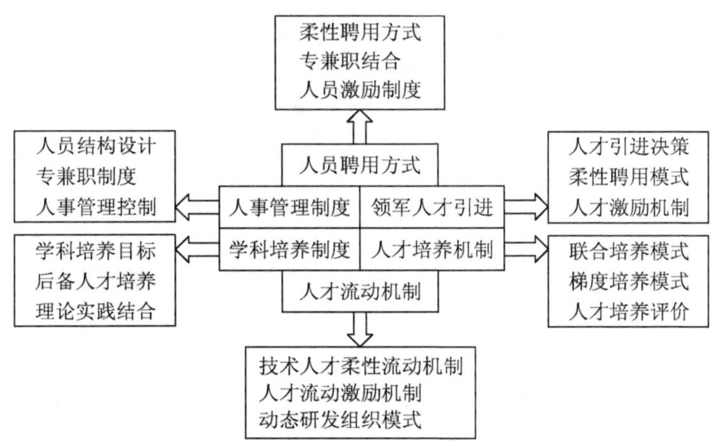

图 5-4　协同创新平台的人才培养机制

在平台人员的聘用方面，可以采取柔性聘用方式、专兼职相结合等方法网罗各种层次、各种领域的人才，并配以人员激励制度以提高人员的积极性。

在高新技术创新方面，领军人才扮演着非常重要的角色。平台首先要考察内部领军人才需求和外部领军人才状况，进行人才引进的决策；坚持柔性聘用模式等方式引导领军人才的加盟，并对其实施非常规的激励机制。

人才培养是高校的一个重要任务。面向创新的人才需求，可以采取校企联合培养模式、梯度培养模式等方式，进行人才评价和人才培养的评价。

在协同创新平台框架下，人才在校企之间的流动也是重要的培养方式之一。采取时间、地点和方式的柔性流动机制，建立流动激励机制促进人才的成长，并定期进行人才流动的评估。

高校还要发展学科，为创新提供后备军。结合协同创新需求，制定学科培养目标，加强后备人才的培养，鼓励他们坚持理论与实践相结合，成为学以致用的创新型人才。

协同创新平台还要建立人事管理制度，设计人员结构配置，鼓励专兼职的工作方式，加强人事管理的控制。

4）协同创新平台的研发模式

研发是协同创新平台的一个重要职能和功能。平台的研发模式包括以下几个方面：研发管理制度、研发投入模式、研发协作机制和研发绩效评价等，如图 5-5 所示。

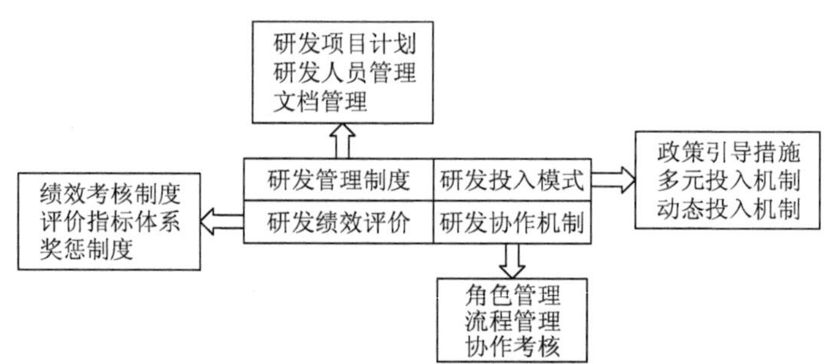

图 5-5　协同创新平台的研发模式

在研发管理制度方面，要制定研发项目计划并进行控制管理，采取项目组的方式进行研发人员的配置与管理，还要重视研发文档的管理工作。

在研发投入方面，坚持多元投入机制，高校、企业、社会和政府等分别投入人才、技术、设备、产能、资金和优惠政策等。政府在项目初始期还要加以扶持，例如，采取立项的方式加以扶持和考核。

重视研发的协作，协调各方、各种研发人员的协同工作。可以进行研发人员的角色和流程管理，授予不同的职责与权限；定期对协作研发进行考核。

在研发绩效评价方面，制定绩效考核制度，建立评价指标体系，严格执行奖惩制度等。

5）协同创新平台的产业化

产业化是衡量创新成功与否的重要标志之一。企业在高新技术产业化方面要做好产能规划、中间测试、批量生产和质量控制等几个方面的工作，如图 5-6 所示。

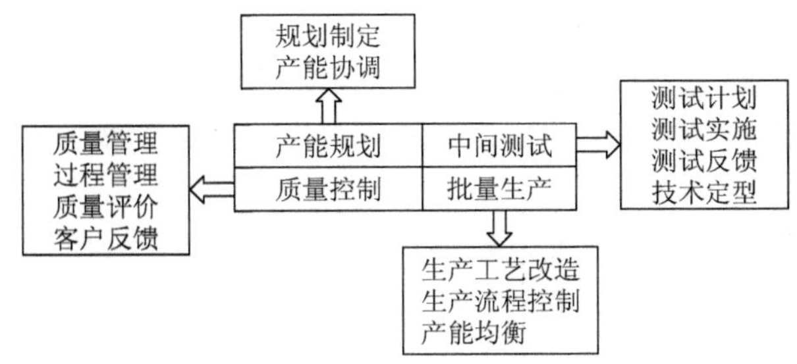

图 5-6　协同创新平台的产业化

在产能规划方面，要面向多种产品和技术的需求，制定产能规划，并进行产能协调。

企业要在协同平台的协助下完成中间测试，以备批量生产。制定小规模、小批量的测试计划，撰写测试报告，并将测试结果进行反馈。

在批量生产上，要完成工艺的改进和匹配，同时加强生产流程的控制。

最后，还要加强质量控制管理，制定质量标准、检验程序等的质量管理制度，制度质量评价体系，实施质量评价和反馈。

6）协同创新平台的创新文化建设

创新文化是保证协同创新平台可持续发展的重要因素之一。创新文化建设包括交流互动机制、创新思想激励、争议协商机制和创新文化评价机制等，如图 5-7 所示。

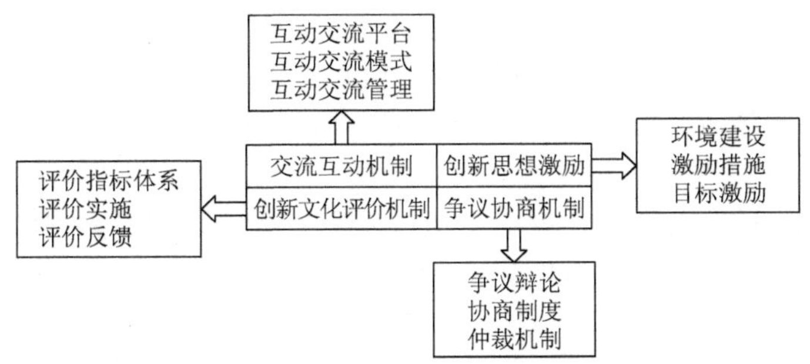

图 5-7　协同创新平台的创新文化建设

在交流互动方面，搭建如论坛、BBS、SNS 等互动交流平台，实施开放、自由、坦诚的互动交流模式，加强引导、监督和控制的互动交流管理工作。

在创新思想激励上，首先搭建有利于创新思想产生的软环境，对于创新思想的萌芽进行恰当的激励。

对于存在争议的地方，建立争议辩论制度、互动协商制度等，实施争议协商机制，鼓励争议走向协同创新。

还要对创新文化进行评价，以保证创新文化效能的发挥。建立评价指标体系，实施创新文化评价，并将评价结论反馈到平台以及各方参与人员。

7）协同创新平台的国际合作

协同创新平台应该是开放的，积极参与国际合作。协同创新平台的国际合作主要包括国际合作战略规划、国际合作决策机制、国际合作风险控制机制及国际合作评价，如图 5-8 所示。

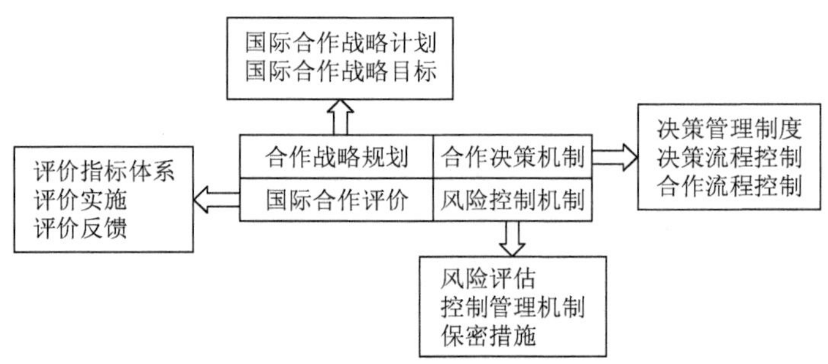

图 5-8　协同创新平台的国际合作

在国际合作战略方面，要根据创新需求制定国际合作的计划及国际合作目标，形成完整的战略规划。

在进行国际合作之前，还要对国际合作的对象、知识产权等进行决策，制定决策管理制度，实施决策，并进行决策流程的控制。

国际合作中存在着不确定性和风险，要建立较完善的风险控制机制，定期进行风险评估，实施风险控制，避免国际知识产权纠纷，同时加强保密措施，以防成果外泄。

还要加强对国际合作的评价工作，制定评价计划和评价指标体系，定期对国际合作情况进行评价，评价结果进行反馈并用于指导新的国际合作。

8）协同创新平台的评价体系

建立健全协同创新平台的评价体系，有利于平台的长久发展。评价体系包括评价管理制度、创新绩效评价、第三方评价及政府评价等方面，如图 5-9 所示。

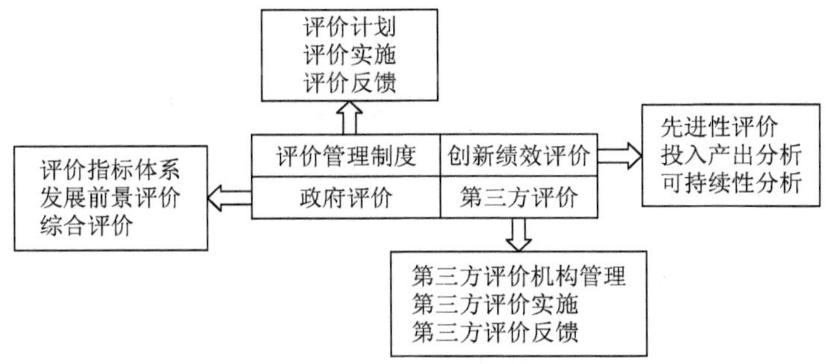

图 5-9　协同创新平台的评价体系

正确的评价不仅需要合理的评价指标体系，而且需要切实可行的、科学的评价管理制度。评价管理制度涉及平台评价计划、评价实施及评价反馈等环节中的各种规章制度。

创新绩效是协同创新平台运行的重要表现形式之一。绩效评价涉及多个方面的内容，至少包括技术的先进性评价、创新的投入产出分析等方面。

第三方评价的引入可以提高评价的客观性。但要注意加强第三方评价机构的管理工作，对第三方评价实施监督、管理与控制，以保证评价的客观性、科学性。

政府对于平台的评价也是非常重要的一个方面。为了保证平台的可持续发展，要制定科学合理的评价指标体系，不但要评价平台的日常运行管理，而且要评价平台的发展前景。同时，加强平台的综合评价工作。

5.1.4　小结

面向高校创新能力提升的协同创新平台，既不同于传统的产学研合作联盟，也不同于公共服务平台，它是由高校引领，企业、研究所、服务机构、金融机构等多主体动态参与的新型创新组织。多主体在协同创新平台上相互合作，发挥协同作用，共同促进创新的发展。

协同创新平台的架构涵盖了组织管理、资源配置、人才培养、研发模式、产业化、创新文化、国际合作、评价体系等几个部分。通过协同创新机制的作用，这些平台架构部件相互作用、相互影响、相互促进，最终提升了高校的创新能力，解决了行业产业共性技术问题和前瞻性科学技术问题，同时满足了区域发展的需求和文化传承的需求。

面向高校创新能力提升的协同创新平台将成为构建创新型国家的重要力量之一。

§5.2 创新驱动产业发展政策与措施：驱动力、服务业与服务网络

5.2.1 大力培育创新集群，提升创新驱动力

中国政府先后提出建立国家创新体系、建设创新型国家的目标。为实现这一战略目标，引导产业集群升级，培育创新集群以推动部分区域、部分产业率先成功转型刻不容缓。

目前国际上常见的做法是，国家或地方为了促进集群的发展，通常在一个或几个集群形成之后，对集群采取一系列推动、治理和创新政策，即实施集群创导（cluster initiative）。

集群创导要继续把高新区、经济开发区和大学科技园发展成为区域创新基地，进一步向创新性集群的方向发展。除了加快创新基础设施建设和培育创新文化，在以后的集群培育和园区的建设中，政府的政策应向重视产业链的协作效应、创新网络效应方向转变，并加强引导。

1. 通过集群规划，引导创新资源集聚

目前研究者公认以下几点是产业集群必备的关键要素：企业在地理上的集中；企业间形成相互联系的专业化分工；除了企业之外，还包括政府、研究机构、金融机构、中介服务机构等多个行动主体；这些行动主体之间同时存在着竞争与合作的关系；企业数量达到一定的规模；具有较长的生命周期；存在大量的创新（Anderson et al.，2004）。对于中小企业集群，应是少数大企业和大量的中小企业在产业合作的基础上协同创新，成为创新主体。这些结构要素是否完善，关系到全面型区域创新网络的形成，也是构建服务网络、提高服务关联的重要前提。现在一些产业集群和园区存在“集而不群”的现象，具体表现为：在招商引资时，不注重入园把关，缺乏统一规划，重复建设，产业特色不突出；园区企业之间的产业和技术关联性较弱，产业集聚效果不明显，说明当前园区建设中存在着重视企业集中和堆积而忽视培育创新集群的倾向。因此，今后的集群培育和园区建设应当因地制宜，有倾斜力度，有步骤、有规划地集群发展，引导创新资源向有利于结网的方向集聚，完善创新集群结构要素，弥补产业集聚缺陷。政府有意识地规划产业集群，在一开始就需要有明确的发展战略，根据各地的特点和条件，在政策制定、资本调度、土地规划、人才安排等方面积极体现出倾斜力度，有步骤、有规划地推进重点发展的集群结构要素。

例如，对于引导主导产业相对聚集的园区，更容易实施集群规划，一般地，进园企业在用电、贷款、政策扶持等方面享有优先权，土地租用价格也比园区外优惠；维持包税制，不增加新税，并至少保持三年；由政府出资建设配套设施。利用各类优惠政策向与主导产业相关的入园企业倾斜，改变不加区分地吸引投资的做法，可以避免盲目性。又如，针对一些地区存在现有产业协作能力弱的现状，地方政府要利用各类优惠政策促进地区内企业间的分工协作，形成密切合作与分工完善的企业网络。由于是关联的上下游企业，容易形成合作伙伴关系，促进集群合作平台的建立。努力培养一批主业突出、产业关联度大、带动效应明显的龙头企业，发挥其带动效应，在此基础上，以产业链为纽带，衍生出一批具有分工协作关系的中小企业。上海张江园区的"产业链"招商政策就是采用这种以大扶小，龙头企业、大企业带动上下游小企业的方法发展的。与此相反，中小型企业发育不足的集群，在政策上向符合产业关联的中小企业倾斜，吸引其集聚。再如，研究发现集群创新主体（企业、大学、研究机构）的知识构成如果是相似的，就会使得主体合作创新的概率下降，同时也使得小企业的生存难度加大。因此，一些地区在引导创新主体集聚时，应注重适度增加创新主体之间知识的差异性和互补性。最后，一些集群和园区内大学、研究机构、风投机构、中介服务机构等要素发育还很不完善，不利于创新网络的形成，需要通过上述措施来吸引这些行为主体的集聚。从企业发展需要出发，大力引进国家级、市级科研机构，并积极建设大学企业联合研究基地。

2. 完善市场竞争机制，促进集聚耦合

国外创新集群的成功是建立在成熟的市场机制基础之上的。创新集群演化研究认为，有效的市场竞争是集群政策措施奏效的必备前提，技术创新的市场价值只有在公平竞争中才能得以实现并产生市场激励，也才可能在产业集群中孕育出崇尚创新的文化氛围；细化分工只有在自由竞争中才能充分实现进而产生合作，创新网络才能形成。因此，完善的市场竞争机制可以为创新集群演化输送源动力，激发其自组织与自我强化的功能（王福涛和钟书华，2009）。所以，产业集群培育中应更为积极地发挥创新主体的自主性，鼓励创新主体特别是核心企业成为集群建设的主动参与者甚至主导者，而非被动的响应者。政府在建设园区中的角色应该更多地定位为政策引导者和环境建设者。应当避免政府主导制造出来的园区去取代自然形成的产业集群，从而导致乡土工业和自然集群优势的丧失。同时，要完善促进市场竞争的政策法规，规范企业竞争行为，严厉打击各种不正当竞争行为，建立公平、有序的竞争环境。

3. 建设创新网络，推动网络关联效应

针对一些产业集群或开发区处于一种"扎堆式"的低层次集聚状态，内部合

作创新程度低，尚未形成创新网络的，政府在集群创导方面既可以发挥传统的功能作用，如基础设施提供、土地利用规划等，对交通、通信、网络等设施进行持续投资，为创新集群的形成创造良好的外部环境，也可包括一些更为深入的内容。集群内部的不正当行为、社会化服务体系的完善、产业的升级和企业的机会主义行为及集群外部的市场环境建设均离不开政府的参与。现行政策重心应置于培育创新环境和建设创新网络。

对于中小企业技术自主创新，应改变单个企业各自为战的局面，依靠产业集群的优势，积极构建基于产业群发展的共性技术平台，形成中小企业之间、中小企业与大企业之间的企业技术联盟，为集群内的广大中小企业提供公共技术发展、产品检测服务，加强集群内企业之间的协作和互动。产学研战略联盟、构建研发公共平台、大力发展中介服务机构，吸引国内的大型企业和跨国公司的部分研究开发机构集聚到园区是建立良性互动的创新网络、发挥集聚效应的重要途径。为了促进服务网络与企业主体之间的关联关系，孵化器、创业园、公共技术服务平台和技术创新联盟等都是其具体操作形式。通过搭建各种公共技术创新平台，大力发展中介机构，加强产学研联系，并积极采取其他措施引导大学、研究机构、中介机构增强与企业的联系。

5.2.2 积极推进科技服务业的发展

1. 完善科技服务业政策体系

1）明确科技服务业扶持对象

科技服务业扶持的对象有两类：一类是科技服务机构服务的对象，主要是进入孵化器的初创型高新技术企业；另一类是科技服务机构本身，也包括进入科技园区为其他企业提供科技服务的企业，如生物检测企业、外包服务企业。

科技服务业的发展首先离不开服务的对象，也就是科技服务业的下游产业的发展，对于一些大型的高新技术企业，各地已经出台了各种扶持政策，不是本节讨论的对象。本节关注的是那些属于创业型的进入科技园孵化器的高新技术企业，它们除了享受高新技术企业已有的优惠扶持政策外，还应享受科技服务业扶持政策。对初创型高新技术企业进行扶持是因为这些初创企业在成长的初始阶段非常弱小，需要外界大力的帮助和扶持才能健康、快速成长，也只有大量初创型高新技术企业在创业园孵化器中不断成长、壮大、毕业，才能吸引更多的人才来创业，聚集更多的成长型高新技术，形成一个良好的创业环境，真正培育具有核心竞争力的本土高新技术企业，不断提高本地、本省乃至国家创新能力和国家竞争力。

对科技服务业机构进行扶持，是为了更好促进科技服务业和现代服务业的发展，优化产业结构，促进高新技术企业的成长和发展。高新技术企业和科技服务机构是相互依存的关系，相互促进，共同发展。只有拥有一大批具有强大的服务能力和高水平的科技服务机构，才能真正解决高新技术企业发展中存在的瓶颈和障碍，促进高新技术产业的发展。科技服务业的服务机构分为四个大类、十八个小类。政策扶持的对象主要针对研究与试验发展类、技术推广服务类和科技中介服务类。而技术推广类和科技中介服务类在很多方面有相同或相似支持，所以在制定扶持政策时把这两类合并为一类，统称科技中介服务类，这一类涵盖的机构和组织最多，也是提供科技服务最多、内容最广的机构，是科技服务机构最重要的中坚力量。第四大类为其他科技服务机构，包含行业协会、技术监督机构、其他机构三小类，不作为重点的扶持对象。

对初创型高新技术企业首先应该进行资格认定，必须是符合高新技术标准，经过商业评估有发展前途的项目才能入驻科技园区进行孵化。享受扶持政策的科技服务机构必须经过科技局条件处的认定，符合高新技术企业标准的服务机构除了享受科技服务业的优惠政策外，还应该享受高新技术企业的相关优惠政策，并对符合认定标准的企业给予相应的奖励，对于认定标准各地市可以根据自己的情况而定。例如，对服务外包企业中获得 GB/TI 9000-ISO9000 系列质量保证体系认证、CMM/CMMI 认证的企业，按认证级别分别给予 30 万～50 万元的奖励；对获得 PCMM 认证、IT 服务管理 ISO2000 认证、ISO27001/BS7799 认证的企业，给予 5 万元奖励。

2）扶持科技服务业的政策工具

（1）资金支持。资金支持主要是两个方面的内容：一是财政资金的支持，包括财政补贴、财政拨款、财政贴息；二是融资扶持，包括贷款担保、建立风投基金等。例如，对符合入驻条件的高新技术企业或被认定的服务机构给予一定的奖励，如一次性奖励或注册资本 5%的补贴。对注册资本金在 500 万元以上的企业，按注册资本金的 10%给予奖励；国家、省重点实验室，大学及科研院所设立的研发机构，一次性给予 30 万～50 万元的奖励。设立专项资金用于项目的引进和建设。

（2）场地扶持。对于进入创业园区的初创型高新技术企业和被认定的科技服务机构在场地方面给予优惠和扶持政策。为它们提供标准厂房、中试厂房服务，给予经营场地费减免或补贴。例如，对符合条件的入驻企业租用的开发和办公用房房租根据注册资金规模可以享受不同的减免。为扶持对象提供完善的基础设施服务，如便利的道路交通、快捷优质的信息通信、优质高效的物业服务，让入驻的企业具有条件良好的、低成本的创业硬件环境。

（3）税收扶持。主要针对初创型高新技术企业和科技服务机构在营业税、增值税、关税、企业所得税、个人所得税、城市维护建设税、教育费附加和地方教育费附加等的减免和优惠。已经被认定为高新技术企业的除了享受高新技术企业相关的优惠税收政策外，还可以享受科技服务业的相关优惠政策，内容相同的税收政策可以选择更加优惠的政策执行，但不能重复享受。对于原高新技术企业税收优惠政策中没有涉及的新增加部分，可以享受新的优惠政策。

（4）人才的扶持。无论是初创型高新技术企业还是提供科技服务的机构都在忧虑的主要问题是高素质人才的匮乏，从研发人员到管理人员都非常缺乏，特别是既懂技术又懂经营管理的高级人才（如辅导师）的严重缺乏，已经影响到科技服务业和初创企业的发展。所以政府应该对这些高级人才的引进、培训和使用方面加以扶持，帮助解决人才的问题。例如，对高层次领军人才或团队，视项目科技含量和规模为企业提供启动资金；解决住房问题；解决子女户口、入学问题；帮助申报国家、省、市财政对此类项目资助，并视其科技含量和项目实施具体情况，新区将给予相应的配套资金支持；帮助企业招聘、培训、引进各类人才。

2. 提高科技服务业供应能力

1）激发企业创新活力，加快创新主体建设

一是以开展技术创新引导工程、落实创新政策和国家对高新技术企业复核为契机，引导全省高新技术企业建立技术开发机构，引导企业普遍加强对创新的投入。

二是鼓励和支持优势特色产业的大中型骨干企业、重点高新技术产业的行业龙头企业围绕产业对战略高技术、共性关键技术和重大目标产品创新的迫切需求，以市场为导向，按照政府主导、多方共建的原则，集成优化各类创新资源，聚集国内外优秀科技人才，按照国际标准、国内一流的目标，重点建设一批企业重大研发机构，成为全省重要的产业研发、成果转化、创新服务和人才培养基地，提升产业的创新能力。

三是吸引外资企业特别是跨国公司设立研究总部、分支研究机构等，推动外资企业研发活动本土化，支持本省企业到国外设立研发机构，实现研发活动的国际化，大力提升产业技术创新能力。

2）深化产学研合作，增强源头有效成果的供给能力

一是引导高校、科研机构围绕重点支柱产业和新兴高新技术产业发展需求，加快对现有的科技资源进行优化配置，加强与企业合作，以多种方式建立研究中心、创新基地或高技术研究院等，创立新的符合创新规律并具有自身特色的科研管理体制和运行机制，激发科技人员的积极性和创造性，增强创新能力，提高有效供给。

二是进一步深化与中国科学院、中国工程院和国家科技部的合作，推进与国

家教育部和国家自然科学基金委员会等机构的合作，支持省内外高校与科研机构利用其技术、人才和科研仪器设备等方面优势，与各地企业以多种形式共同兴办研发机构、共建实验室、成果转化基地（园区），或设立分支机构等，参与科技创新和成果转化等活动。

3）大力发展民营科研机构

大力发展民营科研机构、民办非企业研究机构等，鼓励社会各界和各种资本参与科技创新研发活动，进一步活跃科技开发市场。

3. 提高科技服务业需求水平

旺盛的需求是科技服务业健康发展的保证。提高科技服务需求，一要转变政府的决策方式，二要提高企业技术创新积极性。

以政府职能转变为突破口，围绕科技服务体系建设，将一些事务性和服务性较强的科技管理工作移交给有条件、有能力的科技服务机构，并采取措施确保其在工作开展过程中的独立性、客观性和公正性。大力推行行政决策咨询制度，在政府决策过程中，要进一步发挥科技服务机构的决策支持作用，提高政府决策的科学化、民主化水平。

对于提高企业技术创新积极性，既要培育企业家精神，又要形成技术创新压力。政府尊重与保护企业和公民创新行为，尊重与保护公民个人财产权，摒弃身份限制，形成公平的竞争体系。认真执行已颁布的《淘汰落后生产能力、工艺和产品的目录》《工商投资领域制止重复建设目录》，鼓励企业积极采用先进技术，以高新技术产业改造传统产业，对那些技术落后、质量低劣、污染环境、浪费资源，以及不符合安全生产条件的中小企业，依据国家法律法规和政策，采取有力措施，坚决予以关闭。指导企业从事综合利用型产业，提高资源与能源的利用率。

4. 加强科技中介机构信用建设

1）依托行业协会积极探索建立科技中介机构的信誉评价体系

信誉评价要以科技中介机构为对象，以用户为中心，以服务质量为重点，采用科学、实用的方法和程序，对科技中介机构的服务能力、服务业绩和社会知名度、内部管理水平、遵纪守法情况、用户满意程度等进行客观、公正的评价，评价结果向社会公布。信誉评价工作要以维护科技中介行业信誉、提高专业化服务水平、促进科技中介机构发展为宗旨，以公平、公开、公正和自愿参加为原则，不得以营利为目的。

2）推动行业协会建立行业自律制度

科技管理部门要积极争取当地政府对行业协会开展行业自律给予充分授权和支持。行业协会要以国家法律、法规和政策为依据，制定和实施行业行为规范、服务标准、职业操守、违规惩戒、资质认证等行业管理制度，组织本行业的科技中介机构和从业人员自觉遵守、共同维护，形成重合同、守信用、诚信经营的行业风尚，使行业发展走上法制化、规范化的轨道。

3）建立健全科技中介机构信用档案

为了规范科技中介机构的行为，有关管理机构或行业协会、商会、联合会等首先要建立其所辖科技中介机构的信用档案，记录中介从业人员的资质、执业行为、遭受投诉情况等主要内容。其次，建立科技中介机构信用警示制度。依托企业信用资讯网，设立中介机构信用警示窗口，对科技中介机构的失信、违法行为，或尚未构成违法但可能对国家、社会和消费者造成侵害的行为，采取警示和防范。最后，建立科技中介机构信用公示制度。为了强化对科技中介机构信用行为的管理，有关管理部门应及时在企业信用资讯网上公布科技中介机构的信用信息。通过这种方式，建立起对科技中介机构的约束机制，加强对科技中介机构失信行为的监督管理。

4）营造科技中介机构健康发展的良好氛围

（1）建立和健全现代企业制度，使科技中介机构成为真正对自身、对社会负责的自我约束的市场主体，营造讲信用、守信用的社会氛围。

（2）积极倡导科技中介机构信用观念，引导科技中介机构加强信用管理，加强对各类科技中介机构从业人员的公民道德教育、职业道德教育、法制教育，提高其素质，牢固树立自律意识，在行业内形成一种合法诚信服务的道德风尚和舆论导向。

5. 积极发挥中介机构的桥梁作用

中介机构是政府、科研机构、高等院校等与中小企业之间联系的纽带。地方中介性机构和服务网络在区域发展中扮演了重要角色。各类信息服务机构、知识产权机构、资产评估机构、投融资机构、共性技术服务机构及各种类型的企业孵化器等中介机构，将企业和大学、研发机构连接起来，有利于形成促进中小企业技术创新的服务网络，提高中小企业技术创新能力。

在完善中介服务体系建设和加强中介机构的桥梁纽带作用方面，政府可以发挥关键性作用。政府应积极采取以下措施来加强科技中介机构在创新网络中的桥梁纽带作用。

一是促进科技中介市场机制的形成，必须切实加强科技中介机构的体制和机制的创新，要尽快建立以行业协会管理为主的宏观管理体制。除保留少数向中小企业提供公共服务的非营利机构外，推动大多数非独立的中介机构与隶属单位脱离行政关系，使之转为独立经营的市场化服务组织。科技中介成为独立的市场主体之后，政府把应属于中介机构承担的职能进行转移，例如，将共性技术研发项目组织、科技招投标、创业投资，这些原来由政府掌握的权力逐渐转移到科技中介机构手中，以此来培育和发展科技中介市场。政府不再直接管理中介机构，而是通过行业协会来实施监管、指导发展（刘伟和罗公利，2008）。

二是强化政策支持和资金引导，鼓励科技中介服务机构面向企业，为技术创新和科技成果转化提供专业化服务。充分利用财政补贴、税收优惠等手段，对技术转移中介服务的不同环节给予相应的支持。通过专项资金鼓励专业咨询机构为政府、企业提供咨询服务。例如，利用园区发展资金为中小企业聘请技术服务机构，为企业创新活动提供指导和服务。加强社会化、网络化的科技中介服务体系的建设，引导科技中介服务机构向专业化、规模化和规范化方向发展，充分发挥其在组织高等院校、科研机构与广大中小企业开展技术合作、加速成果转化中的积极作用，帮助中小企业进行技术创新。

三是政府出资向独立的中介机构购买所需要的科技咨询服务，这是形成科技中介服务市场的需求，支持科技中介机构发展的途径之一。然而来自于中小企业、社会的实际需求应成为科技中介机构提供服务的最根本的途径。要进一步落实中小企业技术创新的扶持政策，增强中小企业技术创新的积极性，从而形成有效的市场需求。为促进中小企业成为技术创新的主体，利用财政贴息、贷款优惠、税收减免等手段积极解决小企业技术创新所需的资金问题；鼓励高技术中小企业加大研究开发力度，对企业研究开发实行补贴，以此来帮助中小企业更好地使用科技中介服务，用市场需求拉动科技中介服务（江永众，2010）。

四是加强科技中介服务相关行业协会的建设，发挥协会组织的桥梁和纽带作用。提升行业协会组织在促进行业发展和行业技术创新方面的代表性、权威性和影响力。同时指导行业协会制定行业标准和规则，充分发挥行业自律的作用，引导和规范科技中介机构的服务行为；同时引导科技中介机构面向创新资源供需双方的实际需求提供有针对性的服务。

6. 促进科技服务业集聚发展

科技服务业集聚区具有产业集聚、空间集约、高效连通的特点，通过合理布局和有效开发，有助于在较短时间内形成科技服务业发展的新高地，促进现代服务业集约化、节约型发展，有利于实现服务组织机构的网络化，促进知识交流与服务创新。为促进科技服务业集聚，要做好以下工作。

1）强调规划引导

各省辖市要根据本地区科技服务业发展特点，结合支柱产业需求，选择一批政府重视、产业基础强、条件较好的科技服务业务，进一步明确方向，突出重点，统筹组织，引导资源有效配置和集约利用，以发展楼宇经济为载体，引进和培育知名品牌的科技服务机构，形成一批有专业特点的工程咨询楼、中介服务楼、咨询大厦等，形成一批特色鲜明、功能完善、结构合理的科技服务业集聚区。

2）加强政策扶持

服务业专项资金及科技服务业有关计划要优先扶持科技服务业集聚区发展和集聚区内企业成长。凡是入驻科技服务业集聚区，符合其主体功能定位的企业可享受一般工业企业在省级以上开发区享受的水、电、气价格，其在集聚区内的项目可优先纳入土地利用计划。

3）提升管理和服务水平

各科技服务业集聚区要建立相应的管理机构，加强集聚区内的统一管理。同时，加大对区内企业的服务，实行“一站式”全程服务，并加快集聚区内的公关服务平台和信息平台的建设。

4）以载体引进促科技服务业集聚区发展

各地要加大引智力度，重点是吸引国外知名科研机构和科技服务机构建立分支机构，以此为平台，吸引人才、资金、技术等要素进入科技服务业集聚区。

5）加强宣传，发挥示范引导作用

总结现有科技服务业集聚区的有关经验，对其管理模式和运作机制进行宣传交流，为其他地区科技服务业集聚区建设示范引导。

5.2.3　构建技术创新社会化服务网络

国家技术创新引导工程在增强企业技术创新的内在动力的同时，重点抓住了企业创新的外部环境建设，构建良好的政策环境，提高市场的推进作用。

现代创新理论认为，创新不再被认为是一个线性过程，而是一种在不同创新主体和机构间相互作用的复杂结果。这些创新主体和机构及它们间的相互联系组成一个相互依赖、非常紧密的网络。不仅是创新主体，公共机构也在创新中扮演着重要角色。从狭义上讲，公共机构可以理解为组织，如大学、研究组织、金融机构及各种以一种或其他途径进入创新过程的中介组织。中小企业的创新更是需要置身于这样的网络中，企业创新能力的增强要求有效地获取隐性知识和黏性知识。中小企业要创新，仅依靠内部力量具有很大的难度，通常要借助外围网络，以获取创新知识。企业外部的服务网络及服务机构的服务能力对于企业技术创新能力提升有着重要影响。

中小企业外部的服务网络大多是面向中小企业集群的。Castells 认为创新网络可以分为两种类型，即区域根植型创新网络和全面型创新网络，区域根植型创新网络常常出现于比较传统的产业，如以加工制造为主的产业集群。而全面型的创新网络则在高新技术产业集群或者发展比较成熟的产业集群中较为常见。企业的创新活动主要是基于本土化的、企业间的学习过程。这一过程受到地理关联和相互邻近关系的促进，而与知识生产组织（如大学和科研机构）则没有多少直接的联系。全面型区域创新网络的企业既注重发展当地的知识基础和企业间的创新联系，同时也注重与区域内外的大学和科研机构进行合作。当地的创新网络中不仅包含中小型企业，还包含大学、研究机构、科技服务等制度基础设施。区域根植型创新网络常常出现于比较传统的产业，如以加工制造为主的产业集群。而全面型的创新网络则会在高新技术产业集群、发展比较成熟的产业集群或者是 OECD 所提出的创新集群中出现。因此，培育和发展创新集群是构建服务网络，优化服务关联的重要前提。服务关联是指提高服务机构与创新企业之间，以及服务机构之间所建立的各种服务联系。

创新集群是由企业、研究机构、大学、风险投资机构、中介服务组织等构成，通过产业链、价值链和知识链形成战略联盟或各种合作，具有竞争优势的集聚经济和大量知识溢出特征的技术-经济网络（OECD，2010）。有研究者认为，创新集群是产业集群的高级阶段，它是区别于低成本的产业集群（或低端道路的产业集群）而言的，即具有地域特色及创新性的产业集群或基于创新的产业集群（杨继明，2008）。创新集群不仅包括信息技术及生物技术等高新技术产业集群，也包括以影视戏剧、体育音乐等文体产业为主体的创意产业及服务业，还包括“创新性的低技术集群”。培育和发展创新集群，构建面向中小企业的服务网络首先要促进和引导创新主体的集聚；其次是推动集群内相关主体之间的结网。这两个过程的政策和措施都将有利于提高服务机构与创新企业，以及服务机构之间的联系。优化服务关联，促进结网的政策和措施主要分布在加强产学研联系、增强中介机构的作用、搭建技术创新平台等方面。

1. 统筹规划科技中介服务信息支撑体系

充分运用信息化、网络化手段，统筹规划全省的科技中介服务信息支撑体系，建成覆盖全省的市场组织网络系统和信息技术网络系统，开发一批与科技中介服务相关的基础数据库、项目库、人才库等，使科技中介机构能有效利用跨区域、跨行业的信息网络和共享的各种数据资源，为中小企业提供全方位的服务。

2. 建立科技服务机构业务联盟

引导科技服务机构建立业务联盟，促使不同区域、专业领域的科技中介服务机构加强横向联系和合作，将较为单一的服务功能向纵深、有特点的方向发展，探索新的发展途径和模式，实现资源共享和优势互补。

3. 加强科技服务载体建设

围绕科技创新创业需求，加强专业性的科技服务载体建设，进一步优化、完善科技服务体系。如针对专业孵化器、技术市场、行业生产力促进中心等发展不足的特点，加快建设一批软件、集成电路设计、生物医药、新材料、光电子等专业技术孵化器行业、专业和大学、科研机构的生产力促进中心及发展一批区域性和围绕各地特色产业，特别是围绕支柱产业的专业性技术、产品、人才交易市场。

4. 积极支持社会力量兴办各类科技中介服务机构

支持有条件的科研单位、高等院校充分利用学科、人才优势，兴办生产力促进、技术孵化、技术转移、测试服务等科技服务机构；鼓励高校和科研机构的科技人员离岗或兼职创办技术咨询、研发设计、成果转化等科技服务机构。积极引导有实力的企业独立创办或与其他社会力量联合兴办科技企业孵化器、风险投资机构等。积极探索开放性发展科技中介服务的路子，鼓励国（境）外、省外组织和个人兴办各类科技服务机构等。

§5.3　产业网络协同演化的政策措施：产业互动与产业融合

5.3.1　产业融合

产业融合作为一种经济现象，源于数字技术的出现而导致的信息行业之间的相互交叉。产业融合是社会生产力进步的必然趋势，是信息化进程中呈现的一种新的产业范式。它拓宽了产业发展空间，促进产业结构动态高度化与合理化，进而推动产业结构优化与产业发展。

产业融合是指不同产业或同一产业内的不同行业通过相互渗透、相互交叉，最终融为一体，逐步形成新产业、创造新产品的动态发展过程。

国内外学者对产业融合进行了研究，特别是对信息产业的融合做了大量的研究工作。欧洲共同体委员会的绿皮书（Commission of the European Communities，1997）认为，产业融合是指“产业联盟和合并、技术网络平台和市场三个角度的重合”，并针对三网融合，提出了电信、广播电视和出版三大产业融合。这不仅是技术性的问题，而且是涉及服务及商业模式乃至整个社会运作的一种新方式。把产业融合视为新条件下促进就业与增长的一个强有力的发动机，无疑将扩展至整个信息市场，乃至催化今后世界经济的综合。日本学者植草益（2001）认为，产业融合是通过技术革新和放宽限制来降低行业间的壁垒，加强各行业企业的竞争合作关系。

从产业边界的角度来看，产业边界是指由产业经济系统诸多子系统构成的与其外部环境相联系的界面（inter-face）。产业边界具有动态性、模糊性和渗透性等特征。美国学者 Greenstein 和 Khanna（1997）将产业融合定义为“为适应产业增长而发生的产业边界的收缩或者消失”。产业边界漂移是产业融合（主要包括技术融合、业务融合）的重要标志（郭鸿雁，2008）。马健（2002）认为，由于技术进步和放松管制，发生在产业边界和交叉处的技术融合改变了原有产业产品的特征和市场需求，导致产业的企业之间竞争合作关系发生改变，从而导致产业界限的模糊化，甚至重新划分产业界限。产业边界具有四种不同的类型：技术边界、业务边界、运作边界和市场边界（周振华，2003）。

Yoffie（1997）将融合定义为采用数字技术后原本各自独立产品的整合，并提出了 CHESS 模型。CHESS 模型分别是创新性组合（creative combination）、水平解决方案（horizontal solutions）、外部性和标准设定（externalities and standards）、范围经济、规模经济和捆绑（scale，scope and bundling），以及系统聚焦过程（system-focused progress）。

朱瑞博（2003）将价值模块整合和产业融合问题有机联系起来，认为技术创新、管制放松和合作竞争理念并不是产业融合形成的充分条件，产业融合离不开具有通用界面标准的模块作为其实现的载体，在互联网、数字融合和系统级芯片（SoC）三大动力的推动下，计算机、通信与消费电子逐渐融合为一体，并对其他各种产业产生影响和冲击。吴颖等（2004）认为，产业融合的主要因素有四个方面：市场需求的推动力、规制放松的支撑力、技术创新和扩散的拉动力、企业间竞争合作的压力。

陈柳钦（2007）认为，产业融合是不同产业或同一产业内的不同行业在技术融合的基础上相互交叉、相互渗透，逐渐融为一体，成为新的产业属性或新兴产业形态的动态发展过程。技术创新是产业融合的内在驱动力，竞争合作的压力和对范围经济的追求是产业融合的企业动因，跨国公司的发展成为产业融合的巨大推动力，放松管制为产业融合提供了外部条件。产业融合的演进方式主要有三种：一是高新技术向其他产业渗透、融合，并形成新的产业；二是通过产业间的互补和延伸实现融合；三是产业内部的重组整合。作为产业提高生产率和竞争力的一种发展模式和产业组织形式，产业融合具有创新性优化效应、竞争性结构效应、组织性结构效应、竞争性能力效应、消费性能力效应和区域效应。

胡永佳（2007）认为，产业融合是产业间分工的内部化，是产业间分工转变为产业内分工的过程和结果。产业间分工内部化包括两种情况：一是吸收融合，原来的两个或多个产业之间实现融合，形成一个共同的产业，原来的各个产业被吸收进新的产业之中而不再独立存在，在这种情况下，产业数目一般会减少。二是扩展融合，在原来两个产业或多个产业的交叉处融合产生一个新的产业，在这种情况下，产业数目一般会增多。

产业分工与产业融合的关系可描述为：第一，融合与分工不是简单的对立和否定关系。只有在相同的层次上，融合与分工才是对立的。在不同层次上，融合与分工完全可以同时发生，且相互强化。事实上，融合在消灭了本层次分工的同时，往往带来其他层次更多的分工和专业化。第二，产业融合并不等于产业内所有产业都融合。事实上，可能只有部分企业甚至是少数具有产业代表性的企业发生融合，向相应的融合产业扩大经营范围，而其他的企业则还在新的融合产业内的某一个部分或者环节进行专业化经营，扮演内部化分工的角色。第三，在发生融合的企业内，企业的经营范围扩大了，由原来的社会分工或市场分工转化为企业内的分工，企业由此获取范围经济、规模经济等收益，但是内部协调成本会上升。

产业融合的外部条件是政府对于产业间相互的进入和融合放松管制。内部条件包括：第一，不同产业的资产体系能够兼容和通用；第二，不同产业的企业之间出现了竞争，且竞争成本的存在和上升导致企业组织模式的创新和联盟、并购等战略行为的出现。

产业融合形成的新产业需求收入弹性增大和要素供给弹性增大。产业融合推动产业结构跨越式优化升级，促进各产业部门多头并进式发展。

许多学者认为，产业融合形成了两个方面的结果，一方面突破产业间的条块分割，形成产业间的竞争合作关系；另一方面促进了技术的扩散和模仿，提高了新兴产业的技术结构。

在放松管制方面，最典型的是美国 1996 年颁布的《电信法》。它的出发点是放松管制，旨在提供一个通过开放电信市场以促进竞争、放松管制的国家政策框架，加速高级通信、信息技术及私人部门的发展。管制的放松导致其他相关产业的业务加入到本产业的竞争中，从而逐步走向融合。

这些研究大都是从特定产业或者几个产业的宏观角度来分析产业的融合，分析了产业融合的前提和结论，很少对产业融合的路径进行分析，更没有对跨地区的产业融合进行分析。我们认为，产业融合固然有其必需的前提条件，如放松管制、技术创新等，也有其优化产业结构的作用，但是产业融合从无到有、从萌芽到壮大必然要经历一定的路径。产业融合的演化路径应该是产业互动，是产业链企业及相关企业发生互动关联的过程，而且产业互动最终使产业融合成一个更大更复杂的产业系统。

5.3.2　产业互动

产业竞争力的提升过程是一个动态均衡的系统性迁移过程，其中资源利用的均衡和效率是决定产业竞争力提升的关键要素。资源的充分利用与有效配置离不开产业互动。产业互动是指资本、人才、物质、信息等社会经济要素与资源在产业内部的流动与优化配置。通过资源要素的交流、互动与关联便构成了产业发展的有机巨系统。

从国家层面上看，我国明确提出了以信息化带动工业化，以工业化促进信息化，走新型工业化道路的战略决策。信息化带动工业化，工业化促进信息化，必然带来信息产业与传统产业的互动融合。王素贞等（2004）分析了信息产业与传统产业互动融合的前提条件和基本原则，并提出了对策建议。

在跨区域产业互动方面，肖雷（2002）以湖北宣汉的区域经济为对象，分析了推进产业互动的有利条件、制约因素和目标任务，提出了推动产业互动的五个方面措施：抓支撑点、农业推动，抓增长点、工业带动，抓突破点、旅游拉动，抓连接点、城乡联动，抓调节点、政府驱动。阎晓东（2004）研究了泛珠三角地区的区域合作与闽粤产业互动，认为通过建立区域统一市场和产业合作机制，加强产业对接，形成双向互动的竞合关系，有利于做到产业布局结构合理、产业资源优化配置，提高生产效率和国际竞争力。李文静（2004）认为北京和河北的产业结构相似却联系疏远，应该加强京冀间的分工与合作，促进产业互动。洪岚（2004）对大陆和台湾的纺织业作了互动分析，提出了产业合作的方向与建议。任保平和陈丹丹（2007）从产业互动的角度分析了西部经济和生态环境的互动模式。他认为，西部地区生态环境的脆弱性决定了西部地区在工业化过程中不能走“先污染、后治理”的发展模式，而应该强化经济与生态环境的互动发展。产业互动是经济与生态环境互动发展的重要组成部分，产业互动的思路是按照循环经济的理念推进产业结构优化，依据比较优势原则发展西部特色产业为依托点，以建立生态工业园作为产业互动的载体。

从单个产业系统来看，产业互动建立了诸如战略联盟等多种形式的竞争合作关系，进而促使产业经济系统的生存发展空间突破了产业的原始边界，通过产业系统间的资源整合，并构成更高层次的经济系统，产业资源位获得有效的提升，从而更有利于产业经济系统的可持续发展（昝廷全，2004）。

在产业互动的作用下，企业之间会发生各种各样的联系，如共同开发、代工服务、授权、技术或工艺转移、持股投资等。产业内的相关企业及企业之间的关联形成了覆盖整个产业的网络。产业网络是一群各自拥有独特资源，也相互依赖对方资源的企业组织及学术机构、中介机构、政府组织等，通过经济、社会等关系，凭借专业分工和资源互补，在要素投入、生产制造和技术合作等方面进行互动，长期所形成的正式或非正式的互惠性往来关系，它是一种介于市场与企业之间的资源配置方式（盖翊中和隋广军，2004）。产业网络在区域产业发展中起到了重要的作用，它不但提供了网络内不同节点互动的平台，而且节省了成员组织间的交易成本，进一步加快了组织间信息流通和学习速度，从而增强了企业和产业的竞争力。

5.3.3　政策措施

1. 构建科技创新平台，加强平台与企业间的互动

搭建科技创新服务平台，集聚和优化科技资源，为企业提供公共的科技基础

条件，有利于优化科技资源配置，降低技术创新成本。平台将整合全省科技资源，特别是高等院校和科研院所在仪器、设备、设施、信息、技术、人才等方面的资源，为企业提供信息、咨询、设计、培训、测试、试验、研发等服务和技术支撑，促进产学研合作，并为政府部门提供决策建议。以中小企业为主体的技术创新服务体系，需要政府组织优势资源来作为共性技术的后援，需要有效的公共技术平台作支撑。随着产业集群的分工深化，为政府针对企业的公共性需求，建立以产业集群为基础的技术创新平台提供了依据。

为了促进科技创新平台服务于培育和发展地方产业集群，提高中小企业技术创新能力，还要采取有效措施，推动科技创新平台服务能力的发展。其具体措施如下。

1）完善政府引导下的多元化建设机制

在市场经济条件下，区域科技创新平台通常是以政策支撑、投入推动、合作引导、资源共享、多方联动等形式体现的，按照政府支持、企业为主、社会参与、市场化原则来运作（吴国林，2005）。除保障政府对科技公共服务平台的重点投入以外，还要通过政策，吸引众多的研究机构、企业和行业协会加盟，实现资源的多元化供给。引导相关的企业和组织以灵活的方式参与到科技创新平台的建设中来，如大学和科研院所的技术入股、优势企业的设备入股等形式。鼓励转制科研机构与具有实力的大企业集团联合共建工程技术研究开发中心，如珠三角的松岗模式。松岗镇政府与广州电器科学研究院以股份合作制的形式成立广东（南海）家电技术创新中心，政府参股28%，投资主体是广州电器科学研究院，持股72%，中心按市场化的方式运作，并注册成立佛山市威凯认证检测有限公司（丘海雄和杨玲丽，2008）。在与大企业集团或科研院所共性技术创新平台建设过程中，政府基本不对平台运行进行干预，而是提供优惠的税收政策，保护企业知识产权，营造良好的创新环境，同时对一些重要共性技术研发给予一定补贴和奖励，促进共性技术研发成果在集群中小企业中共享。

2）推动平台市场化运作，围绕企业需求服务

一是除了科技基础资源条件平台由政府持续投入，专业信息、共性技术等公共服务由政府提供一定补贴外，其他应完全按照市场化运作。省重点实验室、公共技术服务平台等科技基础设施，以及提供公共技术服务的省企业技术中心、工程中心、工程技术研究中心，经评估为优秀和良好的，政府给予运行经费补贴或奖励。除此之外的那些科技创新平台经过一段时间的引导和扶持后，如果已经具备独立经营和盈利能力，政府应退出平台的投资。这些非政府主导的科技创新平台会出现一些问题，往往注重能直接带来市场收益的服务功能的发展，而在共性技术开发、技术的引进与扩散等公共服务方面则显得较为滞后。所以应以科技政策、财税政策和科技计划项目等形式来

帮助和引导创新平台注重在关键共性技术开发与扩散方面的能力培养，维持平台的可持续发展（薛捷，2008）。

二是组织平台深入企业，让企业应用平台。按照“政府扶持平台，平台服务企业，企业自主创新”的要求，鼓励行业或集群科技创新平台与相关企业开展对接活动，使平台掌握企业实际需求，服务更具针对性。面向以产业集群为基础的技术创新平台，能够贴近企业集聚过程中产生的许多共性需求，通过整合各种科技资源克服科研力量分散、大家各自为战的弊病，可以与企业联合开展科技攻关，形成具有较强创新能力的创新网络，真正为行业企业解决一些共性问题。例如，“集成电路设计公共技术平台”由杭州国家集成电路设计产业化基地有限公司、杭州国家集成电路设计企业孵化器有限公司、浙江大学、杭州电子科技大学等 4 家单位以理事会形式联合建设，开展设计平台（EDA 工具软件平台）、测试平台、IP 应用平台 3 个子平台建设，涵盖了从研究开发到支持实现产业化的全流程科技创新服务。

政府对产业集群共性技术创新平台建设和运行起着重要的推动作用。无论是否政府主导，产业集群共性技术创新平台建设和运行都需要政府倾向性的政策支持和塑造良好的创新环境等。政府在平台建设中要发挥主导作用，同时要充分调动各个创新主体的参与，根据本地产业集群实际情况，能面向市场的则面向市场，推动集群共性技术创新平台建设和健康运行。

3）推进科技创新平台的资源共享

在各类科技创新平台建设过程中，一定程度上存在条块分割、重复投资建设现象。平台建设应少而精，并且加强共享。应引导各个地区的集群根据各自的特色和优势组建各自的科技创新平台，但平台之间实现资源共享，通过科技资源共享，各取所长，获得良好的社会和经济效益。由于投入渠道的分散性，如果在基础资源条件平台建设中缺乏统一布局与规划，就可能发生重复建设。一些市和地区正在围绕科技文献、科学仪器、科学数据等科技基础条件资源建设信息化平台，这有可能同省级条件平台建设重复。为了避免科技基础资源条件平台的建设重复，对于受益面小，服务需求不足的基础资源条件，如自然种质资源、国外文献资源、大型的科学工程和大型科学仪器，应以国家层面承担建设和持续投入为主，并制定共享制度；而对于普适的、需求量大面广的科学仪器和文献资源，则应依托市场，根据地方实际选择建设，持续投入，并设计共享规定（李啸，2008）。要根据科技资源的特点，引入市场机制，实行灵活的共享模式。同时，还要打破地区界线，积极推进科技平台合作共享机制，合作建立一批共享的技术创新服务平台。

2. 推进产学研结合，加快知识转移

为了进一步加强中小企业与高校科研院所深层次联系，切实提高高校院所服

务企业的水平，提升中小企业创新能力，还需要进一步强化引导高校院所更好地为新兴产业发展和中小企业创新服务的政策措施。

1）利用科技计划和资金引导产学研互动

合作研究项目有利于创造和强化对于培育创新集群至关重要的服务网络。政府政策可以通过对合作研发的调节来推行技术使用者和生产者之间的强连接。为了促进科学家与产业界（尤其是中小企业）更广泛的合作，根据德国政府新研究补助金计划，当大学和研究机构为中小企业进行研发时，它们可以从政府那里得到一笔补助费，金额为其与中小企业签订合同的资金总额的25%。英国的法拉第合作伙伴计划，旨在通过英国中介机构将科学、工程和技术基础领域研究机构与产业界密切地联系在一起，为共同的研究项目进行合作研究，风险共担，成果共享。这里所指的中介机构是与产业界（特别是中小企业）和学术界都有密切联系的各种研究理事会、大学、政府行政部门、私立实验室等。通过这样的中介机构将属于同一产业的和具有相同技术课题的研究人员结合在一起。法拉第合作伙伴研究中心的研究领域均为技术前瞻计划所确定的优先发展领域（吴波，2009）。近年来，各国根据新的形势，仍在不断加强相关计划，荷兰和澳大利亚政府启动了创新券计划。

因此，省科技计划和产学研研究资金应向大学、科研院所与中小企业的联合申报项目做出适当倾斜，重点考虑产学研之间的合作研究，逐步带动企业与高校和科研院所之间联合开展创新。鼓励中小企业根据自己的技术需求，购买高校和科研院所的技术。中小企业购买高校和科研院所的技术创新成果、科研机构从事行业共性技术研发和服务等，应由产学研合作专项资金给予资助。鼓励高校和科研机构帮助中小企业进行研发，承担中小企业研发任务的大学应得到产学研合作专项资金的资助。

2）引导高校和科研机构技术创新机制的改革

改变高校、科研机构考核评价和科研人员职务评聘制度，加强应用导向，从根本上鼓励科技人员面向市场、服务企业。保证第一任务——教学、科研的基础上，放宽研究人员兼职和创业的限制。改革考核评价机制，应逐步建立以基础研究、应用研究、工程技术研究和成果转化为主的评价体系，促进高校加强对企业技术创新活动的服务，承接企业研发项目；改革职务评聘制度，要以应用为导向，加大科研成果和技术专利转化在评价考核中的权重。鼓励高校教师在提高学术和教学能力的同时，深入中小企业、加强与科研院所的合作。

3）建立公共研发平台和大力发展科技中介，促进产学研合作

建立以企业需求为导向的产学研公共服务平台。对科技数据文献等科技资源、仪器设备等物质资源、提供检测服务资源等资源进行整合，进一步拓展研发公共服务平台功能。研发公共服务平台，应为创新活动提供更高效服务。通过平台不

仅可以共享数据、仪器设备和获得检测服务，还可以发布中小企业技术攻关项目需求、提供高校和科研院所科研成果，甚至促成技术成果交易。

科技中介服务机构是产学研的纽带。政府应推动技术成果转换中介、专业律师事务所、咨询公司、专利代理、风险投资等各类科技中介的建设，引导科研院所的技术成果转化中心为中小企业服务，引导中介机构在信息、技术、咨询、策划、培训、融资、法律等方面为产学研联合服务。

4）推进中小企业技术创新基地建设

开展中小企业技术创新基地的建设，支持和鼓励高等学校、科研院所和大型企业的技术实验室、工程技术研究开发中心、测试基地及大学科技园申请认定为中小企业技术创新基地。通过基地建设引导高校、科研院所发挥其优势，为企业开发技术、工艺和产品、培训人才，企业为高校、科研院所提供企业所需项目的研究经费和科技成果转化条件，提供符合市场需要的科研课题和方向。加大对中小企业技术创新基地的财政扶持力度，提高其技术创新服务能力。

5）完善中小企业与科研院所技术交流与合作机制

整合高校、科研院所科研资源，鼓励大学和科研院所向省内中小企业开放各类科技资源，建立公共信息网站和信息交流服务平台。鼓励高等院校和科研机构科技人员开展技术咨询和技术指导，建立与中小企业定期交流机制，加强产学研的联系。由政府主导，采取多种方式推动企业和大学、院所的协作，建立以行业科研院所为依托的中小企业、高校共同参与的行业研发中心，如广东顺德的家具业研发中心。推动成立省部产学研合作协会，协会由政府领导，行业专家、企业、高等院校、科研院所参加，为省部产学研合作提供咨询服务，促进中小企业、高校与院所的交流和沟通。通过科技成果展览会、学术交流会、论坛、讲座等多种交流方式，创造产学研合作与交易机会（李岱素，2010）。完善科技特派员工作机制，推进产学研合作。

3. 加强产业互动关联，改善融合机制环境

1）加强产业关联，夯实互动融合的基础

围绕传统优势产业的优化升级，大力创建特色产业基地，组建一批产品设计中心、包装设计中心、外观设计中心等特色产业工业设计中心，产品策划中心、金融服务中心、物流中心等专业服务平台，以此促进宁镇扬地区（南京、镇江、扬州）的产业融合。

2）培育产业集群，推进区域产业的和谐共生

产业集群不仅是某个产业或领域内企业群体的简单集合，也是涉及制造部门和科研、教育、金融、贸易、物流等服务部门的产业关联度高的有机整体。产业集群不仅是资金、劳动力等生产要素在地域空间上的累积和区际间的流动，而且

强调在集聚过程中知识、技术等要素的重新组合与创新，以及本地熟练劳动力市场的形成。产业集群是保证各种行为主体相互之间各种活动具有更高效率的一种有效经济组织形式，在市场经济条件下，产业集群是工业基地的根本特征和竞争力的重要源泉。

因而在产业互动发展中，要充分认识产业集群的重要作用，实施集群化发展战略，通过培育创新型企业，扶持中小企业发展；积极发展园区经济，形成良好的区域发展环境；发展重点产业的上游、下游相关产业，增强配套能力，提高产业链的竞争力；消除生产要素自由流动的障碍，为企业和产业依据市场规则向某些区域聚集创造条件；积极引导和鼓励同类产业集群化发展，形成规模和特色。

3）增强自主创新，破解互动融合的现实问题

为适应现代产业体系发展新形势，应加快建立以企业为主体、市场为导向、产学研相结合的技术创新实现模式，使企业成为研究开发投入的主体。制定现代产业体系发展政策，引导和支持创新要素向企业集聚，推动制造业产业结构调整和重组，支持企业组建各种形式的战略联盟。鼓励和发展专业化的科技研发、技术推广、工业设计和节能减排服务业，促进各种形式的知识流动与技术转移。重点扶持技术含量与附加值高、有市场潜力的龙头企业，对品牌创立、管理与延伸服务进行战略规划，由传统的接单经营转向品牌经营，加快从生产加工环节向自主研发品牌营销等服务环节延伸，促进产业价值链攀升。

4）优化研发投入，构建互动融合的信息平台

随着经济全球化和市场一体化，信息技术应用的深度和广度将不断延伸，融合的范围也会越来越大。

信息技术在提供产业融合的技术平台的同时，也将有助于解决产业融合中的制度障碍。因此，加强信息技术基础设施的建设，是融合的物质基础和载体。为此，要加强信息网络建设，搭建公共信息平台，加强区域信息合作，实现信息资源共享，从而为宁镇扬地区的产业互动融合发展打下信息基础。

5）转变政府职能，改善互动融合的机制环境

产业互动融合使得原有产业的产业链与价值链发生迁移，多个产业的产业链与价值链的各环节进行重新组合，这些具体过程的实现需要一个良好、宽松的外部支持环境，发掘最大潜力的创业环境是产业融合发展的根本动力。为顺应产业融合这一趋势，政府应制定相应的措施来促进产业融合及产业的健康发展，从政策层面为产业的融合发展提供最大力度的支持和保护。同时，政府要转变职能，增强服务意识，简化办事程序，提高办事效率，加强诚信建设，培育良好的信用环境和市场经济秩序，最终为企业的创业、投资和发展提供一个良好的环境。

参考文献

白玲，汪小雯. 2006. 知识密集型服务业与服务创新. 财贸研究，17（1）：149-150.

曹兴，石中华. 2005. 基于机制设计理论的企业技术委托开发道德风险防范研究. 系统工程，23（11）：85-90.

常悦，鞠晓峰. 2013. 创新供给者、中介与潜在采纳者之间的博弈研究. 中国软科学，（3）：152-157.

陈静，唐五湘. 2007. 共性技术的特性和失灵现象分析. 科学学与科学技术管理，（1）：5-8.

陈铿，韩伯棠. 2005. 混沌时间序列分析中的相空间重构技术综述. 计算机科学，32（4）：67-70.

陈柳钦. 2007. 产业融合的发展动因、演进方式及其效应. 郑州航空工业管理学院学报，25（4）：14-19.

陈琦. 2010. 企业电子商务商业模式设计——IT 资源前因与绩效后果. 浙江大学博士学位论文.

陈旭. 2005. 基于产业集群的技术创新扩散研究. 管理学报，2（5）：333-336.

陈彦豪，薛荣堂，黄宗兴. 2009. 网络镶嵌与服务创新绩效关联性之研究. 资讯管理学报，16（4）：75-96.

池仁男，汤临佳. 2008. 企业外部创新网络与创新源的关联性特征研究. 科技进步与对策，25（11）：38-40.

丁伟，钱省三，文嫣. 2005. 基于地域化与全球化双向互动的产业集群发展与升级. 科学学研究，（6）：779-782.

丁玉苗，翁重，杨金纯，等. 2012. 我国纺织行业共性技术研发和扩散机制的现状与主要问题. 纺织导报，（5）：23-27.

杜晓君. 2007. 专利池：高新技术产业发展和竞争的主导范式. 经济理论与经济管理，（10）：32-36.

段茂盛，张希良，顾树华. 2001. 基于微观决策理论的创新扩散模型. 系统工程理论与实践，21（6）：46-51.

方刚. 2008. 基于资源观的企业网络能力与创新绩效关系研究. 浙江大学博士学位论文.

房镜. 2007. 分支过程及其应用研究. 重庆师范大学硕士学位论文.

纺织服装周刊. 2012. 纺织产业集群：立足新起点再创新辉煌. 和讯网：http: //futures.hexun.com/2012-12-21/149309132. html.

冯锋，王亮. 2008. 产学研合作创新网络培育机制分析——基于小世界网络模型. 中国软科学，（11）：82-86.

盖翊中，隋广军. 2004. 基于契约理论的产业网络形成模型-综合成本的观点. 当代经济科学，26（5）：56-59.

高越，李荣林. 2008. 分割生产与产业内贸易：一个基于 DS 垄断竞争的模型. 世界经济，（5）：13-23.

高越，李荣林. 2011. 国际生产分割、技术进步与产业结构升级. 世界经济研究，（12）：78-83.

高越. 2008. 分割生产、垂直型投资与产业内贸易. 财经研究，(7)：63-73.
耿新，张体勤. 2008. 国外创业者社会网络研究述评. 山东社会科学，(04)：153-156.
工业与信息化产业部. 2011. 关于印发《产业关键共性技术发展指南（2011 年）》的通知（工信部科［2011］320 号）.
郭斌. 2007. 知识经济下产学合作的模式、机制与绩效评价. 北京：科学出版社.
郭炳南，段芳. 2011. 国际生产分割、要素禀赋与工业集聚——基于省际动态面板模型的 GMM 检验. 山西财经大学学报，33（4）：34-43.
郭鸿雁. 2008. 产业边界漂移：信息产业合作竞争中的产业融合. 改革与战略，24（5）：110-112.
郭鹏，杨娅芳，曹朝喜. 2007. 基于合作博弈论的纵向一体化战略决策模型研究. 工业工程，10（1）：91-94.
何郁冰. 2012. 产学研协同创新的理论模式. 科学学研究，30（02）：165-174.
洪岚. 2004. 两岸防止产业的互动与合作研究，经济与管理研究，(6)：24-29.
胡学平. 2009. 关于随机变量数学期望与方差的讨论. 安庆师范学院学报（自然科学版），15（4）：89-91.
胡永佳. 2007. 从分工角度看产业融合的实质. 理论前沿，(8)：30-31.
黄波，孟文东，李宇雨. 2011. 基于双边激励的产学研合作最优利益分配方式. 管理科学学报，14（7）：31-42.
黄芳铭. 2005. 结构方程模式：理论与应用. 北京：中国税务出版社.
黄静波. 2008. 技术创新、企业生产率与外贸发展方式转变. 中山大学学报（社会科学版），(3)：168-176.
惠青，邹艳. 2010. 产学研合作创新网络、知识整合和技术创新的关系研究. 软科学，24（3）：4-9.
江永众. 2010. 科技中介服务体系的形成与促进机制研究. 科技进步与对策，8：15-19.
姜启源，等. 1998. 数学模型. 北京：高等教育出版社.
李岱素. 2010. 广东省部产学研战略联盟合作机制研究. 中国科技论坛，(1)：38-41.
李纪珍，邓衢文. 2011. 产业共性技术供给和扩散的多重失灵. 科学学与科学技术管理，32（7）：5-10.
李纪珍. 2002. 产业共性技术供给体系研究. 清华大学博士学位论文.
李纪珍. 2005. 产业共性技术发展的政府作用研究. 技术经济，(9)：19-22.
李廉水. 1998. 论产学研合作创新的组织方式. 科研管理，19（1）：30-34.
李强，砲勇. 2005. 不确定环境下企业技术创新投融资决策研究. 系统工程理论与实践，(3)：56-60.
李守伟，陈永泰，司春林，等. 2011. 基于 KIBS 的企业技术创新能力形成与演化. 系统管理学报，20（4）：421-427.
李守伟，李备友，钱省三. 2008. 面向技术创新的知识密集型服务. 科学学与科学技术管理，29（7）：114-119.
李守伟，李备友，钱省三. 2009. 技术创新范式的演变分析：基于系统发展观的视角. 科技管理研究，(02)：10-14.
李守伟，钱省三，沈运红. 2007. 基于产业网络的创新扩散机制研究. 科研管理，28（4）：49-54.
李守伟，钱省三. 2006. 产业网络的复杂性研究与实证. 科学学研究，(4)：529-533.
李守伟. 2006. 产业网络复杂性及其演化机制研究. 上海理工大学博士学位论文.

李守伟. 2012. 技术创新社会化服务网络的生成机理与动态演化研究. 北京：科学出版社.
李文博，郑文哲. 2005. 企业技术创新扩散及其博弈分析. 统计与决策，2：31-33.
李文静. 2004. 京冀亟需联手实现产业互动. 投资北京，（3）：37-38.
李啸. 2008. 浙江科技创新平台建设的经验与启示. 中国科技论坛，（3）：39-43.
李应博，周立，何建坤. 2007. 协同创新服务视角下的中国大学创新能力转移. 中国科技论坛，2007（02）：21-25.
李宇，关伟，李文超，等. 2007. 高新技术企业技术创新能力及其评价指标. 辽宁师范大学学报，30（3）：372-375.
林筠，何婕. 2011. 企业智力资本对渐进式和根本性技术创新影响的路径探究. 研究与发展管理，（01）：90-98.
林润辉. 2004. 网络组织与企业高成长. 天津：南开大学出版社.
刘德海，徐寅峰，李纯青. 2004. 个体与群体之间的一类博弈问题分析. 系统工程，22（12）：6-9.
刘鹤玲，蒋湘岳，刘奇. 2007. 广义适合度与亲缘选择学说：亲缘利他行为及其进化机制. 科学技术与辩证法，24（5）：26-29.
刘戒骄. 2011. 生产分割与制造业国际分工——以苹果、波音和英特尔为案例的分析. 中国工业经济，04：148-157.
刘满凤，石光宁. 2007. 产业共性技术“市场失灵”的经济学分析. 科技进步与对策，（12）：69-71.
刘伟，罗公利. 2008. 山东省科技中介服务机构发展探析. 中国科技论坛，（7）：77-80.
刘学，庄乾志. 1998. 合作创新的风险分摊与利益分配. 科研管理，19（5）：31-35.
刘雪峰. 2007. 网络嵌入性与差异化战略及企业绩效关系研究. 浙江大学博士学位论文.
鲁若愚，傅家骥，王念星. 2003. 校企合作创新的属性演化及对分配方式的影响. 中国软科学，（10）：153-160.
鲁若愚. 2002. 企业大学合作创新的机理研究. 清华大学博士学位论文.
吕海军，甘志霞. 2005. 产学研合作创新研究述评及研究展望. 生产力研究，（4）：230-232.
吕金虎，陆君安，陈士华. 2005. 混沌时间序列分析及其应用. 武汉：武汉大学出版社，2005，5.
骆品亮，周勇. 2005. 虚拟研发组织利益分配的分成制与团队惩罚机制研究. 科研管理，26（5）：127-131.
马富萍，茶娜. 2012. 环境规制对技术创新绩效的影响研究——制度环境的调节作用. 研究与发展管理，（1）：60-66.
马健，2002. 产业融合理论研究评述. 经济学动态，（5）：78-81.
马强，远德玉. 2004. 技术行动的嵌入性与技术的产业化. 自然辩证法通讯，20（05）：71-74.
马亚男. 2008. 大学-企业基于知识共享的合作创新激励机制设计研究. 管理工程学报，22（4）：36-39.
梅德强，龙勇. 2010. 不确定性环境下创业能力与创新类型关系研究. 科学学研究，2010（09）：1413-1421.
孟执芳，陈梦媛，刘楠. 2011. 跨国并购后知识获取影响因素探. 山东社会科学，（08）：140-142.
莫云清，吴添祖，吴婵君. 2004. 基于社会网络的创新扩散研究. 软科学，18（3）：4-6.
牟丽，吴声功 . 2012. 生产分割、新经济地理与产业区位：理论模型和经验证据. 世界经济研究，（1）：9-13.
潘峰，西宝，王琳. 2014. 地方政府间环境规制策略的演化博弈分析. 中国人口 • 资源与环境，（06）：97-102.
潘小军，陈宏民，胥莉. 2008. 基于网络外部性的固定与比例抽成技术许可. 管理科学学报，（06）：11-17.
彭锐，杨芳. 2008. 产学研合作创新网络的演进阶段及演进过程中科研管理部门的作用. 科研管理，29（zk）：38-41.
丘海雄，杨玲丽. 2008. 珠三角产业集群中技术创新中心的运营及借鉴. 中国科技论坛，（7）：46-49.
丘海雄，于永慧. 2007. 嵌入性与根植性——产业集群研究中两个概念的辨析. 广东社会科学，（1）：175-181.
任保平，陈丹丹. 2007. 西部经济和生态环境互动模式：产业互动视角的分析. 财经科学，（1）：119-124.
荣四海. 2007. 基于创新生态链的产学研合作模式研究. 郑州大学学报，（5）：66-68.
盛亚. 2002. 技术创新扩散与新产品营销. 北京：中国发展出版社.
盛昭瀚，蒋德鹏. 2002. 演化经济学. 上海：三联出版社：289-295.
孙庆文，陆柳，严广乐，等. 2003. 不完全信息条件下演化博弈均衡的稳定性分析. 系统工程理论与实践，（7）：11-16.
孙细明，刘霞. 2003. 企业技术创新能力的评价指标. 统计与决策，10：101-102.
唐承林，顾新. 2010. 产学研合作创新网络知识优势来源与形成研究. 科技管理研究，（11）：113-116.
王炳才. 2007. 知识密集型商业服务的研究现状及其对我国的启示. 当代经济管理，29（4）：111-115.
王春峰，宋炜. 2007. 混沌时间序列分析法在生产总值预测中的应用分析. 天津大学学报，9（2）：137-139.
王福涛，钟书华. 2009. 创新集群的演化动力及其生成机制研究. 科学学与科学技术管理，8：72-77.
王桂强，魏晓平. 2006. 基于N人博弈网的公民社会责任分析. 北京大学学报，43（2）：125-131.
王晟. 2012. 技术创新外部性与重复技术创新博弈研究. 工业技术经济，（9）：44-48.
王素贞，边永清，杨海亭. 2004. 信息产业与传统产业互动融合之对策. 统计与决策，（1）：49-50.
王小芳，郁义鸿. 2007. 网络效应、不确定性与累积性创新的战略采用. 系统管理学报，（S1）：56-63.
王英俊，丁堃. 2004. “官产学研”型虚拟研发组织的结构模式及管理对策. 科学学与科学技术管理，（4）：40-43.
王永平，孟卫东. 2004. 供应链企业合作竞争机制的演化博弈分析. 管理工程学报，（2）：96-98.
魏江，胡胜蓉. 2007. 知识密集型服务业创新范式研究. 北京：科学出版社.
魏江，Boden M. 2004. 知识密集型服务业与创新. 北京：科学出版社.
吴波. 2009. 英国科技创新管理体制的构建与启示. 中国科技论坛，（7）：139-144.
吴国林. 2005. 区域技术创新平台研究——大涌红木家具专业镇的技术创新平台建设. 科技进步与对策，（1）：162-164.

吴克晴，冯兴来. 2015. 改进的复制动态方程及其稳定性分析. 纯粹数学与应用数学，(3)：221-230.
吴滩，陈莉平. 2007. 产学研合作创新网络的结点分析及其构建. 价值工程，(1)：32-35.
吴颖，刘志迎，丰志培. 2004. 产业融合问题的理论研究动态. 产业经济研究，(4)：64-70.
肖雷. 2002. 大力推进产业互动实现新的跨越发展. 决策探索，(11)：40-42.
肖兴志，李少林. 2013. 环境规制对产业升级路径的动态影响研究. 经济理论与经济管理，(6)：102-112.
谢识予. 2001. 有限理性条件下的进化博弈理论. 上海财经大学学报，3（5)：3-9.
谢识予. 2002. 经济博弈论（第二版）. 上海：复旦大学出版社.
解学梅. 2010. 中小企业协同创新网络与创新绩效的实证研究. 管理科学学报，13（08)：51-64.
邢小强，仝允桓. 2007. 创新视角下的企业网络能力与技术能力关系研究. 科学学与科学技术管理，(12)：182-186.
徐金发，许强，王勇. 2001. 企业的网络能力剖析. 外国经济与管理，(11)：21-25.
徐禄平，方杰. 2002. 国内外技术创新服务体系. 北京：新华出版社.
徐珊，胡振华，刘笃池. 2010. 专利保护不完善市场的创新产品专利许可定价. 系统工程，28(6)：76-81.
许冠南，周源，刘雪锋. 2011. 关系嵌入性对技术创新绩效作用机制案例研究. 科学学研究，29（11)：1728-1735.
宣慧玉，高宝俊. 2002. 管理与社会经济系统仿真. 武汉：武汉大学出版社.
薛捷. 2008. 广东专业镇科技创新平台的建设与发展研究. 科学学与科学技术管理，(9)：87-91.
阎晓东. 2004. 泛珠三角区域合作与闽粤产业互动发展. 福建论坛，(9)：99-102.
杨继明. 2008. OECD 国家促进集群的公共政策研究. 科学学与科学技术管理，5：64-68.
杨满沧. 2007. 企业银行博弈与共赢. 北京：中央编译出版社.
尹强军. 2005. 华为技术有限公司国际化战略研究. 武汉大学博士学位论文.
余大杭，蔡经汉. 2015. 福建制造业与生产性服务业集聚水平互动研究. 科技和产业，(1)：18-21.
喻科. 2011. 产学研合作创新网络特性及动态创新能力培养研究. 科研管理，32（2)：82-87.
昝廷全. 2004. 系统经济学探索. 北京：科学出版社.
张彬，杨国英，荣国辉，等. 2002. 产品扩散模型在 Internet 采用者分析中的应用. 中国管理科学，10（4)：51-56.
张嫚. 2004. 环境规制对企业竞争力的影响. 中国人口·资源与环境，(04)：126-130.
张廷，高宝俊，宣慧玉. 2006. 基于元胞自动机的创新扩散模型综述. 系统工程，24（12)：6-10.
张晓京，于渤. 2013. 中国专利质量研究：开放经济的视角. 经济理论与经济管理.（01)：96-103.
章玉贵. 2011. 唯跨产业革命才能锻造中国新优势. http://business. sohu.com/20111018/n322491386.shtml.
赵新刚，闫耀民，郭树东. 2006. 企业产品创新的扩散与采纳者的行为决策模式研究. 中国管理科学，14（5)：98-103.
赵玉民，朱方明，贺立龙. 2009. 环境规制的界定、分类与演进研究. 中国人口·资源与环境，(06)：85-90.
植草益. 2001. 信息通讯业的产业融合. 中国工业经济，(2)：24-27.
中国质量报. 2012. 产业集群成为纺织业发展主路径. 中国质量新闻网：http://www.cqn.com.cn/

news/zgzlb/diyi/656721.html[2012-12-44].
周涛，柏文洁，汪秉宏，等. 2005. 复杂网络研究概述. 物理，34（1）：31-36.
周振华. 2003. 产业融合：产业发展及经济增长的新动力. 中国工业经济，（4）：46-52.
朱桂龙，彭有福. 2003. 产学研合作创新网络组织模型及其运作机制研究. 软科学，17(4)：49-52.
朱瑞博. 2003. 价值模块整合与产业融合. 中国工业经济，（8）：24-31.
Abolafia M. 2001. Making markets：opportunism and restraint on Wall Street. Boston：Harvard University Press：190-191.
Ahuja G，Katila R. 2001. Technological acquisitions and the innovation performance of acquiring firms：A longitudinal study. Strategic Management Journal，22：197-220.
Albert R，Barabási A L. 2002. Statistical mechanics of complex networks，Rev Mod Phys，74：47-97.
Amblard F，Deffuant G. 2004. The role of network topology on extremism propagation with the relative agreement opinion dynamics. Physica A，343：725-738.
Anderson J C，Gerbing D. 1988. Structural equation modeling in practice：a review and recommended two-step approach. Psychol Bull，103（4）：11-23.
Anderson T，Serger S S，Sörvik J，et al. 2004. The Cluster Policies Whitebook. Sweden：IKED.
Andersson U，Forsgren M，Holm U. 2002. The strategic impact of external networks：subsidiaryperformance and competence development in the multinational corporation. Strategic Managemen Journal，23（11）：979-996.
Ann Echols W T. 2005. Niche and performance：the moderating role of network embeddedness. Strategic Management Journal，26（3）：219-238.
Argote L，Ingram P. 2000. Knowledge transfer：A basis for competitive advantage in firms. Organizational Behavior and Human Decision Processes，82（1）：150-169.
Arrow K. 1962. The economic implications of learning by doing. Review of Economic Studies，29（3）：157-173.
Bagozzi R P，Youjae Y. 1988. On the evaluation of structural equation models. Acad Mark Sci，16（1）：74-94.
Barabási A L，Albert R，Jeong H. 1999. Mean-field theory for scale free random networks. Physica A，272：173-187.
Barabasi A，Albert R. 1999. Emergence of scaling in random networks. Science，286：509-512.
Barabasi A. 2002. Linked：How everything is connected to everything else and what it means for business，science，and everyday life. Penguin Group.
Barber B. 1995. All economies are 'embedded'：the career of a concept，and beyond. Social Research，62（2）：387-413.
Bartol K，Srivastava A. 2002. Encouraging knowledge sharing：the role of organizational reward systems. Journal of Leadership and Organization Studies，9（1）：64-76.
Bass F M. 1969. A new product growth for model consumer durables. Management Science，15（5）：215-227.
Biemans W G. 1992. Managing innovation within networks. London：Routledge.
Biggs T，Shah M K. 2006. African SMES，networks，and manufacturing performance. Journal of Banking & Finance，30（11）：3043-3066.

Blackman A，Lahiri B，Pizer W，et al. 2010. Voluntary environmental regulation in developing countries：Mexico's clean industry program. Journal of Environmental Economics and Management，60（3）：182-192.

Bonaccorsi A，Piccalugadu A. 1994. A theoretical framework for the evaluation of university-industry relationships. R&D Management，24（3）：229-247.

Boone T，Ganeshan R. 2008. Knowledge acquisition and transfer among engineers：Effects of network structure. Managerial and Decision Economics，29：459-468.

Bridgman B. 2010. The Rise of Vertical Specialization Trade. BEA Working Paper，No. 2010-01.

Brown S L，Eisenhardt K M. 1995. Product development：past research，present findings，and future directions. Acad Manage Rev，20（2）：343-378.

Browne M，Cudeck R. 1993. Alternative ways of assessing model fit//Bollen K，Long J. Testing structural equation models. Newbury Park：136-162.

Burt. 1976. Positions in networks. Social Forces，55（1）：93-122.

Burt. 1980. Models of network structure. Annual Review of Sociology，6：79-141.

Burt. 1995. Structural holes：The social structure of competition. NewYork：Belknap Press：60.

Burt. 1997. The contingent value of social capital. Administrative Science Quarterly，42（2）：339-365.

Cavusgil S，Calatone R，Zhao Y. 2003. Tacit knowledge transfer and firm innovation capability. Journal of Business and Industrial Marketing，18（1）：6-21.

Castells M. 1996. The Rise of the Network Society. Oxford：Blackwell.

Chatterjee R A，Eliashberg J. 1990. The innovation diffusion process in a heterogeneous population：a micromodeling approach. Management Science，9：1057-1079.

Chung S，Singh H，Lee K. 2000. Complementarity，status similarity and social capital as drivers ofalliance formation. Strategic Management Journal，21（1）：1-22.

Clark K B，Fujimoto T. 1991. Product development performance—strategy，organization，and management in the world auto industry. Boston：Harvard Business School Press.

Cohen J. 1988. Statistical power analysis for the hebavioral sciences. Orlando：Academic Press.

Cohen W M，Levinthal D A. 1990. Absorptive capacity：A new perspective on learning and innovation. Administrative Science Quarterly：128-152.

Coleman J S. 1987. Creation and Destruction of Social Capital：Implications for the Law. Notre Dame Journal of Law，Ethics & public policy，14（3）：375-398.

Coleman J S. 1988. Social capital in the creation of human capital. American journal of Sociology，94（51）：95-112.

Coleman J，Katz E，Menzel H. 1957. The diffusion of an innovation among physicians. Sociometry，20（4）：253-270.

Collinson S，Kato H，Yoshihara H. 2005. Technology strategy revealed：patter and influences of patent-licensing behavior in Japanese firms. International Journal of Technology Management，30（3-4）：327-350.

Commission of the European Communities. 1997. Green Paper on the Convergence of the Telecommunications，Media and Information Technology Sectors，and the Implications for Regulation. Brussels.

Cook K S. 1977. Exchange and power in networks of inter-organizational relations. The Sociological Quarterly，18（1）：62-82.

Cooke P，Boekholt P，Tdtling F. 2000. The Governance of Innovation in Europe. London：Pinter.

Cooper R G. 1997. The dimensions of industrial new product success and failure. J Mark，43：93-103.

Cowan R，Jonard N，Zimmermann J. 2007. Bilateral collaboration and the emergence of innovation networks. Management Science，53（7）：1051-1067.

Cowan R，Jonard N. 2004. Network structure and the diffusion of knowledge. Journal of Economic Dynamic & Control，28（8）：1557-1575.

Crescenzo A D. 1999. A probabilistic analogue of the mean value theorem and its applications to reliability theory. Journal of Application，36（2）：706-719.

Dacin M T，Ventresea M J，Beal B D. 1999. The embeddedness of organizations：dialogue & directions. Journal of Management，25（3）：317-356.

Darr E，Kurtzberg T. 2000. Investigation of partner similarity dimensions on knowledge transfer. Organizational Behavior and Human Decision Processes，82（1）：28-44.

David B，Michael G，Louis K S，et al. 1986. University-industry research relationships in biotechnology：implications for the university. Science New Series，232（4756）：1361-1366.

de Prato G，Nepelski D. 2014. Global technological collaboration network：Network analysis of international co-inventions. The Journal of Technology Transfer，39（3）：358-375.

de Bresson C，Amesse F. 1991. Networks of innovators：a review and introduction to the issue. Res Policy，20（5）：363-380.

Delre S A，Jager W，Janssen M. 2004. Percolation and innovation diffusion models compared：Do network structures and social preferences matter? In Proceedings of M2M2 workshop and ESSA conference. Valladolid，Spain.

Delre S A，Jager W，Janssen M. 2007. Diffusion dynamics in small-world networks with heterogeneous consumers. Computational and Mathematical Organization Theory，13（2）：185-202.

Demirkan I，Deeds D L，Demirkan S. 2013. Exploring the role of network characteristics，knowledge quality，and inertia on the evolution of scientific networks. Journal of Management，39（6）：1462-1489.

Deroian F. 2002. Formation of social networks and diffusion of innovations. Research Policy，31（5）：835-846.

Dicken P. 1998. Global Shift: Transforming the World Economy (Third Edition). New York：the Guilford Press.

Doloreux D. 2004. Regional networks of small and medium sized enterprises：Evidence from the metropolitan area of Ottawa in Canada. European Planning Studies，12（2）：173-189.

Dyer J H，Singh H. 1998. The relational view：cooperative strategy and sources of interorganizational competitive advantage. Academy of Management Review，23（4）：660-679.

Echols A，Tsai W. 2005. Niche and performance：the moderating role of network embeddedness Strategic Management Journal，26（3）：219-238.

Edna U M. 1977. The Emergence of Norms. Oxford：Oxford University Press.

Ellison G，Fudenberg D. 1995. Word-of-mouth communication and social learning. Quarterly Journal of Economics，110（1）：93-125.

Erdös P，Rényi A. 1960. On the evolution of random graphs. Publications of the Mathematical Institute of the Hungarian Academy of Sciences，5：17-60.

Ernst D，Kim L. 2002. Global production networks，knowledge diffusion，and local capability formation. Research Policy，31（8-9）：1417-1429.

Eslami H，Ebadi A，Schiffauerova A. 2013. Effect of collaboration network structure on knowledge creation and technological performance：The case of biotechnology in canada. Scientometrics，97（1）：99-119.

European Commission. 1997. Green Paper on the convergence of the telecommunication，media and information technology sectors，and the implications for regulation towards an information society approach. Brussels.

Fiske S，Taylor S. 1991. Social cognition（2nd ed.）. New York：Mcgraw-Hill Book Company.

Fourt L A，Woodlock J W. 1960. Early prediction of market success for new grocery products. Journal of Marketing，25（2）：31-38.

Freeman L C，Soete L. 1997. The Economics of Industrial Innovation. London：Pinter：266-277.

Freeman L C. 1994. The economics of technical change. Cambridge journal of economics，18（5）：463-514.

Freeman L C. 2005. Graphic techniques for exploring social network data. Models and methods in social network analysis：248-269.

Friedkin N. 2004. Social cohesion. Annual Review on Sociology，30：409-425.

Friedman D. 1991. Evolutionary games in economics. Econometrica，59（3）：637-666.

Fritsch M，Franke G. 2004. Innovation，regional knowledge spillovers and R& D cooperation. Research Policy，33（2）：245-255.

Garcia R. 2005. Use of agent-based modeling in innovation/new product development research. Journal of Product Innovation Management，22（5）：380-398.

Gemunden H G，Ritter T，Heydebreck P. 1996. Network configuration and innovation success：an empirical analysis in German high-tech industries. International Journal of Research Market，13（5）：449-462.

Geuna A，Nesta L. 2006. University patenting and its effects on academic research：the emerging European evidence. Research Policy，35（6）：790-807.

Gil S，Zanette D H. 2006. Coevolution of agents and networks：Opinion spreading and community disconnection. Physics Letters A，365（2）：89-94.

Gilsing V A，Duysters G M. 2008. Understanding novelty creation in exploration networks structural and relational embeddedness jointly considered. Technovation，28（10）：693-708.

Gilsing V A，Nooteboom B. 2005. Density and strength of ties in innovation networks：an analysis of multimedia and biotechnology. European Management Review，2（3）：179-197.

Goldenberg J，Libai B，Solomon S，et al. 2000. Marketing percolation. Physica A，284：335-347.

Goldenberg J. Efroni S. 2001. Using cellular automata modeling of the emergence of innovation. Technological Forecasting and Social Change，68（3）：293-308.

Grabher G. 1993. The weakness of strong ties：the lock-in of regional development in the Ruhrarea.

London：Routledge.

Granovetter M. 1973. The Strength of Weak Tie. American Journal of Sociology，882：1360-1380.

Granovetter M. 1978. Threshold models of collective behavior. American Journal of Sociology，83（6）：1420-1443.

Granovetter M. 1985. Economic Action and Social Structure：The Problem of Embeddedness. American Journal of Sociology，91（3）：481-510.

Granovetter M. 2000. Social Networks in Silicon Valley. Stanford：Stanford UniversityPress.

Granovetter M. 2005. Network and Organizations：Structure，Form，and Action. Boston.

Greenstein S，Khanna T. 1997. What does industry mean?//Yofee D B. Competing in the age of digital convergence. Boston：The President and Fellows of Harvard Press.

Gross T，Blasius B. 2008. Adaptive coevolutionary networks：A review. Journal of the Royal Society Interface，5（20）：259-271.

Guimera R，Uzzi B，Spiro J，et al. 2005. Team assembly mechanisms determine collaboration network structure and team performance. Science，308（5722）：697-702.

Gulati R. 1998. Allianees and networks. Strategic Management Journal，19（4）：293-317.

Gulbrandsen M，Smeby J C. 2005. Industry funding and university professors research performance. Research Policy，34（6）：932-950.

Gurteen D. 1999. Creating a knowledge sharing culture. Knowledge Management Magazine，2（5）.

Hadjimanolis A. 1999. Barriers to innovation for SMEs in a small less developed country（Cyprus）. Technovation，19（9）：561-570.

Hagedoom J，Cloodt M. 2003. Measuring innovative performance：Is there an advantage in using multiple indicator? Research Policy，32（8）：1365-1379.

Hagedoorn J，Roijakkers N. 2006. Inter-firm R&D partnering in pharmaceutical biotechnology since 1975：trends，patterns and networks. Research Policy，35（3）：431-446.

Hagedoorn J，Roijkkers N，van Kranenburg H. 2006. Inter-firm R&D networks：The importance of strategic network Capabilities for High-Tech Partnership Formation. British Journal of Management，（17）：39-53.

Hagedoorn J. 2006. Understanding the cross-level embeddedness of inter-firm partnershipformation Academy of Management Review，31（3）：670-680.

Hahn R W. 1984. Market power and transferable property rights. Quarterly Journal of Economics，99（4）：753-765.

Hahn R W. 1990. The political economy of environmental regulation：Towards a Unifying Framework. Public Choice，65（1）：21-47.

Halinen A，Tomroos，J A. 2005. Uing case methods in the study of contemporary business networks. Journal of Business Research，58（9）：1285-1297.

Hakansson H. 1987. Industrial technological development：A Network Approach. London：Croon Helm.

Hansen M. 1999. The search-transfer problem：The role of weak ties in sharing knowledge across organization subunits. Administrative Science Quarterly，44：82-111.

Hauknes J，Hales K. 1998. Services in innovation-innovation in services. Oslo：STEP Group，SI4S

Synthesis Paper，Final Report：28.

Hauknes J. 1999. Services in innovation-innovation in services. Paris：Report for the OECD Business and Industry Policy Forum.

Heikkinen M T，Mainela T，Still J，et al. 2007. Roles for managing in mobile service development nets. Industrial Marketing Management，36（6）：909-925.

Herie M，Martin G. 2002. Knowledge diffusion in social work：A new approach to bridging the gap. Social Work，47（1）：85-95.

Hermans F，van Apeldoorn D，Stuiver M，et al. 2013. Niches and networks：Explaining network evolution through niche formation processes. Research Policy，42（3）：613-623.

Hertog P D. 2000. Knowledge-intensive business services as co-producers of innovation. International Journal of Innovation Management，12：491-528.

Hethcote H W. 2000. The mathematics of infectious deseaser. SIAM Review，42：599-653.

Heydebreck P. 1996. Technologische verflechtung：ein instrument zum erreichen von produkt-und prozeßinnovationserfolg. Frankfurt.：Peter Lang.

Hildebrandt L. 1983. Konfirmatorische analysen von modellen des konsumentenverhaltens. Berlin：Dunckner & Humblott.

Hippel J. 1998. The Sources of Innovation. Oxford：Oxford University Press.

Holme P，Newman M E. 2006. Nonequilibrium phase transition in the coevolution of networks and opinions. Physical Review E，74（5）：056108.

Hong L，Page S E. 2004. Groups of diverse problem solvers can outperform groups of high-ability problem solvers. Proceedings of the National Academy of Sciences of the United States of America，101（46）：16385-16389.

Hummels D，Ishii J，Yi K M. 2001. The nature and growth of vertical specialization in world trade. Journal of International Economics，2001，54：75-96.

Iguez G，Tague M J，Kaski K，et al. 2012. Are opinions based on science：Modelling social response to scientific facts. PLoS ONE，7（8）：e42122.

Inzelt A. 2004. The evolution of university-industry-government relationships during transition. Research Policy，33（6-7）：975-995.

Johannisson M K. 2002. The institutional embeddedness of local inter-firm networks：a leverage for business creation. Entrepreneurship & Regional Development，14（4）：297-315.

John G，Reve T. 1982. The reliability and validity of key informant data from dyadic relationships in marketing channels. J Mark Res，19（11）：517-524.

Jones R W，Kierzkowski H. 1990. The Role of Services in Production and International Trade：A Theoretical Framework//Jones R W，Krueger A. The Political Economy of International Trade：Festschrift in Honor of Robert Baldwin. Oxford：Basil Blackwell.

Joreskog K G，Sorbom D. 1996. LISREL 8：user's reference guide. Chicago：Scientific Software.

Kamien M I，Tauman Y. 2002. Patent Licensing：The Inside Story. The Manchester School，70（1）：7-15.

Katz R，Tushman M J. 1983. A longitudinal study of the effects of boundary spanning supervision on turnover and promotion in research and development. Academy of Management Journal，26（3）：

437-456.

Kim H，Park Y. 2009. Structural effects of R&D collaboration network on knowledge diffusion performance. Expert Systems with Applications，36（5）：8986-8992.

Kline S，Rosenberg N. 1986. An Overview of Innovatio//Landon R，Rosenberg N. The Positive Sum Strategy. Washington：National Academy Press：275-305.

Krackhardt D. 1998. Endogenous Preferences：A Structural Approach. in Jennifer Halpern and Robert//Stern N. Debating Rationality：Nonrational Aspects of Organizational Decision Making. Cornell University Press：239-247.

Langerak F，Peelen E，Nijssen E. 1999. A laddering approach to the use of methods and techniques to reduce the cycle time of new-to-the-firm products. J Prod Innovation Management，16：173-182.

Lee D，Goh K，Kahng B，et al. 2010. Complete trails of coauthorship network evolution. Physical Review E，82（2）：026112.

Lee J. 2010. Heterogeneity，brokerage，and innovative performance：endogenous formation of collaborative inventor networks. Organization Science，21（4）：804-822.

Lee Y S. 1996. Technology transfer and the research university：a search for the boundaries of university-industry collaboration. Research Policy，25（6）：843-863.

Leifer R. 2000. Radical Innovation：How Mature Companies Can Outsmart Upstarts. Boston：Harvard Business School Press.

Leydesdorff L，Etzkowitz H. 2001. The transformation of university-industry-government relations. Electronic Journal of Sociology，（3）：156-176.

Li T，Calantone R J. 1998. The impact of market knowledge competence on new product advantage：conceptualization and empirical examination. Journal of Marker，62（10）：13-29.

Lin M，Li N. 2010. Scale-free network provides an optimal pattern for knowledge transfer. Physica A，389（3）：473-480.

Liu J G，Yang G，Hu Z. 2014. A knowledge generation model via the hypernetwork. PloS One，9(3)：e89746.

Lovejoy W，Sinha A. 2010. Efficient structures for innovative social networks. Management Science，56（7）：1127-1145.

Luo S，Xia H，Yin B. 2014. Continuous opinion dynamics on an adaptive coupled random network. Advances in Complex Systems，17（03n04）：1450012.

Mansfield E，Lee J Y. 1996. The modern university：Contributor to industrial innovation and recipient of industrial R&D support. Research Policy，25（7）：1047-1058.

Mansfield E. 1961. Technical change and the rate of initation. Econometrica，29（4）：741-766.

Martinez F C，Krishna V. 2006. KISA in innovation of Australian software firms. Int J serv Technol Manage. 7：126-136.

McEvily B，Marcus A. 2005. Embedded ties and the acquisition of competitive capabilities. Strategic Management Journal，26（11）：1033-1057.

McEvily B，Zaheer A. 1990. Bridging ties：A source of firm heterogeneity in competitivecapabilities. Strategic Management Journal，20（12）：1133-1156.

Medsker G，Williams L，Holahan P. 1994. A review of current practices for evaluating causal models in organizational behaviour and human resource management research. Journal of Management, 20（2）：439-464.

Metcalfe S，Miles I. 2000. Innovation systems in the service economy：measurement and case study analysis. Boston：Kluwer.

Möller K，Halinen A. 1999. Business relationships and networks：Managerial challenge of network. Industrial Marketing Management，28（5）：413-427.

Moore C，Newman M E J. 2000. Epidemics and percolation in small-world networks. Phys Rev E，61：5678.

Mooy R M. 2004. The ACMI adoption Model-predicting the diffusion of innovation. International System Dynamics Conference.

Mowery D，Oxley J，Silverman B. 1998. Technological overlap and inter-firm cooperation：Implications for the resource-based view of the firm. Research Policy，27：507-523.

Mu J，Tang F，Douglas L. 2010. Absorptive and disseminative capacity：Knowledge transfer in intra-organization networks. Expert Systems with Applications，37（1）：31-38.

Nekovee M，Moreno Y，Bianconi G，et al. 2007. Theory of rumour spreading in complex social networks. Phys A，374：453.

Nelson R. 1982. Government and Technical Progress：A Cross-industry Analysis. Oxford：Pergamon Press，1982.

Newman M E J. 2003. The structure and function of complex networks. SIAM Review，45：167-256.

Nieto M J，Santamara L. 2007. The importance of diverse collaborative networks for the novelty of product innovation. Technovation，27（6-7）：367-377.

Nonaka I，Takeuchi H. 1995. The knowledge-creating company：How Japanese companies create the dynamics of innovation. Oxford：Oxford University Press.

OECD. 2001. Innovative Clusters：Drivers of National Innovation System. Paris：OECD Publishing.

Osborn R N，Hagedoorn J. 1997. The institutionalization and evolutionary dynamincs of inerorganizational alliances and networks. Academy of Management Journal，40（2）：261-278.

Palazzolo E，Serb D，She Y，et al. 2006. Co-evolution of communication and knowledge networks as transactive memory systems：Using computational models for theoretical development. Communication Theory，16（2）：223-250.

Paruchuri S，Nerkar A，Hambrick D C. 2006. Acquisition integration and productivity losses in the technical core：Disruption of inventors in acquired companies. Organization Science，17（5）：545-562.

Paruchuri S. 2010. Intraorganizational networks，interorganizational networks，and the impact of central inventors：A longitudinal study of pharmaceutical firms. Organization Science，21（1）：63-80.

Pastor-Satorras R，Vespignani A. 2001. Epidemic spreading in scale-free networks，Phys Rev Lett，86：3200-3203.

Pastor-Satorras R，Vespignani A. 2004. Evolution and structure of the internet：A statistical physics approach. Cambridge，UK：Cambridge University Press.

Pekkarinen S，Harmaakorpi V. 2006. Building regional innovation networks：The definition of an age business core process in a regional innovation system. Regional Studies，40（4）：401-413.

Perkmann M，Walsh K. 2007. University-industry relationships and open innovation：Towards a research agenda. International Journal of Management Reviews，9（4）：259-280.

Perks H M，Jeffrey R. 2006. Global network configuration for innovation：A study of international fibre innovation. R&D Management，36（1）：67-83.

Petra M. 2005. How do patent laws influence innovation. American Economic Review，95（4）：1214-1236.

Phelps C，Heidl R，Wadhwa A. 2012. Knowledge，networks，and knowledge networks：A review and research agenda. Journal of Management，38（4）：1115-1166.

Phillips L. 1981. Assessing measurement error in key informant reports：a methodological note on organizational analysis in marketing. J Mark Res，18（11）：395-415.

Piaget J. 1976. Piaget and his school. Berlin and Heidelberg G：Springer-Verlag.

Piper W，Marrache M，Lacroix R，et al. 1983. Cohesion as a basic bond in groups. Human Relations，36：93-108.

Podolny J M，Baron J N. 1997. Resources and relationships：Social networks and mobilityin the Workplace. American Sociological Review，62（5）：673-693.

Polanyi K. 1944. The Great Transformation：The Political and Economic Origins of Our Time. London：Beacon Press：49-60.

Porter M E. 1991. America's green strategy. Scientific American，264（4）：168.

Powell W W. 1990. Neither market nor hierarchy：Network forms of organization. Research in Organizational Behavior，12：295-336.

Razak A A，Saad M. 2007. The role of universities in the evolution of the Triple Helix culture of innovation network：The case of Malaysia. International Journal of Technology Management & Sustainable，6（3）：211-225.

Reagans R，McEvily B. 2003. Network structure and knowledge transfer：The effects of cohesion and range. Administrative Science Quarterly，48：240-267.

Ritter T，Gemünden H G. 2003. Network competence：Its impact on innovation success and its antecedents. Journal of Business Research，56（9）：745-755.

Ritter T，Gemünden H G. 2004. The impact of a company's business strategy on its technological competence，network competence and innovation success. Journal of Business Research，57（5）：548-556.

Ritter T，Wilkinson I，Johnston W. 2002. Measuring network competencies：Some international evidence. The Journal of Business and Industrial Marketing，31：191-203.

Ritter T. 1998. Innovationserfolg durch netzwerk-kompetenz：effektives management von unternehmensnetzwerken. Wiesbaden：Gable.

Robers J H. 1988. Modeling multiattribute utility risk，and belief dynamics for new consumer durable brand choice. Management Science，34：167-185.

Rogers E M. 2003. Diffusion of Innovation（5th ed.）. New York：The Free Press.

Roth C，Cointet J. 2010. Social and semantic coevolution in knowledge networks. Social Networks，32：16-29.

Rowley T，Behrens D，Krackhardt D. 2000. Redundant governance structures：An analysis of structural and relational embeddedness in the steel and semiconductor industries. Strategic Management Journal，21（3）：369-386.

Sanchez R. 1999. Modular architectures in the marketing process. Journal Mark，63：92-111.

Saracho A I. 2005. The relationship between patent licensing and competitive behavior. The Manchester School，73（5）：563-581.

Saxenian A L. 1996. Regional advantage：Culture and Competition in Silicon Valley and Route128. Boston：Harvard University Press：3-21.

Scholl W. 1996. Effective teamwork-A theoretical model and a test in the field//Witte E，Davis J. Understanding group behavior. Small group processes and interpersonal relations. Berlin：Springer.

Sena D，Tauman Y. 2007. General licensing schemes for a cost-reducing innovation. Games and Economic Behavior，59（4）：163-186.

Stauffer D，Sahimi M. 2005. Diffusion in scale-free networks with annealed disorder. Physical Review E，72（4）：16-29.

Sterman J D. 2000. Business dynamics-system thinking and modeling for a complex world. Chicago，Irwin McGraw-Hill：135-197.

Su J，Liu B，Ma H. 2014. Coevolution of opinions and directed adaptive networks in a social group. Journal of Artificial Societies and Social Simulation，17（2）：4.

Szulanski G. 2000. The process of knowledge transfer：A diachronic analysis of stickiness. Organizational Behavior and Human Decision Processes，82：9-27.

Tang F，Xi Y，Ma J. 2006. Estimating the effect of organizational structure on knowledge transfer：A neural network approach. Expert Systems with Applications，30（4）：796-800.

Tang X，Yang C C，Song M. 2013. Understanding the evolution of multiple scientific research domains using a content and network approach. Journal of the American Society for Information Science and Technology，64（5）：1065-1075.

Tassey G. 2005. Underinvestment in public good technologies. Journal of Technology Transfer，30（1/2）：89-113.

Tassey G. 2008. Modeling and measuring the economic roles of technologyinfrastructure. Economics of Innovation and New Technology，17（7）：617-631.

Teece D，Pisano G，Shuen A. 1997. Dynamic capabilities and strategic management. Strategic Management Journal，18（7）：509-533.

Ter Wal A L，Boschma R. 2011. Coevolution of firms，industries and network in space. Regional Studies，45（7）：919-923.

Ter Wal A L. 2014. The dynamics of the inventor network in german biotechnology：geographic proximity versus triadic closure. Journal of Economic Geography，14（3）：589-620.

Thomas R，Hans G G. 2003. Interorganizational relationships and networks：An overview. Journal of Business Research，56（9）：691-697.

Tijssen R J. 1998. Quantitative assessment of large heterogeneous R&D networks：the case of process engineering in the Netherlands. Research Policy，26（7）：791-809.

Tushman M L，Anderson P C. 1986. Technological discontinuities and organizational environment.

Administrative Science Quarterly，31：439-65.

Ullmann-Margalit E. 2015. The emergence of norms. Oxford：Oxford University Press.

Uzzi B，Gillespie J J. 2002. Knowledge spillover in corporate financing networks：Embeddedness and the firm's debt performance. Strategic Management Journal，23（7）：595-618.

Uzzi B，Lancaster R. 2003. Relational Embeddedness and Learning：The case of bank loan managers and their clients. Management Science，49（4）：383-399.

Uzzi B. 1996. The Sources and consequences of embeddedness for the economic performance of organizations：The Network Effect. American Sociological Review，61（4）：674-698.

Uzzi B. 1999. Embeddedness in the making of financial capital：How social relations and networks benefit firms seeking financing. American Sociological Review，64（4）：481-505.

van der Vegt G，Bunderson J. 2005. Learning and performance in multidisciplinary teams：The importance of collective team identification. Academy of Management Journal，48（3）：532-547.

Vazquez F. 2013. Opinion dynamics on coevolving networks//Dynamics on and of Complex Networks. Berlin：Springer.

Walter J，Lechner C，Franz W. 2007. Knowledge transfer between and within alliance partners：Private versus collective benefits of social capital. Journal of Business Research，60（7）：698-710.

Wang S，Groth P. 2010. Measuring the dynamic bi-directional influence between content and social networks. Proceedings of the ninth international semantic web conference，Shanghai.

Wang Y T，Liu J，Hansson L，et al. 2011. Implementing stricter environmental regulation to enhance eco-efficiency and sustainability：A case study of shandong province's pulp and paper industry. Journal of Cleaner Production，19（4）：303-310.

Wasti S N，Liker J K. 1977. Risky business or competitive power? Supplier involvement in Japanese product design. J Prod Innovation Management，14：337-355.

Watts D，Strogatz S. 1998. Collective dynamics of 'small-world' networks. Nature，393（4）：440-442.

Wegner D. 1995. A computer network model of human transactive memory. Social Cognition，13：319-339.

Whittington K B，Owen-Smith J. 2009. Powell WW. Networks，propinquity，and innovation in knowledge-intensive industries. Administrative Science Quarterly，54（1）：90-122.

Williamson O E. 1979. Transaction cost economies：the governance of contractual relations. Journal of Law Economics，22（10）：32-62.

Witte E H，Davis J H. （Eds.）. 1996. Understanding group behavior. In：Small group processes and interpersonal relations（Vol.2）. Mahwah，NJ：Springer.

Yang G，Hu Z，Liu J. 2015. Knowledge diffusion in the collaboration hypernetwork. Physica A：Statistical Mechanics and its Applications，419（1）：429-436.

Yasuda H. 2005. Formation of Strategic Alliances in High-Technology Industries：Comparative Study of the Resource-Based Theory and the Transaction-Cost Theory. Technovation，25：763-770.

Yoffie D B. 1997. Competing in the age of digital convergence. New York：The President and Fellow of Harvard Press.

Zukin S，Dimaggio P. 1990. Structures of Capital：The Social Organization of Economy.